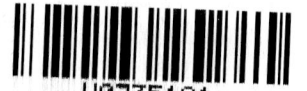

江苏档案精品选编纂委员会

江苏省明清以来档案精品选

扬州卷

江苏人民出版社

《江苏省明清以来档案精品选》
编委会

总目

序

谢 波

档案馆作为永久保管档案的基地，是人类文化传承的重要载体和思想文化创新的重要源泉。

编纂《江苏省明清以来档案精品选》，是全省档案系统共同开展的一项档案文化建设重点工程，是我省档案部门履行“为党管档、为国守史、为民服务”使命要求，围绕中心、服务大局的一项重要举措，根本目的是整合全省档案精品资源，集中公布江苏档案资源建设的丰硕成果，展示江苏历史、人文的丰厚底蕴，服务社会主义文化大发展大繁荣。

江苏物华天宝，人杰地灵，养育了一代又一代勤劳智慧、心灵手巧的人民，创造出了辉煌灿烂的物质文明和精神文明。自明清以来，江苏的综合实力在中国的省级政区中就一直居于前列。新中国成立后特别是改革开放以来，江苏各项事业高速发展，在经济、政治、社会、文化等各方面均处于全国领先位置，积累了雄厚的经济文化实力。这一领先的进程，真实地定格于档案中，保存于全省各级各类档案馆里。

这些档案，浩如烟海。丰富翔实的档案史料，客观记载了江苏各项事业发展演化的脉络，反映了历史发展变化的内在规律，是我们今天多角度深入了解和研究明清以来江苏政治、经济、军事、文化以及社会情况的第一手珍贵资料。特别是中国共产党成立以来形成和保存下来的大量珍贵档案，再现了江苏人民在党的领导下开展革命斗争、社会主义建设和改革开放，全面建设小康社会、建设美丽江苏的光辉历程，这是国家珍贵的文化财富、民族的宝贵遗产，是我们今天开展党史研究的宝贵资源和党史教育的重要素材。

前事不忘，后事之师。记载着历史真实面貌的档案资料，是续写江苏更加辉煌灿烂历史新篇章的重要参考和借鉴。编纂档案文献资料，留存社会发展的足迹，服务今天的经济社会各项事业，是我国档案界、史学界的优秀传统，是中华文明生生不息、不断进步的重要源泉。也正是这一优秀传统，使得中华文明能够随着历史的发展、社会的进步而不断充实新的内容。通过档案工作者有选择地编纂加工，使海量的档案资源更加有序化，为党和政府重大决策提供参考，为人民群众接触档案、了解档案、利用档案提供便利，是档案工作者的职责所在。正是基于这一要求，全省档案部门集中力量，对各级档案馆中的档案进行梳理，编辑出版了《江苏省明清以来档案精品选》。通过本书的编纂出版，整合全省档案精品资源，发挥规模效应，使江苏历史、人文的丰厚底蕴得到集中展示，使档案存史、资政、育人功能得到更好的发挥，同时为我们大力开展爱党、爱国、爱家乡教育提供丰富的第一手教材。这是我省档案部门围绕中心、服务大局的一项重要工作创新，也是档案部门贯彻落实党的十八大精神、服务文化强省建设的具体举措。同时，《江苏省明清以来档案精品选》的编纂出版，定能为学术界开发利用档案创造便利的条件。通过对明清以来历史档案的开发利用，探寻我省近代以来各项事业发展演化的脉络，把握历史发展变化的内在规律，为当代经济社会各项事业发展服务，为建设美丽江苏书写更加辉煌灿烂的新篇章。

2013年7月

《江苏省明清以来档案精品选·扬州卷》

编委会

前言

古城扬州，地处长江与京杭运河交汇处，是一座具有二千五百年历史的文化名城。

春秋时期，吴王夫差为北上争霸，在蜀冈修筑邗城，是为扬州建城之始。从邗城至今，扬州在华夏舞台上扮演了光彩夺目的角色。汉代刘濞受封于广陵，建立吴国，辖3郡53城，才力雄富，士马精妍，国力居于各诸侯国之首。隋代开通大运河后，扬州成为中国水路交通枢纽、东南繁华都会和国际交往的重要港埠，富甲天下，声名远播海内外。唐代扬州商贾如云，文士如林，城市规模空前，富庶甲天下，时有“扬一益二”之美誉。清代康熙、雍正、乾隆时期，两淮盐业中心设在扬州，且康熙、乾隆二帝多次南巡，大批商贾云集扬州，催生了商贸业、手工业的繁荣和教育、文化、戏曲、学术、书画等方面的发展，同时城市规模得到扩展。19世纪，全世界有10个拥有50万以上居民的城市，中国就有6个，扬州排名第三。扬州的数度兴衰和文化渊薮，奠定了她在中国历史上的独特地位。

扬州的人文之美可用“精致”二字来概括。扬州学派专注于文字与考据，若没有书房里潜心的细梳密耙，是断不能诞生出王念孙、王引之、汪中、焦循、阮元等一群学术大家，从而在一个极其忌讳谈帮论派的社会里构建学派的；大音若希，琴筝悠悠，“千家养女先教曲”，若没有广泛的社会基础、学龄女孩们细致刻苦的抚学，以及琴师们亲力亲为的精心斫制，“广陵琴派”、“古筝之乡”的花冠也不会佩戴于扬州这座苏中之城；以“扬州八怪”为代表的扬州画派，在中国历史上均独具一格，影响深远；“和田玉，扬州工”，再好的玉若不千里迢迢辗转扬州，经过维扬工匠的打磨雕琢，是入不了上品之列的；作为四大菜系之一的淮扬菜，更是精致的典范；完工于扬州的官刻本《全唐诗》《佩文韵府》《全唐文》是刊刻史上的三部巨著；扬州徽班进京，为京剧的形成奠定了基础；古城内外水碧山青，园林置景兼具北方之雄、南方之秀。至于精湛雅致的漆器，轻盈飘逸的剪纸刺绣，细致入毫的微雕八刻等等，无一不凝聚着工匠的精巧构思。所有这些，不一而足。

进入新千年以来，扬州以创建最佳人居环境和最适宜投资创业城市为目标，以城市环境综合整治为抓手，坚持传承与发展并重、新建与保护并举，全力推进城市建设，先后获得了多项国家和世界级桂冠，成为一张张城市名片，进一步彰显了城市的精致魅力。近些年，扬州先后建立了国家级的雕版印刷博物馆，以及剪纸博物馆、玉文化博物馆、水文化博物馆、工业博物馆、盐文化博物馆、淮扬菜博物馆、扬派盆景博物馆等，让精致深化出可触可摸的具象，扬州正在成为一个名副其实又形神兼备的文化博览城。

“精致”是扬州城市的基因，是扬州历史文化的灵魂。而这些历史文化的记录就是这座城市的档案。因为有了档案，扬州的数度兴衰得以记载，文明得以传承。

扬州市目前拥有七座国家综合档案馆和四个专业档案馆，其中扬州市档案馆为国家一级综合档案馆，邗江区档案馆为国家二级综合档案馆。全市档案工作紧紧围绕服务中心、服务社会、服务群众，努力拓展服务领域、提高服务水平，档案事业发展取得了重要成就。全市各级国家综合档案馆以构建完整反映历史、内容丰富、结构合理的馆藏体系为目标，积极接收、征集各类档案资料，收到显著成效。扬州市档案馆建成省级爱国主义教育基地，各县（市）、区档案馆也全部建成市级爱国主义教育基地。各地围绕重大事件、重大活动定期举办档案图片展，取得良好的社会反响。此外，全市各级国家综合档案馆积极推进数字档案馆建设，深度开发和综合利用档案信息资源，编辑出版书籍数十种，主动、超前服务，为社会各界研究扬州历史文化、了解扬州发展成就提供了权威、珍贵的资料。

按照江苏省档案局的统一部署，扬州市档案局会同各县（市、区）及专业档案馆，对馆藏档案进行排查摸底，遴选出了精品档案，组织编纂了《江苏省明清以来档案精品选·扬州卷》（以下简称《扬州卷》）。该书入选精品档案共计65件（组），其中明清档案6件、民国档案14件、革命历史档案7件、中华人民共和国成立后档案3件、名人档案7件、书报典籍23件、特殊载体档案4件、书画档案1组。该书成为我市档案系统整合全市档案精品资源，集中公布并展示扬州档案资源建设丰硕成果的重要载体，对于彰显扬州档案的价值、影响，展示扬州历史文化的深厚底蕴，体现精致扬州的风貌，必将发挥积极的作用。

编　者

2013年7月

凡例

一、本书定名为《江苏省明清以来档案精品选·扬州卷》。

二、本书坚持用辩证唯物主义和历史唯物主义的观点，实事求是对入选档案进行评价和说明，力求集中公布并展示扬州档案资源建设的丰硕成果，彰显扬州档案精品的价值、影响和扬州历史文化的深厚底蕴。

三、本书分为八个部分，分别为清代档案、民国档案、革命历史档案、建国后档案、名人档案、书报典籍、特殊载体档案、扬州市档案馆馆藏书画。每一部分中档案精品的内容均按照时间先后顺序排列。

四、本书所载档案均来自市及各县（市、区）综合档案馆和有关专门（部门）档案馆馆藏，使用图片均为档案原件的扫描件或实物拍摄照片。

五、本书保证所载每件档案的真实性。

六、本书所载档案基本展示方式包括：档案精品名称、保管单位、内容及评价、档案精品原件扫描件或部分原件内容照片、部分档案释文。

七、本书采用历史纪年，民国成立以前采用朝代纪年，并括注公元纪年；民国成立以后一律采用公元纪年。

八、本书中的数字标注，按照《出版物上数字用法的规定》执行；文字一律使用规范简化字。

九、本书对历史上的机构、职官、地点名称一般沿用当时的规范称谓。

目录

Contents

清代档案
Archives of Qing Dynasty

民国档案
Archives of the Republic of China

革命历史档案
Archives of the Revolutionary History

中华人民共和国成立后档案
Archives after the Founding of PRC

名人档案
Archives of Celebrities

特殊载体档案
Archives of Special Carrier

书报典籍
Newspapers and Ancient Books

书法绘画
Paintings and Calligraphies

清代档案

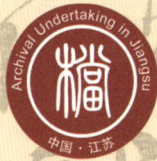

清宫扬州御档

保管单位：扬州市档案馆

内容及评价：

自2003年起，扬州市档案馆从中国第一历史档案馆复制清代奏折近万件，时间从顺治朝至宣统朝，内容涵盖政治、经济、文化、军事及社会方方面面，其中绝大部分为首次公开披露。这些奏折不仅具有极高的存史价值，而且还有十分重要的现实利用价值。

扬州市档案馆对复制档案进行了整理、解读，分别出版了《清宫扬州御档选编》和《清宫扬州御档》，其中《清宫扬州御档》全套18册，5763件折件，计12967页，按朝代顺序排列。作为国家清史工程项目，该书具有真实性、资料性、可读性等显著特点，弥足珍贵。2011年，《清宫扬州御档》先后获评“全国优秀古籍图书一等奖”和“江苏省档案文化精品一等奖”。2012年，获评扬州市哲学社会科学优秀成果一等奖和江苏省哲学社会科学优秀成果二等奖。作为“清代扬州社会百科全书”，《清宫扬州御档》的出版，为多角度、深入了解和研究清代扬州政治、经济、军事、文化以及社会情况，并借以研究清代社会盛衰兴替，提供了丰富翔实的第一手资料，填补了扬州市档案馆有关清朝档案资料的空白。

一套18册的《清宫扬州御档》

全文：

奏请重修盐法志书事

奏

署理两淮盐政奴才吉庆谨奏为详请重修盐法志书以备稽考，以昭遵守事。窃惟民生日用与菽粟水火同功者，莫要于盐法。有志，所以备典制而垂永远也。两淮盐志自雍正二年奉世宗宪皇帝特允，廷议通行纂辑，至雍正六年告成，固已纲目森具，巨细毕陈，垂万世而有所征考者矣。惟是纂修之后，距今又十有八年，恭逢我皇上出震乘乾 登三咸五 深仁厚泽，徧洽寰区而于两淮鹾政尤关。睿念恩纶定例奉到甚多，且两淮盐课甲于天下，引目增易已有今昔之不同场灶事宜亦有兴革之各异，头绪殷繁，事类纷杂，若不重加修辑，恐致日久散漫无稽，渐难搜集，似应亟为编纂，以昭遵守而垂永久。兹据运使朱续晫，以工费不过三千余两为数，无几商愿照前乐输，援案详请重修前来。奴才理合奏闻，仍俟纂修成日恭呈御览并照式送部查考。再，查书成之日应撰序文一篇，雍正五年经廷议，两淮盐志即令江苏巡抚撰文，今次重修盐志应否仍旧交与抚臣撰序？之处合并奏请。

伏候皇上训示遵行。谨奏。

乾隆十一年五月十三日

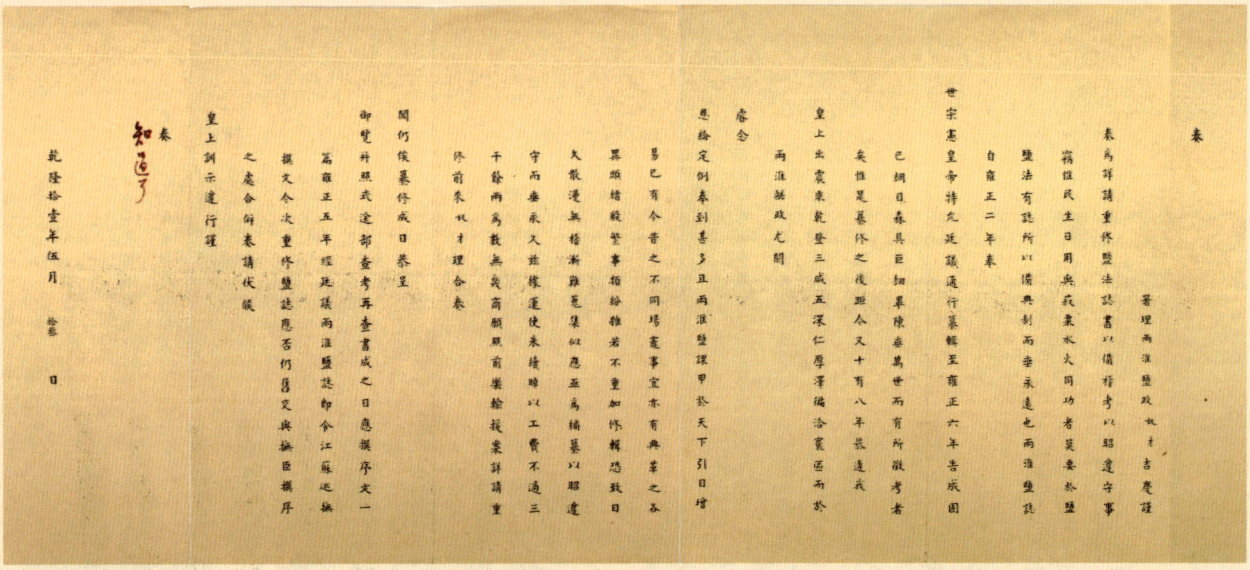
奏
署理兩淮鹽政奴才吉慶謹
奏為詳請重修鹽法誌書以備稽考以昭遵守事
竊惟民生日用與菽粟水火同功者莫要於鹽
鹽法有誌所以備典制而垂永遠也兩淮鹽誌
自雍正二年奉
世宗憲皇帝特允廷議通行纂輯至雍正六年告成固
已綱目森具巨細畢陳垂萬世而有所徵考者
矣惟是纂修之後距今又十有八年恭逢我
皇上出震乘乾登三咸五深仁厚澤徧洽寰區而於
兩淮鹺政尤關
睿念
恩綸定例奉到甚多且兩淮鹽課甲於天下引目增
易已有今昔之不同場竈事宜亦有興革之各
異頭緒殷繁事類紛雜若不重加修輯恐致日
久散漫無稽漸難蒐集似應亟為編纂以昭遵
守而垂永久茲據運使朱續晫以工費不過三
千餘兩為數無幾商願照前樂輸援案詳請重
修前來奴才理合奏
聞仍俟纂修成日恭呈
御覽幷照式送部查考再查書成之日應撰序文一
篇雍正五年經廷議兩淮鹽誌即令江蘇巡撫
撰文今次重修鹽誌應否仍舊交與撫臣撰序
之處合併奏請伏候
皇上訓示遵行謹
奏
知道了
乾隆拾壹年伍月　拾叁　日

奏请重修盐法志书事

全文：

奏为纂修两淮盐法志书请展限复校事

奴才佶山跪奏为纂修盐法志书恳恩展限事。窃照两淮盐志一书，奴才于嘉庆七年七月，奏请纂修，并请将纂校誊录各事，宜即在分发，两淮试用运判大使各班人员内择其文理通顺、明白盐务者，令其自备资斧，分任其事，定限二年告竣，依限书成再行奏恳皇上天恩量予，先行补用仰蒙恩准在案。今查自开局纂办以来，扣至上年八月，已届二年限满，应即纂修完竣，惟缘两淮盐务引多岸广，款目纷繁，自乾隆十三年前盐政吉庆奏请纂修之后，迄今五十余年，所有一切案卷，历年久远，查办较难，兼以事关六省，往返咨查，未免有需时日，致弗克依限告竣。奴才曾於上年咨部展限，部复未准，仍督催该委员等上紧办理，兹虽据纂校成书，尚恐有遗漏舛错之处，必须逐细复校后方可敬录黄本恭呈御览，奴才不敢因已逾定限稍事草率，惟有仰恳圣恩於奏准定限二年之外再准展限年半，俾该委员等悉心校阅，酌量增改，务期咸臻妥善，明春纂校完竣，实已逾限，不敢邀恩议叙，而办理迟延之咎，恳求圣恩宽宥，则承办各员均感激鸿慈，于无既矣所有应须展限复校缘由。谨恭折奏恳伏乞皇上睿鉴，谨奏。

依议该部知道

嘉庆十年十一月二十八日

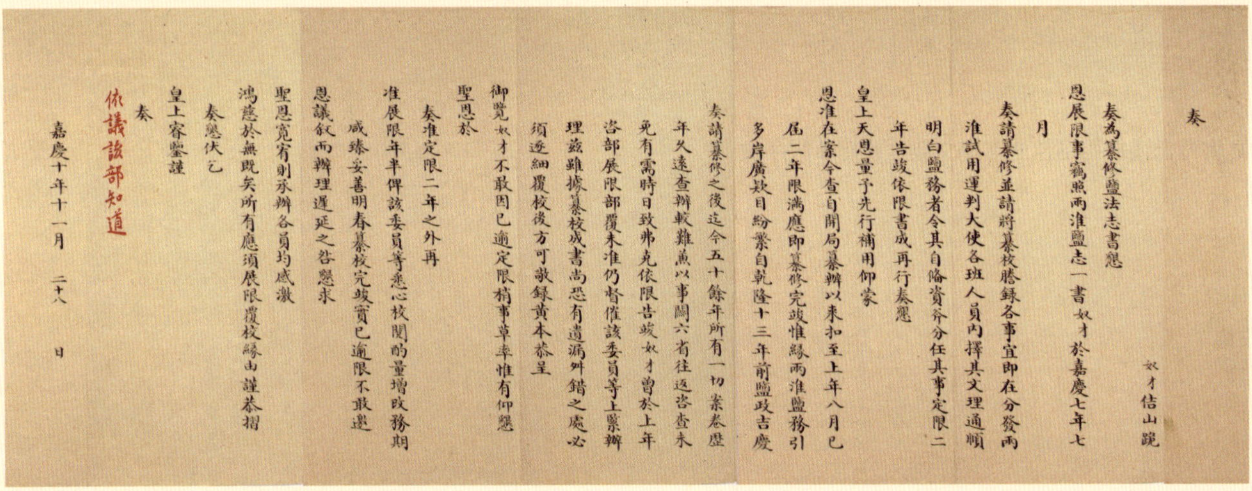
奏
奏為纂修鹽法志書懇 奴才佶山跪
恩展限事竊照兩淮鹽志一書奴才於嘉慶七年七
月
奏請纂修並請將纂校謄録各事宜即在分發兩
淮試用運判大使各班人員內擇其文理通順
明白鹽務者令其自備資斧分任其事定限二
年告竣依限書成再行奏懇
皇上天恩量予先行補用仰蒙
恩准在案今查自開局纂辦以來扣至上年八月已
屆二年限滿應即纂修完竣惟緣兩淮鹽務引
多岸廣款目紛繁自乾隆十三年前鹽政吉慶
奏請纂修之後迄今五十餘年所有一切案卷歷
年久遠查辦較難兼以事關六省往返咨查未
免有需時日致弗克依限告竣奴才曾於上年
咨部展限部覆未准仍督催該委員等上緊辦
理茲雖據纂校成書尚恐有遺漏舛錯之處必
須逐細覆校後方可敬録黃本恭呈
御覽奴才不敢因已逾定限稍事草率惟有仰懇
聖恩於
奏准定限二年之外再
准展限年半俾該委員等悉心校閱酌量增改務期
咸臻妥善明春纂校完竣實已逾限不敢邀
恩議敘而辦理遲延之咎懇求
聖恩寬宥則承辦各員均感激
鴻慈於無既矣所有應須展限覆校緣由謹恭摺
奏懇伏乞
皇上睿鑒謹
奏
依議該部知道
嘉慶十年十一月 二十八 日

奏为纂修两淮盐法志书请展限复校事

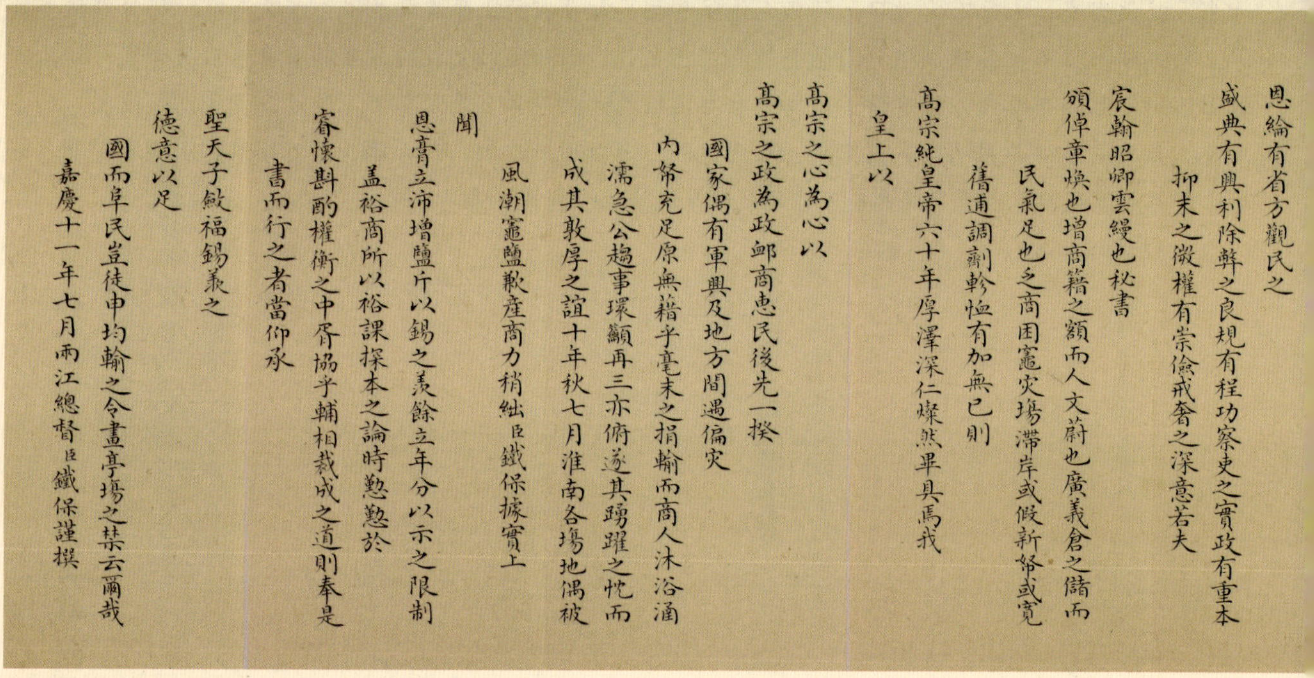

恩綸有省方觀民之
盛典有興利除弊之良規有程功察吏之實政有重本
抑末之徽權有崇儉戒奢之深意若夫
宸翰昭卿雲縵也秘書
頒倬章煥也增商籍之額而人文蔚也廣義倉之儲而
民氣足也乏商困竈灾場滯岸或假新帑或寛
舊逋調劑軫恤有加無已則
高宗純皇帝六十年厚澤深仁燦然畢具焉我
皇上以
高宗之心為心以
高宗之政為政卹商惠民後先一揆
國家偶有軍興及地方間遇偏灾
内帑充足原無藉乎毫末之捐輸而商人沐浴涵
濡急公趨事環顲再三亦俯遂其踴躍之忱而
成其敦厚之誼十年秋七月淮南各場地偶被
風潮竈鹽歉産商力稍絀臣鐵保據實上
聞
恩膏立沛增鹽斤以錫之羨餘立年分以示之限制
蓋裕商所以裕課探本之論時懃懃於
睿懷斟酌權衡之中胥協乎輔相裁成之道則奉是
書而行之者當仰承
聖天子斂福錫羨之
德意以足
國而阜民豈徒申均輸之令畫亭場之禁云爾哉
嘉慶十一年七月兩江總督臣鐵保謹撰

奏为遵旨谨撰两淮盐法志序文敬呈钦定事附序文

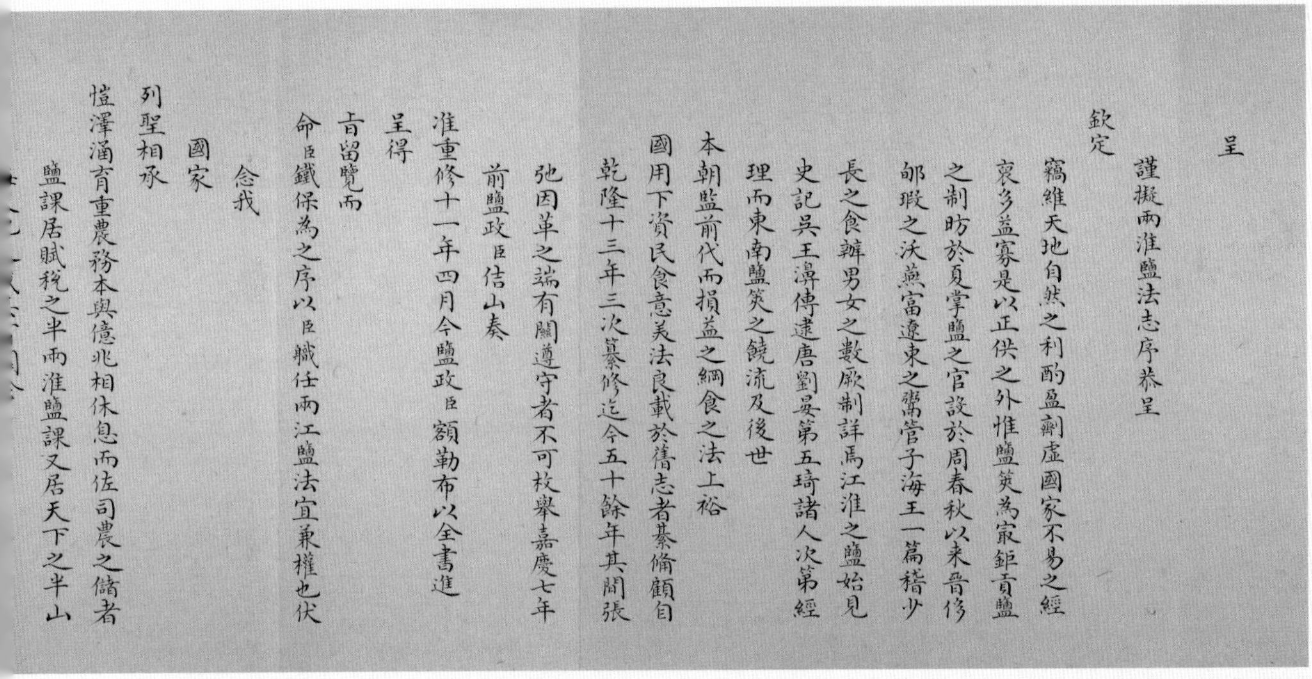
呈
謹擬兩淮鹽法志序恭呈
欽定
竊維天地自然之利酌盈劑虛國家不易之經
裒多益寡是以正供之外惟鹽筴為最鉅貢鹽
之制昉於夏掌鹽之官設於周春秋以來晉修
郇瑕之沃燕富遼東之鬻管子海王一篇稽少
長之食辨男女之數厥制詳焉江淮之鹽始見
史記吳王濞傳逮唐劉晏第五琦諸人次第經
理而東南鹽筴之饒流及後世
本朝監前代而損益之綱食之法上裕
國用下資民食意美法良載於舊志者綦備顧自
乾隆十三年三次纂修迄今五十餘年其間張
弛因革之端有關遵守者不可枚舉嘉慶七年
前鹽政臣佶山奏
准重修十一年四月令鹽政臣額勒布以全書進
呈得
旨留覽而
命臣鐵保為之序以臣職任兩江鹽法宜兼權也伏
念我
國家
列聖相承
愷澤涵育重農務本與億兆相休息而佐司農之儲者
鹽課居賦稅之半兩淮鹽課又居天下之半山

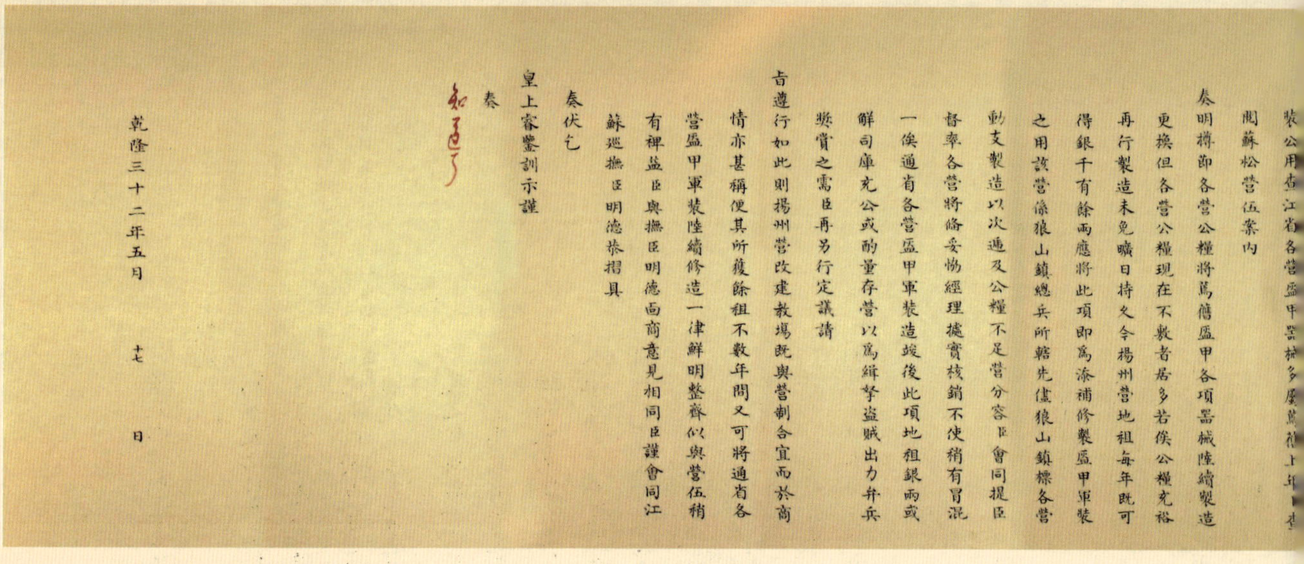
閩蘇松營伍案內
奏明樽節各營公糧將舊盔甲各項器械陸續製造
更換但各營公糧現在不敷者居多若俟公糧充裕
再行製造未免曠日持久今揚州營地租每年既可
得銀千有餘兩應將此項即為添補修製盔甲軍裝
之用該營係狼山鎮總兵所轄先儘狼山鎮標各營
動支製造以次遞及公糧不足營分容臣會同提臣
督率各營將備妥協經理據實核銷不使稍有冒混
一俟通省各營盔甲軍裝造竣後此項地租銀兩或
解司庫充公或酌量存營以為緝拏盜賊出力弁兵
獎賞之需臣再另行定議請
旨遵行如此則揚州營改建教場既與營制合宜而於商
情亦甚稱便其所獲餘租不數年間又可將通省各
營盔甲軍裝陸續修造一律鮮明整齊似與營伍稍
有裨益臣與撫臣明德面商意見相同臣謹會同江
蘇巡撫臣明德恭摺具
奏伏乞
皇上睿鑒訓示謹
奏
知道了
乾隆三十二年五月　十七　日

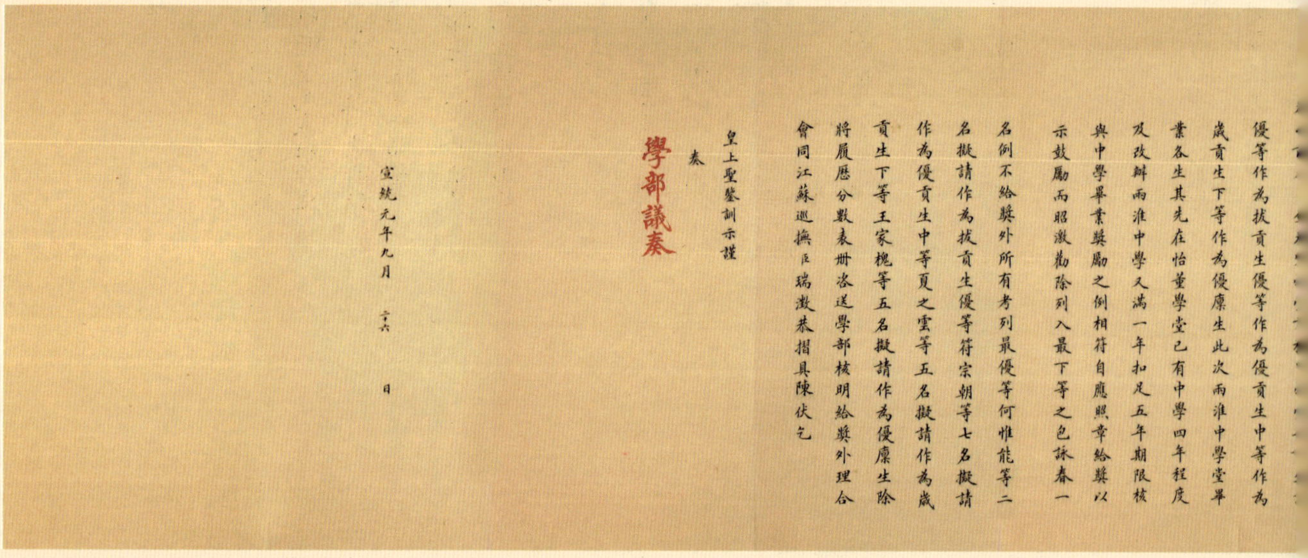
優等作為拔貢生優等作為優貢生中等作為
歲貢生下等作為優廪生此次兩淮中學堂畢
業各生其先在怡董學堂已有中學四年程度
及改辦兩淮中學又滿一年扣足五年期限核
與中學畢業獎勵之例相符自應照章給獎以
示鼓勵而昭激勸除列入最下等之包詠春一
名例不給獎外所有考列最優等何惟能等二
名擬請作為拔貢生優等符宗朝等七名擬請
作為優貢生中等夏之雲等五名擬請作為歲
貢生下等王家槐等五名擬請作為優廪生除
將履歷分數表冊咨送學部核明給獎外理合
會同江蘇巡撫臣瑞澂恭摺具陳伏乞
皇上聖鑒訓示謹
奏
學部議奏
宣統元年九月　二十六　日

有关两淮中学堂、教场的奏折

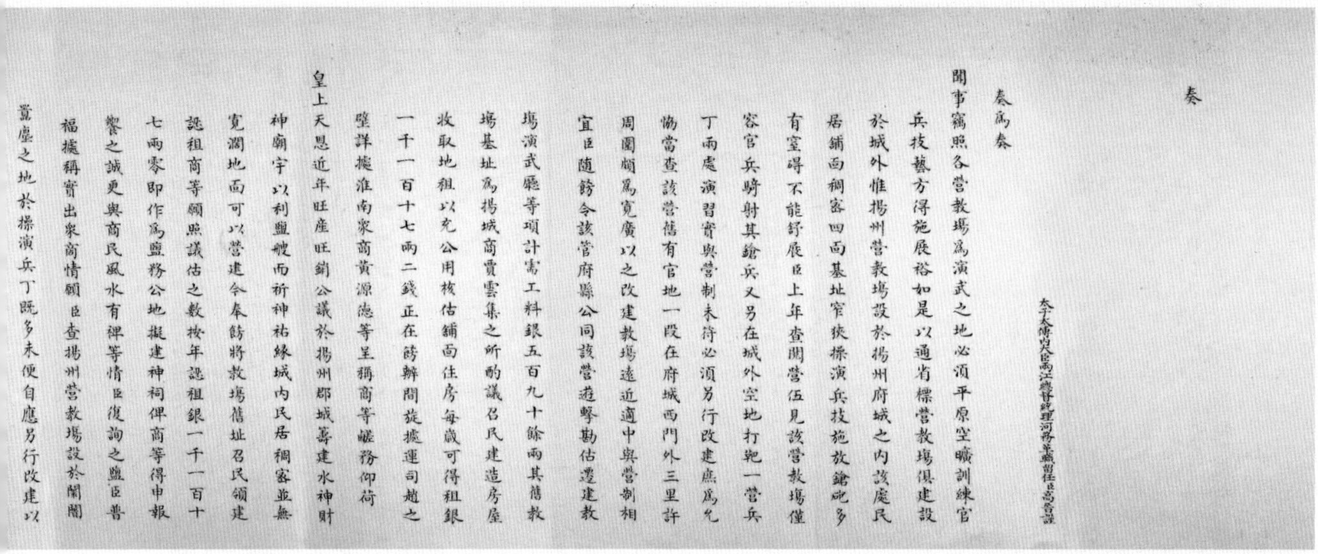
奏
太子太傅内大臣兩江總督兼理河務革職留任臣高晉謹
奏爲奏
聞事竊照各營教場爲演武之地必須平原空曠訓練官
兵技藝方得施展裕如是以通省標營教場俱建設
於城外惟揚州營教場設於揚州府城之内該處民
居鋪面稠密四面基址窄狹操演兵技施放鎗砲多
有窒碍不能舒展臣上年查閱營伍見該營教場僅
容官兵騎射其鎗兵又另在城外空地打靶一營兵
丁兩處演習實與營制未符必須另行改建庶爲允
協當查該營舊有官地一段在府城西門外三里許
周圍頗爲寬廣以之改建教場遠近適中與營制相
宜臣隨飭令該管府縣公同該營遊擊勘估遷建教
場演武廳等項計需工料銀五百九十餘兩其舊教
場基址爲揚城商賈雲集之所酌議召民建造房屋
收取地租以充公用核估鋪面住房每歲可得租銀
一千一百十七兩二錢正在飭辦閒旋據運司趙之
壁詳據淮南衆商黃源德等呈稱商等鹺務仰荷
皇上天恩近年旺産旺銷公議於揚州郡城籌建水神財
神廟宇以利鹽艘而祈神祐緣城内民居稠密並無
寬濶地面可以營建今奉飭將教場舊址召民領建
認租商等願照議估之數按年認租銀一千一百十
七兩零即作爲鹽務公地擬建神祠俾商等得申報
饗之誠更與商民風水有裨等情臣復詢之鹽臣普
福據稱實出衆商情願臣查揚州營教場設於闤
闠之地於操演兵丁既多未便自應另行改建以

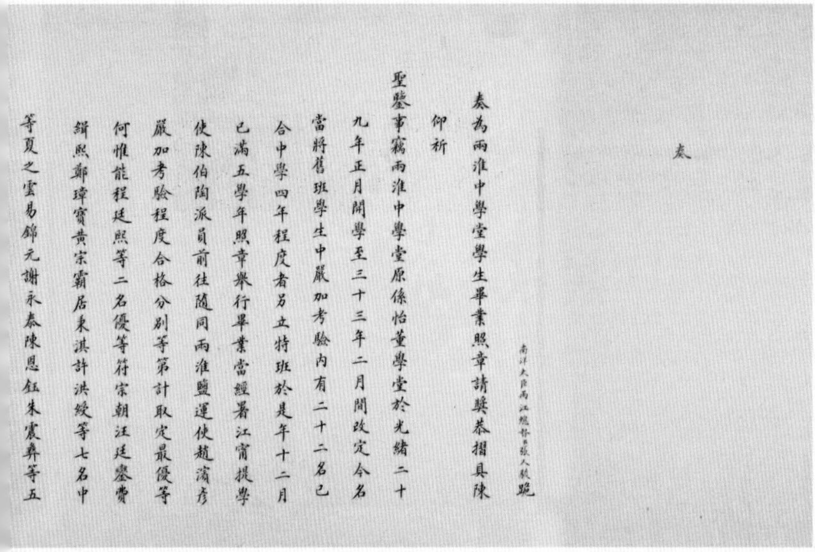
奏
南洋大臣兩江總督臣張人駿跪
奏爲兩淮中學堂學生畢業照章請獎恭摺具陳
仰祈
聖鑒事竊兩淮中學堂原係怡董學堂於光緒二十
九年正月開學至三十三年二月間改定今名
當將舊班學生中嚴加考驗内有二十二名已
合中學四年程度者另立特班於是年十二月
已滿五學年照章舉行畢業當經署江甯提學
使陳伯陶派員前往隨同兩淮鹽運使趙濱彦
嚴加考驗程度合格分別等第計取定最優等
何惟能程廷熙等二名優等符宗朝汪廷鑾費
錫熙鄭璋寶黃宗霸居秉淇許洪綬等七名中
等夏之雲易錦元謝永泰陳恩鈺朱震彝等五

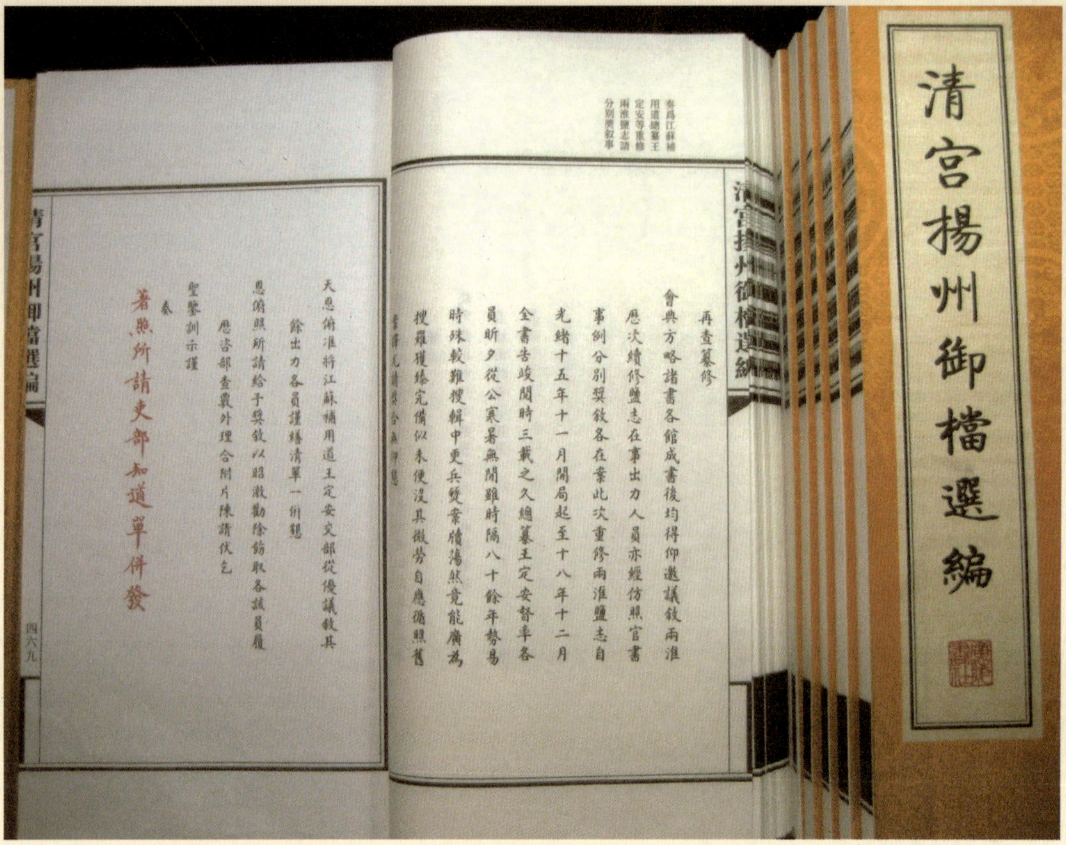

一函6册的《清宫扬州御档选编》

清代地契

保管单位：扬州市档案馆

内容及评价：

地契是典押、买卖土地时双方订立的法律文据，载明土地数量、坐落地点、四至边界、地价以及典、买条件等，由当事人双方和见证人签字盖章，是转让土地所有权的证明文件。清代地契总体上是采取“民写官验”的方式，即先由买卖双方自行协商，书写买卖地契，然后由官府进行验核。所谓“官验契”，即在民写地契上加盖当时州县官印，收取契税，表示官方对地契的承认，从而由“白契”变成“红契”。目前扬州市档案馆藏有清代康熙七年（1668）至宣统二年（1910）的地契39件。其中一部分为红契，书写完整，纳税银库收印契、纳户执照、交易人、中间人签字画押和印章齐备，也有一部分未经官府认证的白契。这些馆藏地契品相完好，字迹清晰，对于研究清朝扬州境内土地管理、交易情况具有一定的史料价值。

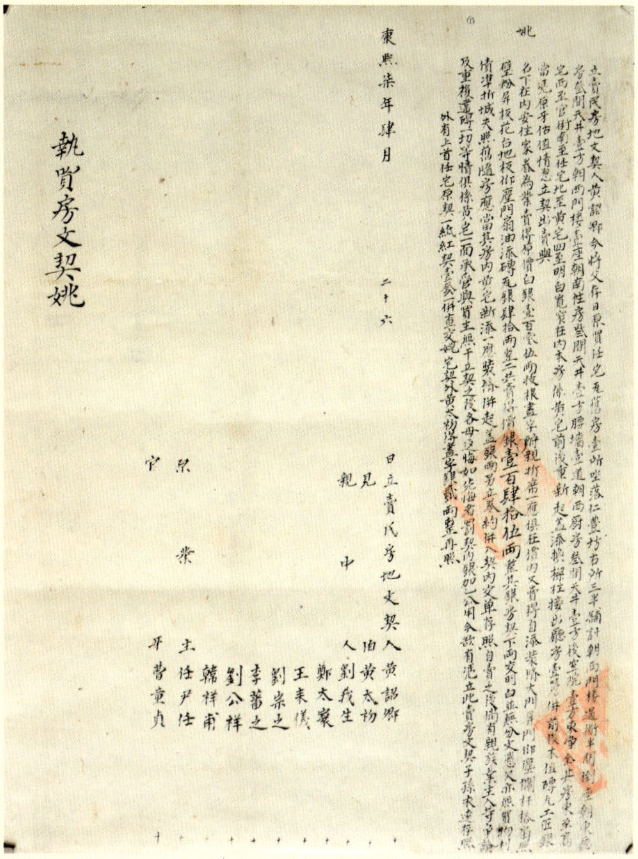

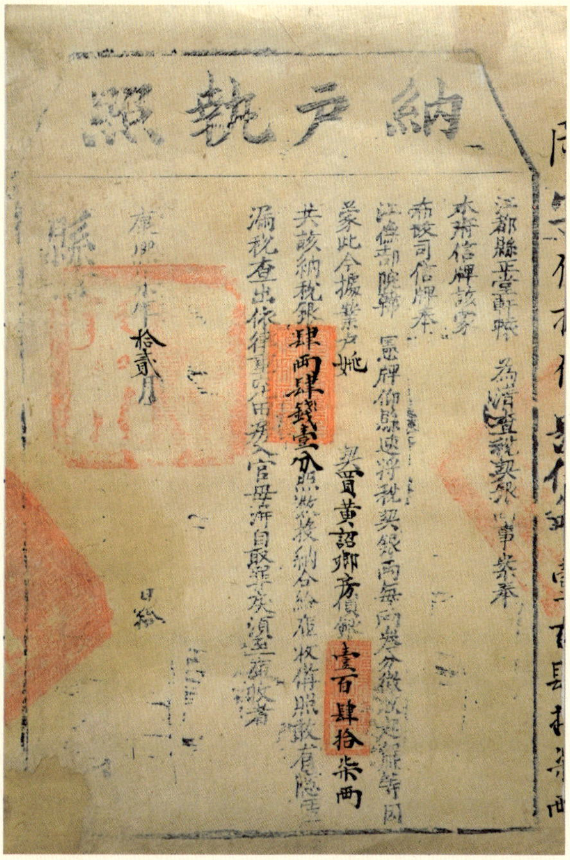

康熙年间地契

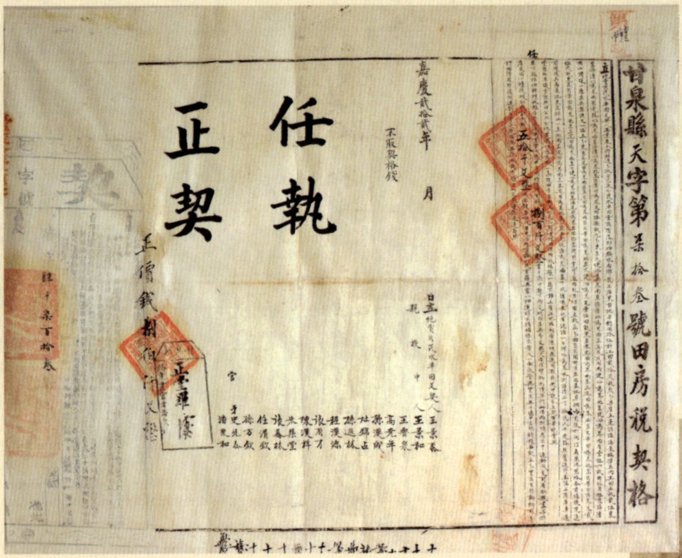

嘉庆年间地契

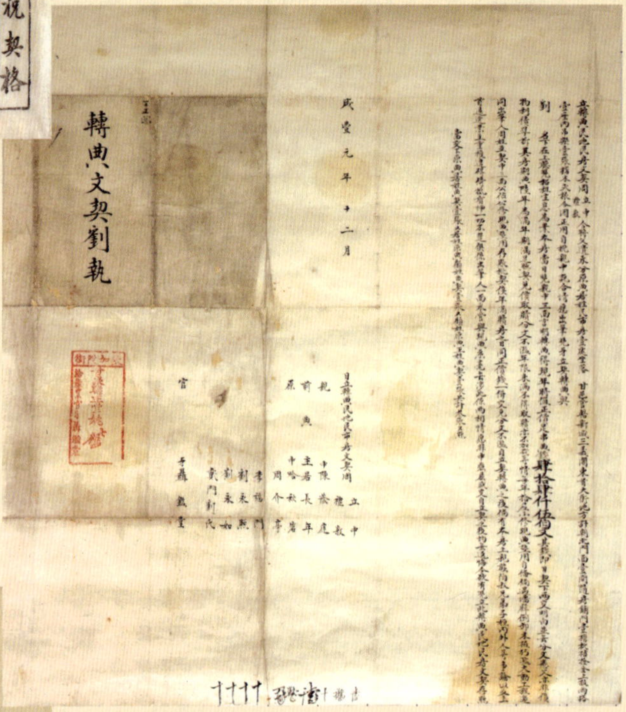

咸丰年间地契

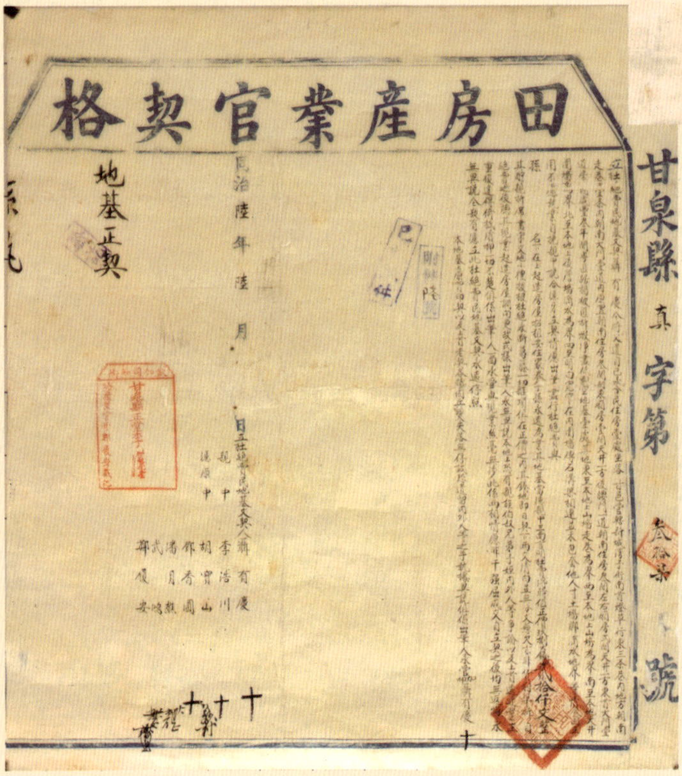

同治年间地契

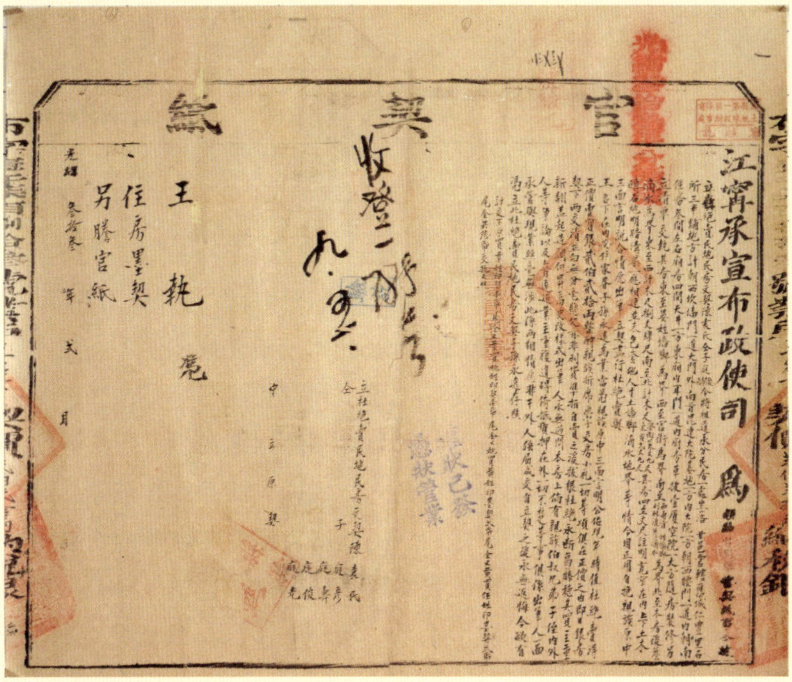

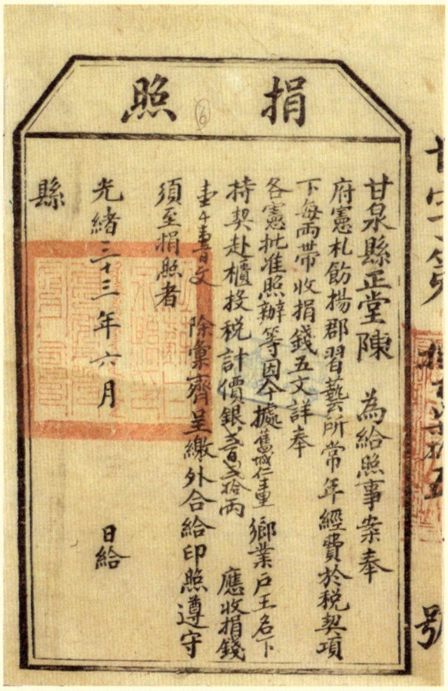
捐照
甘泉縣正堂陳 為給照事案奉
府憲札飭揚郡習藝所常年經費於稅契項下每兩帶收捐錢五文詳奉
各憲批准照辦等因今據業戶王名下持契赴櫃投稅計價銀 兩應收捐錢 除彙齊呈繳外合給印照遵守須至捐照者
光緒三十三年六月 日給
縣

光绪年间地契

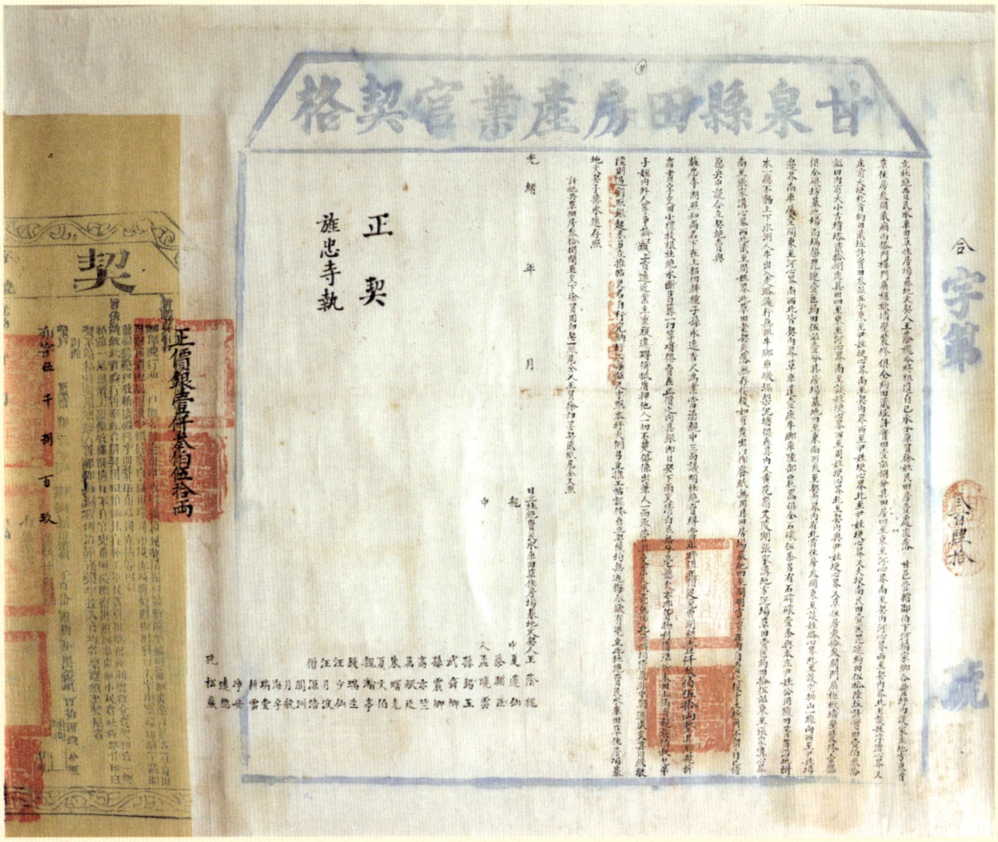

光绪年间旌忠寺地契

清代扬州舆图

保管单位： 扬州市档案馆

内容及评价：

扬州市档案馆从中国第一历史档案馆复制清代图志24幅，其中水利图8幅、园林图和区域图各6幅、城防图和地域图各2幅。主要有《扬州府舆图》《扬州行宫名胜全图》《扬州水陆设防舆图》《沟洫围圩图》《京城至扬州沿河地区图》《兴修水利图》以及天宁寺、高旻寺、康山草堂构建图等。这些舆图从各个侧面反映了清代扬州的疆域四至、地势高程、水系分布等情况，部分舆图还详细描绘了扬州清代园林建设、水利工程、城防等方面的真实景象，以及扬州所领属宝应、高邮、仪征、江都、甘泉等县沟洫围圩情况。《扬州行宫名胜全图》则详细记录了乾隆第二次南巡之前，扬州府为迎驾乾隆皇帝南巡所建的湖上园林全景及迎驾线路，一览此图，便可完全领略清代扬州的繁华盛景。这些图志制作精美、标志清晰、文字说明言简意赅、书写端庄秀丽，对研究清代扬州疆域、水系、水利工程、农田围圩、浚河漕运以及寺院、景点构建等都有极高的史料价值。

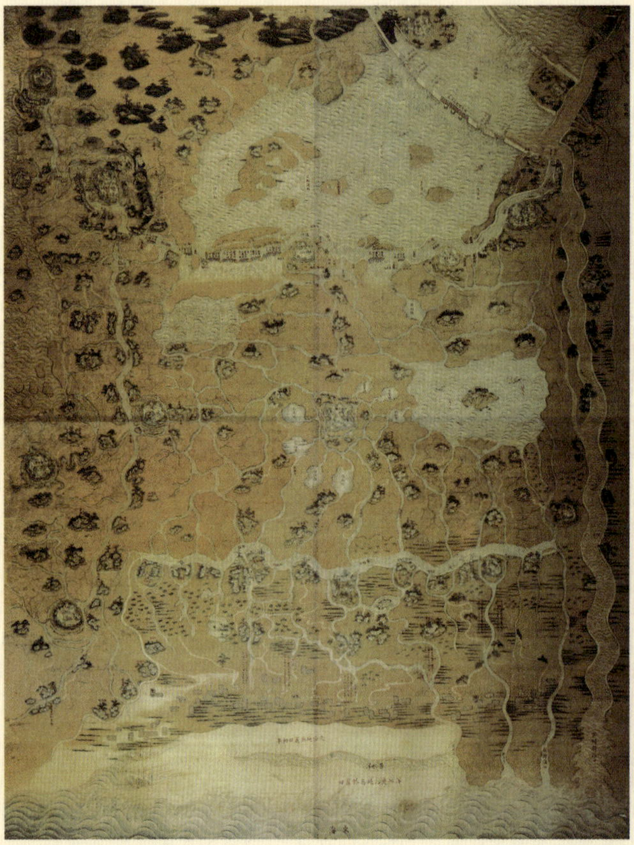

江苏淮扬高宝七邑水利图

江苏扬州水陆御道总图

康山图

平山堂图

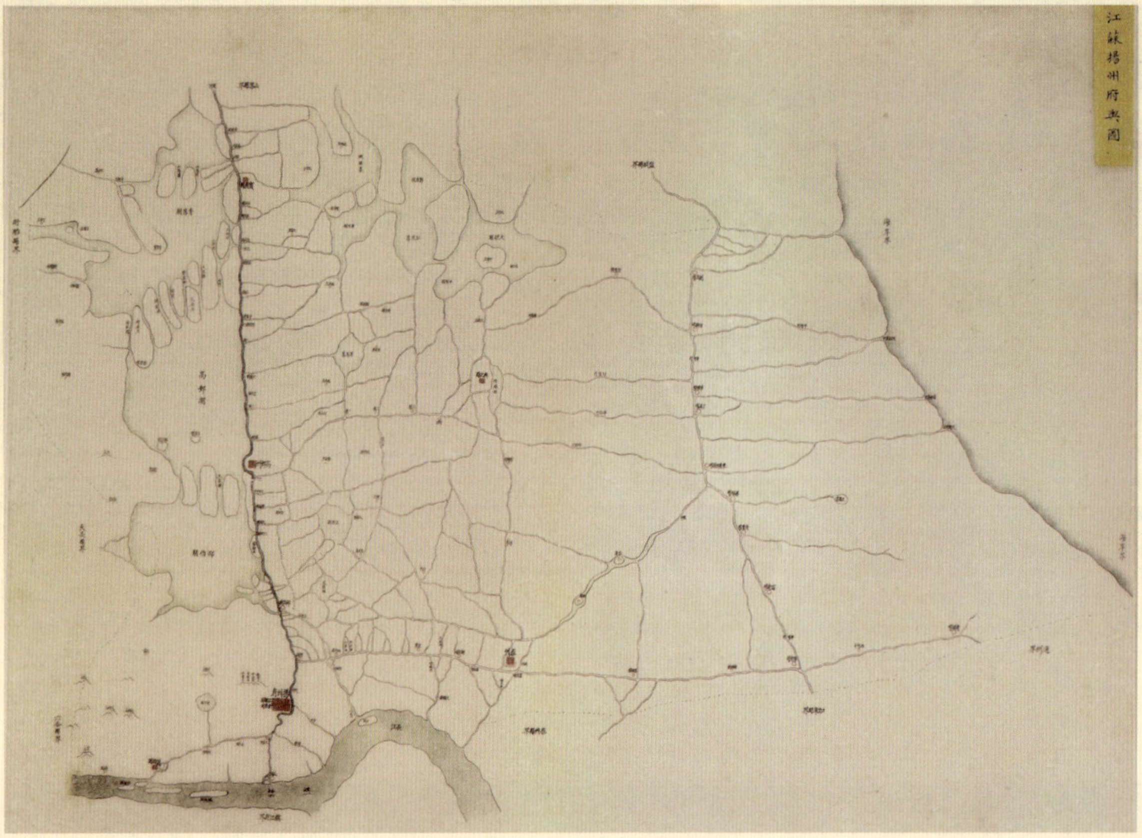

扬州府舆图

山东交界至高旻寺行宫乾隆南巡线路图

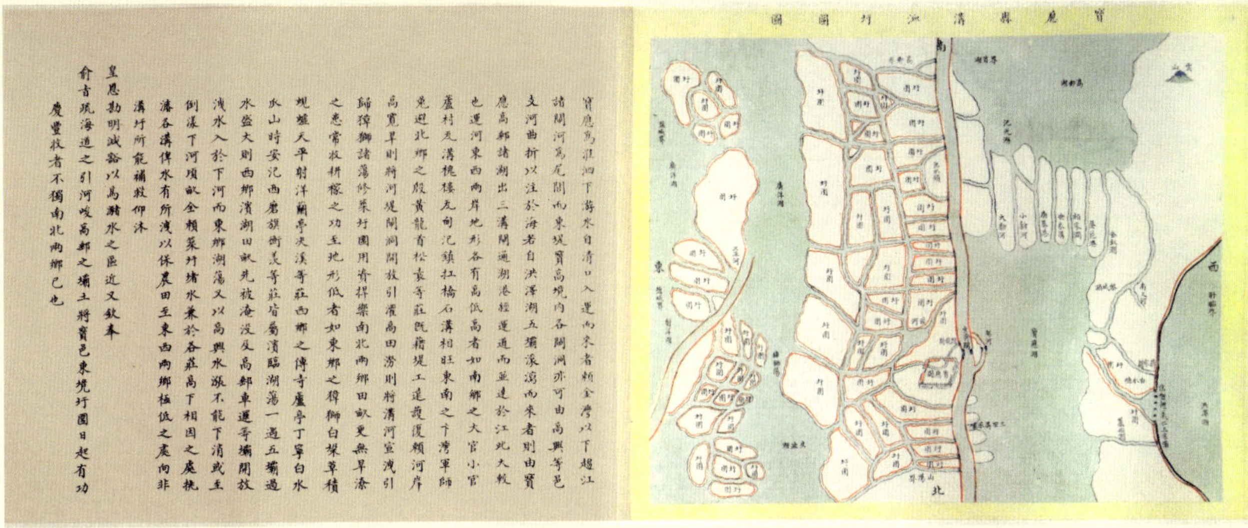

寶應爲淮泗下游水自清口入運而來者頼金灣以下越江諸閘河爲尾閭而東堤實高境内各閘洞亦可由高興等邑支河曲折以注於海者自洪澤湖五壩漲溢而來者則由寶應高郵諸湖出三溝閘涵洞港經運道而並達於江此大較也運河東西兩岸地形各有高低高者如南鄉之大官小官蘆村夾溝槐樓夾甸氾鎮杠橋石溝相旺東南之下灣軍師兔迎北鄉之殷黄龍有松袁等莊既藉堤工遮蔽復頼河岸高寛旱則將河堤閘洞閘放引灌高田澇則將清河宣洩引歸獐獅諸蕩修築圩圍用資捍禦南北兩鄉田畝更無旱潦之患常收耕稼之功至地形低者如東鄉之獐獅白榮草積規蟠天平射洋蘭亭決溪等莊西鄉之傅寺盧亭丁寧白水永山時安汜西唐旗衡羡等莊皆爲瀕臨湖蕩一遇五壩過水盛大則西鄉瀕湖田畝先被淹没及高郵車邏等壩開放洩水入於下河而東鄉湖蕩又以高興水漲不能下消或至倒漾下河頃畝全頼築圩堵水兼於各莊高下相因之處挑濬各溝俾水有所洩以保農田至東西兩鄉極低之處向非溝圩所能補救仰沐

皇恩勤明減壩以爲黏水之區近又欽奉

俞旨疏海道之引河竣高郵之壩土將寶邑東境圩圍日起有功

慶豐收者不獨南北兩鄉已也

宝应县沟洫圩围图

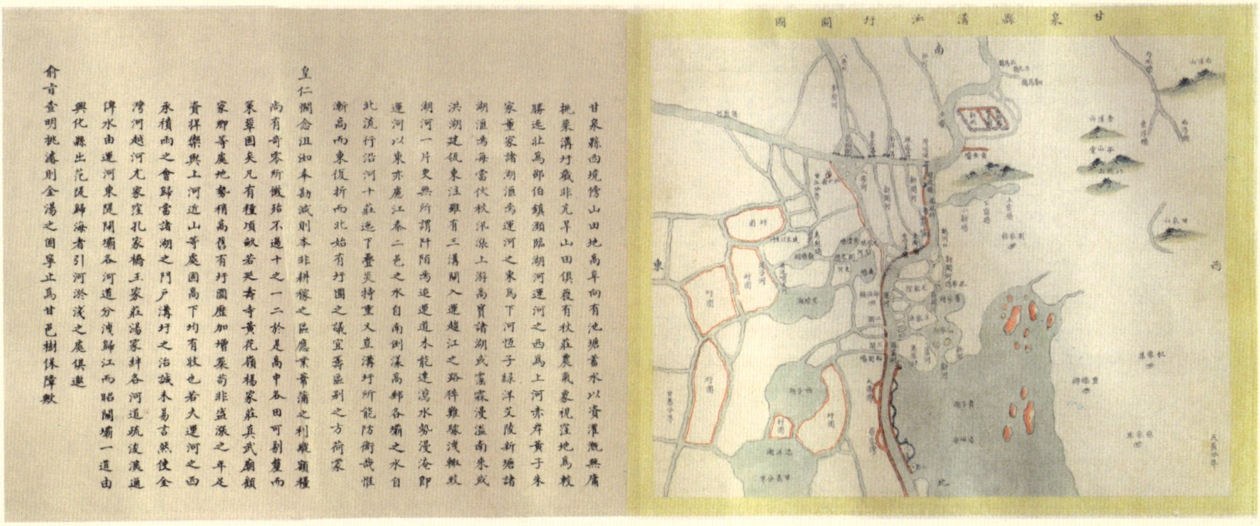

甘泉縣西境傍山田地高阜向有池塘蓄水以資灌溉無庸挑築溝圩歲非亢旱山田俱獲有秋莊農氣象視窪地爲較勝迤北爲邵伯鎮瀕臨湖河運河之西爲上河赤岸黄子朱家董家諸湖滙爲運河之東爲下河恆子緑洋艾陵新塘諸湖滙爲每當伏秋汛漲上游高寶諸湖或霪霖漫溢南來或洪湖建瓴東注雖有三溝閘入運趨江之路猝難騰洩輒致湖河一片更無所謂阡陌爲迨運道未能速瀉水勢浸淹即運河以東亦應江春二邑之水自南倒漾高郵各壩之水自北流行沿河十莊迤下疊災特重又豈溝圩所能防衛哉惟漸高而東復折而北始有圩圍之議宜籌區別之方荷蒙

皇仁憫念沮洳本勘減則本非耕稼之區應業葦蒲之利雖顆粒尚有奇零所徵殆不過十之一二於是高中各田可剷蔓而築圩圍矣凡有種頃畝若吴壽寺黄花嶺楊家莊真武廟顏家卿等處地勢稍高舊有圩圍歷加增築苟非盛漲之年足資捍禦與上河近山等處固高下均有收也若大運河之西承積雨之會歸雷諸湖之門户溝圩之治誠未易言然使金灣河越河尤家窪孔家橋王家莊湯家井各河道疏浚深通俾水由運河東隄閘壩各河道分洩歸江而昭關壩一道由興化縣出范隄歸海者引河淤淺之處俱邀

俞旨查明挑濬則金湯之固寧止爲甘邑樹保障歟

甘泉县沟洫圩围图

扬州行宫名胜全图

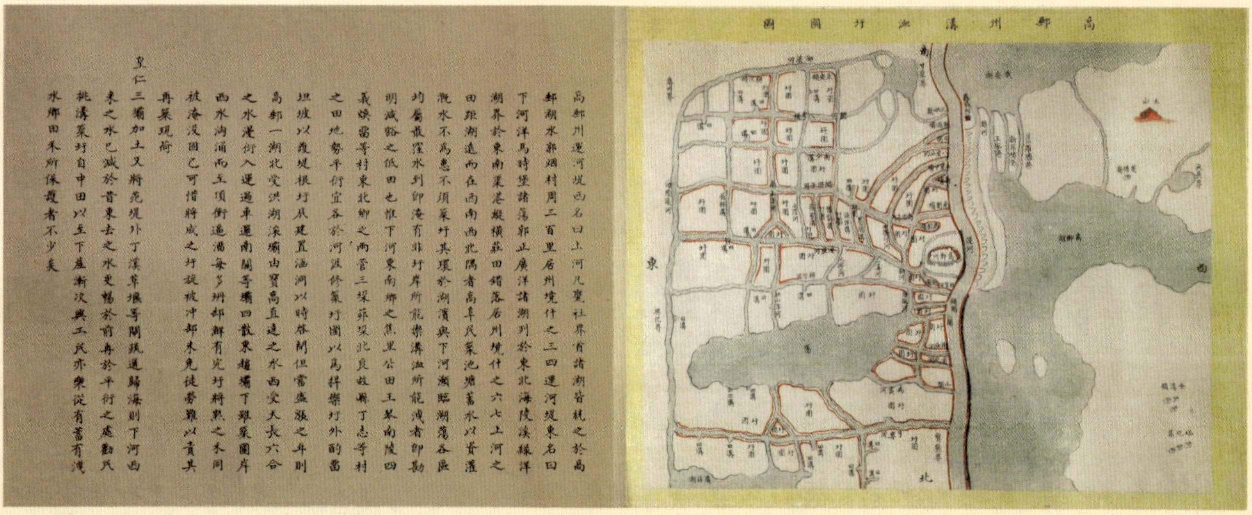

高郵州運河堤西名曰上河凡甕社界首諸湖皆統之於高
郵湖水郭烟村周三百里居州境什之三四運河堤東名曰
下河洋馬時堡諸蕩郭正廣洋諸湖列於東北海陵溪綠洋
湖界於東南渠港縱橫莊田錯落居州境什之六七上河之
田距湖遠而在西南西北隅者高阜民築池塘蓄水以資灌
溉水不爲患不須築圩其環於湖濱與下河瀕臨湖蕩各區
均屬最窪水到即淹有非圩岸所能禦溝洫所能洩者即勘
明減略之低田也惟下河東南鄉之焦里公田王琴南陵四
義焕雷等村東北鄉之兩營三垛菲垛北良敢灘丁志等村
之田地勢平衍宜各於河涯修築圩圍以爲捍禦圩外酌留
坦坡以鞏堤根圩内建置涵洞以時啓閉但當盛漲之年則
高郵一湖北受洪湖滚壩由寶高直達之水西受天長六合
之水漫衍入運遇車邏南關等壩四散東趨壩下羣築圍岸
西水洶涌而至頂衝遇溜每多坍卸鮮有完圩將熟之禾間
被淹沒固已可惜將成之圩旋被沖卸不免徒勞難以責其
再築現荷
皇仁三壩加土又將堤外丁漢草堰等閘疏通歸海則下河西
來之水已減於昔東去之水更暢於前再於平衍之處勸民
挑濬築圩自中田以至下蕩漸次興工民亦樂從有蓄有洩
水鄉田禾所保護者不少矣

高邮州沟洫圩围图

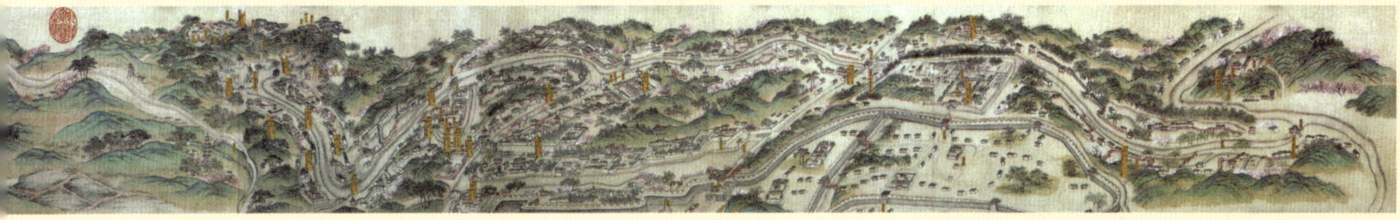

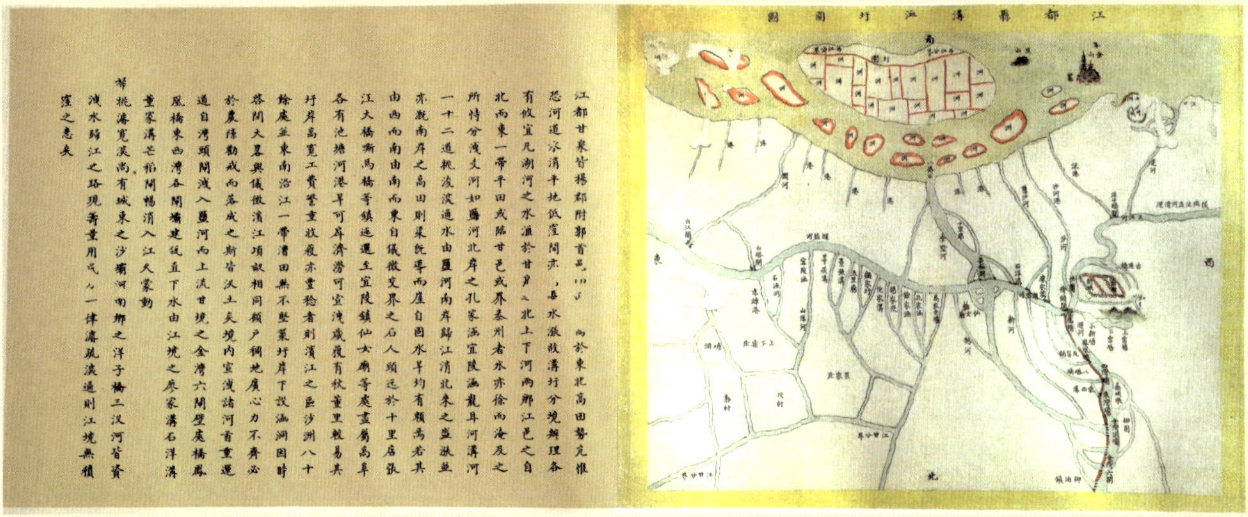

江都县沟洫圩围图

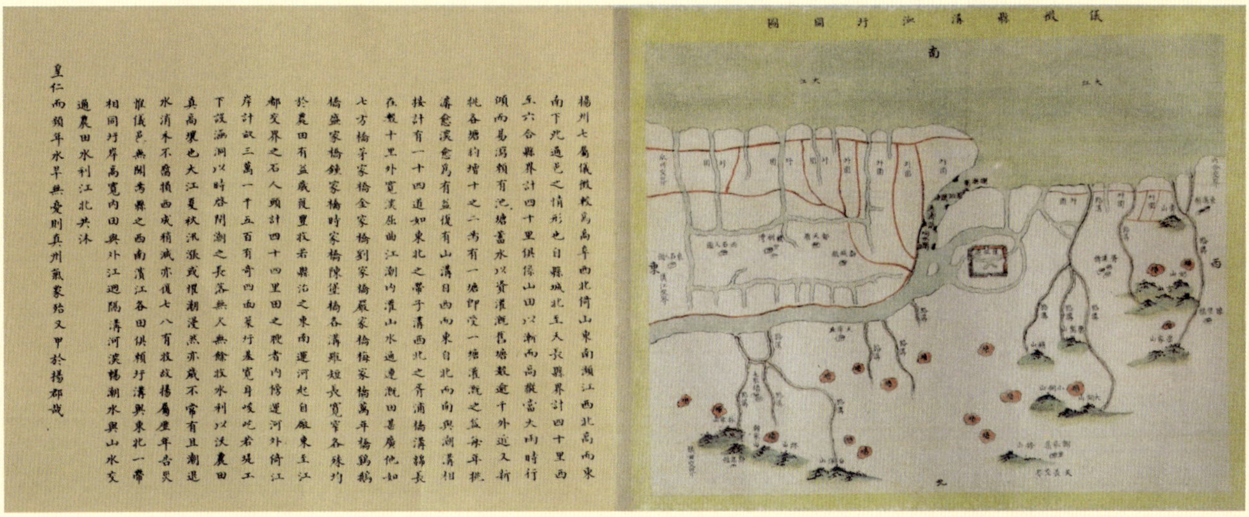

仪征县沟洫圩围图

清末民初时殿元的修业证书、毕业文凭及委任状

保管单位：仪征市档案馆

内容及评价：

该系列档案为仪征籍人士时殿元分别在光绪三十四年（1908）、宣统元年（1909）、辛亥年（1911）和1912年所取得的修业证书和毕业文凭以及毕业后担任有关职务时的委任状。其个人档案共计10件，有扬州府中学堂考试成绩、毕业文凭，有担任教育部门和乡公所学务委员的委任状等。这些档案较为直观地反映出光绪末年、宣统年间至民国初期几个特殊历史时期，学校的课程设置、学生的评价体系等社会教育状况，以及担任公职所履行的手续等情况。作为个人档案，历经多年还能较为齐全完整地保存至今，实属珍贵，对于了解和研究清末民初扬州地方中等教育以及社会风貌具有较高的史料价值。

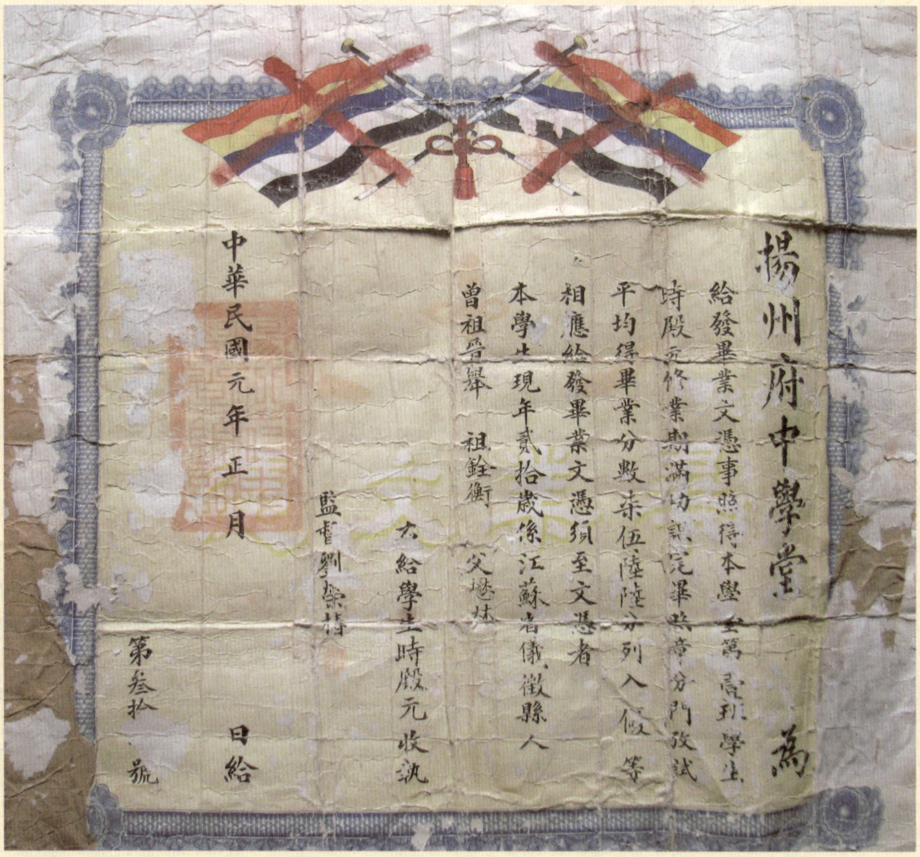

揚州府中學堂　為
給發畢業文憑事照得本學堂第壹班學生
時殿元修業期滿功課完畢照章分門攷試
平均得畢業分數柒伍陸陸分列入優等
相應給發畢業文憑須至文憑者
本學生[illegible]現年貳拾歲係江蘇省儀徵縣人
曾祖晉舉　祖銓衡　父樾林
右給學生時殿元收執
監督劉榮楷
中華民國元年正月　日給
第叁拾　號

扬州府中学堂毕业文凭

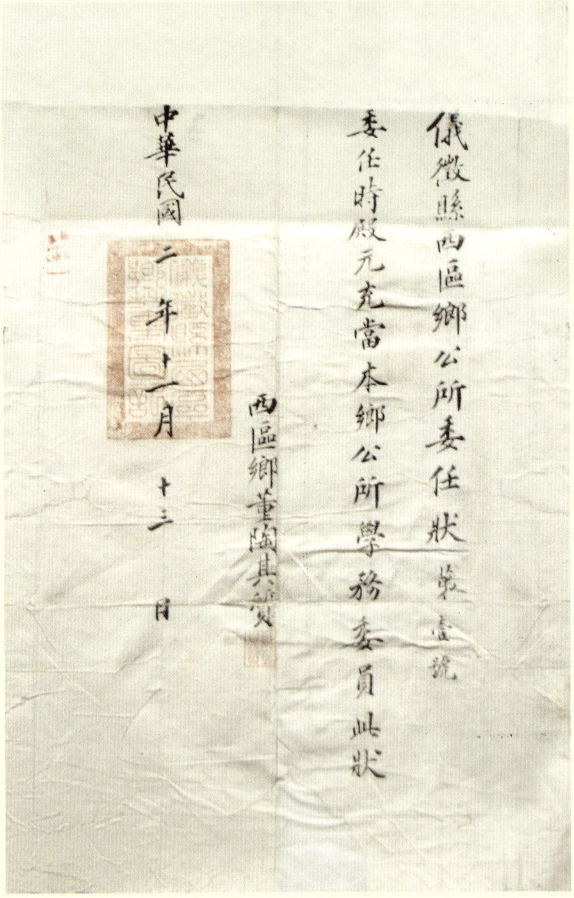

儀徵縣西區鄉公所委任狀第壹號
委任時殿元充當本鄉公所學務委員此狀
西區鄉董陶其賓
中華民國二年十一月十三日

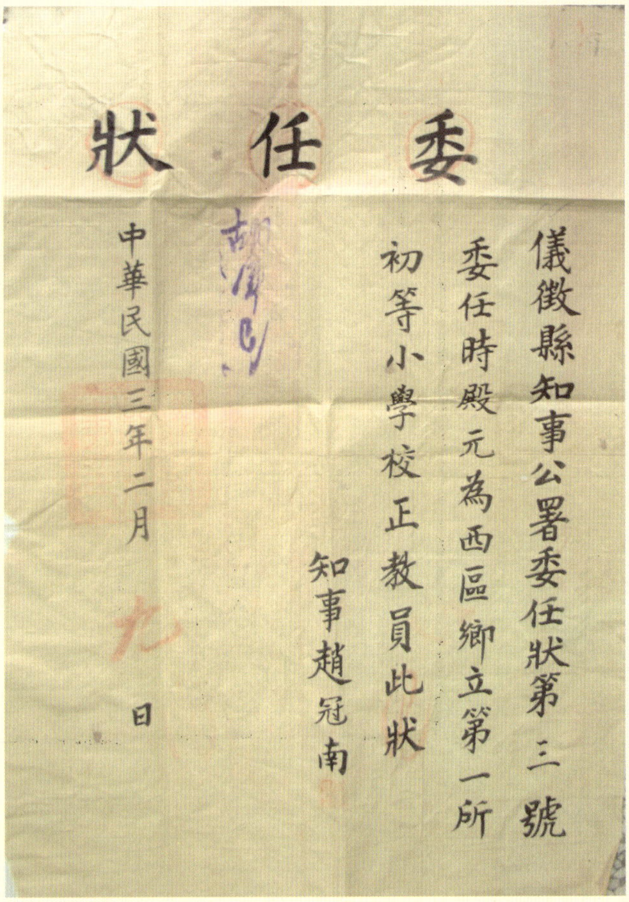

委任狀
儀徵縣知事公署委任狀第三號
委任時殿元為西區鄉立第一所
初等小學校正教員此狀
知事趙冠南
中華民國三年二月九日

教员委任状

教員許可狀第一三九號
茲許可時殿元為高等小
學校本科正教員此狀
江蘇省檢定委員會
中華民國七年 月 日

教员许可状

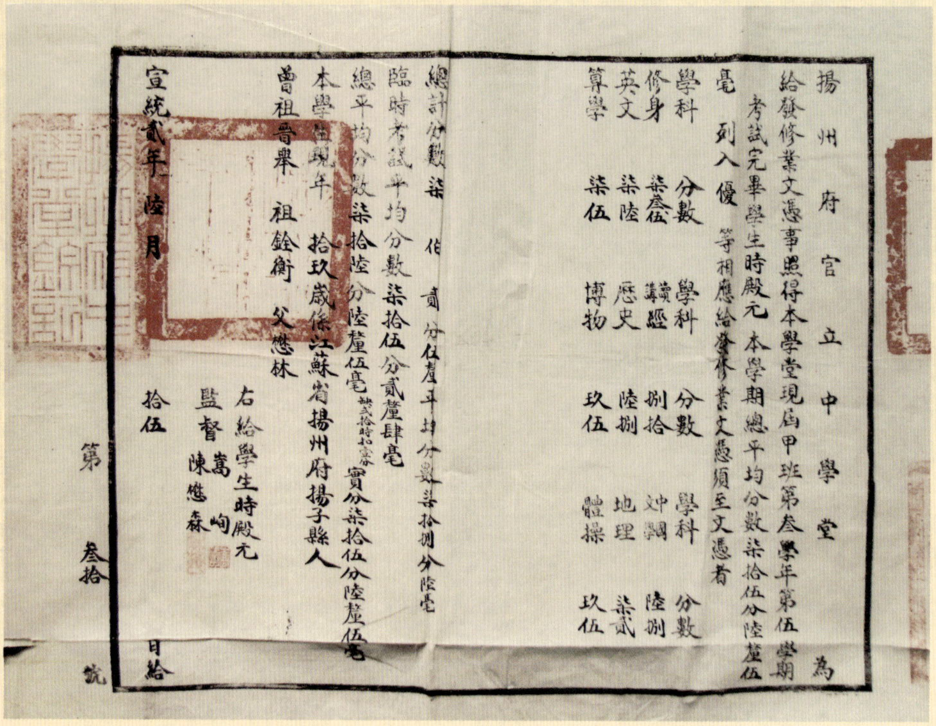

揚州府官立中學堂 為
給發修業文憑事照得本學堂現屆甲班第叁學年第伍學期
考試完畢學生時殿元本學期總平均分數柒拾伍分陸釐伍
毫列入優等相應給發修業文憑須至文憑者

學科	分數	學科	分數	學科	分數
修身	柒叁伍	讀經講經	捌拾	中國文學	陸捌
英文	柒陸	歷史	陸捌	地理	柒貳
算學	柒伍	博物	玖伍	體操	玖伍

總計分數柒佰貳分伍釐 平均分數柒拾捌分陸毫
臨時考試平均分數柒拾伍分貳釐肆毫
總平均分數柒拾陸分陸釐伍毫 [illegible] 實分柒拾伍分陸釐伍毫
本學生現年拾玖歲係江蘇省揚州府揚子縣人
曾祖晉舉 祖銓衡 父懋林
右給學生時殿元
監督 萬峋 陳懋森
宣統貳年陸月拾伍日給
第叁拾號

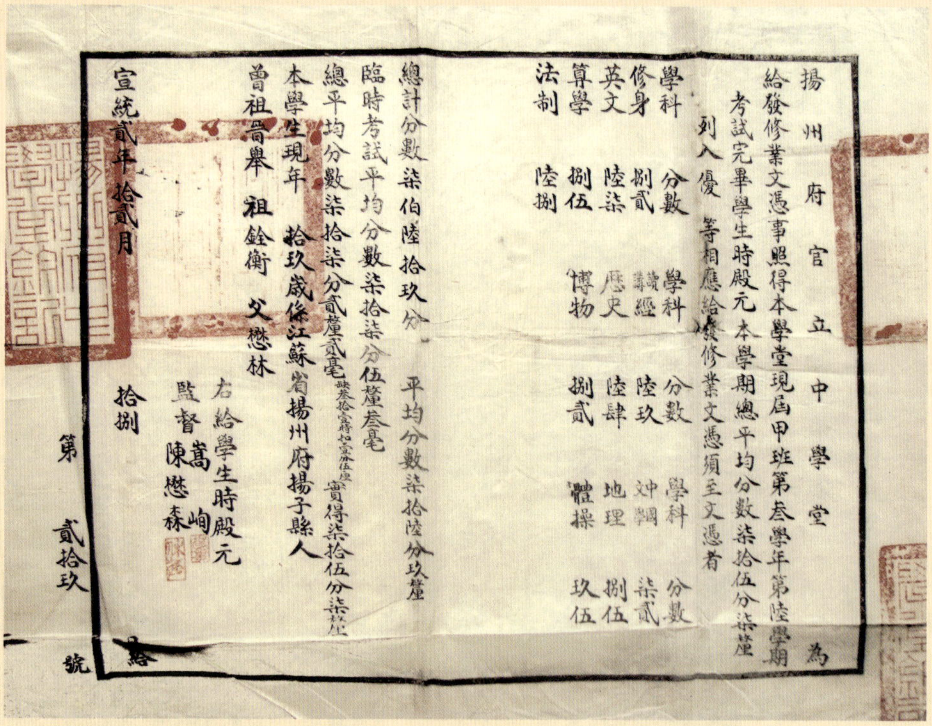

揚州府官立中學堂 為
給發修業文憑事照得本學堂現屆甲班第叁學年第陸學期
考試完畢學生時殿元本學期總平均分數柒拾伍分柒釐
列入優等相應給發修業文憑須至文憑者

學科	分數	學科	分數	學科	分數
修身	捌貳	讀經講經	陸玖	中國文學	柒貳
英文	陸柒	歷史	陸肆	地理	捌伍
算學	捌伍	博物	捌貳	體操	玖伍
法制	陸捌				

總計分數柒佰陸拾玖分 平均分數柒拾陸分玖釐
臨時考試平均分數柒拾柒分伍釐叁毫
總平均分數柒拾柒分貳釐貳毫 [illegible] 實得柒拾伍分柒釐
本學生現年拾玖歲係江蘇省揚州府揚子縣人
曾祖晉舉 祖銓衡 父懋林
右給學生時殿元
監督 萬峋 陳懋森
宣統貳年拾貳月拾捌日給
第貳拾玖號

扬州府中学堂修业文凭

张謇手书《通州师范学校手牒》

保管单位：扬州大学档案馆

内容及评价：

《通州师范学校手牒》又称《张謇撰教育手牒》，清宣统元年六月初版，宣纸线装本，由中国图书公司印刷发行。“手牒”即为便于携带的手册。该手牒主要记载了通州师范学校（扬州大学前身）校舍建设进程情况以及张謇对教学管理和课程建设的点滴思想，反映了张謇经营教育的艰辛境况和策进师生的恳切心情。《手牒》曾在江苏教育总会举办的全省学校成绩展览会上展出。

张謇（1853~1926），字季直，又称张季子，号啬庵。出生于江苏省海门常乐镇，清同治八年（1869）考中秀才，1885年考中举人，光绪二十年（1894）慈禧太后六十大寿设恩科会试，考中状元，授翰林院修撰。宣统元年（1909）被推为江苏咨议局议长。1910年，发起国会请愿活动。1911年任中央教育会长、江苏议会临时议会长、江苏两淮盐总理。南京国民政府成立后，任实业总长。1912年任北洋政府农商总长兼全国水利总长，1914年兼任全国水利局总裁。后因目睹列强入侵，国事日非，毅然弃官，走上实业教育救国之路。张謇是中国近代著名的实业家、教育家，是我国近代民族工业的开拓者之一。1902年创办了通州师范学校和通海农学堂。私立通州师范学校在中国近代教育史上属于首创，孙中山先生称之为“开全国之先河”。1907年创办了农业学校和女子师范学校，1912年创办了医学专门学校和纺织专门学校；后来，农、医、纺三所学校合并成为南通学院。张謇一生创办了企业20多个、学校370多所，为我国近代民族工业的兴起、教育事业的发展作出了重要贡献。毛泽东曾说过“中国的轻工业不能忘记张謇”。

通州师范学校手牒封面

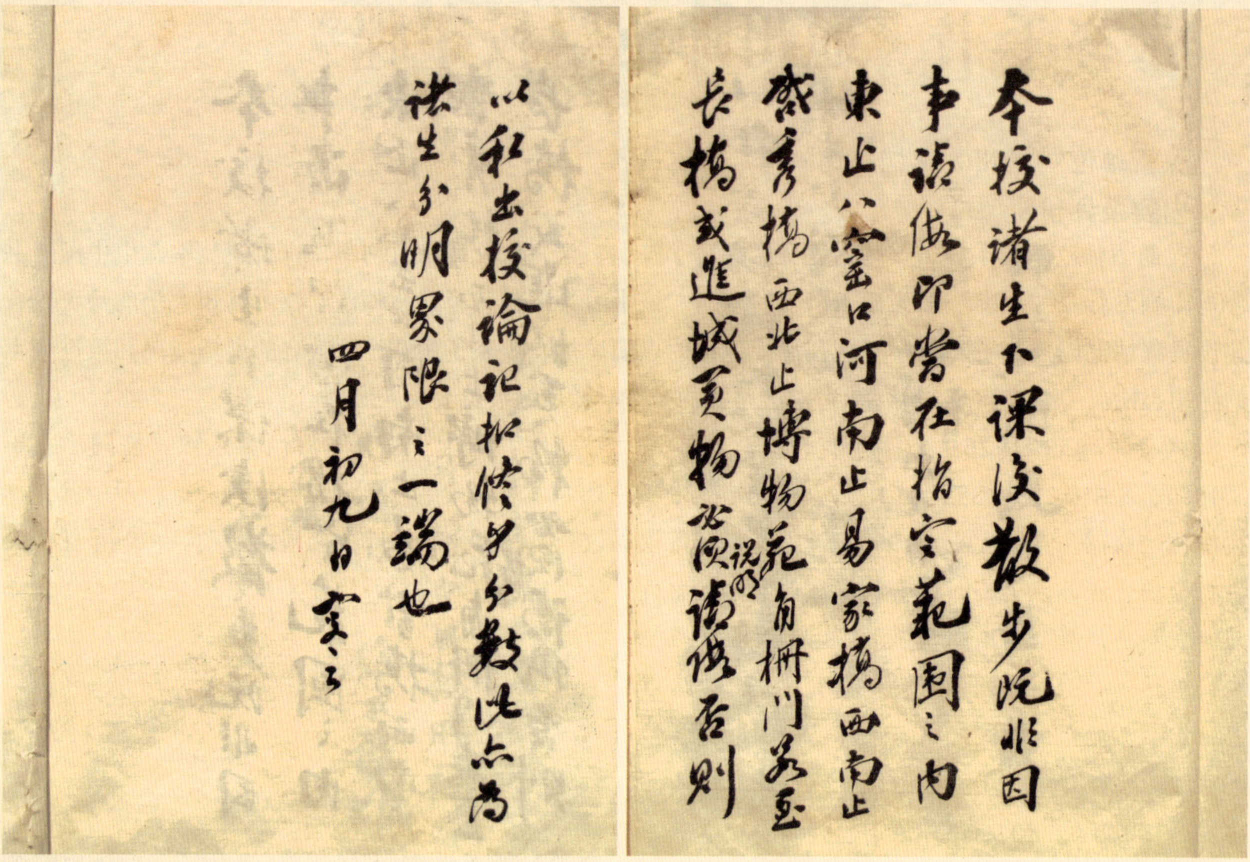
本校諸生下課後散步既非因
事請假即當在指定範圍之内
東止八窑口河南止易家橋西南止
啓秀橋西北止博物苑角栅门若至
長橋或進城買物必須說明請假否則
以私出校論記扣修身分數此亦為
諸生分明界限之一端也
四月初九日 謇

通州师范学校手牒

全文：

本校诸生下课后散步，既非因事请假，即当指定范围之内。东止八窑口，河南止易家桥，西南止启秀桥，西北止博物苑角栅门。若至长桥或进城买物，必须说明请假，否则以私出校论记。扣修身分数。此亦为诸生分明界限之一端也。

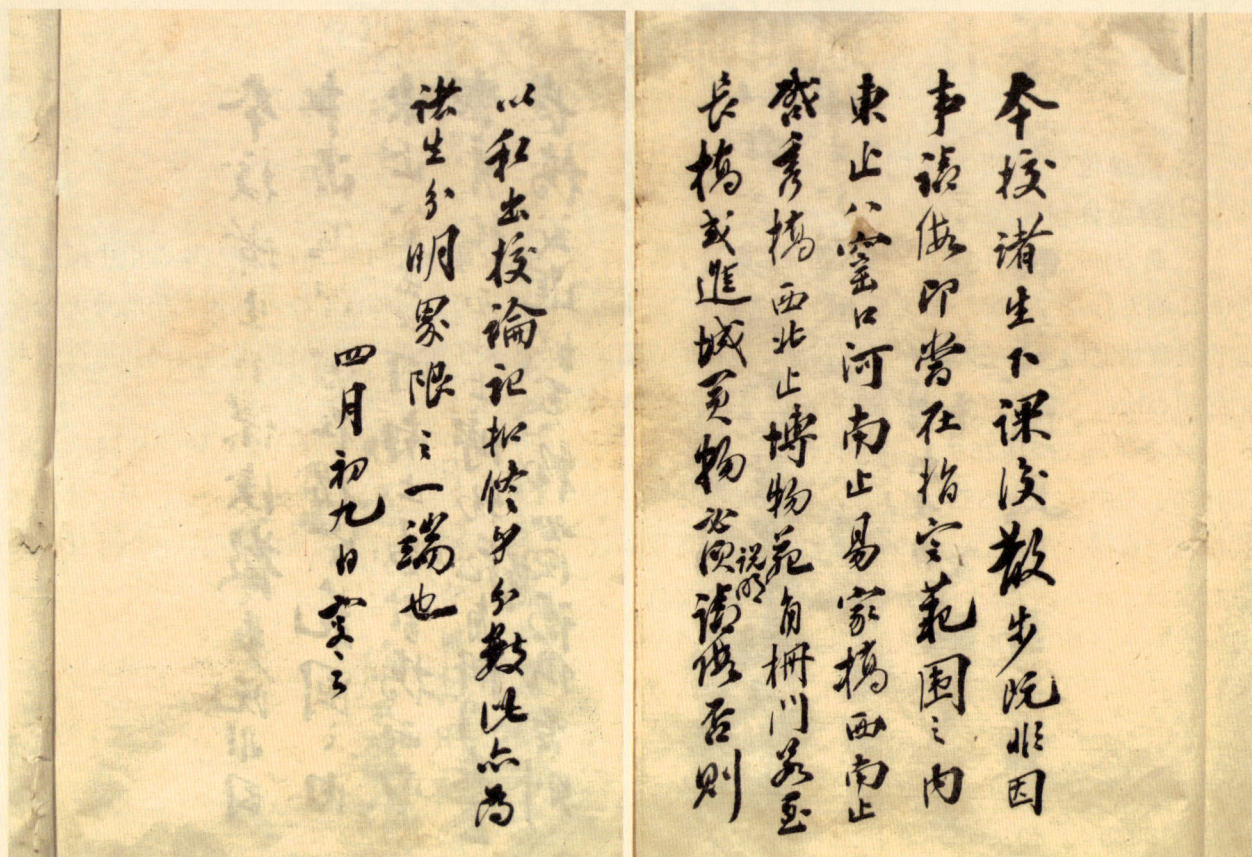

全文：

国文为通各科学之精神，算术与之并重。故国文必期适用，与美术国文有别。美术国文者，华藻之文也。实用国文者，切事切理之文也。然若不能通贯，如何能切事切理。不常读常作，如何能通贯。不通贯之国文，即不适用。施于实业，工手一例之技能耳。拟于师范，则误人益甚。本校诸生将俱无高尚技能之思想乎，闻诸生有言曰：文止须实业有用，不必人人能为国粹之文，又曰：……

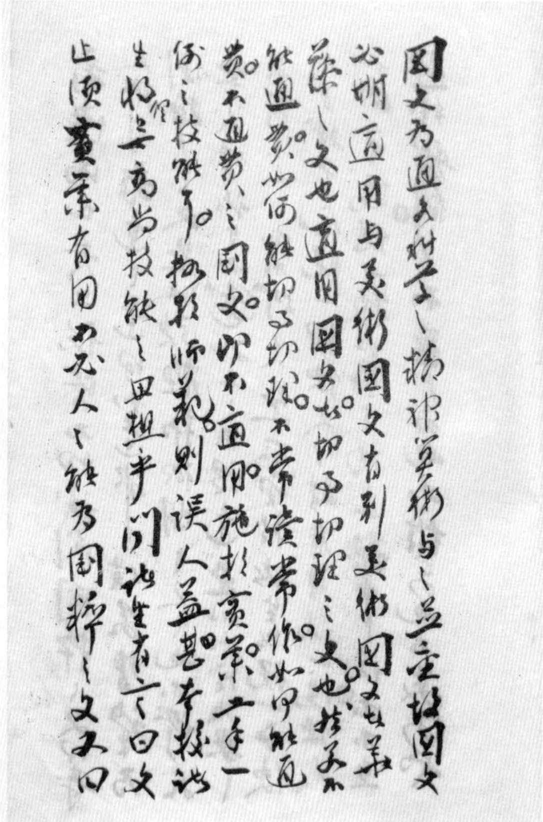
国文为通各科学之精神，算术与之并重，故国文必期适用，与美术国文有别。美术国文者，华藻之文也；适用国文者，切事切理之文也。然若不能通贯，如何能切事切理？不常读常作，如何能通贯？不通贯之国文，即不适用，施于实业，工手一例之技能耳；拟于师范，则误人益甚。本校诸生将俱无高尚技能之思想乎？闻诸生有言曰：文止须实业有用，不必人人能为国粹之文，又曰

通州师范学校手牒

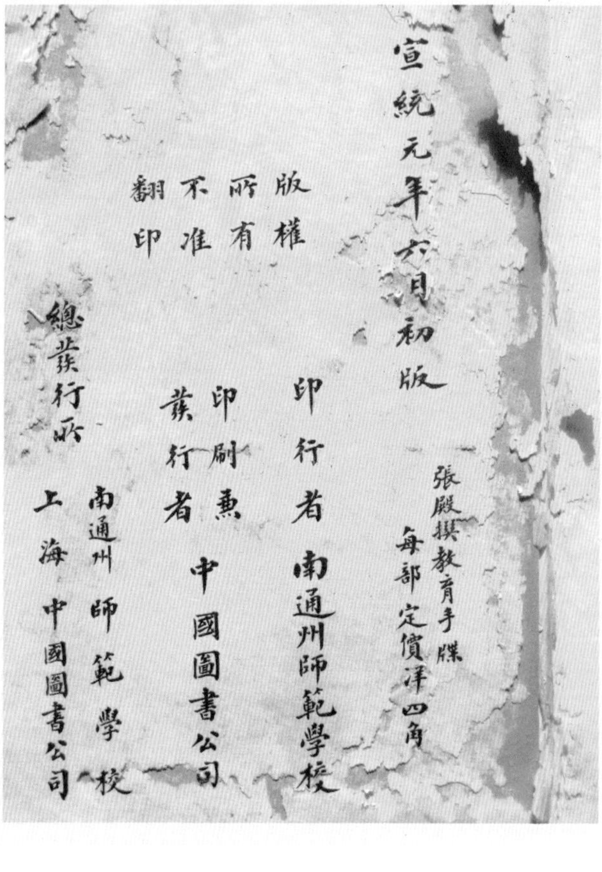
宣統元年六月初版

版權所有 不准翻印

張殿撰教育手牒 每部定價洋四角

印行者 南通州師範學校

印刷兼發行者 中國圖書公司

總發行所 南通州師範學校 上海中國圖書公司

通州师范学校手牒版权页

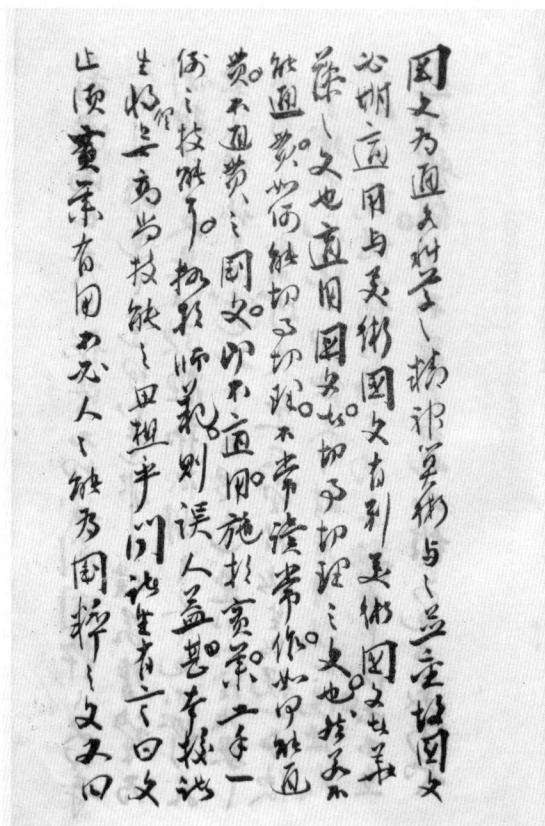

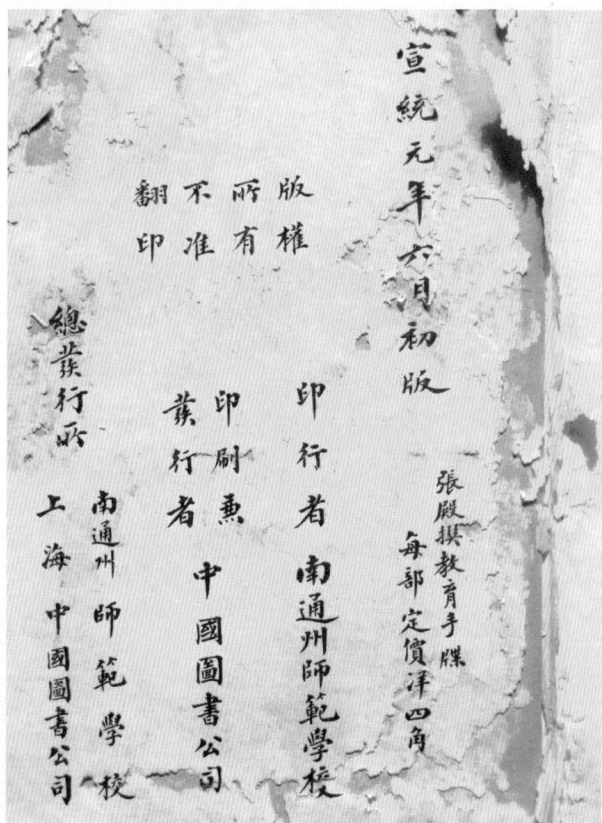

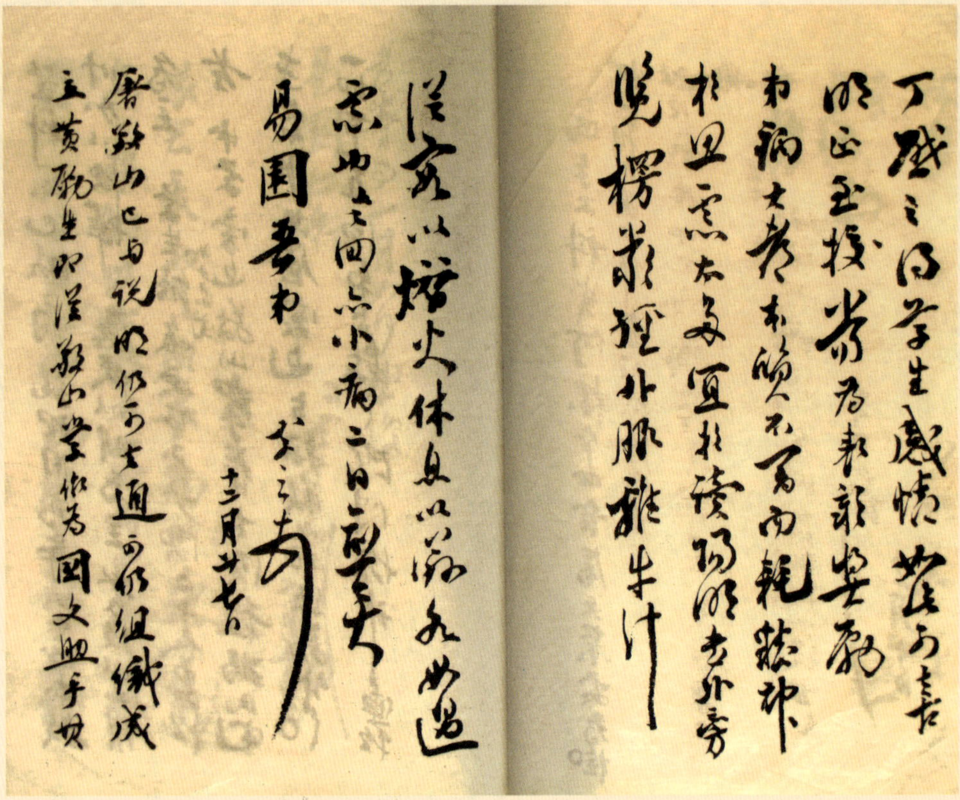

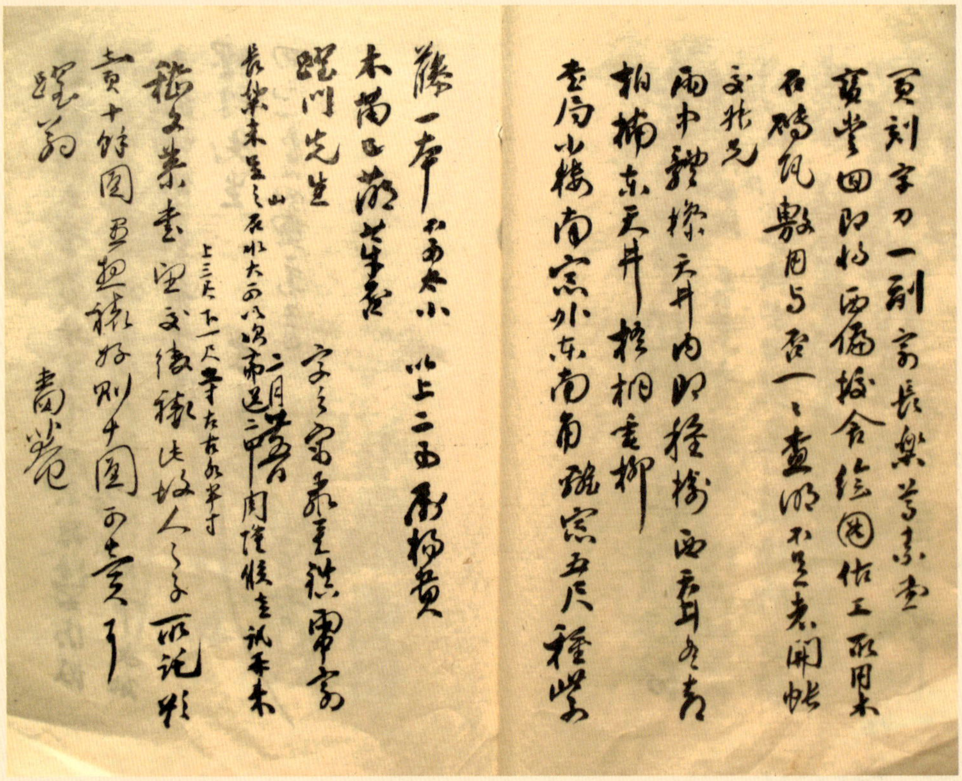

通州师范学校手牒内页

大清最新文武升官全图

保管单位：仪征市档案馆

内容及评价：

升官图，又名彩选格、选官图，是中国古代的游戏图板，产生年代不详，据传为明代倪元璐所创，亦传创自唐代。升官图游戏是一种依靠转动四面陀螺赌赛的图版游戏，参与者在一幅标志着各种官衔的图板上操作，从白丁起始，依照转动陀螺获得的判语升迁贬黜，以最先升任最高官者为胜。此类游戏图版，在不同的历史时代具体表现形式不同，最流行的升官图是依照明代官制编写的，依清代官制编制的也有很多。民国之后，还出现了从小学生到大总统的升官图游戏。此外，还有依据小说《红楼梦》编制的升官图以及以“八仙过海”为主题的升官图。各种升官图游戏虽然形式不同，但规则和玩法基本一样。该图对今人研究当时的社会状况和人文背景具有特殊的参考价值。

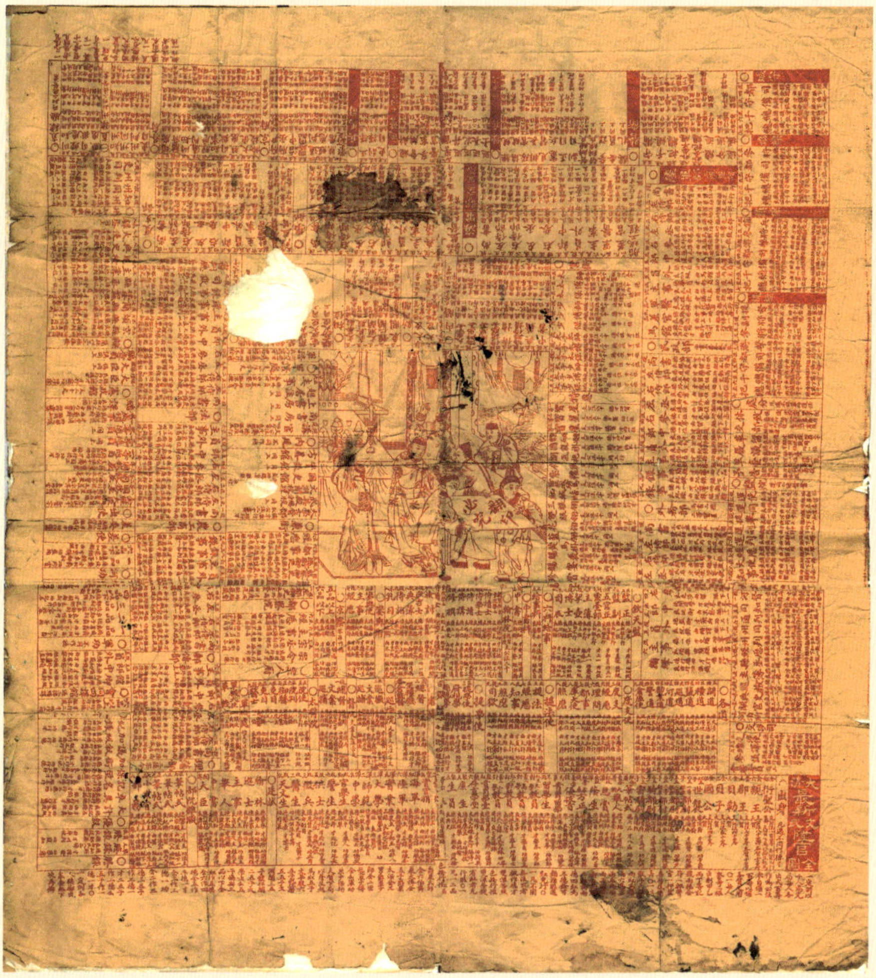

大清最新文武升官图

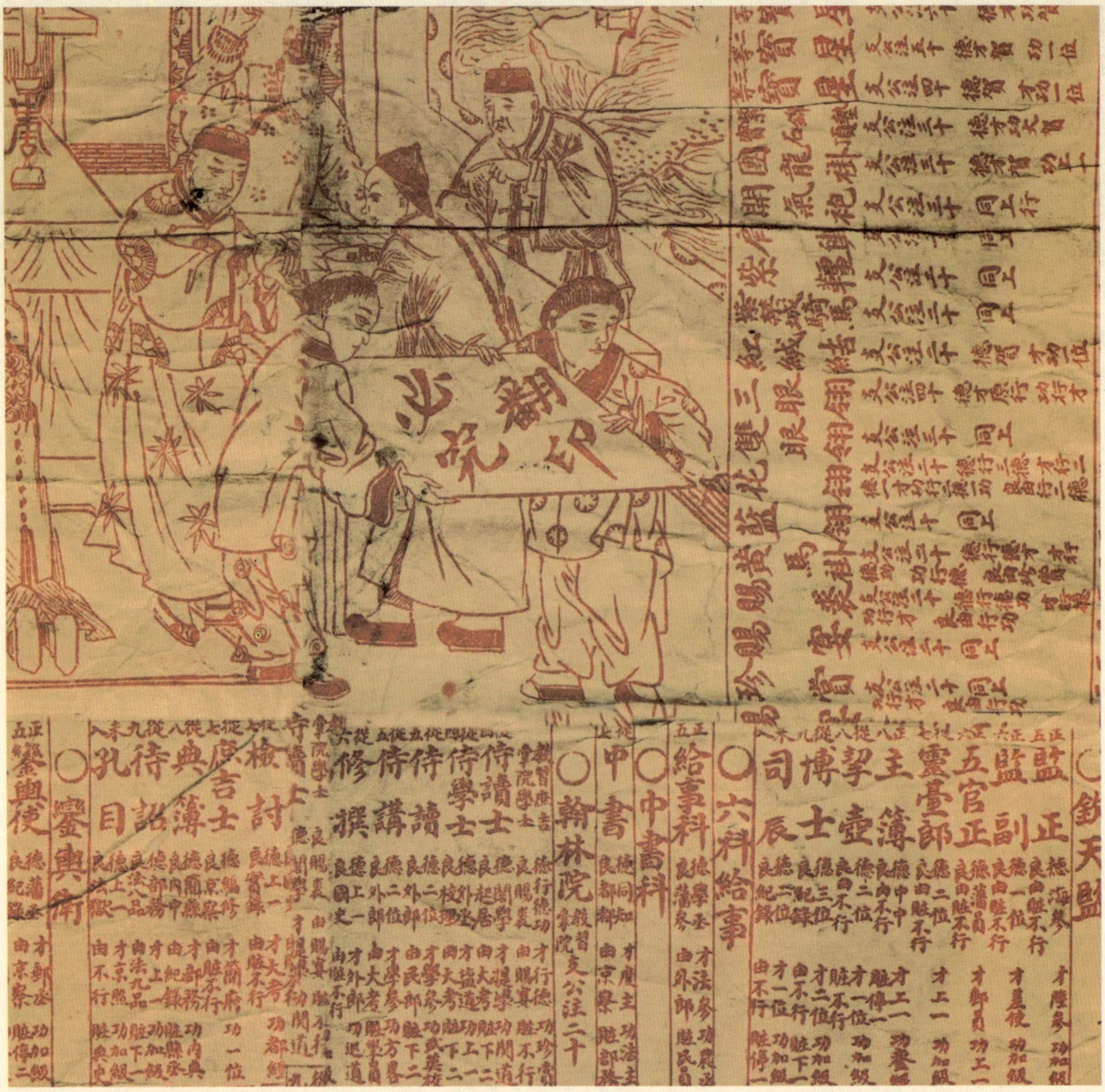

大清最新文武升官图（局部）

民国档案

Archival Undertaking in Jiangsu
檔
中国·江苏

扬州城市历史地图

保管单位： 扬州市城建档案馆

内容及评价：

扬州市城建档案馆珍藏一批清代及民国时期扬州市城市历史地图。清代扬州开始有城厢地图，同治、光绪年间绘制的《扬州府治城图》已比较正规，城厢街巷布局、相对位置等已基本准确显示。民国时期，城市测绘精度进一步提高，其中主要有民国初期绘制万分之一《扬州城市简要图》，1921年印制《江都县城市图》，1931年印行《新体江都县明细图》并附有万分之一《江都县城厢市图》等。抗日战争后，江都县政府建设科于1945年12月至1948年，先后绘制七千五百分之一和五千分之一的《江都县城厢图》。

这批珍贵的扬州城市历史地图，为研究、了解清代及民国时期扬州城市地理位置、城市变迁以及城市规划、建设、管理等提供了历史资料。

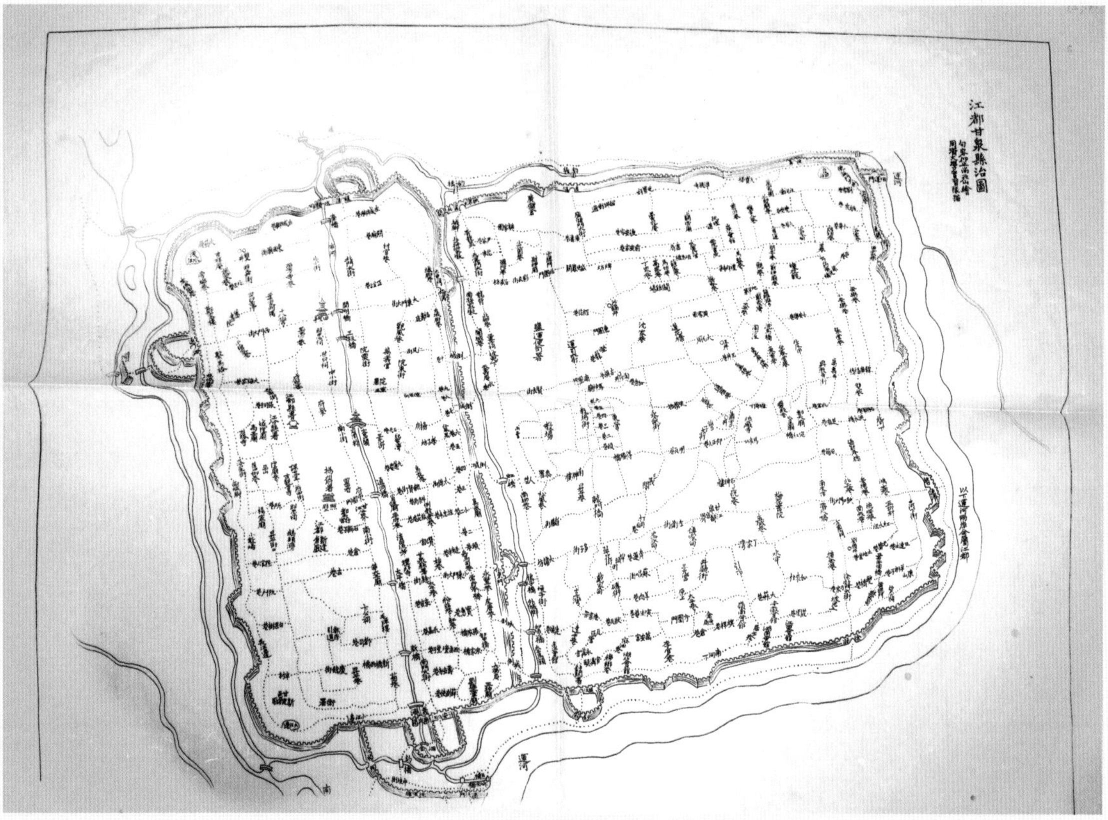

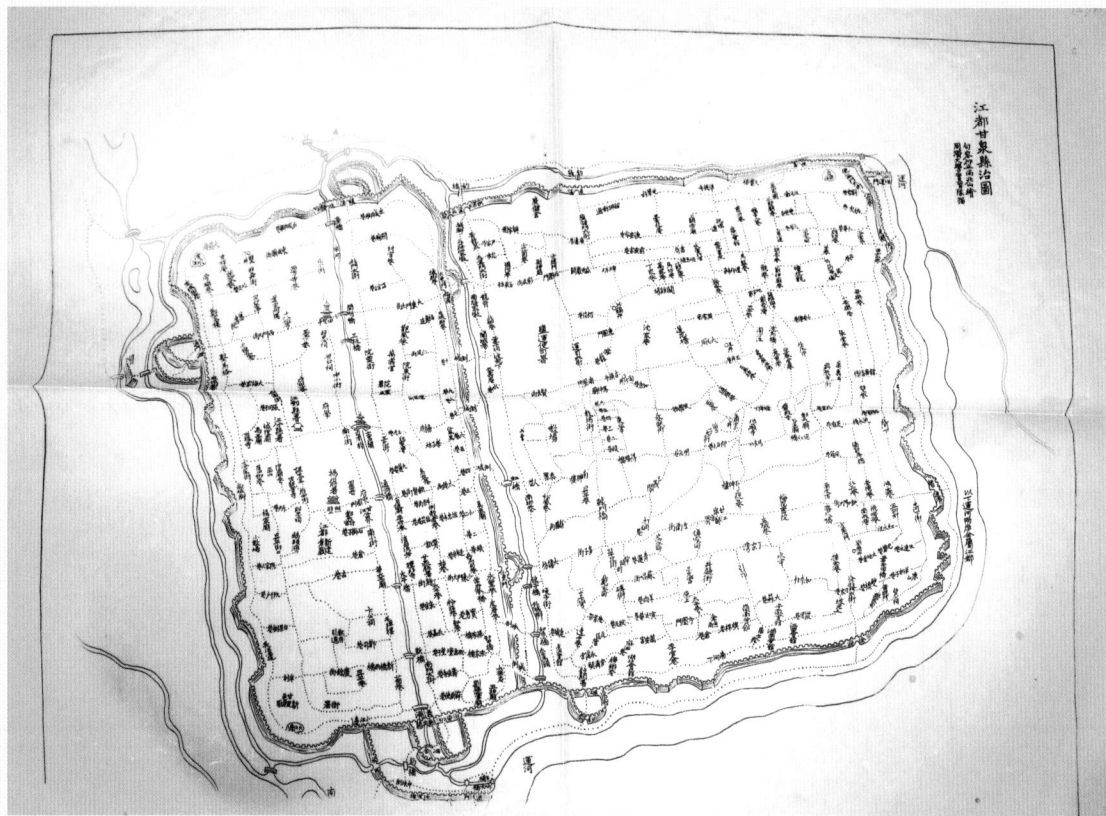

江都甘泉县治图

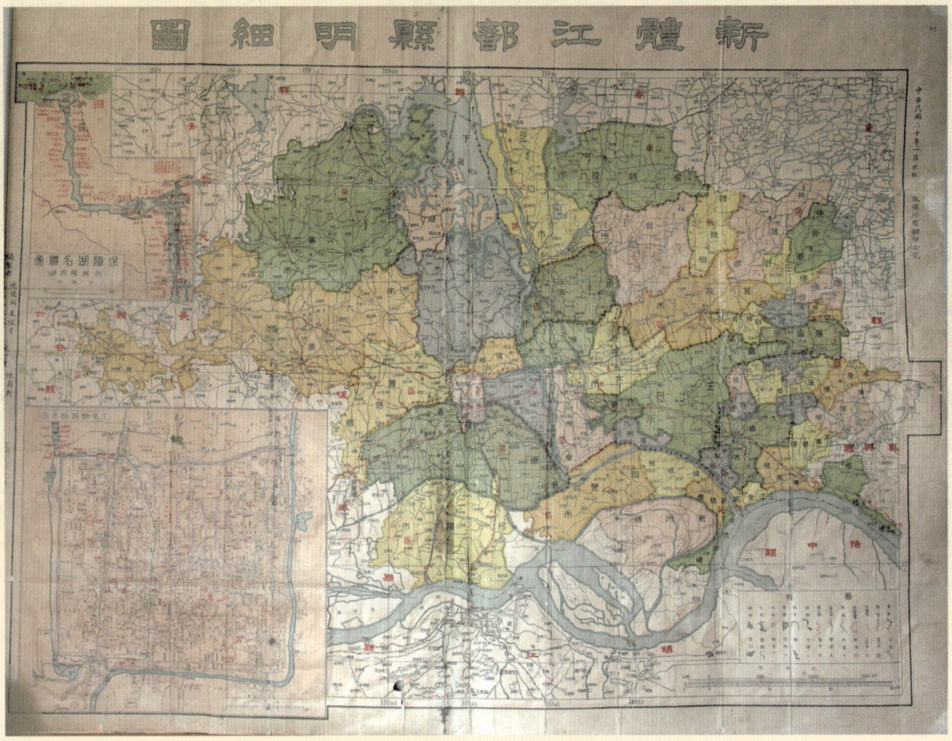

1931年出版的新体江都县明细图

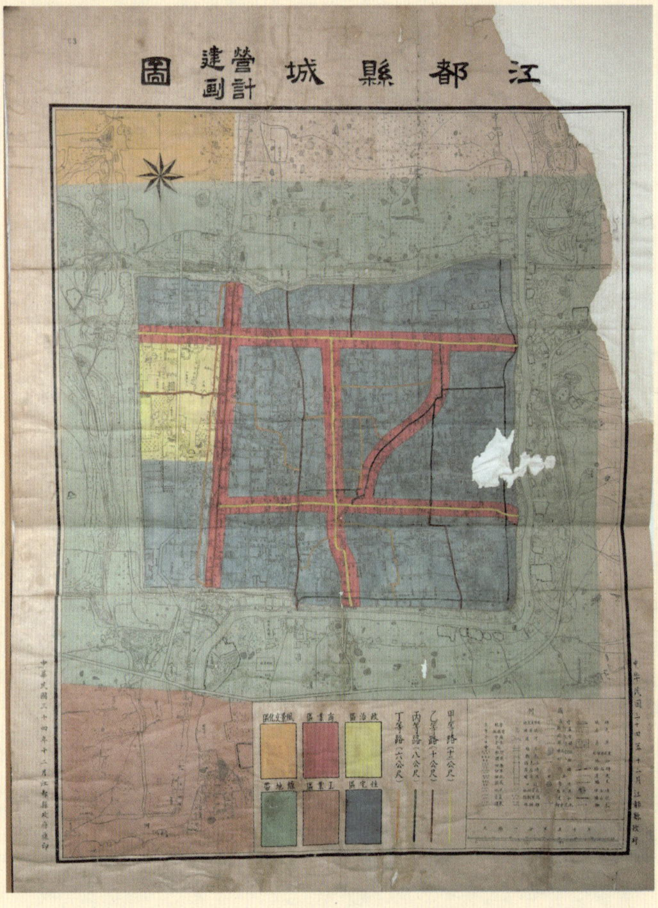

1935年制江都县城营建计划图

《最新大中华帝国道县形势全图》

保管单位：仪征市档案馆

内容及评价：

《最新大中华帝国道县形势全图》形成时间为民国初年，属全国罕见。图册内每页纸本纵26厘米，横18厘米，图册为手写手绘，套色石印。封底内页写有“中华洪宪元年一月二十六日”、“最新大中华帝国道县形势全图”、“北京同伦学社印行”等字样。该图册作者为卢彤。全书共98张地图，详细绘制了当时我国各省所辖道、县区域、地形、交通等情况，并附有各省地势的文字说明，对山脉、江河湖泊、沙漠、长城、道路、铁路、国界、省界、道界、县界、城市、镇村、名胜古迹、关隘、堤防、炮台、民族地区等作了详细的标示。晚清时期，一些地图爱好者，吸收国外经验，自制地图，多用于学术研讨交流，仅在知识阶层流传。清末民初，形成了具有商业规模的地图出版社，地图开始作为商品进入市场流通。这册《最新大中华帝国道县形势全图》是研究当时我国疆域、水文、地理、行政区划等方面的重要史料。

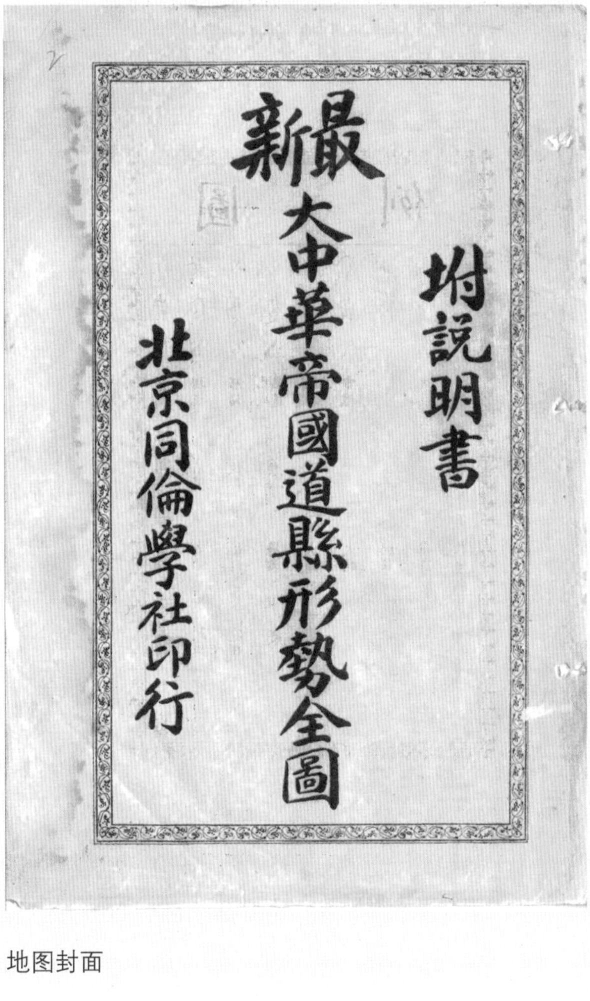

地图封面

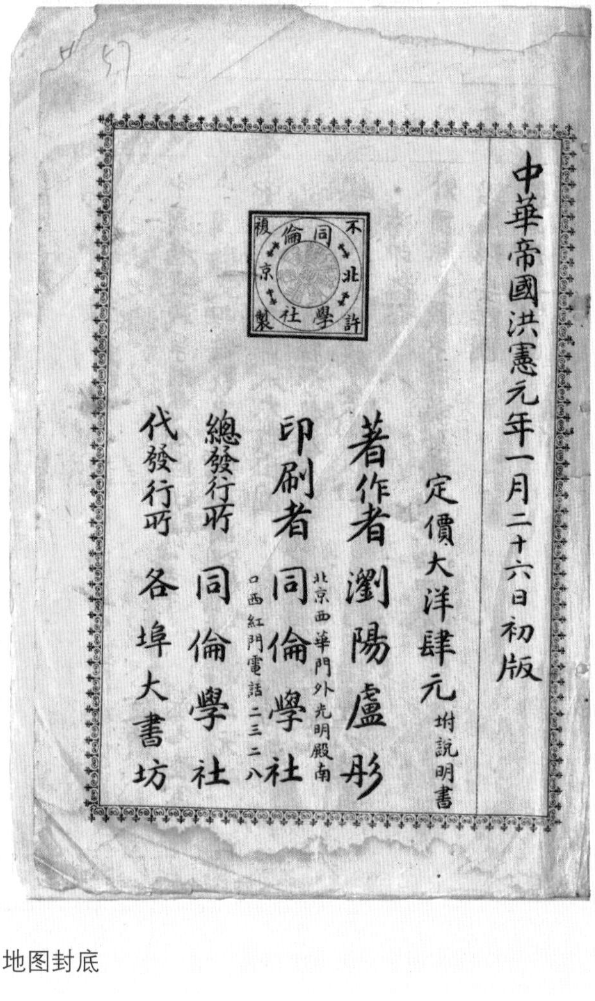

地图封底

序例

中國自大禹依山川形勢分天下爲九州水土既平疆里胥定周室膺命胙土分封有國者以百計漢分天下十三部唐十道宋十五路雖區域攸殊然其大者控引形要終勿越大禹敷奠之精神其小者亦歷代遞遭相仍未之輕易也有明分省置縣形勢漸異往昔清世版圖廣輪超軼前代末造以還東見創於俄日西喪地於法英登白山之絕頂泝黃流之重源顧瞻河山殷憂曷已辛亥告變南北混一迺復取二十二行省暨內蒙川邊各地劃分而道縣之除明清五百年來府制之紛紜厲行三級制度固駸駸乎漢唐遺軌已

上古司徒職方專掌地志歷秦而漢蓋掌之司空其時有司空輿地圖司空郡國輿地圖魏晉遞降古制漸失明清代遭地學始漸萌芽前有二顧後稱齊李董氏方立有中國地理圖益陽胡文忠取康乾兩朝內府輿圖爲本成中國一統輿地圖新化鄒氏網羅今古歷跡東西合內府底本中

地图序例

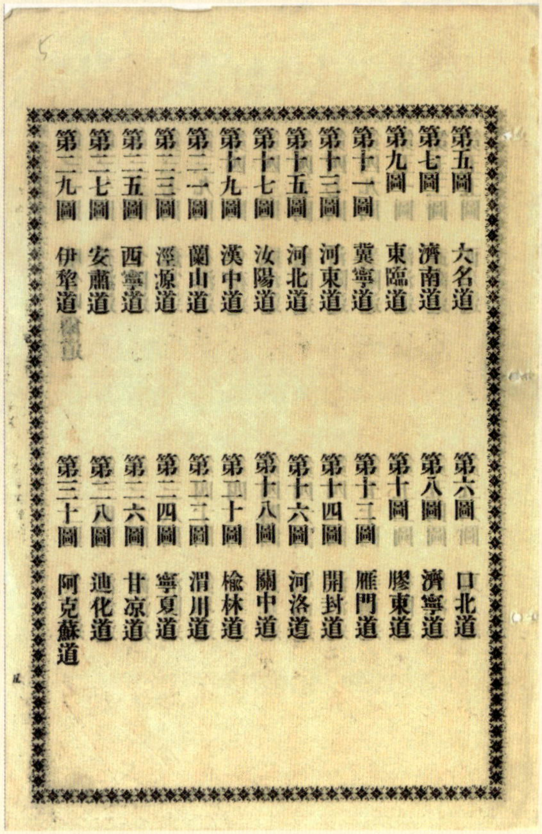

地图目录

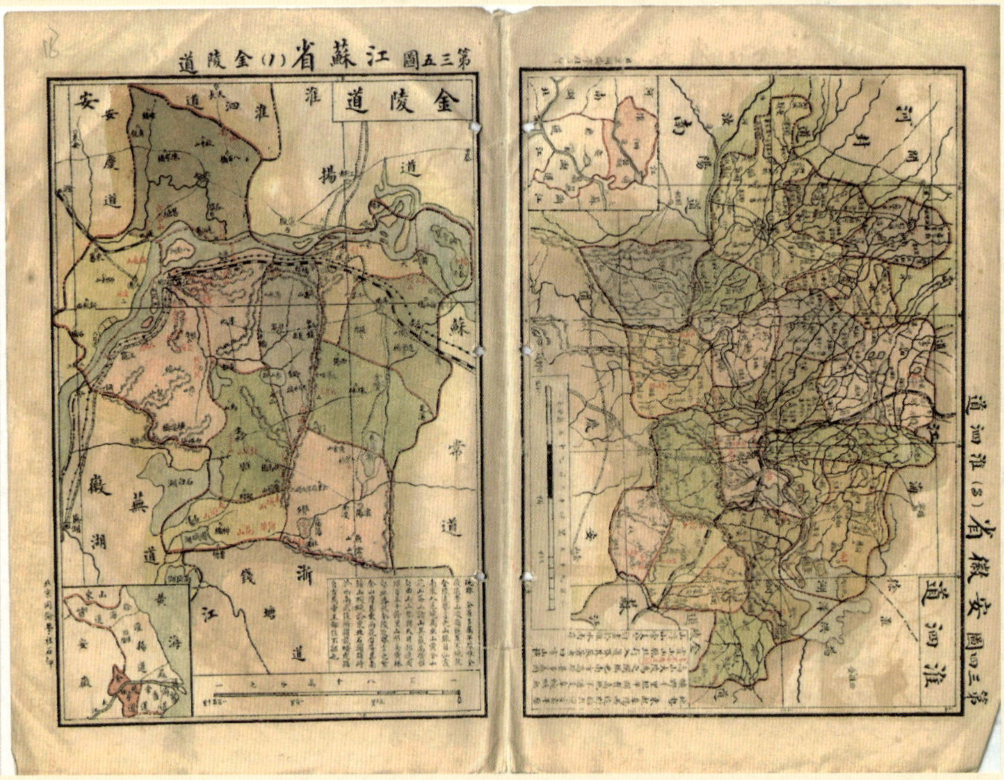

安徽省图和江苏省金陵道图

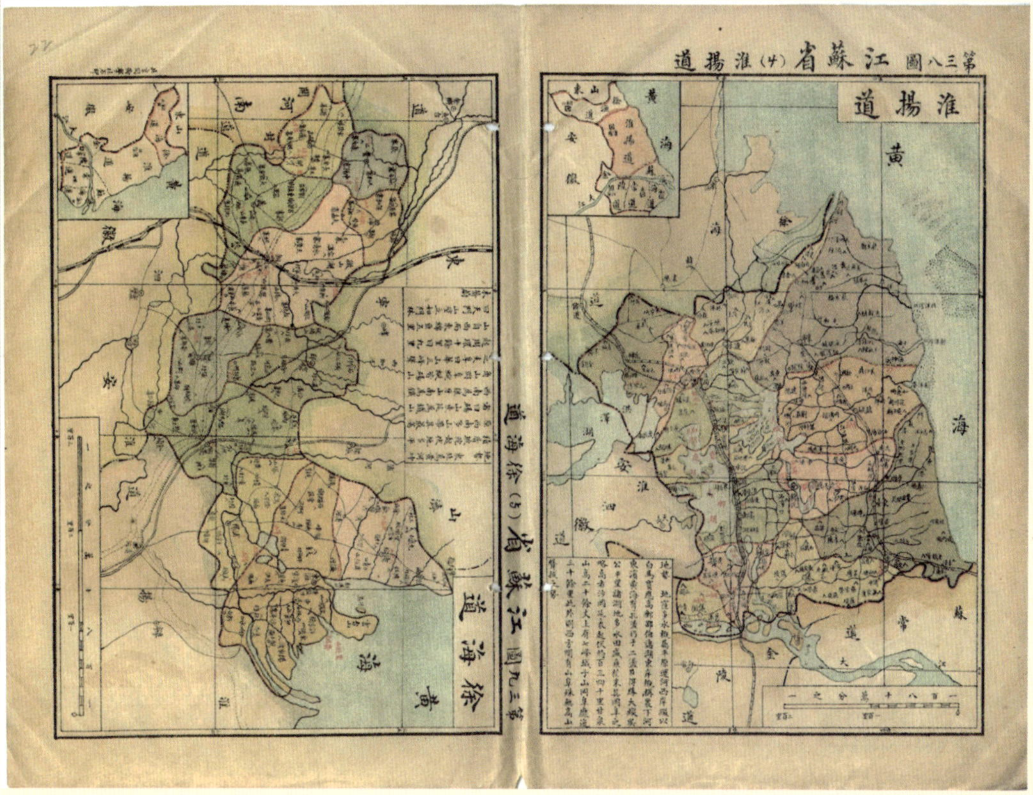

江苏省淮扬道图和徐海道图

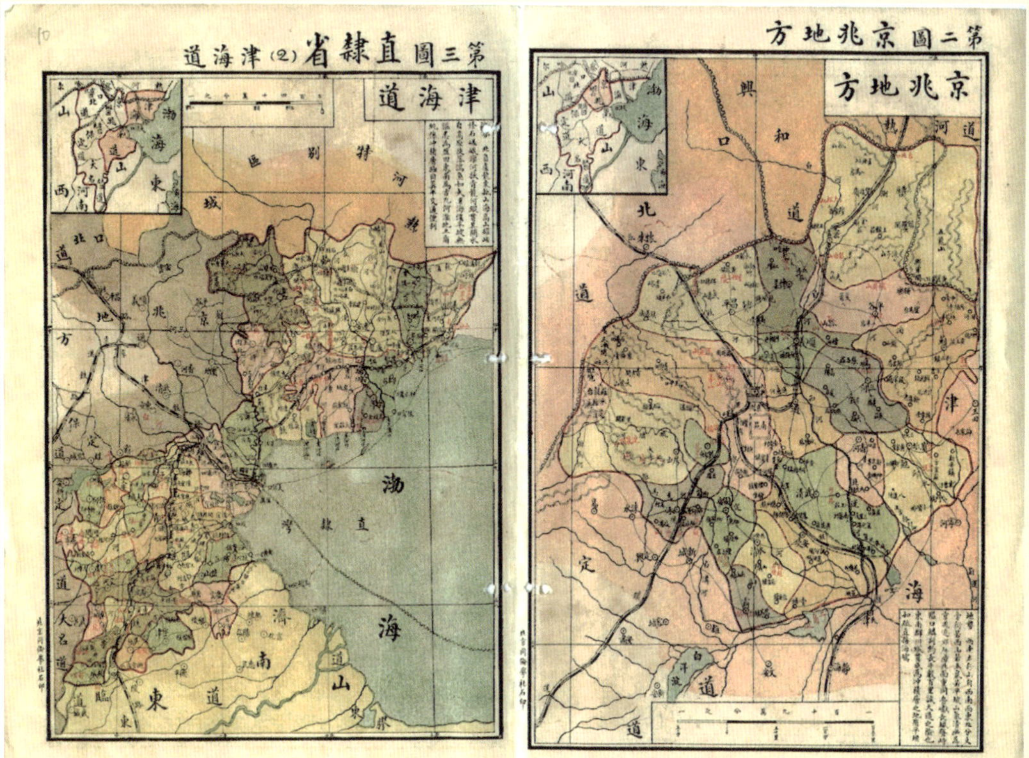

京兆地方图和直隶省图

青海西藏图

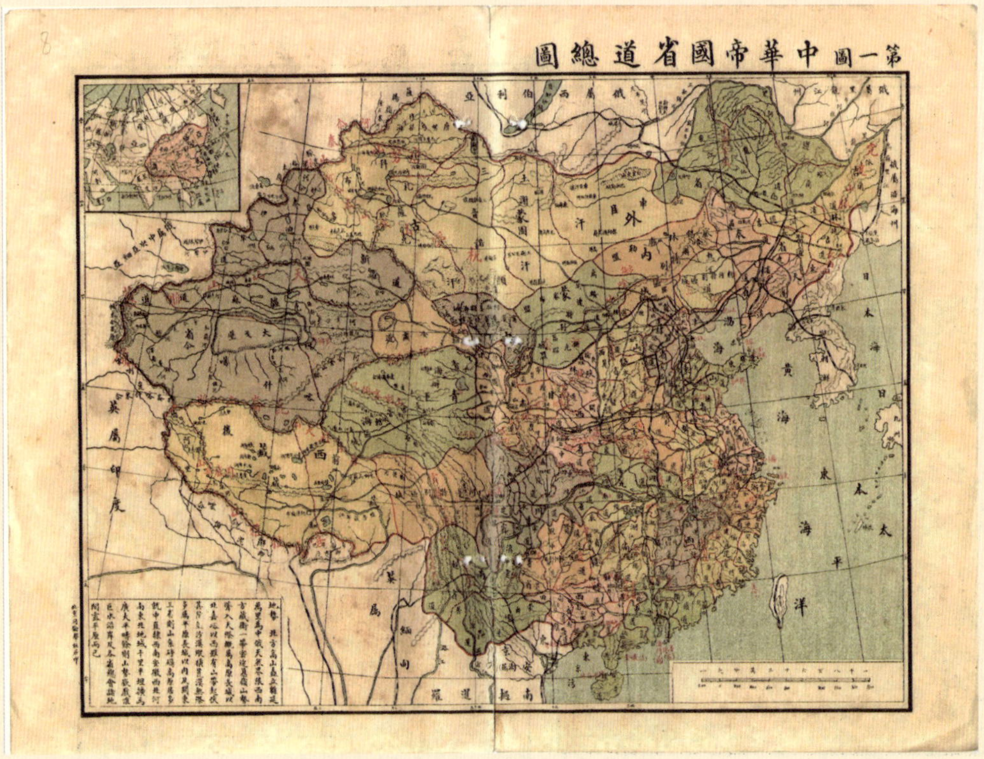

省道总图

南通学院学生学籍表

保管单位：扬州大学档案馆

内容及评价：

南通学院为扬州大学前身，1902年张謇先生创立私立通州师范学校，1906年，通州师范内设农科，1930年在民国政府重新注册登记时，更名为私立南通学院，1952年，农科迁扬州，并组建为苏北农学院。扬州大学档案馆保存有南通学院农科1923年至1951年共计28届毕业生的学籍档案，这些学籍档案包含历届学生的基本资料和每学年的学习成绩表，其中不乏在农科各领域取得重要成就的科学家的学籍表，如1930年就读于南通学院的第八届毕业生、中国科学院院士徐冠仁，1946年2月就读于南通学院农科畜牧兽医系的中国工程院院士殷震，1939年就读于南通学院农科的中国工程院院士余松烈，1932年9月就读于南通学院农科的国际知名昆虫分类学家周尧等人的学籍表。这些档案不仅完整保存有学生的学籍基本情况，同时清晰记载了民国期间农科高等院校的专业课程、公共课程设置以及语言教学、军事训练等情况，对研究民国期间高等院校教育状况，有着重要的史料价值。

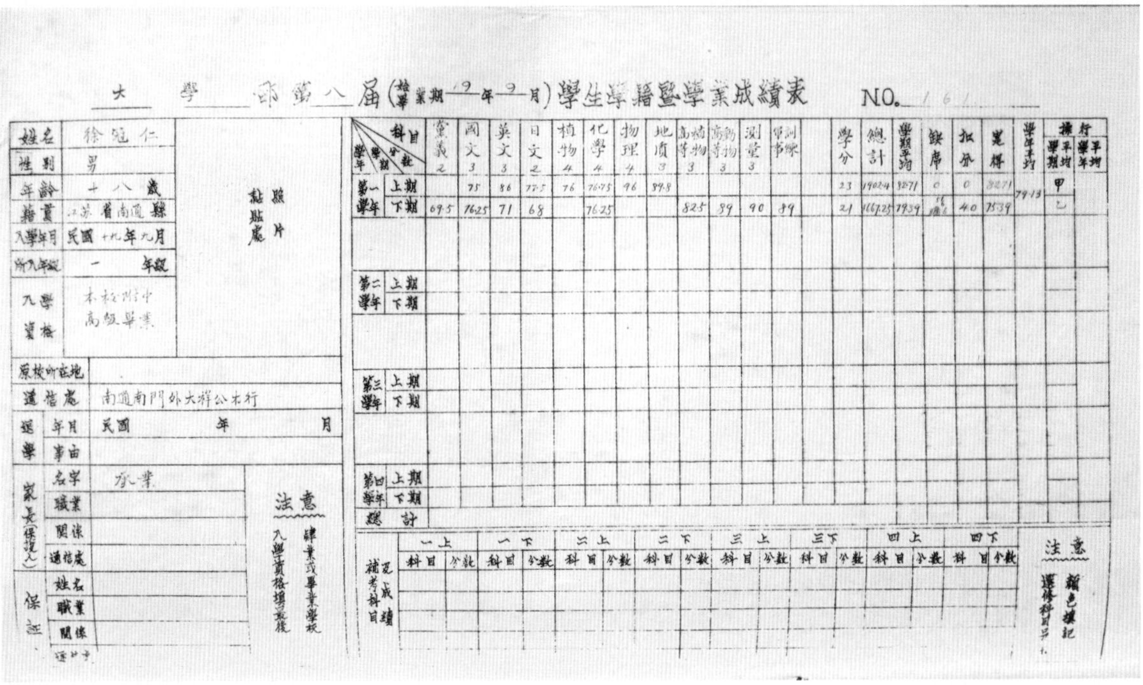

大　學　部第八屆（肄業期 19 年 9 月）學生學籍暨學業成績表　NO. 161

姓名	徐冠仁
性別	男
年齡	十八歲
籍貫	江苏省南通縣
入學年月	民國十九年九月
所入年級	一年級
入學資格	本校附中高級畢業
原校所在地	
通信處	南通南門外大祥公木行
延學 年月	民國　年　月
延學 事由	
家長（保護人）名字	承業
家長（保護人）職業	
家長（保護人）關係	
家長（保護人）通信處	
保証 姓名	
保証 職業	
保証 關係	

黏貼照片處

注意：肄業或畢業學校入學資格填最後

學年	學期	黨義 2	國文 3	英文 3	日文 2	植物 4	化學 4	物理 4	地質 3	高等植物 3	高等動物 3	測量 3	軍事訓練	學分	總計	學期平均	缺席	扣分	實得	學年平均	操行 學期平均	操行 學年平均
第一學年	上期		75	86	77.5	76	76.75	96	89.8					23	1902.4	82.71	0	0	82.71	79.13	甲	
第一學年	下期	69.5	76.25	71	68		76.25			82.5	89	90	89	21	1667.25	79.39	[illegible]	4.0	75.39		乙	
第二學年	上期																					
第二學年	下期																					
第三學年	上期																					
第三學年	下期																					
第四學年	上期																					
第四學年	下期																					
總計																						

補考成績科目：一上、一下、二上、二下、三上、三下、四上、四下（科目、分數）

注意：選修科目另行顏色標記

1930年进入南通学院农科就读的中国科学院院士徐冠仁学籍暨学业成绩表

徐冠仁，男，1914年3月生，江苏省南通市人，中国科学院院士。1930年就读于南通学院农科，1934年毕业于国立中央大学农艺系。

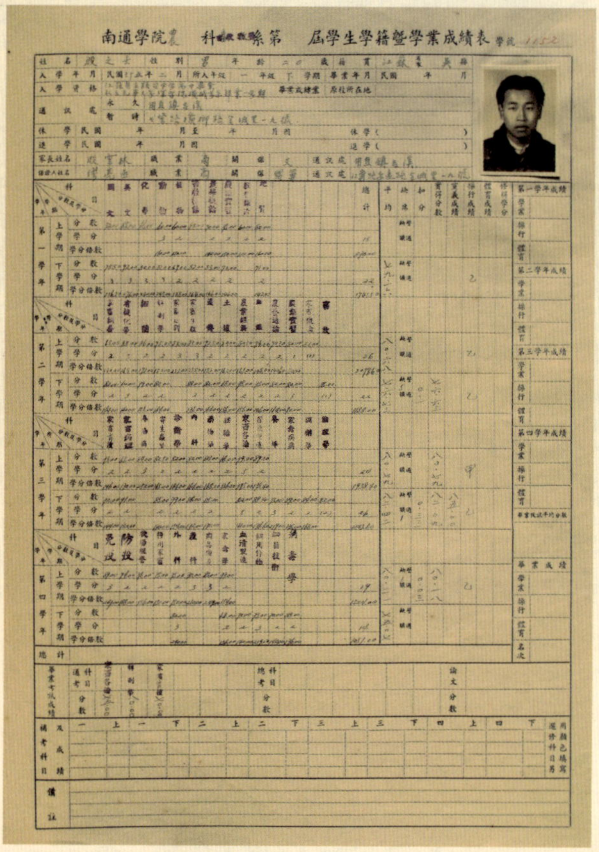

1946年进入南通学院畜牧兽医专业学习的中国工程院院士殷震（原名殷之士）学籍暨学业成绩表

殷震（原名殷之士），男，1926年6月生，江苏省吴县人，中国工程院院士。1946年2月就读于南通学院农科畜牧兽医系，1949年毕业。

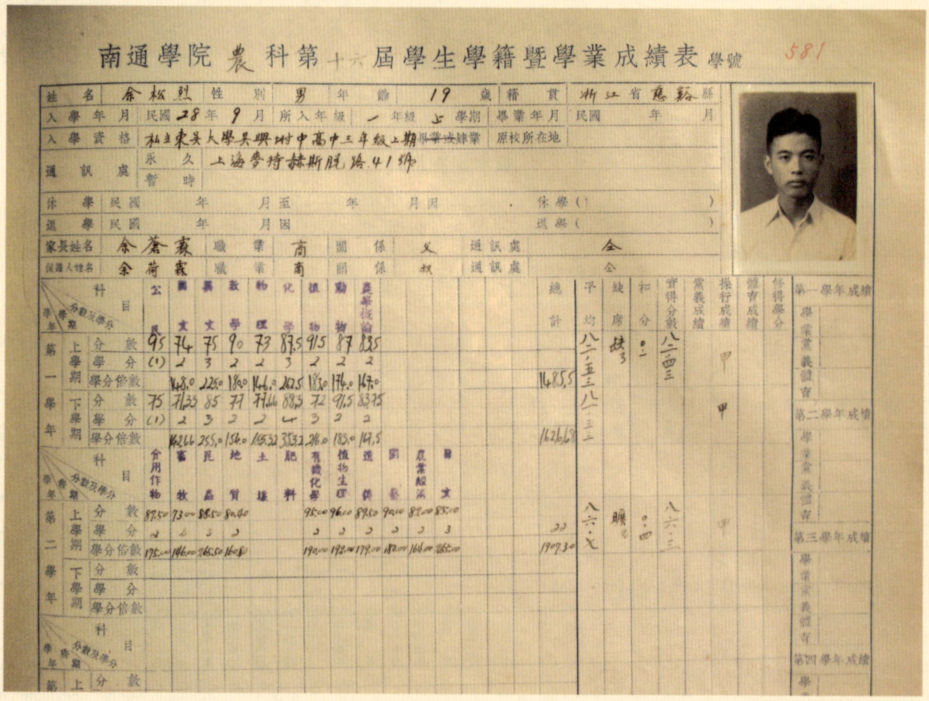

南通學院 農 科第十六屆學生學籍暨學業成績表 學號 581

姓名 余松烈 性別 男 年齡 19歲 籍貫 浙江省慈谿縣

入學年月 民國28年9月 所入年級 一年級 上學期 畢業年月 民國 年 月

入學資格 私立東吳大學吳興附中高中三年級上期 原校所在地

通訊處 永久 上海麥特赫斯脫路41號 暫時

休學 民國 年 月至 年 月因 休學（ ）

退學 民國 年 月因 退學（ ）

家長姓名 余蒼霖 職業 商 關係 父 通訊處 仝

保證人姓名 余荷霖 職業 商 關係 叔 通訊處 仝

1939年进入南通学院农科学习的中国工程院院士余松烈学籍暨学业成绩表

余松烈，男，1921年3月生，浙江慈溪人，中国工程院院士。1939年入南通学院农科学习，1942年毕业于私立福建协和大学农学院。

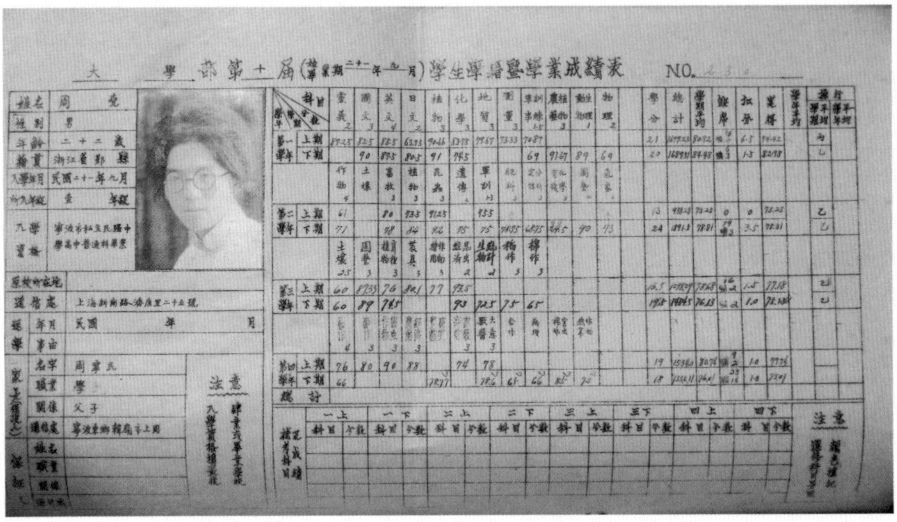
大學部第十屆學生學籍暨學業成績表 NO. [illegible]

姓名	周尧
性別	男
年齡	二十二歲
籍貫	浙江省鄞縣
入學年月	民國二十一年九月
所入年級	壹年級
通信處	上海新閘路···里二十五號
家長 名字	周宰氏
職業	學
關係	父子

1932年进入南通学院农科学习的国际知名昆虫分类学家周尧的学籍暨学业成绩表

周尧，男，1912年出生于浙江省鄞县，国际知名昆虫分类学家。1932年9月就读于南通学院农科，1936年毕业。

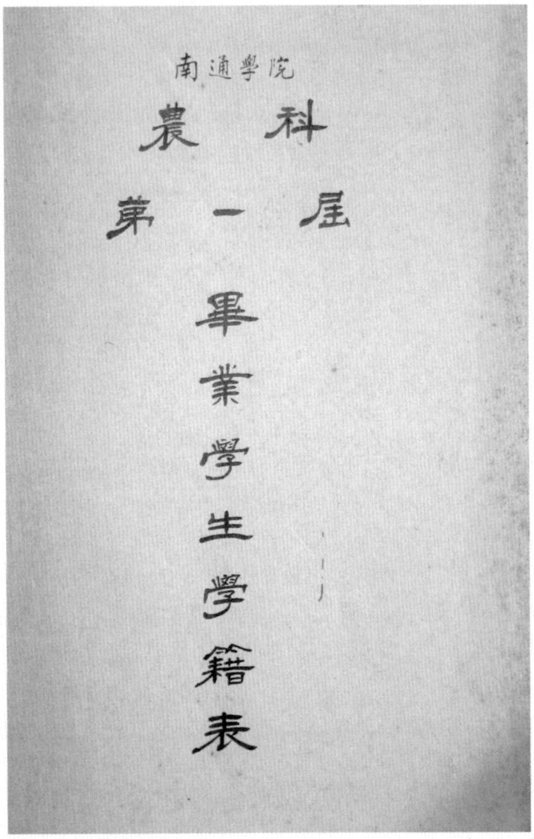
南通學院

農科

第一屆

畢業學生學籍表

南通学院农科第一届毕业学生学籍表封面

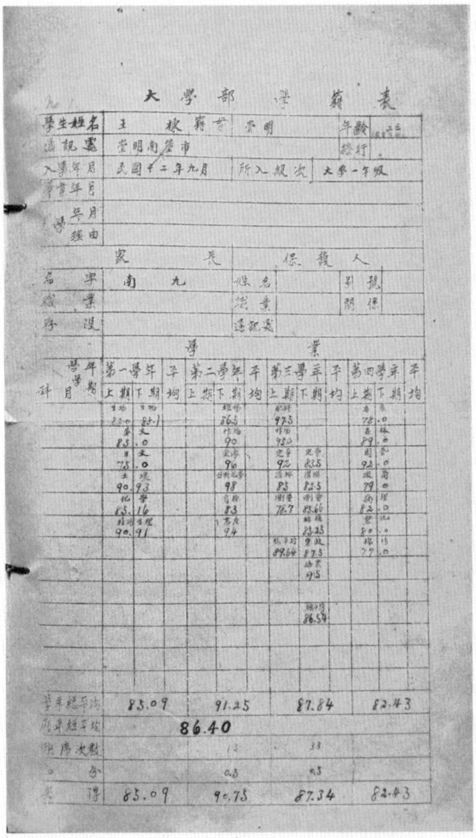
大學部學籍表

學生姓名 王

入學年月 民國廿二年九月　所入級次 大學一年級

家長　保證人

學業

學年總平均 83.09　91.25　87.84　82.43

四年總平均 86.40

南通学院农科第一届毕业学生学籍表内页

镇扬汽车公司档案

保管单位：扬州市档案馆

内容及评价：

镇扬汽车公司筹创于1918年，发起人卢殿虎，为江苏省筹创最早的汽车运输公司，公司以私人资本的微弱力量，购地筑路，通行汽车，改变了当时苏北交通落后的闭塞状况，在扬州交通史上留下了浓墨重彩的一笔。公司筹创之初，拟经营瓜洲至清江（今淮安）长途汽车运输。1921年5月28日，改瓜清长途汽车公司为江北长途汽车运输股份有限公司，计划经营清镇线、清徐线、清通线、清海线和清浦线等以清江为中心的五条线路，但因资金短绌和其他原因，最终只得经营扬州—镇江一段。1922年12月13日，扬圩公路修筑工程完工，扬州第一条汽车公路诞生，全长14.7公里。1923年1月4日，公司正式投入运营。1928年，公司正式改名为商办镇扬长途汽车股份有限公司。1949年解放后，改为公私合营镇扬汽车运输股份有限公司，1956年并入国营扬州汽车运输公司。

该全宗档案保存完整，反映了企业从成立直至解放后社会主义改造这段时间的发展过程，对于研究扬州民族资本主义发展有较高的历史价值。

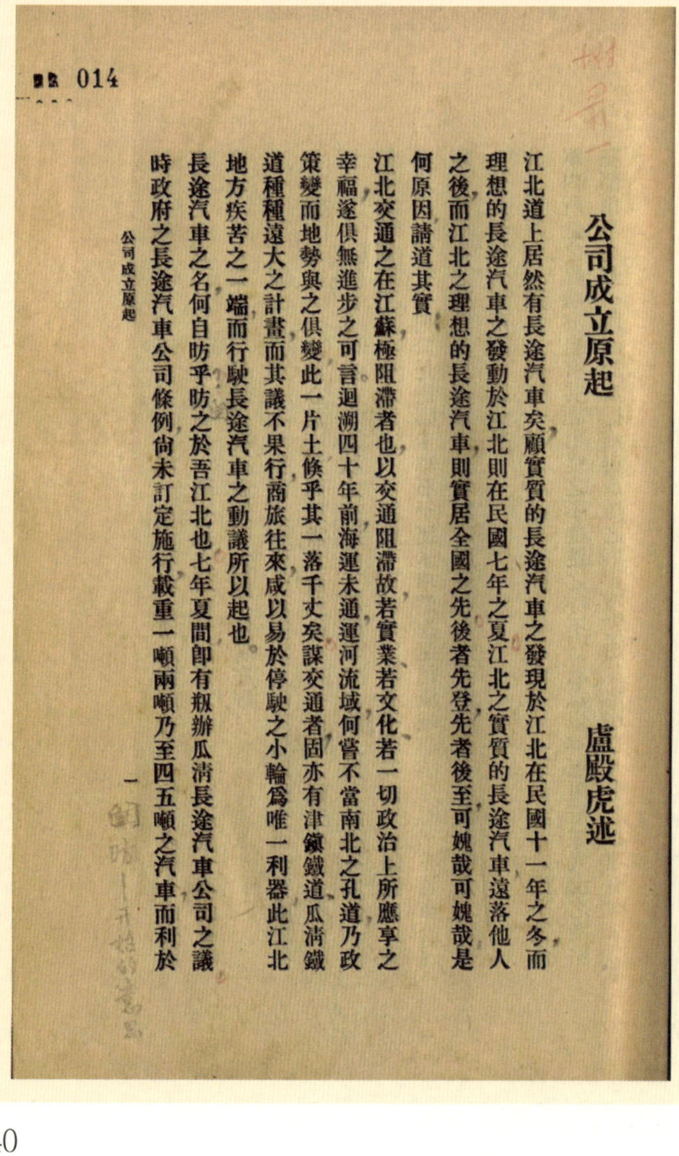

014

公司成立原起　　盧殿虎述

江北道上居然有長途汽車突顯實質的長途汽車之發現於江北在民國十一年之冬而理想的長途汽車之發動於江北則在民國七年之夏江北之實質的長途汽車遠落他人之後而江北之理想的長途汽車則實居全國之先後者先登先者後至可媿哉可媿哉是何原因請道其實

江北交通之在江蘇極阻滯者也以交通阻滯故若實業若文化若一切政治上所應享之幸福遂俱無進步之可言迴溯四十年前海運未通運河流域何嘗不當南北之孔道乃政策變而地勢與之俱變此一片土倏乎其一落千丈矣謀交通者固亦有津鎮鐵道瓜清鐵道種種遠大之計畫而其議不果行商旅往來咸以易於停駛之小輪爲唯一利器此江北地方疾苦之一端而行駛長途汽車之動議所以起也

長途汽車之名何自昉乎昉之於吾江北也七年夏間即有剏辦瓜清長途汽車公司之議時政府之長途汽車公司條例尚未訂定施行載重一噸兩噸乃至四五噸之汽車而利於

公司成立原起　一

卢殿虎述公司成立原起及招股简章

長途行駛者各埠尚不多見故此議一出而和者雲湧咸謂摩托卡一物可以執全國交通事業之牛耳而於瓜淸計畫斷爲中國交通之新紀元認定之股一月可達數十萬此呱呱墮地之新企業宜若突飛猛進矣而孰知有大謬不然者在耶

其一則地方意見爲之梗也七年動議之初張子蔚王淸泉兩氏贊助最先而李英威之促進亦最力地方人士之熱心於交通問題者且欣欣然有投袂而起之觀夫坐而言不如起而行日中必熭此其時矣故自夏秋之交邀請工程師李宜之諸人勘定路綫後瓜揚一段卽開始籌備路工慮冬令水涸之不易運輸也則於是定購石子慮美國禁止鋼鐵出口議案之將次實行也則於是選購卡車石子運卡車進而運河流域非議之傳單亦遍布於四境夫認股書之效孰與於傳單之效者斯時原發起人之奔走呼籲竟無幾微能力之可言此情此景殆佛家所謂當頭棒乎

其二則時會艱難爲之梗也一事之成必有幾許之層累曲折矧其事爲非常之原乎彼傳單內所持之異議亦自有其理由從之不能逆之亦不可私意以爲運河流域人士之疑點在邵伯至高郵一段而於瓜揚無與瓜揚之事實現安知其他地方人士之心理不移瓜揚、

瓜揚其全路事業所託命矣夫全路所需之資本重而瓜揚一段所需之資本輕但能收集股款十數萬此三十餘里者卽可聞汽車嗚嗚之聲故自最初購入石子轉售以外所購卡車五輛僅馮河間分其一而其四則存滬而不忍舍脫無直皖戰事之興曩年所認股欵猶可稍事收集且其時京滬各處亦不乏接洽之新股不謂時局一俶擾而舊股新股遂俱無徵集之可能其地方之幸運未至抑亦原發起人之能力未充也

其三則地方災荒爲之梗也以江北之大父老兄弟之賢且多覩此交通阻滯之狀況亦豈無愁然於心者瓜淸長途汽車聲浪之起也至民十之夏行且三年矣時則各地長途汽車之事業大進他省姑不論卽論蘇省有若滬太有若滬閔柘有若上南有若上川或已建設或將建設一時地方賢達之士相率殫精竭慮於此而吾瓜淸者動議最早需要亦最殷乃以原發起人能力棉薄之故而茫乎其無朕兆也賢者病之揚州湘園之會黃伯雨先生爲之倡屬而和者數十人聚首一堂謀所以擴張路線起點在瓜揚則錫名爲江北列席之士咸認募集爲數至七萬餘時乎時乎有議論而無成功之多年地方交通問題自此其將有一日千里之勢乎乃收股之期未終而江北忽以大水災見告一切計畫付之洪流蹉跎復

蹉跎可謂縮地有方而問天無語者已

綜上三因江北地方交通事業行且休矣庸詎知有所謂絕處逢生者卽在此痛深創鉅之中乎揚州於江北水災中受禍爲最劇路事之廢也以之路事之興也亦以之夫地方交通之阻滯旅揚之西人有同感焉適華洋義賑會以築路爲工賑一種事業西人索行仁傅師德等欲於揚州設支會專以興築瓜揚馬路爲職志此固籌畫地方交通者之唯一契友也好事多磨一蹶再蹶無何而施家橋風潮發生矣無何而華洋義賑總會以無款謝絕矣無何而揚州支會西董事宣告解職矣鄉先生助之而不成海外之友助之而亦不成此其中究伏有何種魔障者而困阨一至於此耶

由今思之助力成我者也阻力亦成我者也當施家橋風潮發見以後主路事者亦既付榮辱生死於度外而轉以動社會多數憐惜之心賑款既絕遂壹意於股款向之未繳股者至此乃續續繳矣向之未入股者至此乃源源入矣以數載未成之事業而成之於半年回首前塵不禁欣欣而喜又不禁悁悁而悲也

自是以後關於路工之整理若舖瓦礫若墊煤屑若開船塢若築碼頭若種行道樹爲事固

至夥關於車輛之分配若購篷車若購轎車若購各種客車爲事亦至夥關於房屋器具之設置若設車站若設車房若設修理廠若設管理處若設儲藏間若置工具及普通用具爲事又至夥由開辦以至於今設備未完無可諱言所望在事諸君努力經營以期無負各股東昔日贊助之盛心而爲路綫多留發展地也

凡此皆江北長途汽車公司成立之原起也過去事實有歷屆招股簡章在附載篇末可以證明若夫交通農商內務各部之立案手續及瓜揚路線變更之原因與夫公司成立後各項規章書表之訂定具詳下篇不備述

（附）

第一次招股簡章　七年十一月

第一條　本公司額定股本六十萬圓分爲六千股每股一百圓分四期招足凡於第一期內交納股款至十股以上者加給紅股一股

第二條　本公司股票概用記名式所招之股以本國人爲限不得羼入外股

第三條　本公司指定南京中國銀行爲經收股款總機關凡交納股款者卽由銀行代給本公司收據爲憑至換給股票息單時由本公司登報通知

第四條　凡認本公司股份者如欲將股票轉讓他人須將原執股票送交本公司核明註銷方可更換新票

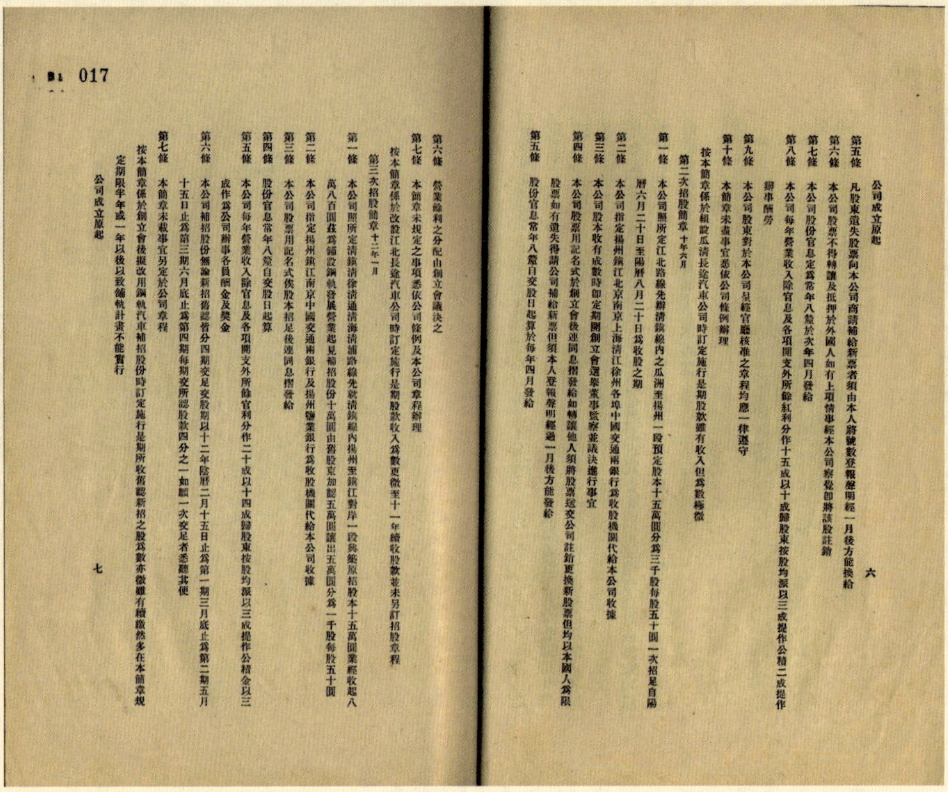

公司成立原起　六

第五條　凡股東遺失股票向本公司商請補給新票者須由本人將號數登報聲明經一月後方能換給
第六條　本公司股票不得轉讓及抵押於外國人如有上項情事經本公司察覺即將該股註銷
第七條　本公司股份官息定爲常年八釐於次年四月發給
第八條　本公司每年營業收入除官息及各項開支外所餘紅利分作十五成以十成歸股東按股均派以三成提作公積二成提作辦事酬勞
第九條　本公司股東對於本公司呈經官廳核准之章程均應一律遵守
第十條　本簡章未盡事宜悉依公司條例辦理
按本簡章係於組設瓜清長途汽車公司時訂定施行是期股款雖有收入但爲數極微
第二次招股簡章　十年六月
第一條　本公司照所定江北路線先辦清鎮線內之瓜洲至揚州一段預定股本十五萬圓分爲三千股每股五十圓一次招足自陽曆六月二十日至陽曆八月二十日爲收股之期
第二條　本公司指定揚州鎮江北京南京上海清江徐州各埠中國交通兩銀行爲收股機關代給本公司收據
第三條　本公司股本收有成數時即定期開創立會選舉董事監察並議決進行事宜
第四條　本公司股票用記名式於創立會後連同息摺發給如轉讓他人須將股票送交公司註銷更換新股票但均以本國人爲限股票如有遺失得請公司補給新票但須本人登報聲明經過一月後方能發給
第五條　股份官息常年八釐自交股日起算於每年四月發給

017

第六條　營業餘利之分配由創立會議決之
第七條　本簡章未規定之事項悉依公司條例及本公司章程辦理
按本簡章係於改設江北長途汽車公司時訂定施行是期股款收入爲數更微至十一年續收股款並未另訂招股章程
第三次招股簡章　十二年一月
第一條　本公司照所定清鎮清徐清通清海清浦路線先就清鎮線內揚州至鎮江對岸一段興築原招股本十五萬圓業經收起八萬八百圓茲爲鋪設鋼軌發展營業起見補招股份十萬圓由舊股東加認五萬圓讓出五萬圓分爲一千股每股五十圓
第二條　本公司指定揚州鎮江南京中國交通兩銀行及揚州鹽業銀行爲收股機關代給本公司收據
第三條　本公司股票用記名式俟股本招足後連同息摺發給
第四條　股份官息常年八釐自交股日起算
第五條　本公司每年營業收入除官息及各項開支外所餘官利分作二十成以十四成歸股東按股均派以三成提作公積金以三成作爲公司辦事各員酬金及獎金
第六條　本公司補招股份無論新招舊認皆分四期交足交股期以十二年陰曆二月十五日止爲第一期三月底止爲第二期五月十五日止爲第三期六月底止爲第四期每期交所認股款四分之一如願一次交足者悉聽其便
第七條　本簡章未載事宜另定於公司章程
按本簡章係於創立會後擬改用鋼軌汽車補招股份時訂定施行是期所收舊認新招之股爲數亦微雖有續繳然多在本簡章規定期限半年或一年以後以致鋪軌計畫不能實行

公司成立原起　七

全文：

公司成立原起

卢殿虎述

江北道上居然有长途汽车矣，顾实质的长途汽车之发现，于江北在民国十一年之冬，而理想的长途汽车之发动于江北，则在民国七年之夏。江北之实质的长途汽车，远落他人之后，而江北之理想的长途汽车，则实居全国之先，后者先登，先者后至，可愧哉可愧哉，是何原因，请道其实。

江北交通之在江苏，极阻滞者也，以交通阻滞，故若实业、若文化、若一切政治上所应享之幸福，遂俱无进步之可言。回溯四十年前，海运未通，运河流域，何尝不当南北之孔道，乃政策变而地势与之俱变，此一片土，倏乎其一落千丈矣。谋交通者，固亦有津镇铁道、瓜清铁道种种远大之计划，而其议不果行，商旅往来，咸以易于停驶之小轮为唯一利器，此江北地方疾苦之一端，而行驶长途汽车之动议所以起也。

长途汽车之名，何自昉乎？昉之于吾江北也。七年夏间，即有创办瓜清长途汽车公司之议，时政府之长途汽车公司条例，尚未订定施行，载重一吨两吨乃至四五吨之汽车，而利于长途行驶者，各埠尚不多见。故此议一出，而和者云涌，咸谓摩托卡一物，可以执全国交通事业之牛耳，而于瓜清计划，断为中国交通之新纪元，认定之股，一月可达数十万，此呱呱坠地之新企业，宜若突飞猛进矣，而孰知有大谬不然者在耶。

其一则地方意见为之梗也。七年动议之初，张子蔚、王清泉两氏赞助最先，而李英威之促进亦最力。地方人士之热心于交通问题者，且欣欣然有投袂而起之，观夫坐而言不如起而行，日中必彗，此其时矣，故自夏秋之交，邀请工程师李宜之诸人，勘定路线后，瓜扬一端即开始筹备路工。虑冬令水涸之不易运输也，则于是订购石子；虑美国禁止钢铁出口议案之将次实行也，则于是选购卡车石子。运卡车进，而运河流域非议之传单，亦遍布于四境。夫认股书之效，孰与于传单之效者，斯时原发起人之奔走呼吁。竟无几微能力之可言，此情此景，殆佛家所谓当头棒乎。

其二则时会艰难为之梗也。一事之成，必有几许之层累曲折，矧其事为非常之原乎？彼传单内所持之异议，亦自有其理由，从之不能，逆之亦不可。私意以为运河流域人士之疑点在邵伯至高邮一段，而于瓜扬无与。瓜扬之事实现，安知其他地方人士之心理，不移瓜扬，瓜扬其全路事业所托命矣。夫全路所需之资本重，而瓜扬一段所需之资本轻，但能收集股款十数万，此三十余里者，即可开汽车呜呜之声。故自最初购入石子转售以外，所购卡车五辆，仅冯河间分其一，而其四则存沪而不忍舍脱。无直皖战事之兴。曩年所认股款，犹可稍事收集。且其时京沪各处，亦不乏接洽之新股，不谓时局一俶扰，而旧股新股遂俱无征集之可能，其地方之幸运未至，抑亦原发起人之能力未充也。

其三则地方灾荒为之梗也。以江北之大，父老兄弟之贤，且多睹此交通阻滞之状况，亦岂无恝然于心者。瓜清长途汽车声浪之起也，至民十之夏，行且三年矣，时则各地长途汽车之事业大进也。他省姑不论即论苏省，有若沪太、有若沪闵柘、有若上南、有若上川，或已建设或将建设，一时地方贤达之士，相率殚精竭虑于此。而吾瓜清者，动议最早，需要亦最殷，乃以原发起人能力棉［绵］薄之故，而茫乎其无朕兆也。贤者病之，扬州湘园之会，黄伯雨先生为之倡，属而和者数十人，聚首一堂，谋所以扩张路线，起点在瓜扬。而锡名为江北，列席之士咸认募集为数至七万余。时乎时乎，有议论而无成功之多年地方交通问题，自此其将有一日千里之势乎。乃收股之期未终，而江北忽以大水灾见告，一切计划付之洪流，蹉跎复蹉跎，可谓缩地有方，而问天无语者已。

综上三因，江北地方交通事业，行且休矣。庸讵知有所谓绝处逢生者，即在此痛深创钜之中乎，扬州于江北水灾中，受祸为最剧，路事之废也以之，路事之兴也亦以之，夫地方交通之阻滞，旅扬之西人有同感焉，适华洋义赈会以筑路为工赈一种事业，西人索行仁、傅师德等，欲于扬州设支会，专以兴筑瓜扬马路为职志，此固筹划地方交通者之唯一契友也。好事多磨，一蹶再蹶，无何而施家桥风潮发生矣，无何而华洋义赈总会以无款谢绝矣，无何而扬州支会西董事宣告解职矣，乡先生助之而不成，海外之友助之而亦不成，此其中究伏有何种魔障者，而困厄一至于此耶!

由今思之，助力成我者也，阻力亦成我者也。当施家桥风潮发见以后，主路事者，亦既付荣辱生死于度外，而转以动社会多数怜惜之心。赈款既绝，遂一意于股款，向之未缴股者至此乃续续缴矣，向之未入股者，至此乃源源入矣。以数载未成之事业，而成之于半年，回首前尘，不禁欣欣而喜，又不禁悁悁而悲也。

自是以后，关于路工之整理，若铺瓦砾，若垫煤屑，若开船坞，若筑码头，若种行道树，为事固至夥；关于车辆之分配，若购篷车，若购轿车，若购各种客车，为事亦至夥；关于房屋器具之设置，若设车站，若设车房，若设修理厂，若设管理处，若设储藏间，若置工具及普通用具，为事又至夥。由开办以至于今，设备未完，无可讳言，所望在事诸君，努力经营，以期无负各股东昔日赞助之盛心，而为路线多留发展地也。

凡此皆江北长途汽车公司成立之原起也，过去事实，有历届招股简章在，负载篇末，可以证明。若夫交通、农商、内务各部之立案手续，及瓜扬路线变更之原因，与夫公司成立后各项规章书表之订定，具详下篇不备述。

（附）第一次招股简章

七年十一月（略）

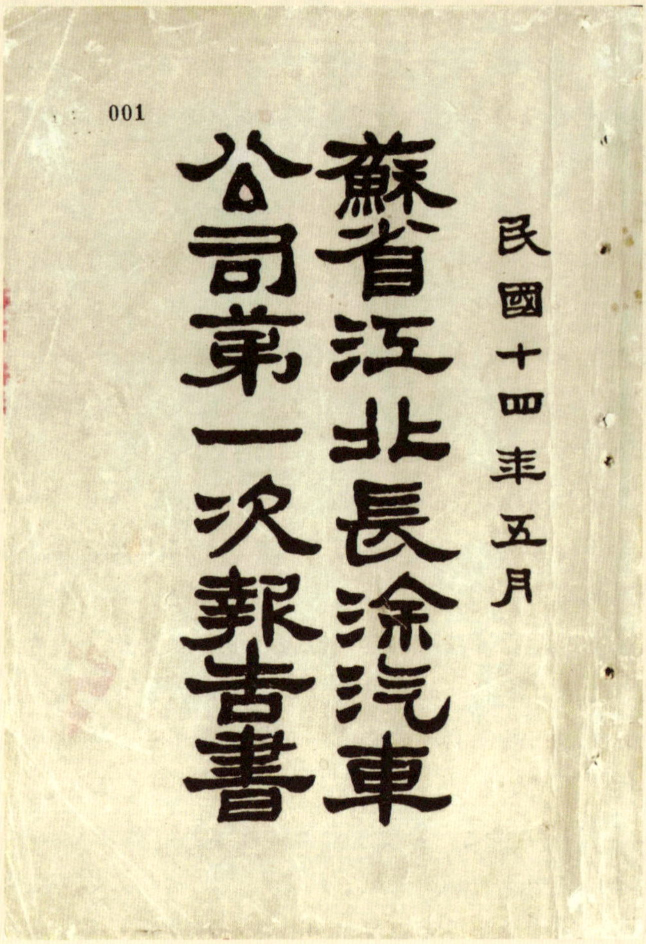

001

民國十四年五月

蘇省江北長途汽車
公司第一次報告書

镇扬汽车公司第一次报告书封面

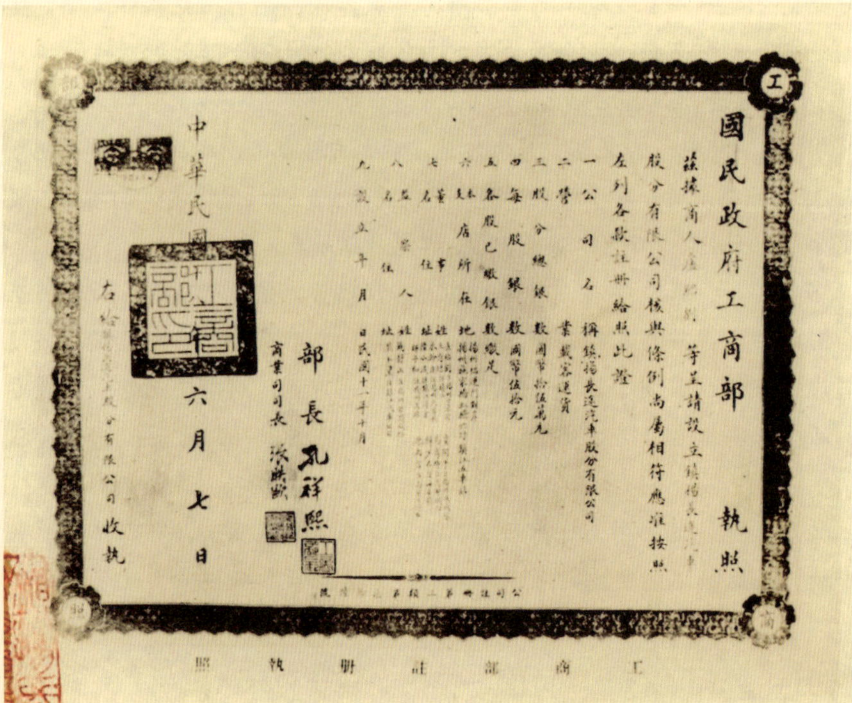

國民政府工商部 執照

茲據商人　　等呈請設立鎮揚長途汽車
股分有限公司核與條例尚屬相符應准按照
左列各款註冊給照此證

一 公司名稱 鎮揚長途汽車股分有限公司
二 營業 載客運貨
三 股分總額數 國幣拾伍萬元
四 每股銀數 國幣伍拾元
五 各股已繳銀數 繳足
六 本支店所在地
七 董事姓名住址
八 監察人姓名住址
九 設立年月日 民國十一年十月

部長 孔祥熙
商業司司長 張軼歐

中華民國　六月七日

右給　　股分有限公司收執

工商部註冊執照

工商部颁发的执照

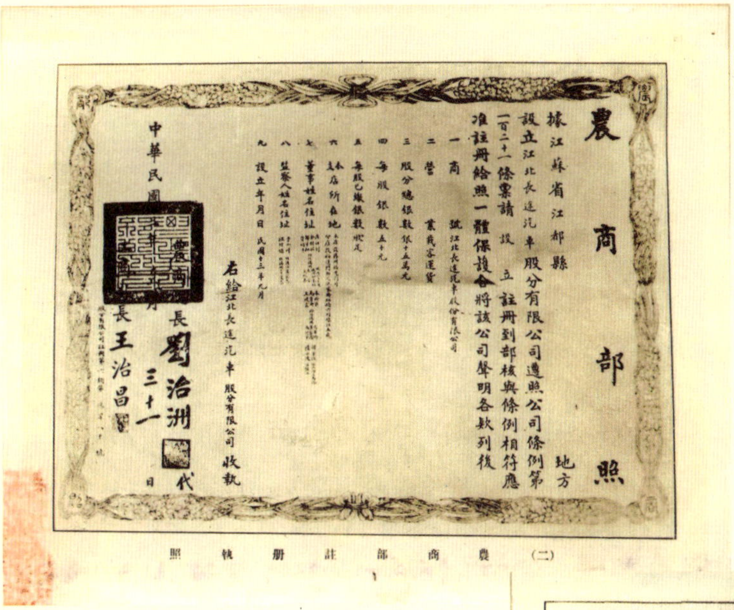

农商部颁发的执照

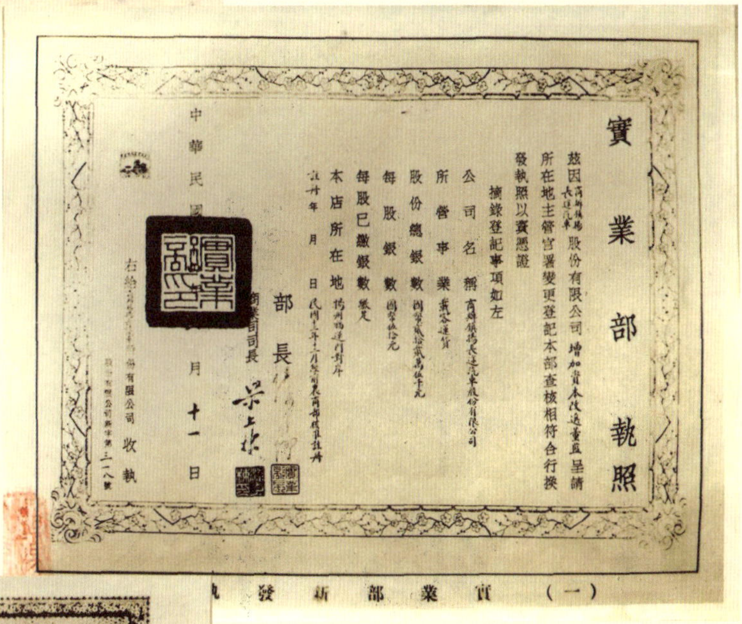

实业部颁发的执照

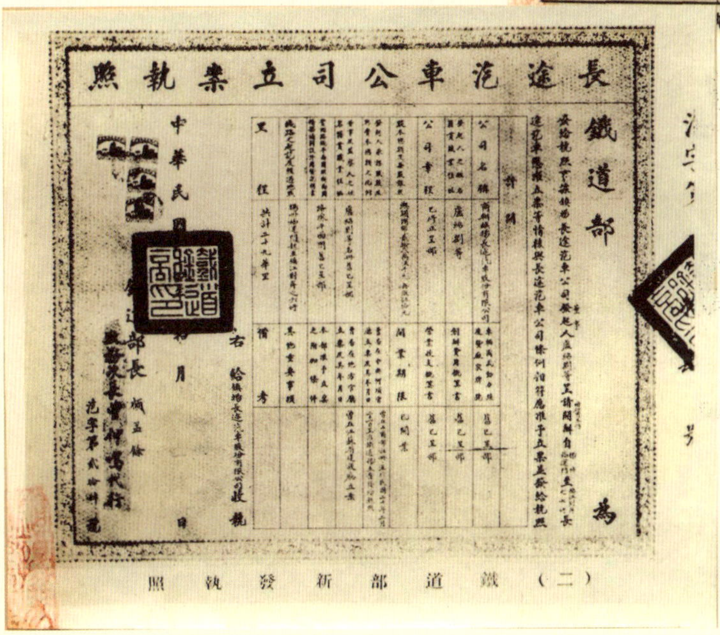

铁道部颁发的执照

教会学校美汉中学纪念刊

保管单位：扬州市档案馆

内容及评价：

扬州市档案馆藏有美汉中学成立四十周年纪念册一册，该纪念册封面由陈含光题写，内容包括校歌、校史概述、创始人的纪念碑文及遗像、董事长题词、校歌歌词、知名人士的祝词、优秀学生撰写的母校回忆文章以及教职员、学生名录等。

清光绪三十四年（1908），美籍圣公会会长韩忭明于扬州左卫街（今广陵路）创办美汉中学。宣统二年（1910），迁址便益门内。因美国海军大将美翰捐赠巨款，取名美翰中学，1912年改名美汉中学，含中美友好之意。美汉中学是当时上海圣约翰大学的附中，该校毕业生可以直升圣约翰大学，其影响力、知名度可与苏州桃坞中学、无锡辅仁中学相当。美汉中学设国文、英文两科，正式将现代英语教育引进扬州。抗日战争期间,日寇曾将美汉中学作为关押英、美俘虏之集中营。1949年，与信成中学合并为群力中学。

美汉中学曾培养出许多杰出人物，其中有上海新丰洋行创始人之一的俞开龄、曾任中国医学科学院副院长的吴征鉴、森林生态学家与林木、遗传育种学家彭镇华、曾任外交部副部长徐敦信等。

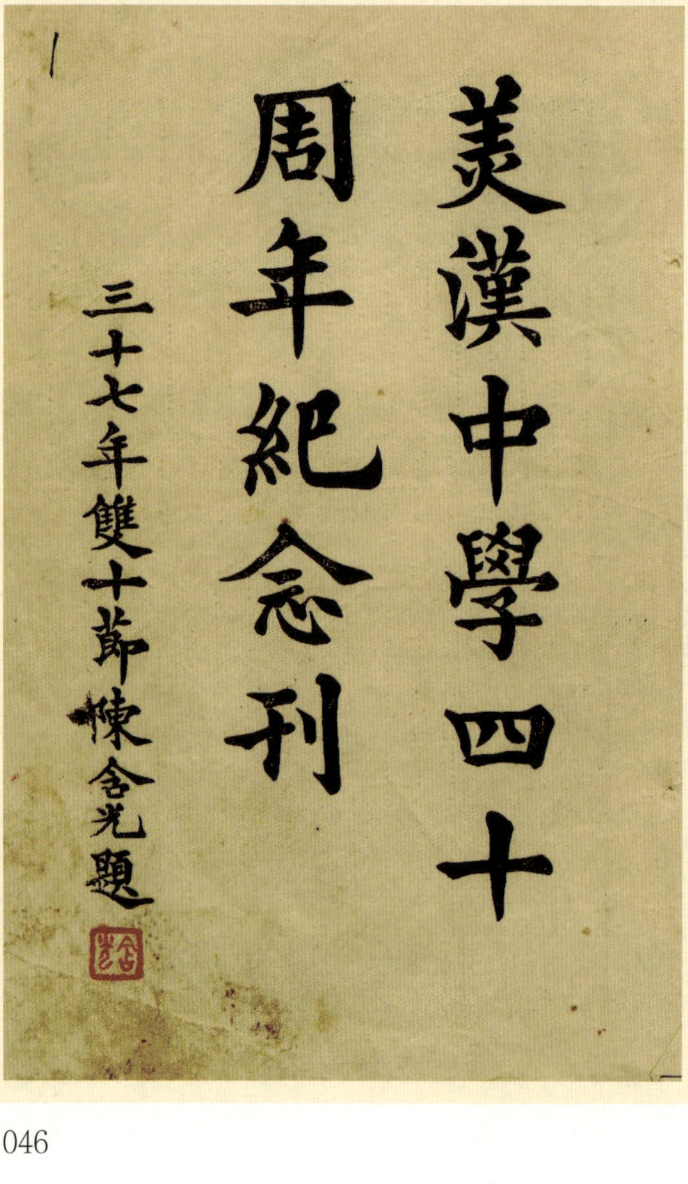

陈含光题写刊名的美汉中学四十周年纪念刊

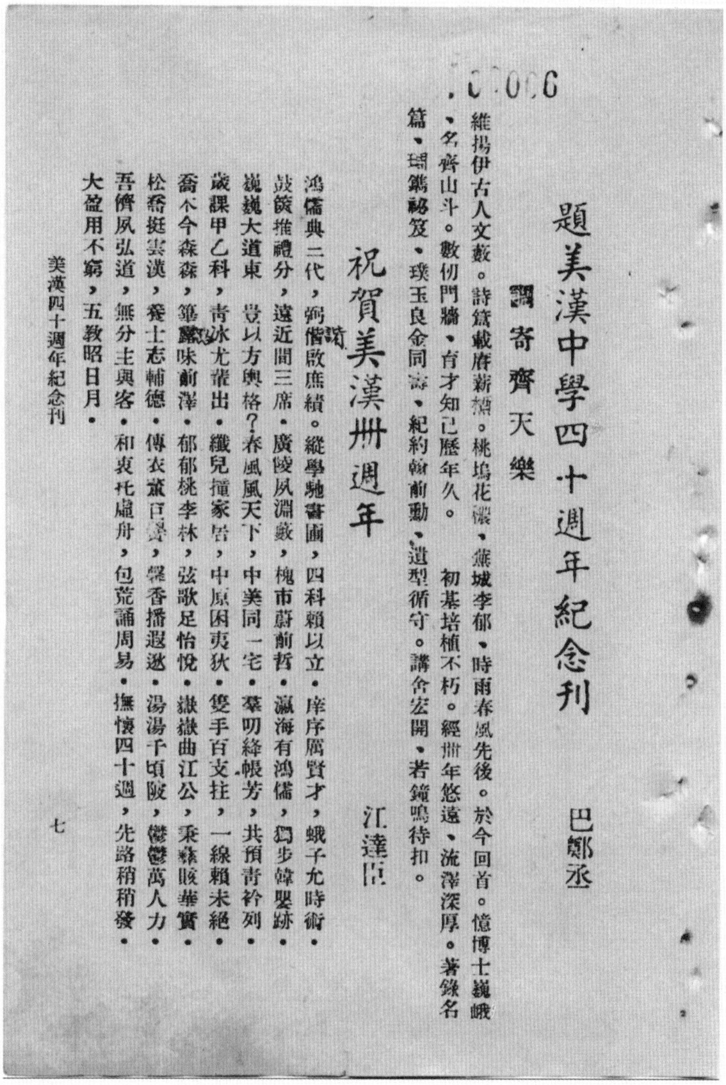
.00006

題美漢中學四十週年紀念刊

巴鄭丞

調寄齊天樂

維揚伊古人文藪。詩篇載賡薪槱。桃塢花穠、蕪城李郁、時雨春風先後。於今回首。憶博士巍峨、名齊山斗。數仞門牆、育才知己歷年久。　初基培植不朽。經卅年悠遠、流澤深厚。著錄名篇、琱鐫祕笈、璞玉良金同壽、紀約翰前勳、遺型循守。講舍宏開、若鐘鳴待扣。

祝賀美漢卅週年

江達臣

鴻儒典三代，弼諧啟庶績。縱學馳書圃，四科賴以立。庠序厲賢才，蛾子允時術。鼓篋推禮分，遠近聞三席。廣陵夙淵藪，槐市蔚前哲。瀛海有鴻儒，獨步韓嬰跡。巍巍大道東，豈以方輿格？春風風天下，中美同一宅。羣叨絳帳芳，共預青衿列。歲課甲乙科，青冰尤輩出。纖兒擅家居，中原困夷狄。隻手百支柱，一線賴未絕。喬木今森森，筆路味前澤。郁郁桃李林，弦歌足怡悅。嶽嶽曲江公，秉彝賅華實。松喬挺雲漢，養士志輔德。傳衣薰巨黌，馨香播遐邇。湯湯千頃陂，鬱鬱萬人力。吾儕夙弘道，無分主與客。和衷托虛舟，包荒誦周易。撫懷四十週，先路稍稍發。大盈用不窮，五教昭日月。

美漢四十週年紀念刊　七

江树峰（达臣）撰写的诗《贺美汉中学卅周年》

全文：

题美汉中学四十周年纪念刊

巴郑丞

调寄齐天乐

维扬伊古人文薮，诗篇载赓薪□。桃坞花秾、芜城李郁、时雨春风先后。于今回首，忆博士巍峨、名齐山斗。数仞门墙、育才知己历年久。　初基培植不朽，经卅年悠远、流泽深厚。著录名篇、雕镌秘笈、璞玉良金同寿。纪约翰前勋、遗型循守。讲舍宏开、若钟鸣待扣。

祝贺美汉卅周年

江达臣

鸿儒典三代，弼谐启庶绩。纵学驰书圃，四科赖以立。庠序厉贤才，蛾子允时术。鼓箧推礼分，远近间三席。广陵夙渊薮，槐市蔚前哲。瀛海有鸿儒，独步韩婴迹。巍巍大道东，岂以方舆格？春风风天下，中美同一宅。群叨绛帐芳，共预青衿列。岁课甲乙科，青冰尤辈出。纤儿撞家居，中原困夷狄。只手百支柱，一线赖未绝。乔木今森森，笔路味前泽。郁郁桃李林，弦歌足怡悦。岳岳曲江公，秉彝赅华实。松乔挺云汉，养士志辅德。传衣薰巨黉，馨香播遐逖。汤汤千顷陂，郁郁万人力。吾侪夙弘道，无分主与客。和衷托虚舟，包荒诵周易。抚怀四十周，先路稍稍发。大盈用不穷，五教昭日月。

現任教職員名錄

姓名	年齡	籍貫	職別	通信地址
張彭瑜	五十	江都	校長兼高三級導師英文教員	本校
鹿彩文 S.W.Green	五十八	美國	美國差會代表兼英文音樂教員	本校
馬道元	四十八	安徽太湖	校牧	揚州二郎廟東首聖公會
張峻卿	五十二	江都	教導主任教務組長兼高二級導師英文教員	揚州東關街草巷十九號
方光照	三十六	江都	教導副主任訓導組長兼高一甲級導師社會學科教員	揚州馬市口牌坊巷四號
楊詩文	四十七	江都	會計兼高一乙級導師數學教員	揚州二郎廟街三四號
顏其烜	四十八	鎮江	文書兼初三級導師文史地教員	揚州問亭巷五號
吳徵珏	三十六	江都	初二級導師兼數學教員	本校
王少川	五十一	江都	事務兼體育衛生組組長中國童子軍第五九二〇團團長美勞教員	揚州東關大街羊巷一二號
鹿愛倫 E.M.Green		美國	校醫兼英文教員	本校

美汉中学教职工名录

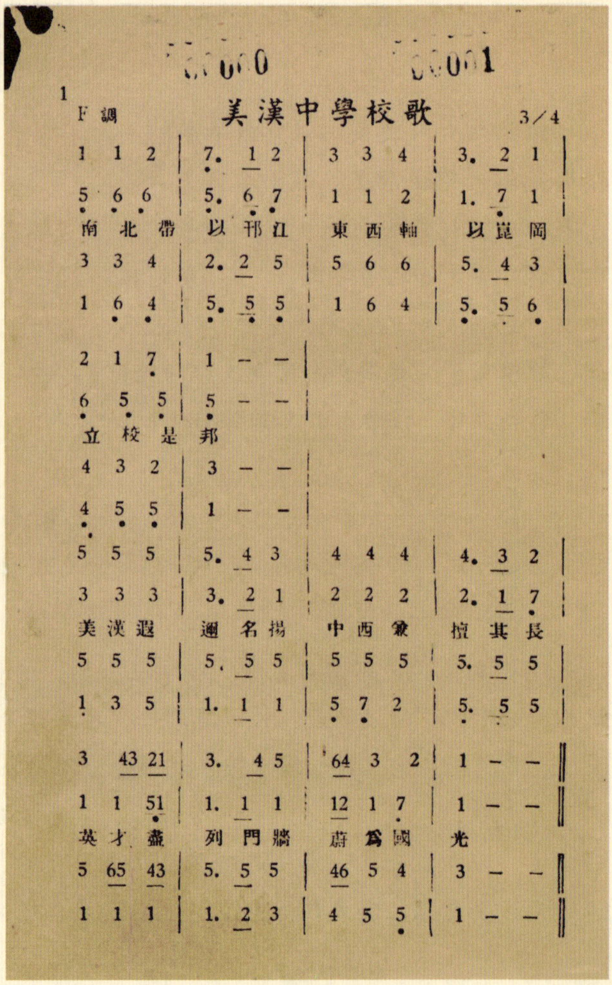

1
F調
美漢中學校歌
3/4
南北帶　以邗江　東西軸　以崑岡
立校是邦
美漢遐　邇名揚　中西兼　擅其長
英才盡　列門牆　蔚爲國　光

美汉中学校歌

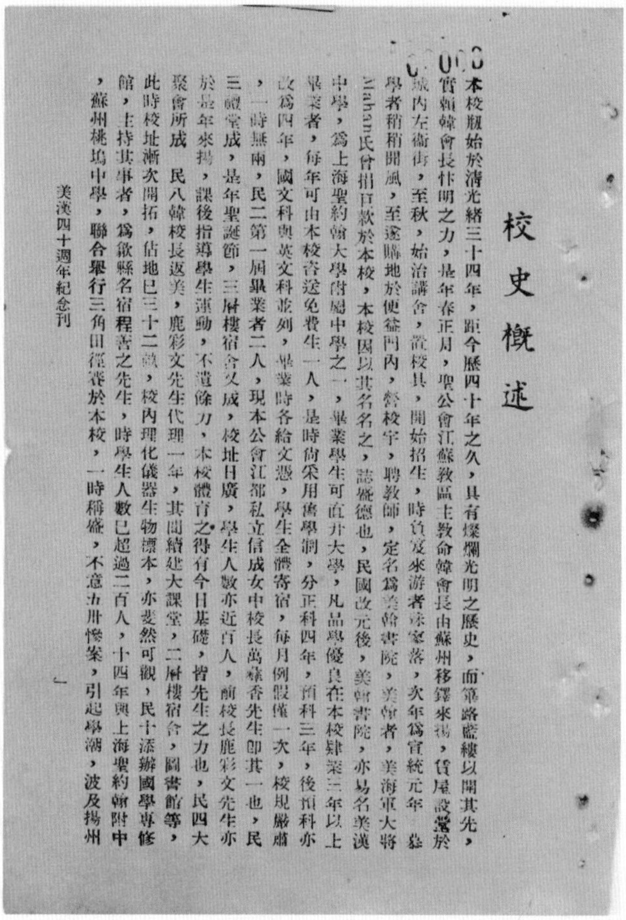

校史概述

本校創始於清光緒三十四年，距今歷四十年之久，具有燦爛光明之歷史，而篳路藍縷以開其先，實賴韓會長作明之力，是年春正月，聖公會江蘇教區主教命韓會長由蘇州移鐸來揚，賃屋設黌於城內左衛街，至秋，始治講舍，置校具，開始招生，時負笈來游者寥落，次年為宣統元年，慕學者稍稍聞風，至遂購地於便益門內，營校宇，聘教師，定名為美漢書院，美漢者，美海軍大將Mahan氏曾捐巨款於本校，本校因以其名名之，誌盛德也，民國改元後，美漢書院，亦易名美漢中學，為上海聖約翰大學附屬中學之一，畢業學生可直升大學，凡品學優良在本校肄業三年以上畢業者，每年可由本校咨送免費生一人，是時尚采用舊學制，分正科四年，預科三年，後預科亦改為四年，國文科與英文科並列，畢業時各給文憑，學生全體寄宿，每月例假僅一次，校規嚴肅，一時無兩，民二第一屆畢業者二人，現本公會江都私立信成女中校長萬森香先生即其一也，民三禮堂成，是年聖誕節，三層樓宿舍又成，校址日廣，學生人數亦近百人，前校長鹿彩文先生亦於是年來揚，課後指導學生運動，不遺餘力，本校體育之得有今日基礎，皆先生之力也，民四大聚會所成　民八韓校長返美，鹿彩文先生代理一年，其間續建大課堂，二層樓宿舍，圖書館等，此時校址漸次開拓，佔地已三十二畝，校內理化儀器生物標本，亦斐然可觀，民十添辦國學專修館，主持其事者，為歙縣名宿程善之先生，時學生人數已超過二百人，十四年與上海聖約翰附中，蘇州桃塢中學，聯合舉行三角田徑賽於本校，一時稱盛，不意五卅慘案，引起學潮，波及揚州

美漢四十週年紀念刊　一

美汉中学校史

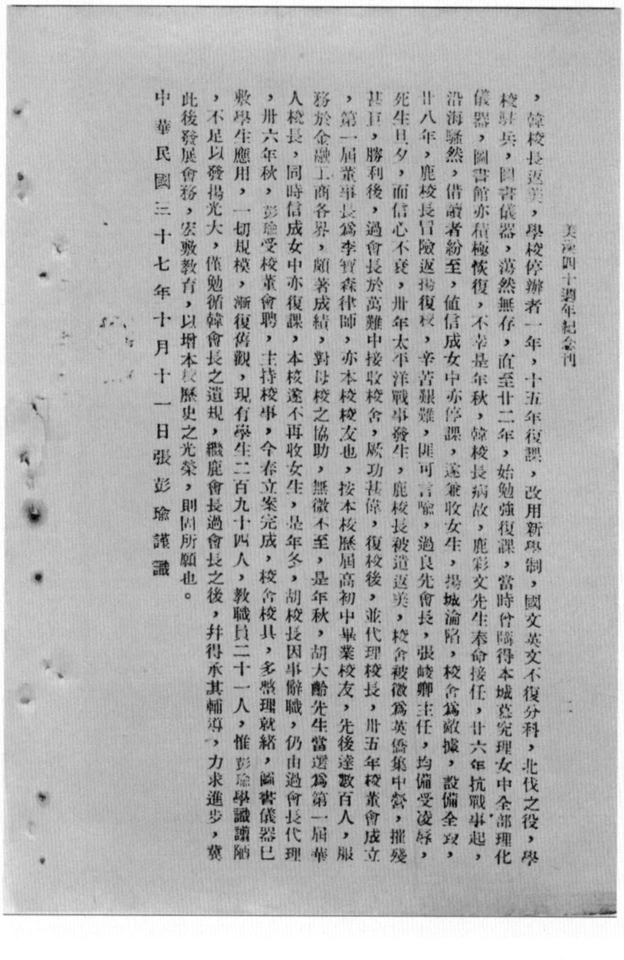

美漢四十週年紀念刊　二

，韓校長返美，學校停辦者一年，十五年復課，改用新學制，國文英文不復分科，北伐之役，學校駐兵，圖書儀器，蕩然無存，直至廿二年，始勉強復課，當時曾購得本城慈究理女中全部理化儀器，圖書館亦積極恢復，不幸是年秋，韓校長病故，鹿彩文先生奉命接任，廿六年抗戰事起，沿海騷然，借讀者紛至，值信成女中亦停課，遂兼收女生，揚城淪陷，校舍為敵據，設備全毀，廿八年，鹿校長冒險返揚復校，辛苦艱難，匪可言喻，過良先會長，張岐卿主任，均備受凌辱，死生旦夕，而信心不衰，卅年太平洋戰事發生，鹿校長被遣返美，校舍被徵為英僑集中營，摧殘甚巨，勝利後，過會長於萬難中接收校舍，厥功甚偉，復校後，並代理校長，卅五年校董會成立，第一屆董事長為李寶森律師，亦本校校友也，按本校歷屆高初中畢業校友，先後達數百人，服務於金融工商各界，頗著成績，對母校之協助，無微不至，是年秋，胡大齡先生當選為第一屆華人校長，同時信成女中亦復課，本校遂不再收女生，是年冬，胡校長因事辭職，仍由過會長代理，卅六年秋，彭瑜受校董會聘，主持校事，今春立案完成，校舍校具，多整理就緒，圖書儀器已敷學生應用，一切規模，漸復舊觀，現有學生二百九十四人，教職員二十一人，惟彭瑜學識譾陋，不足以發揚光大，僅勉循韓會長之遺規，繼鹿會長過會長之後，并得承其輔導，力求進步，襄此後發展會務，宏敷教育，以增本校歷史之光榮，則固所願也。

中華民國三十七年十月十一日張彭瑜謹識

教会学校震旦中学档案

保管单位：扬州市档案馆

内容及评价：

扬州市档案馆藏有震旦中学档案共76件，主要有教职员一览表、升学情况一览表、毕业证明书、毕业生清册、同学录、成绩表、毕业生履历表及震旦中学章程等。其中《私立震旦大学附属扬州震旦中学章程》包括序言、总纲、编制、学生成绩单及珍贵照片史料等，是该校1937年报江苏省教育厅立案、教育部备案的文件孤本，殊属难得。

该校位于北河下，1920年由法国耶稣会士山宗机在扬州创设，校内建筑完全西洋式。学校初称圣约翰伯尔各满公学，后称扬州震旦大学预科，1931年改称私立震旦大学附属扬州震旦中学，由当时江苏省教育厅核准立案。开办时仅有高中部，1932年复添设初中部；1938年更名为私立震旦大学附属扬州第一震旦中学，采取男女分校制，另设高、初两级女子部，1949年7月停办。1946年全校学生近800人。教师多为中国籍，也有少数外籍传教士任教。2007年国家最高科学技术奖得主吴征镒院士就曾在此教书。震旦中学曾培养出许多杰出人物，其中有著名经济学家厉以宁、台湾著名电影演员郎雄等。

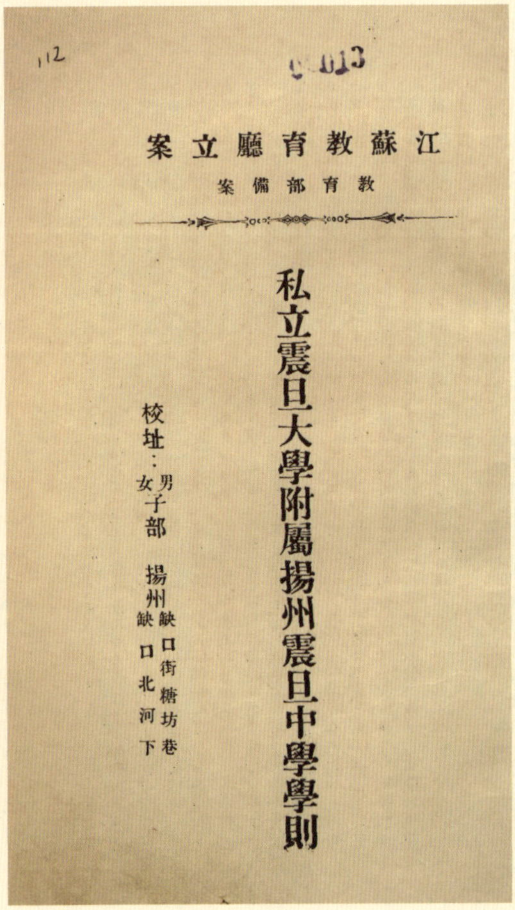

112

江蘇教育廳立案

教育部備案

私立震旦大學附屬揚州震旦中學學則

校址：男子部 揚州缺口街糖坊巷
　　　女子部 揚州缺口北河下

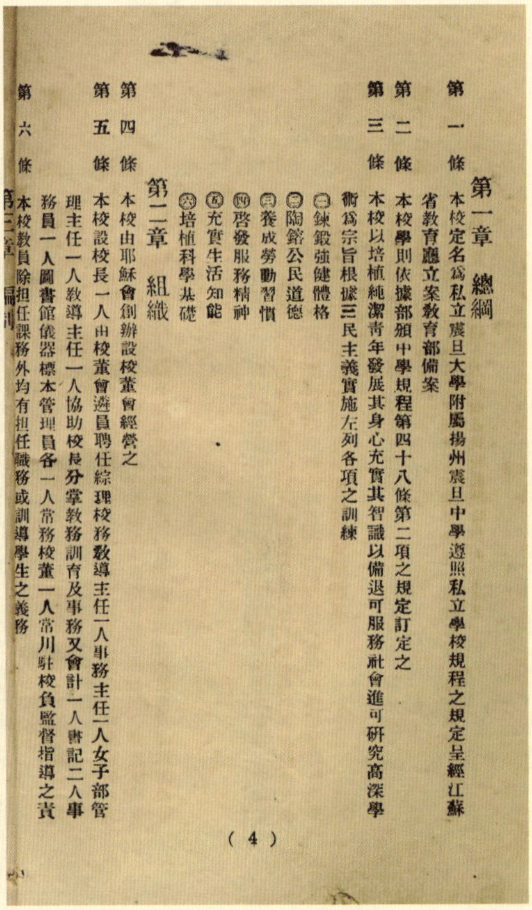

第一章 總綱

第一條 本校定名爲私立震旦大學附屬揚州震旦中學遵照私立學校規程之規定呈經江蘇省教育廳立案教育部備案

第二條 本校學則依據部頒中學規程第四十八條第二項之規定訂定之

第三條 本校以培植純潔青年發展其身心充實其智識以備退可服務社會進可研究高深學術爲宗旨根據三民主義實施左列各項之訓練

(一)鍛鍊強健體格
(二)陶鎔公民道德
(三)養成勞動習慣
(四)啓發服務精神
(五)充實生活知能
(六)培植科學基礎

第二章 組織

第四條 本校由耶穌會創辦設校董會經營之

第五條 本校設校長一人由校董會遴員聘任綜理校務教導主任一人事務主任一人女子部管理主任一人教導主任一人協助校長分掌教務訓育及事務又會計一人書記二人事務員一人圖書館儀器標本管理員各一人常務校董一人常川駐校負監督指導之責

第六條 本校教員除担任課務外均有担任職務或訓導學生之義務

第三章 編制

（4）

震旦中学学则

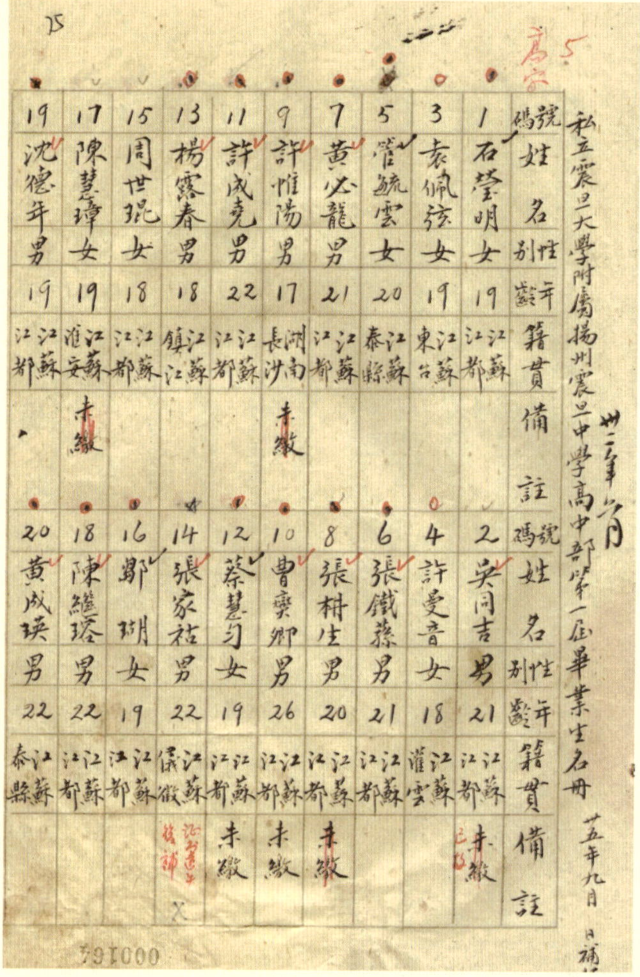

私立震旦大學附屬揚州震旦中學高中部第一屆畢業生名冊

號碼	姓名	性別	年齡	籍貫	備註
1	石瑩明	女	19	江蘇江都	
3	袁佩弦	女	19	江蘇東台	
5	管毓雲	女	20	江蘇泰縣	
7	黃必龍	男	21	江蘇江都	
9	許惟陽	男	17	湖南長沙	未繳
11	許成堯	男	22	江蘇江都	
13	楊露春	男	18	江蘇鎮江	
15	周世琨	女	18	江蘇江都	
17	陳慧瑋	女	19	江蘇淮安	未繳
19	沈德年	男	19	江蘇江都	
2	吳同吉	男	21	江蘇江都	未繳
4	許愛音	女	18	江蘇灌雲	
6	張鐵蓀	男	21	江蘇江都	
8	張耕生	男	20	江蘇江都	未繳
10	曹秉卿	男	26	江蘇江都	未繳
12	蔡慧勻	女	19	江蘇江都	未繳
14	張家祐	男	22	江蘇儀徵	
16	鄧瑚	女	19	江蘇江都	
18	陳繼琛	男	22	江蘇江都	
20	黃成瑛	男	22	江蘇泰縣	

卅五年九月 日補

震旦中学毕业生名册

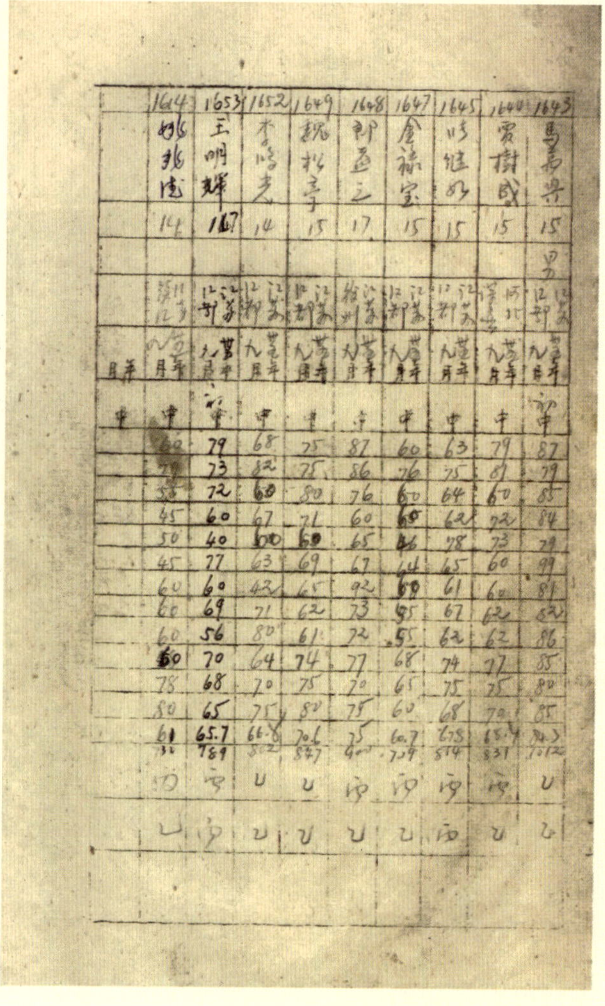

记载有台湾金马奖得主郎雄（郎益三）各科成绩的成绩单

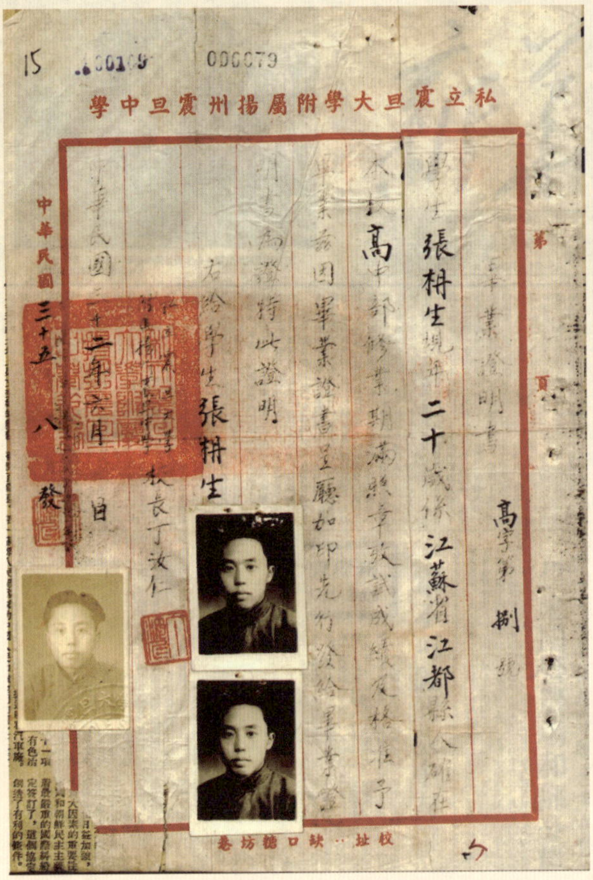
私立震旦大學附屬揚州震旦中學

畢業證明書

學生張耕生現年二十歲係江蘇省江都縣人……在本校高中部修業期滿……准予畢業……特此證明

右給學生張耕生

校長丁汝仁

中華民國三十五年 月 日發

校址：缺口館坊巷

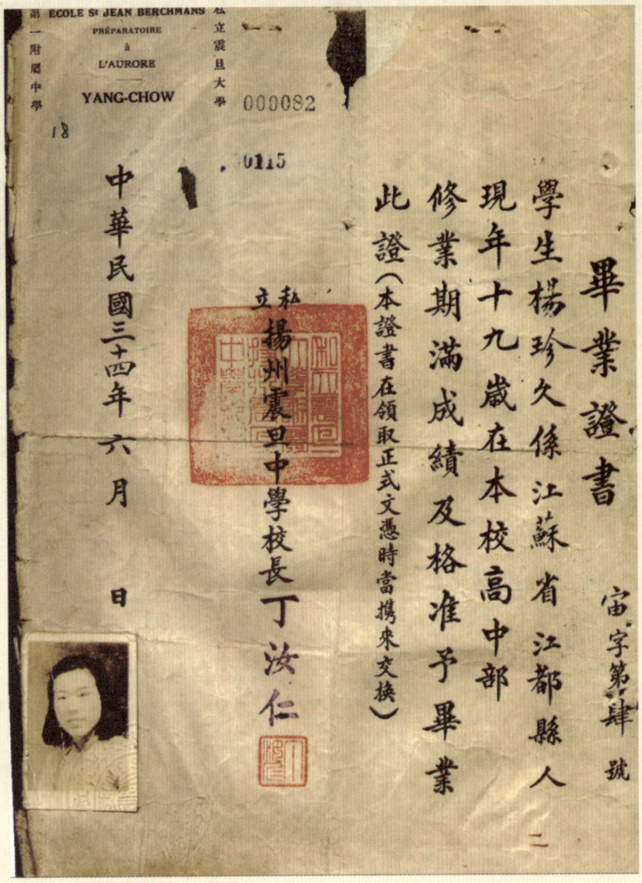
ÉCOLE St JEAN BERCHMANS PRÉPARATOIRE à L'AURORE YANG-CHOW

第一附屬中學 私立震旦大學

000082

畢業證書

宙字第肆號

學生楊珍久係江蘇省江都縣人現年十九歲在本校高中部修業期滿成績及格准予畢業此證（本證書在領取正式文憑時當携來交換）

私立揚州震旦中學校長丁汝仁

中華民國三十四年六月 日

震旦中学学生毕业证明书

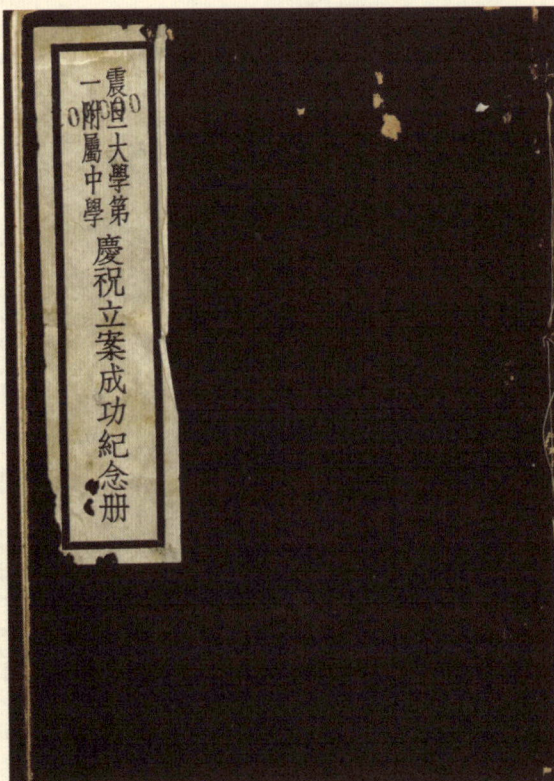

震旦中学纪念册

省立扬州中学档案

保管单位：扬州市档案馆

内容及评价：

江苏省扬州中学始于1902年创办的仪董学堂，是扬州第一所官立中学，经费出自盐务，总办由两淮盐运使担任，首任总办为程仪洛（字雨亭）。内设有仪董轩，为纪念西汉大儒江都相董仲舒而建，学堂亦因此得名。1927年，正式更名为江苏省立扬州中学。民国时期，江苏省立的苏州中学、上海中学、扬州中学和浙江省立的杭州高级中学，以教学业绩卓著，并称为“江南四大名中”。

扬州中学教学质量上乘，教师学养深厚。建校一百多年来，毕业生数以万计，他们当中有江泽民，原中顾委常委胡乔木，联合国原副秘书长毕季龙，现代著名散文家朱自清等；从扬州中学走出的两院院士多达44名，其中有“两弹一星”元勋黄纬禄，国家最高科学技术奖得主吴良镛、吴征镒。

扬州市档案馆藏有民国时期扬州中学档案105件1500页，多为民国时期三四十年代同学录、教职工名册、抗战时期校刊及民国教育主管部门下达的文书等，对于研究民国时期扬州中学的教育状况具有重要价值。

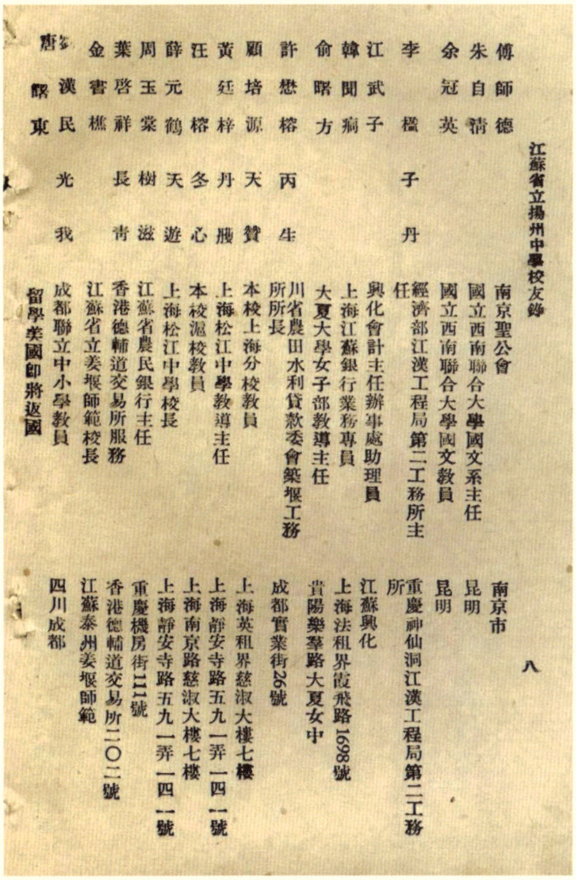

江蘇省立揚州中學校友錄

傅師德		南京聖公會	南京市
朱自清		國立西南聯合大學國文系主任	昆明
余冠英		國立西南聯合大學國文教員	昆明
李樾	子丹	經濟部江漢工程局第二工務所主任	重慶神仙洞江漢工程局第二工務所
江武子		興化會計主任辦事處助理員	江蘇興化
韓聞痌		上海江蘇銀行業務專員	上海法租界霞飛路1698號
俞晧方		大夏大學女子部教導主任	貴陽樂羣路大夏女中
許懋榕	丙生	川省農田水利貸款委會築堰工務所所長	成都實業街26號
顧培源	天贊	本校上海分校教員	上海英租界慈淑大樓七樓
黃廷梓	丹賸	上海松江中學教導主任	上海靜安寺路五九一弄一四一號
汪榕	冬心	本校滬校教員	上海南京路慈淑大樓七樓
薛元鶴	天遊	上海松江中學校長	上海靜安寺路五九一弄一四一號
周玉棠	樹滋	江蘇省農民銀行主任	重慶機房街111號
葉啓祥	長青	香港德輔道交易所服務	香港德輔道交易所二〇二號
金書樵		江蘇省立姜堰師範校長	江蘇泰州姜堰師範
漢民	光我	成都聯立中小學教員	四川成都
唐駱東		留學美國即將返國	

八

记载有朱自清、余冠英的扬州中学校友录

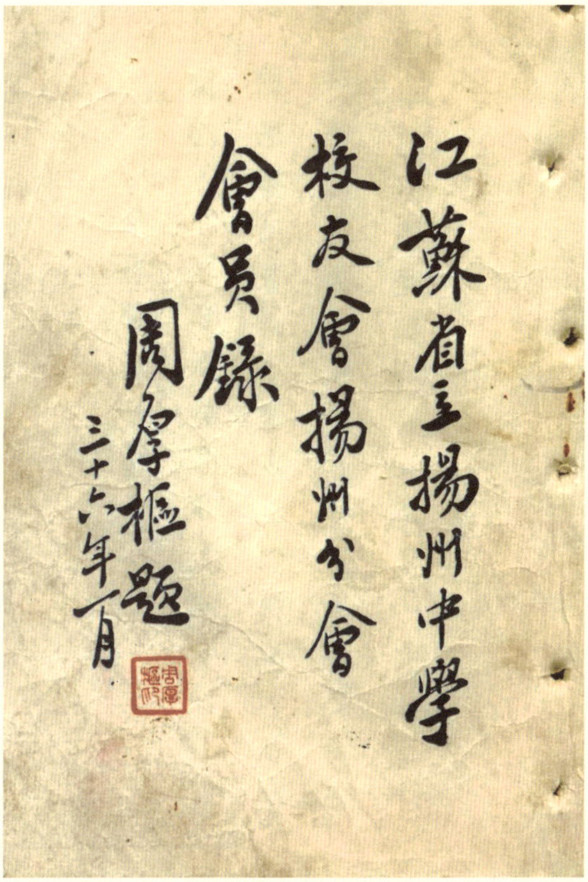

周厚枢题写刊名的《扬州中学校友会扬州分会会员录》

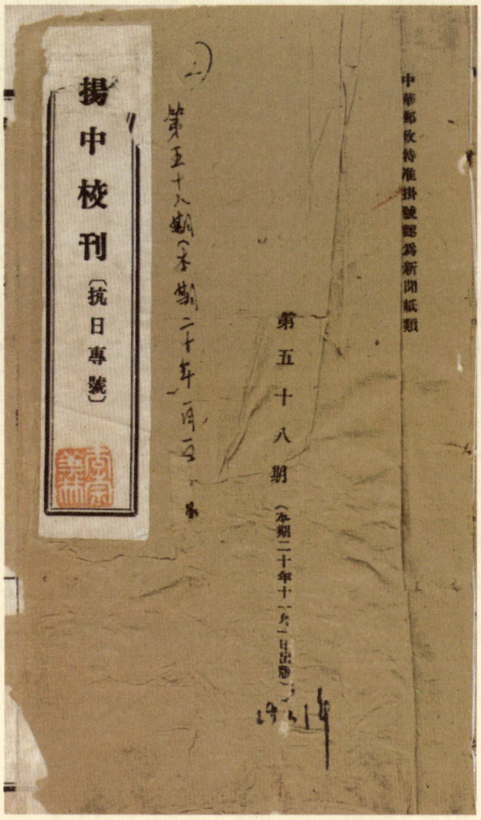
揚中校刊（抗日專號）

第五十八期（本期二十年十一月一日出版）

中華郵政特准掛號認爲新聞紙類

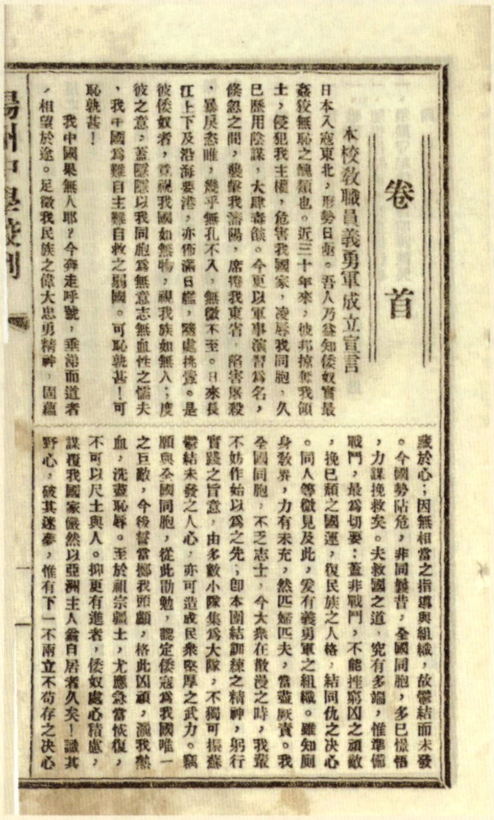
卷首

本校教職員義勇軍成立宣言

日本入寇東北，形勢日亟。吾人乃益知倭奴實最姦狡無恥之醜類也。近三十年來，彼邦掠奪我領土，侵犯我主權，危害我國家，淩辱我同胞，久已歷用陰謀，大肆蠶蝕。今更以軍事演習爲名，倏忽之間，襲擊我瀋陽，席捲我東省，陷害屠殺，暴戾恣睢，幾乎無孔不入，無微不至。日來長江上下及沿海要港，亦佈滿日艦，隨處挑釁。是彼倭奴者，竟視我國如無物，視我族如無人；度彼之意，蓋隱隱以我同胞爲無意志無血性之懦夫，我中國爲難自主難自救之弱國。可恥孰甚！可恥孰甚！

我中國果無人耶？今奔走呼號，垂涕而道者，相望於途。足徵我民族之偉大忠勇精神，固蘊蓄於心；因無相當之指導與組織，故鬱結而未發。今國勢阽危，非同曩昔，全國同胞，多已憬悟，力謀挽救矣。夫救國之道，究有多端，惟準備戰鬥，最爲切要；蓋非戰鬥，不能摧窮凶之頑敵，挽已頹之國運，復民族之人格，結同仇之決心。同人等微見及此，爰有義勇軍之組織。雖知厠身教界，力有未充，然匹婦匹夫，當盡厥責。我全國同胞，不乏志士，今大衆在散漫之時，我輩不妨作始以爲之先；即本團結訓練之精神，躬行實踐之旨意，由多數小隊集爲大隊，不獨可振蘇鬱結未發之人心，亦可造成民衆堅厚之武力。竊願與全國同胞，從此勖勉，認定倭寇爲我國唯一之巨敵，今後誓當擲我頭顱，格此凶頑，灑我熱血，洗盡恥辱。至於祖宗疆士，尤應急當恢復，不可以尺土與人。抑更有進者，倭奴處心積慮，謀覆我國家儼然以亞洲主人翁自居者久矣！誠其野心，破其迷夢，惟有下一不兩立不苟存之決心

扬中校刊

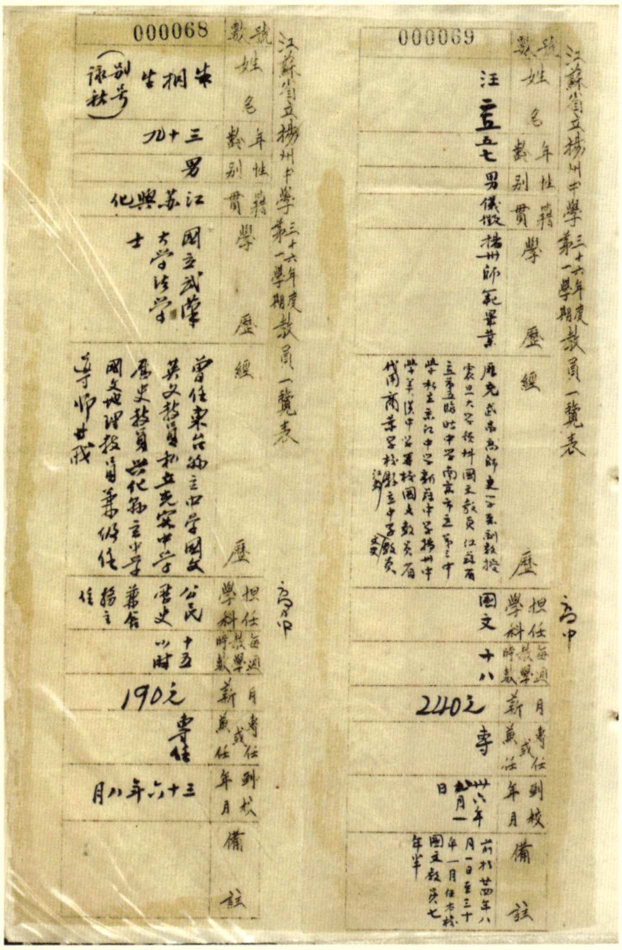
江蘇省立揚州中學第二十一學年度教員一覽表

000068

000069

號數 | 姓名 | 年歲 | 性別 | 籍貫 | 學歷 | 經歷 | 担任學科 | 每週時數 | 月薪 | 專任或兼任 | 到校年月 | 備註

教员概况表

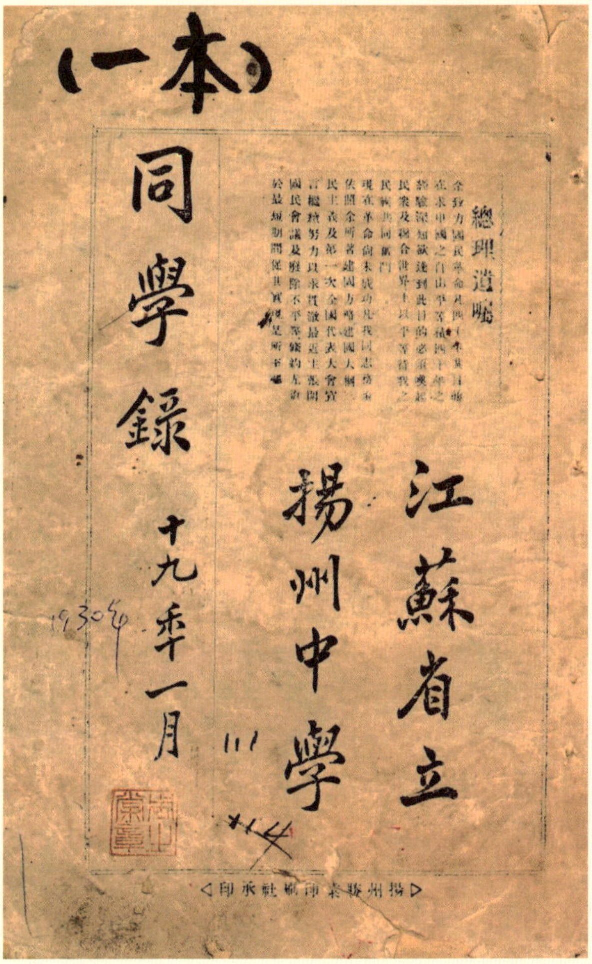
（一本）

同學錄

總理遺囑

江蘇省立揚州中學

十九年一月

扬州中学同学录

振扬电气公司档案

保管单位：扬州市档案馆

内容及评价：

扬州电力工业始于1913年创办的江都振明电灯公司，1917年更名为“江都振扬电气股份有限公司”，1939年因日军入侵而更名为“振扬电灯会社扬州变电所”。抗日战争胜利后，改为官督民办企业。扬州城解放后，军管会接管振扬电厂，后又更名为公私合营振扬股份有限公司。扬州市档案馆藏有该公司档案30件1000余页，主要有互募合约、会员申请书、历次董事会、监事会会议记录等，较完整地展现了解放前扬州电力工业发展的历程，对于研究民国期间扬州民族工业发展具有一定的价值。

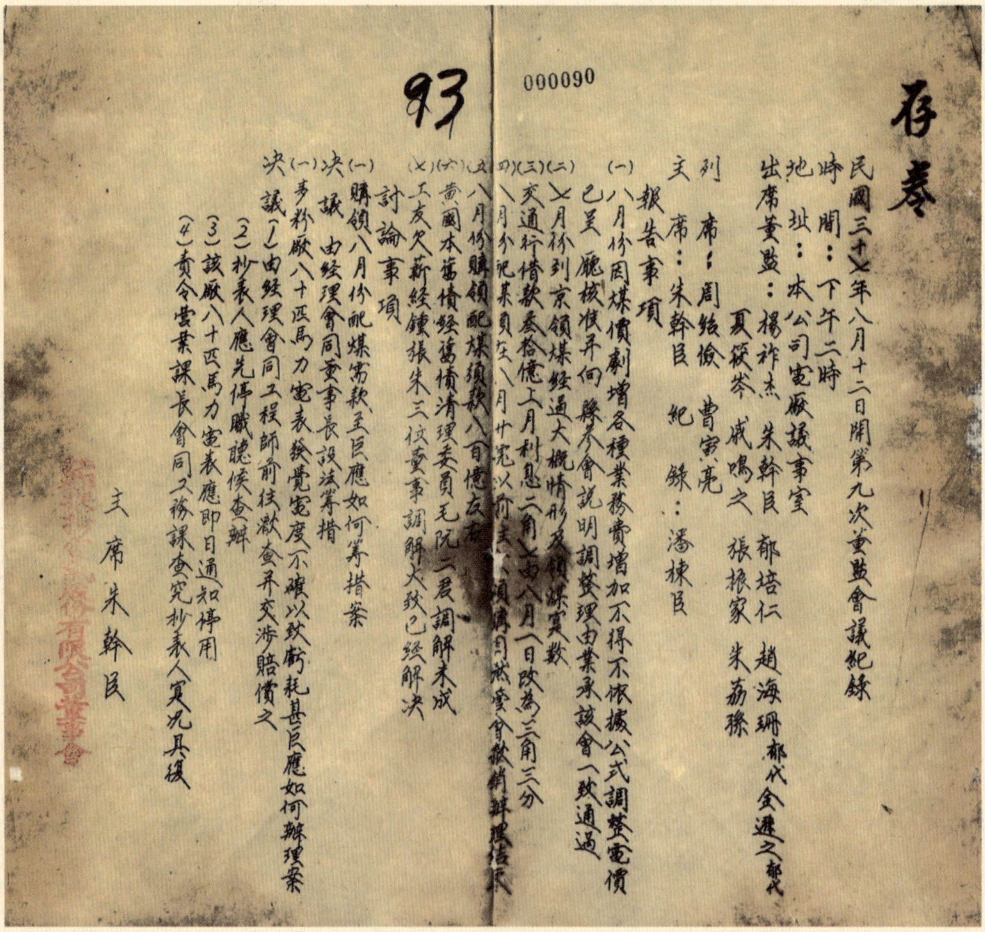
000090

93

存卷

民國三十七年八月十二日開第九次董監會議紀錄

時間：下午二時

地址：本公司電廠議事室

出席董監：楊祚杰 朱幹臣 郁培仁 趙海珊 郁代金遜之 郁代 夏筱岑 戚鳴之 張振家 朱荔孫

列席：周紱儉 曹寅亮

主席：朱幹臣 紀錄：潘棣臣

報告事項

(一)八月份因煤價劇增各種業務費增加不得不依據公式調整電價已呈廳核准并向縣參會說明調整理由業承該會一致通過

(二)七月份到京領煤經過大概情形及領煤實數

(三)交通行借款叁拾億七月利息二角七由八月一日改為三角三分

(四)八月分肥某負欠八月廿宪以前未須備同燃費會款銷辦理結束

(五)八月份購領配煤須款八百億左右

(六)黃國本舊債經舊債清理委員毛阮二君調解未成

(七)工友欠薪經鍾張朱三位董事調解大致已經解決

討論事項

(一)購領八月份配煤需款至巨應如何籌措案

決議 由經理會同董事長設法籌措

(二)步粉廠八十匹馬力電表發覺電度不確以致虧耗甚巨應如何辦理案

決議(1)由經理會同工程師前往徹查并交涉賠償之

(2)抄表人應先停職聽候查辦

(3)該廠八十匹馬力電表應即日通知停用

(4)責令營業課長會同工務課查究抄表人實況具複

主席 朱幹臣

董监事会议记录

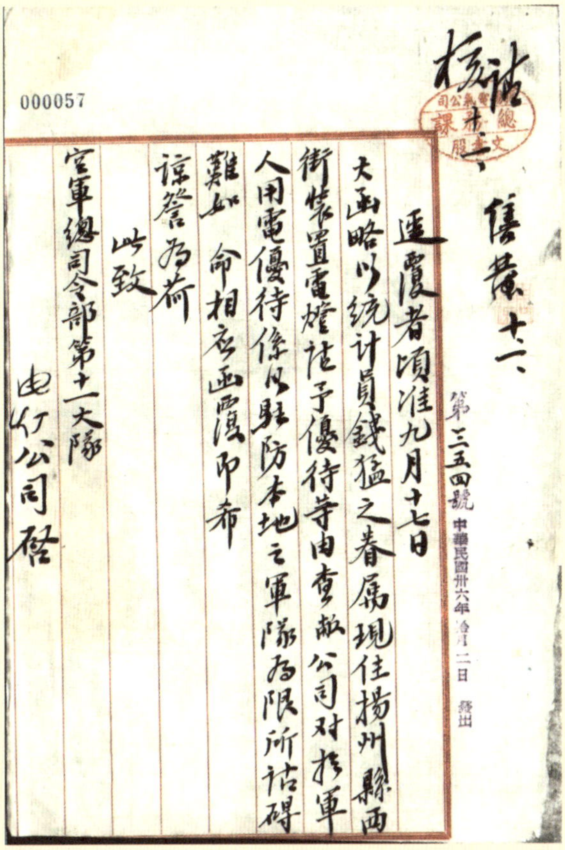
000057

核讫 十二

總務課文書股

傳發 十一

逕覆者 頃准九月十七日

大函略以统计员钱猛之眷属现住扬州县西

街装置电灯请予优待等由查敝公司对于军

人用电优待系以驻防本地之军队为限所请碍

难如命 相应函覆即希

谅察为荷

此致

空军总司令部第十一大队

由仁公司 启

第三五四號 中華民國卅六年拾月二日 發出

有关优惠用电的函件

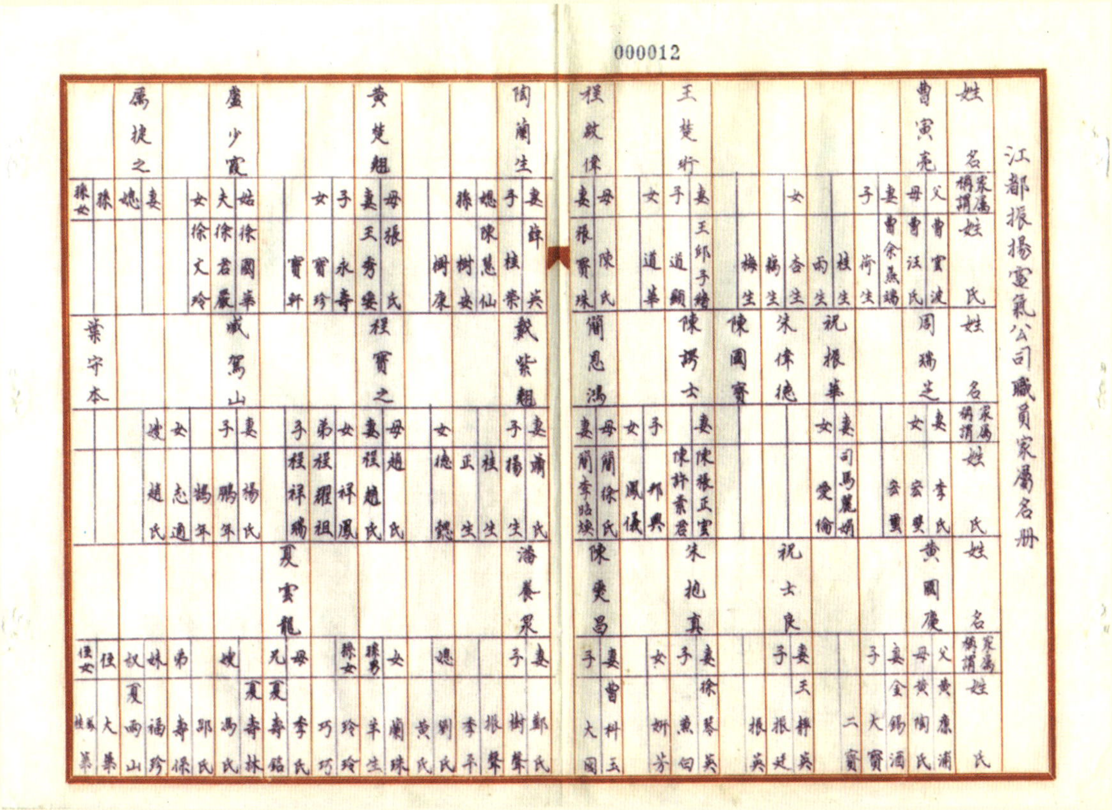
000012

江都振揚電氣公司職員家屬名冊

职工及家属名册

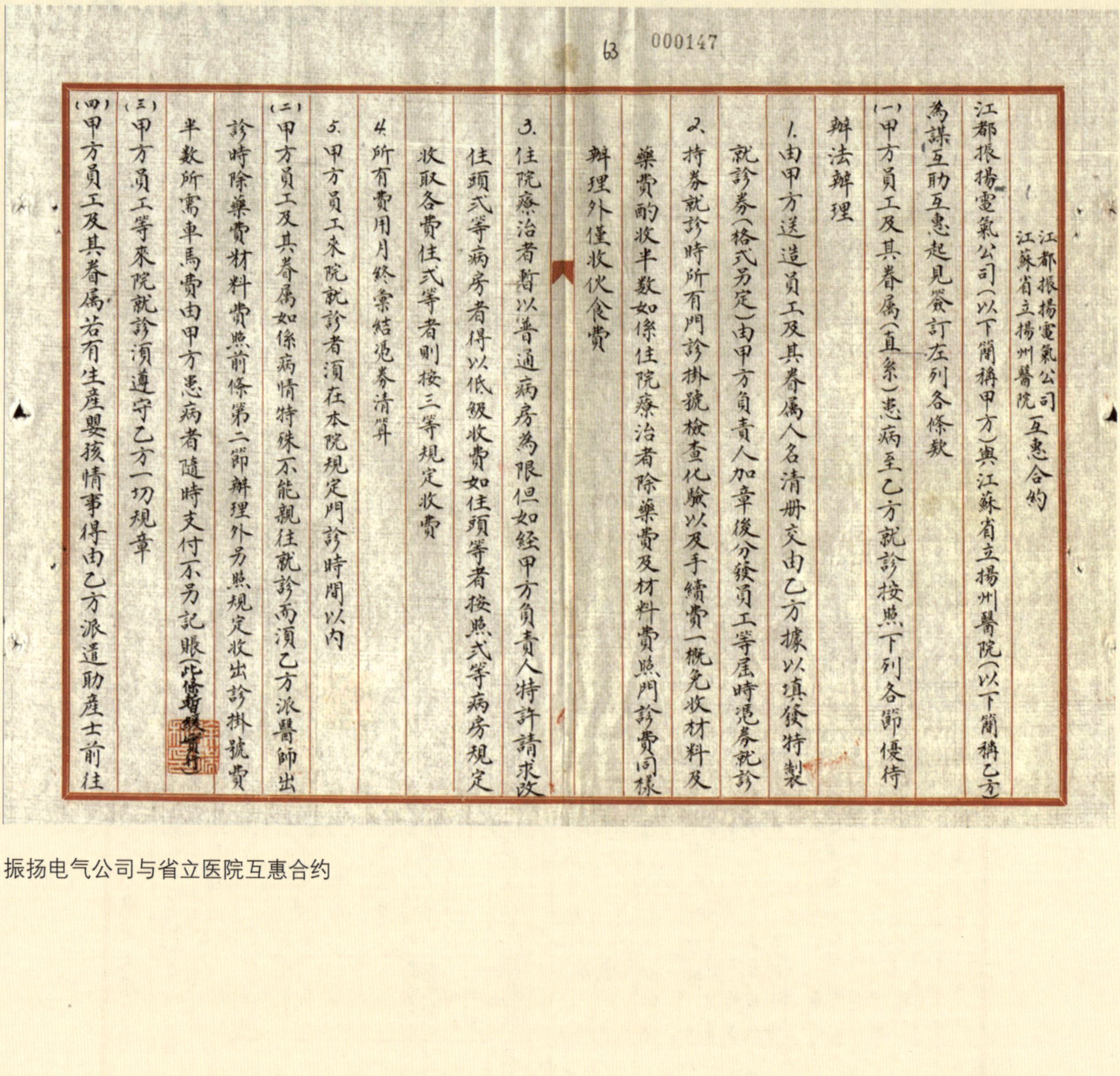

63 000147

江都振揚電氣公司
江蘇省立揚州醫院互惠合約

江都振揚電氣公司（以下簡稱甲方）與江蘇省立揚州醫院（以下簡稱乙方）為謀互助互惠起見簽訂左列各條款

（一）甲方員工及其眷屬（直系）患病至乙方就診按照下列各節優待辦法辦理

1. 由甲方送造員工及其眷屬人名清册交由乙方據以填發特製就診券（格式另定）由甲方負責人加章後分發員工等屆時憑券就診

2. 持券就診時所有門診掛號檢查化驗以及手續費一概免收材料及藥費酌收半數如係住院療治者除藥費及材料費照門診費同樣辦理外僅收伙食費

3. 住院療治者暫以普通病房為限但如經甲方負責人特許請求改住頭弍等病房者得以低級收費如住頭等者按照弍等病房規定收取各費住弍等者則按三等規定收費

4. 所有費用月終彙結憑券清算

5. 甲方員工來院就診者須在本院規定門診時間以内

（二）甲方員工及其眷屬如係病情特殊不能親往就診而須乙方派醫師出診時除藥費材料費照前條第二節辦理外另照規定收出診掛號費半數所需車馬費由甲方患病者隨時支付不另記賬（此條暫緩實行）

（三）甲方員工等來院就診須遵守乙方一切規章

（四）甲方員工及其眷屬若有生產嬰孩情事得由乙方派遣助產士前往

振扬电气公司与省立医院互惠合约

镇江旅扬小学档案

保管单位：扬州市档案馆

内容及评价：

镇江旅扬小学是镇江举人在扬州举办的一所私立小学，目前扬州档案馆共藏有该校档案15件43页。清末“废科举、兴学堂”的风潮遍及全国后，一群旅居扬州的镇江举子决定开办一所公学以育才树人。清光绪二十八年（1902）校董会筹组，公推举子李少亭为校长，定校名为“镇江旅扬公学”，选址于县西街(现淮海路)张回子巷。该校曾报省教育厅立案。民国年间，该校搬迁至南小街。1937年日军侵占扬州后，旅扬公学西侧一大部分房屋成为日军炮兵营房，旅扬公学只剩下东边桂花厅和3个教室。校董会迫于局势艰难，无奈改公学为小学，且缩小办学规模，改单轨完小为复式完小。虽然如此，校董会始终坚持要将学校办下去。由于师生们的发愤努力，该校每届毕业生九成能考上省立扬州中学。1956年，该校改为公办，更名为“扬州市南小街小学”，坚持了半个多世纪的“私立镇江旅扬公（小）学”就此落下了帷幕。

馆藏镇江旅扬小学的档案主要为：与上级往来文件、考试日程安排、学生名册、申请拨付补贴经费的呈文、学校组织结构、固定资产情况、学校平面图等。通过这些档案，可以了解该校发展历程，进而对研究民国期间扬州小学教育实际状况也有着一定的历史价值。

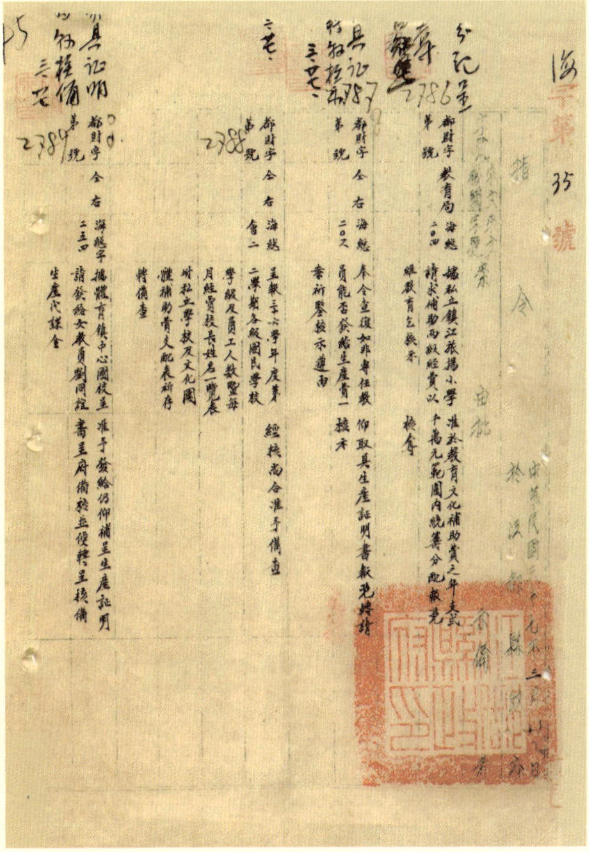

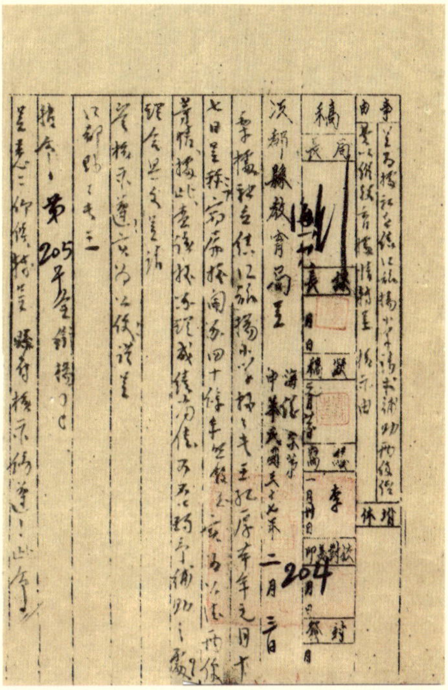

呈请补助经费的公文

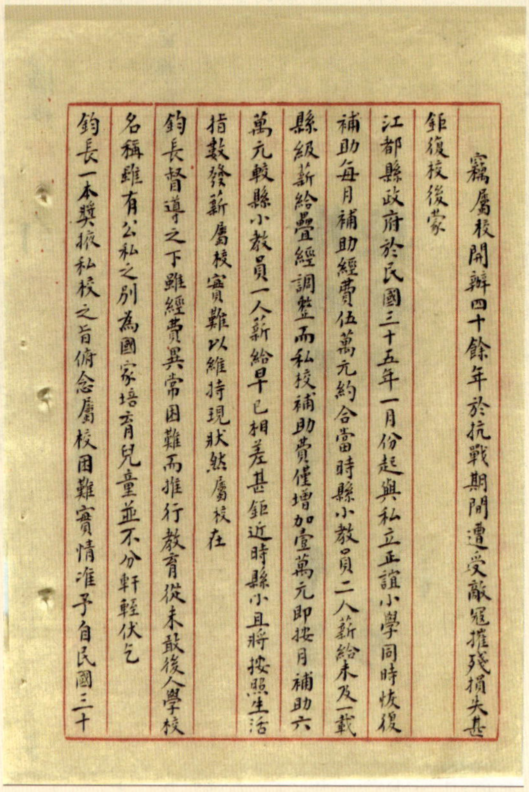

竊屬校開辦四十餘年於抗戰期間遭受敵寇摧殘損失甚
鉅復校後蒙
江都縣政府於民國三十五年一月份起與私立正誼小學同時恢復
補助每月補助經費伍萬元約合當時縣小教員二人薪給未及一載
縣級薪給疊經調整而私校補助費僅增加壹萬元即按月補助六
萬元較縣小教員一人薪給早已相差甚鉅近時縣小且將按照生活
指數發薪屬校實難以維持現狀然屬校在
鈞長督導之下雖經費異常困難而推行教育從未敢後人學校
名稱雖有公私之別為國家培育兒童並不分軒輊伏乞
鈞長一本獎掖私校之旨俯念屬校困難實情准予自民國三十

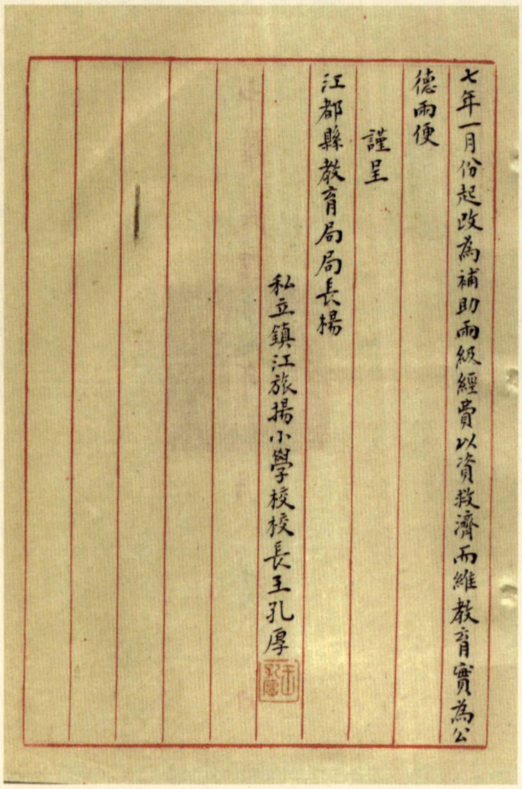

七年一月份起改為補助兩級經費以資救濟而維教育實為公
德兩便
謹呈
江都縣教育局局長楊
私立鎮江旅揚小學校校長王孔厚

呈请补助经费的公文

全文：

窃属校开办四十余年，于抗战期间遭受敌寇摧残，损失甚巨。复校后，蒙江都县政府于民国三十五年一月份起，与私立正谊小学同时恢复补助，每月补助经费五万元，约合当时县小教员二人薪给。未及一载，县级薪给叠经调整，而私校补助费仅增加一万元，即按月补助六万元，较县小教员一人薪给，早已相差甚巨。近时县小且将按照生活指数发薪，属校实难以维持现状。然属校在钧长督导之下，虽经费异常困难，而推行教育从未敢后人。学校名称虽有公私之别，为国家培育儿童并不分轩轾。伏乞钧长一本奖掖私校之旨，俯念属校困难实情，准予自民国三十七年一月份起，改为补助两级经费以资救济，而维教育，实为公德两便。

谨呈

江都县教育局局长杨

私立镇江旅扬小学校长王孔厚

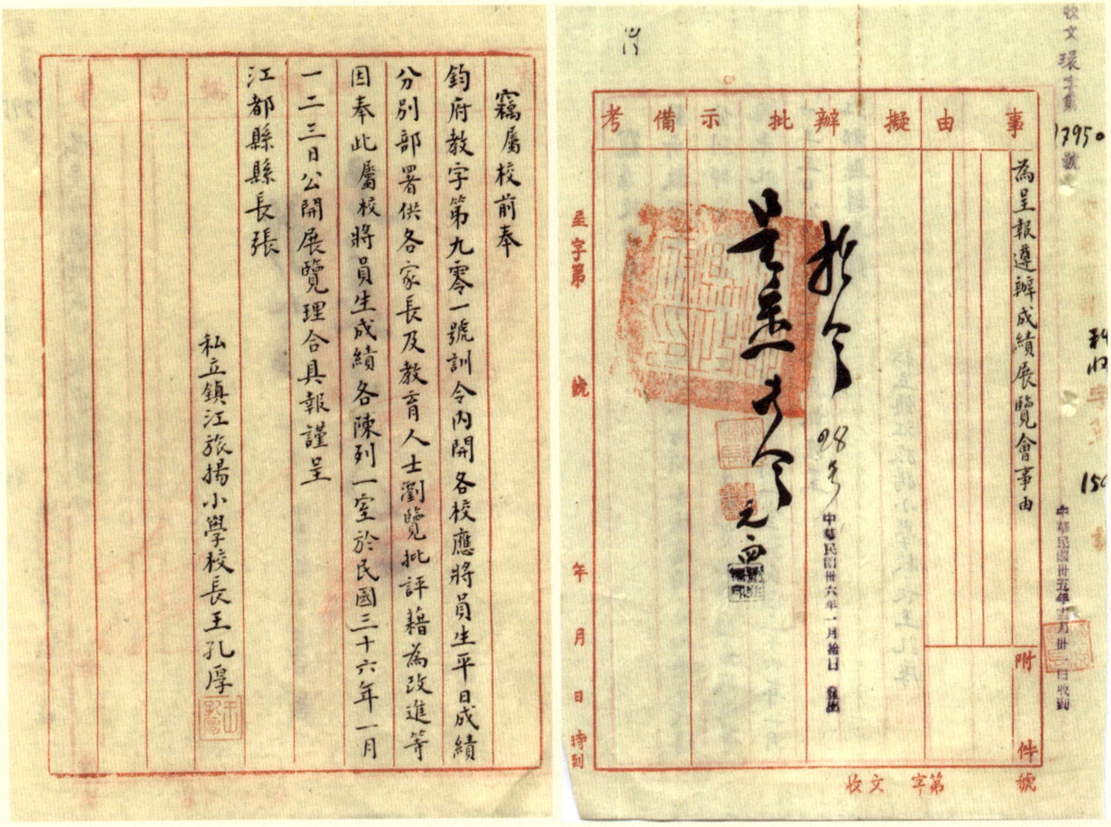

竊屬校前奉
鈞府教字第九零一號訓令內開各校應將員生平日成績分別部署供各家長及教育人士瀏覽批評藉為改進等因奉此屬校將員生成績各陳列一室於民國三十六年一月一二三日公開展覽理合具報謹呈
江都縣縣長張
私立鎮江旅揚小學校長王孔厚

事由	擬辦	批示	備考
為呈報遵辦成績展覽會事由			

中華民國卅六年一月拾日
呈字第 號 年 月 日 持到
附件
收文 字第 號

举办成绩展览会的报告

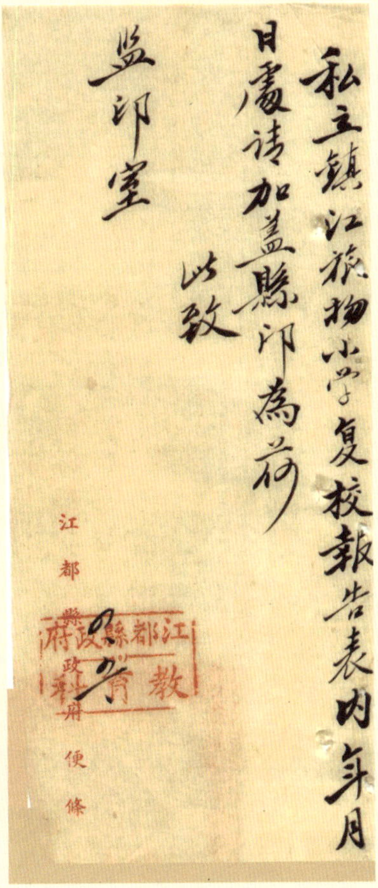

私立鎮江旅揚小學復校報告表內年月日處請加蓋縣印為荷
此致
監印室
江都縣政府便條

县教育局的公函

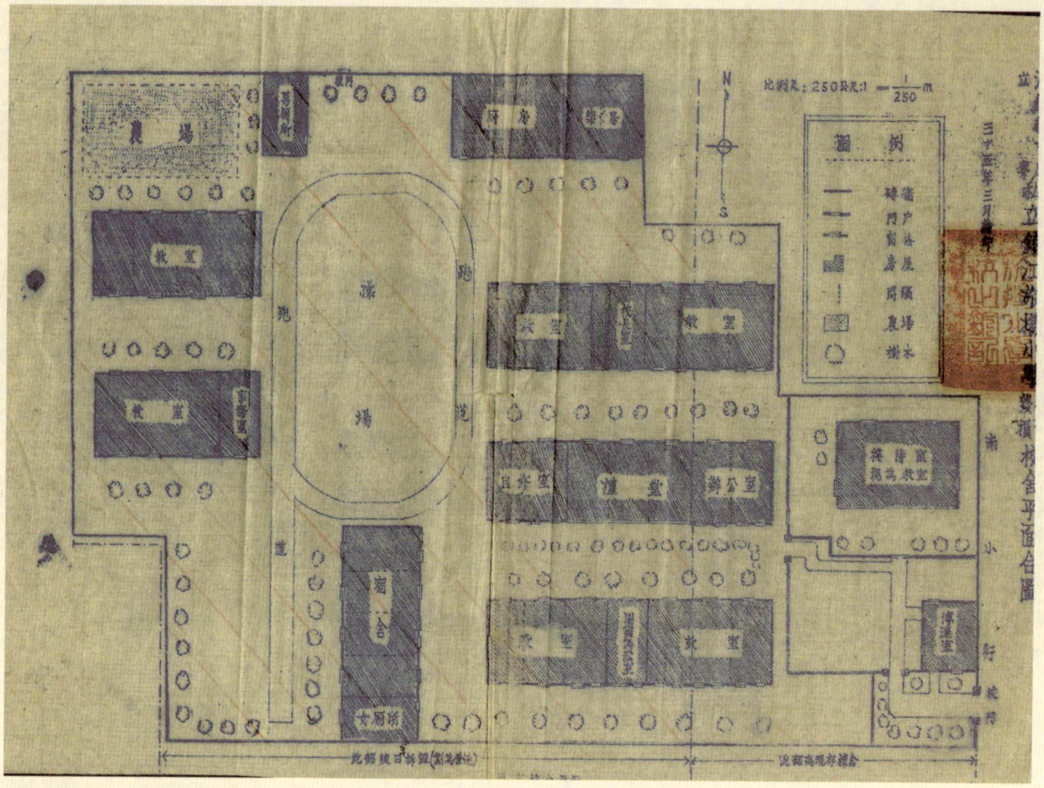

校舍平面图

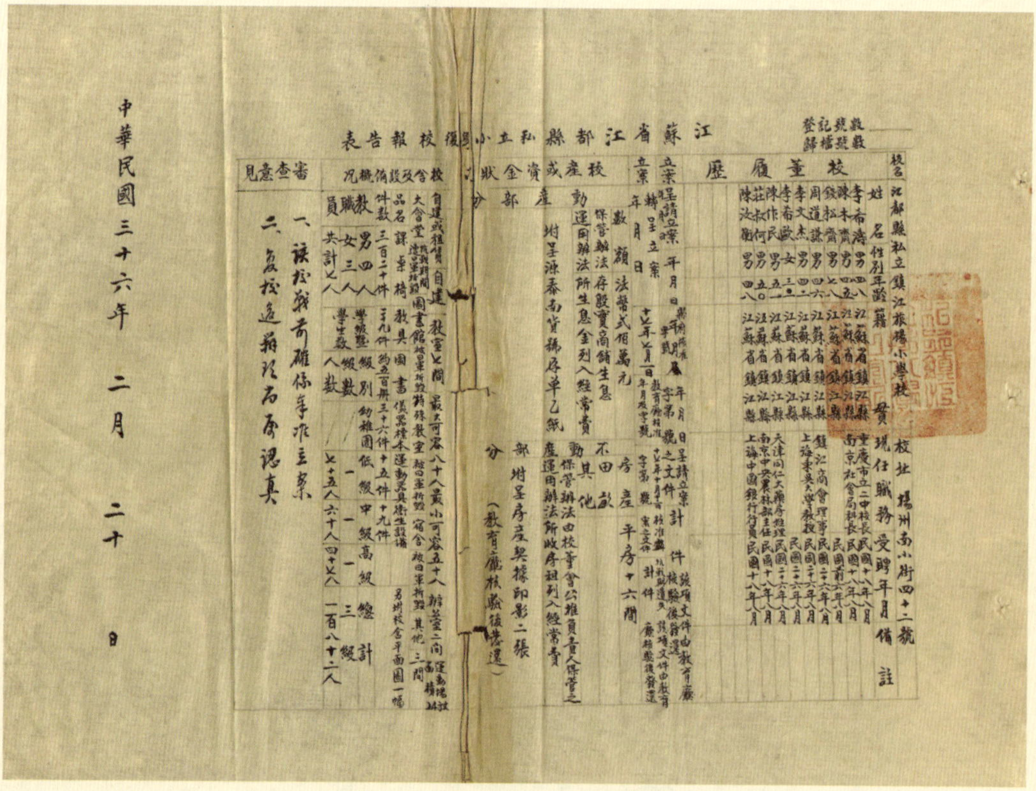

江蘇省江都縣私立小學復校報告表

登記號數
歸檔號數

校名 江都縣私立鎮江旅揚小學校

校址 揚州南小街四十二號

校董履歷（姓名 性別 年齡 籍貫 現任職務 受聘年月 備註）

立案

校產或資金狀況（動產部分、不動產部分）

校舍及設備概況

審查意見

一、該校裁前確係平准立案

二、復校遂爾從而原認真

中華民國三十六年二月二十日

复校报告表

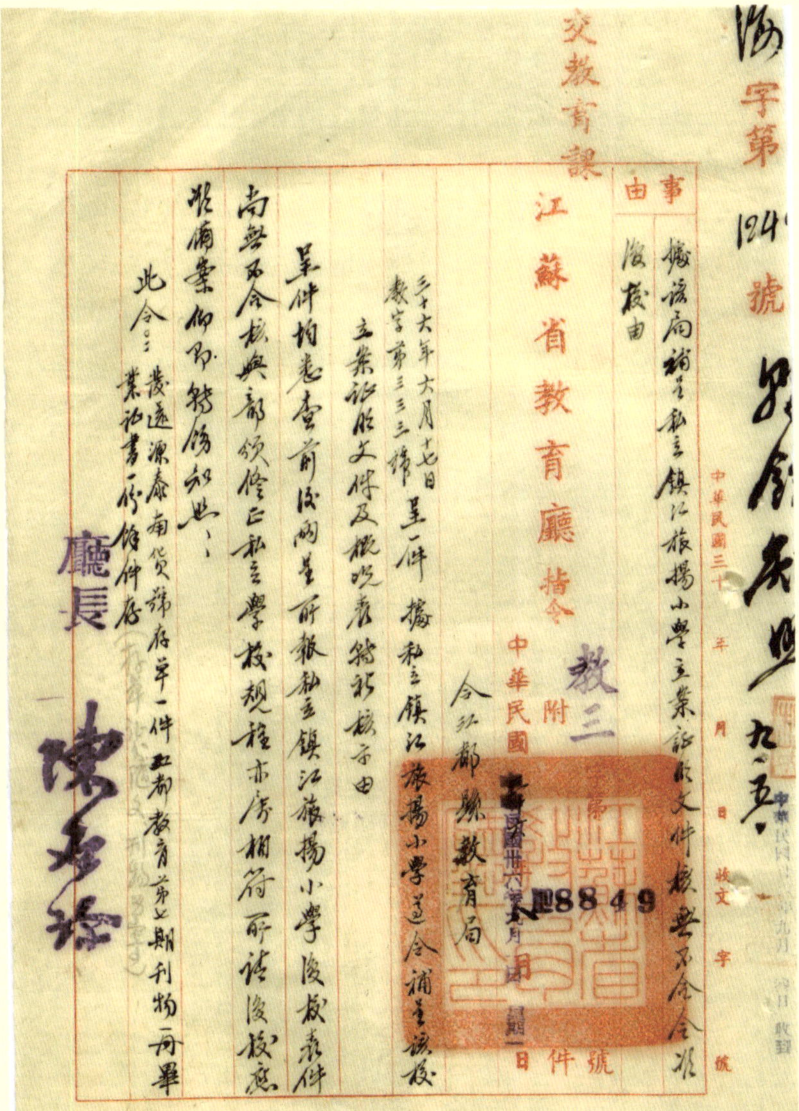

省教育厅准予镇江旅扬小学复校的指令

民国晚期扬州小学概况表

保管单位：扬州市档案馆

内容及评价：

扬州市档案馆较完整保存有民国期间扬州小学校档案，从该组档案可以了解到，民国期间扬州城区小学数量最多时达到37所。馆藏档案主要有《江都县教育局视察报告》《概况调查表》《学校概况表》以及往来公文、校舍平面图等。这些档案详细登记了民国期间扬州城乡各公立、私立小学校的组织机构、校址、办学资金、教职员工、学生规模、校舍基本情况等信息，还真实地记载了各学校的建立及沿革、教学的方式、课程设置、资费情况、教师薪金等，对于了解和研究民国期间扬州小学教育总体发展状况，各学校在国民道德、民族意识等道德训导体系的建立，以及学生身心培养、生活基本技能培养等方面的情况有着重要的史料价值。

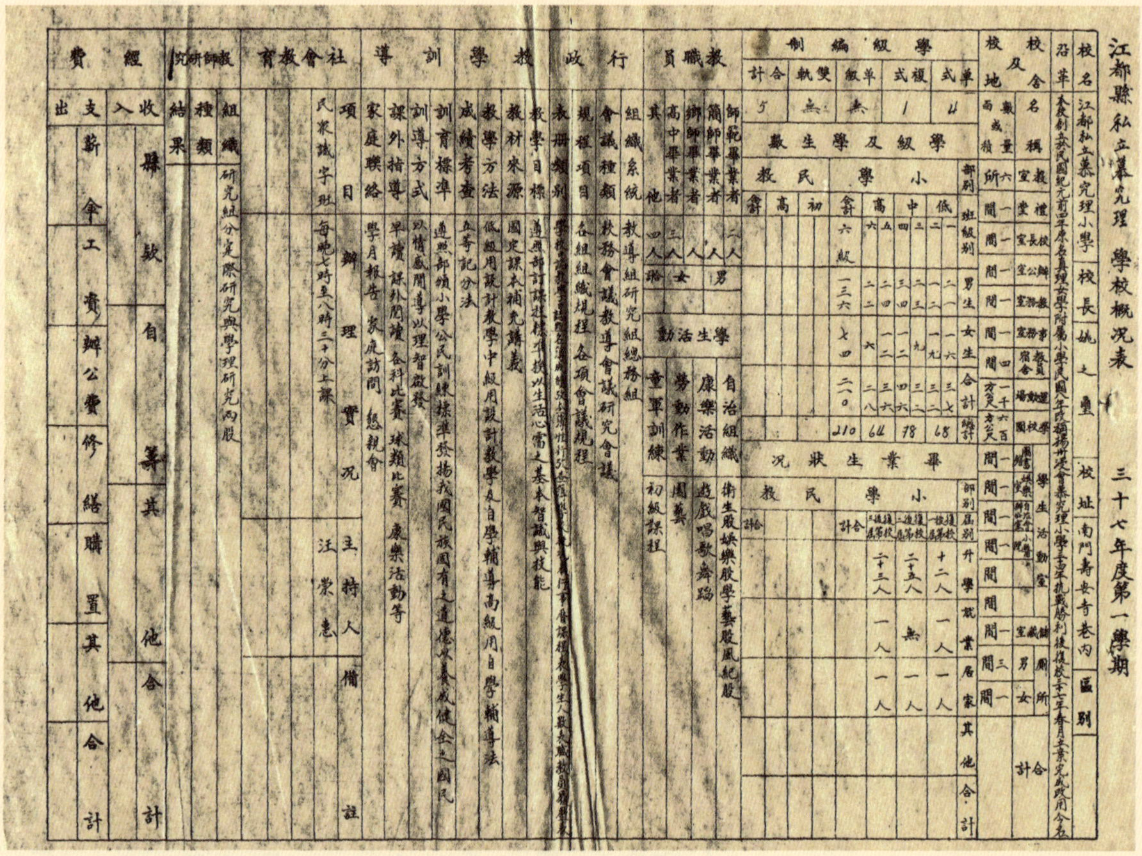

江都縣私立慕究理學校概況表
三十七年度第一學期

校名：江都私立慕究理小學　校長：姚之璽　校址：南門壽安寺巷内　區別

沿革：本校創立於民國紀元前四年原名真理女學附屬小學民國八年改稱揚州浸會慕究理小學三十四年抗戰勝利後復校三十七年春月立案完成改用今名

校舍及校地：教室 六所；禮堂 一間；校長室 一間；辦公室 一間；教務室 一間；事務室 一間；教員宿舍 四間；運動場 一千方公尺；學校園 六百方公尺；學生活動室 圖書室 一間、娛樂室 一間、自治會辦公室 一間、小醫院 一間；儲藏室 一間；廁所 男 三間、女 一間；合計

學級編制：單式 4；複式 1；單級 無；雙軌 無；合計 5

學級及學生數（小學）：

	一	二	三	四	五	六	合計
男生	二一	一二	二三	三四	二四	二二	一三六
女生	一六	一九	九	一二	一二	六	七四
合計	三七	三一	三二	四六	三六	二八	二一〇
總計	68		78		64		210

畢業生狀況（小學）：

屆別	復校第一屆	復校第二屆	復校第三屆
升學	十二人	二十五人	二十三人
就業	一人	無	一人
居家	一人	一人	一人
其他			
合計			

教職員：師範畢業者 二人；簡師畢業者 一人；鄉師畢業者 一人；高中畢業者 三人；其他 四人；男　女　合計

學生活動：自治組織 衛生股 娛樂股 學藝股 風紀股；康樂活動 遊戲 唱歌 舞蹈；勞動作業 園藝；童軍訓練 初級課程

行政：組織系統 教導組 研究組 總務組；會議種類 校務會議 教導會議 研究會議；規程項目 各組組織規程 各項會議規程；表冊類別 [illegible]

教學：教學目標 遵照部訂課程標準授以生活必需之基本智識與技能；教材來源 國定課本 補充講義；教學方法 低級用設計教學 中級用設計教學及自學輔導 高級用自學輔導法；成績考查 五等記分法

訓導：訓育標準 遵照部頒小學公民訓練標準發揚我國民族固有之道德以養成健全之國民；訓導方式 以情感開導 以理智啟發；課外指導 早讀 課外閱讀 各科比賽 球類比賽 康樂活動等；家庭聯絡 學月報告 家庭訪問 懇親會

社會教育：項目 民衆識字班；辦理實況 每晚七時至八時三十分上課；主持人 汪崇惠；備註

教師研究：組織 研究組分實際研究與學理研究兩股；種類；結果

經費：收入 縣款 自籌 其他 合計；支出 薪金 工資 辦公費 修繕 購置 其他 合計

私立慕究理学校概况表

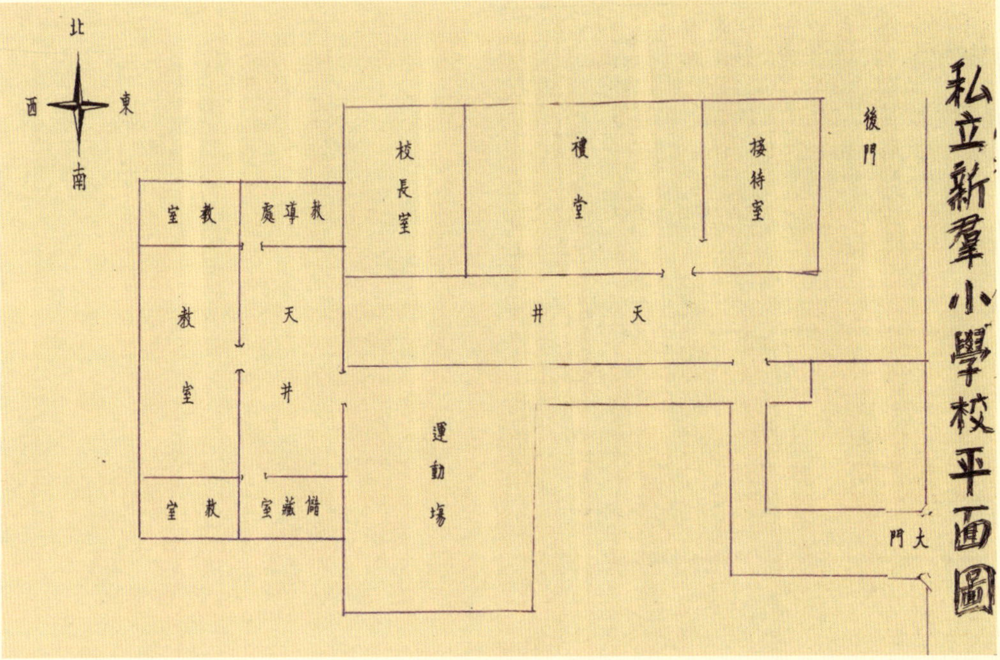

私立新群小学平面图

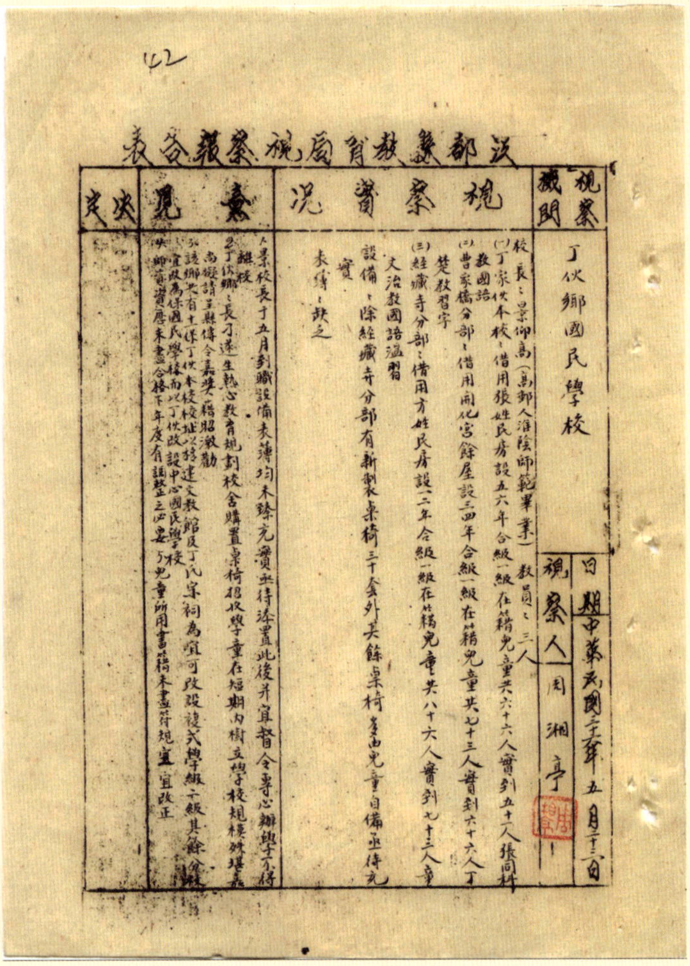

42

江都縣教育局視察報告表

視察機關	視察實況	視察意見	決定
丁伙鄉國民學校	校長：景仰高（高郵人淮陰師範畢業） 教員三人 (一)丁家伙本校：借用張姓民房設五六年合級一級在籍兒童共六十六人實到五十八人 張同耕教國語 (二)曹家橋分部：借用雨化宮餘屋設三四年合級一級在籍兒童共七十三人實到六十六人 丁楚敖習字 (三)經藏寺分部：借用方姓民房設一二年合級一級在籍兒童共八十六人實到七十二人 章文治教國語溫習 設備：除經藏寺分部有新製桌椅三十套外其餘桌椅多由兒童自備亟待充實 表簿：缺之	1.景校長于五月到職設備表簿均未臻充實亟待添置此後并宜督令專心辦學不得[illegible]雜校 2.丁伙鄉鄉長丁遂生熱心教育規劃校舍購置桌椅招收學童在短期內樹立學校規模殊堪嘉尚擬請呈縣傳令嘉獎藉昭激勸 3.該鄉共有十保丁伙本校校址以移建文教館及丁氏宗祠為宜可改設複式學級二級其餘分部宜改為保國民學校而以丁伙改設中心國民學校 4.師資歷未盡合格下年度有調整之必要 5.兒童所用書籍未盡符規定宜改正	

日期：中華民國三十五年五月二十三日

視察人：周湘亭

江都县教育局视察报告表

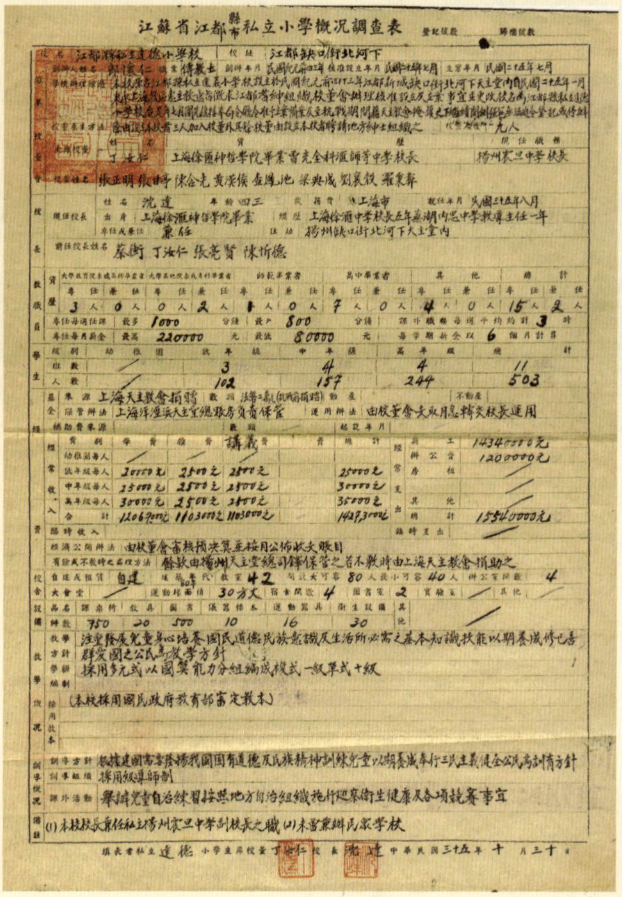

江蘇省江都縣市私立小學概況調查表

校名：江都縣私立達德小學校　校址：江都缺口街北河下

創辦人姓名：鄧懷仁　職業：傳教士　創辦年月：民國紀元前四二年　核准設立年月：民國二十六年七月　立案年月：民國二十五年七月

學校辦理經過：本校原名江都縣私立達義小學校設立於民國紀元前四十二年江都新城缺口街北河下天主堂內自民國二十五年一月奉江都縣政府令組織校董會辦理核准設立及立案事宜並更改校名為江都縣私立達德小學校……

校董會組織：……九人

董事長：丁汝仁　上海徐匯神哲學院畢業曾充全科滙師等中學校長　揚州震旦中學校長

校董姓名：張正明 張日亭 陳金光 黃濱侯 查鳳池 梁興成 劉襄鈺 羅東舞

現任校長：姓名 沈達　年齡 四三　籍貫 上海市　就任年月 民國三十五年八月

出身：上海徐滙神哲學院畢業　經歷：上海徐滙中學校長五年蕪湖內思中學教導主任一年

專任或兼任：兼任　住址：揚州缺口街北河下天主堂內

前任校長姓名：蔡衡 丁汝仁 張亮賢 陳祈德

教職員資歷	大學教育院系或高師畢業者		大學其他院系或專科畢業者		師範畢業者		高中畢業者		其他		總計	
	專任	兼任	專任	兼任	專任	兼任	專任	兼任	專任	兼任	專任	兼任
	3人	0人	0人	2人	1人	0人	7人	0人	4人	0人	15人	2人

專任每週任課：最多 1000 分鐘　最少 800 分鐘　課外職務每週平均約計 3 時

專任每月薪金：最高 220000 元　最低 80000 元　每學期薪金以 6 個月計算

學生級別	幼稚園	低年級	中年級	高年級	總計
班數	/	3	4	4	11
人數	/	102	157	244	503

基金來源：上海天主教會捐贈　數額：法幣二億(抗戰前捐贈)　保管辦法：上海洋涇浜天主堂總賬房負責保管　運用辦法：由校董會支取月息轉交校長運用

費別	學費	雜費	講義費		總計
幼稚園每人	/	/	/		
低年級每人	20000元	2500元	2500元		25000元
中年級每人	25000元	2500元	2500元		30000元
高年級每人	30000元	2500元	2500元		35000元
合計	12067000元	1103000元	1103000元		14273000元

經常支出：薪工 14340000元　辦公費 1200000元　房租 /　其他 /　總計 15540000元

經濟公開辦法：由校董會審核預決算並按月公佈收支賬目

有餘或不敷時之處理方法：餘款由揚州天主堂總司鐸保管之若不敷時由上海天主教會捐助之

校舍：自建　教室 42　最大可容 80 人最小可容 40 人　辦公室間數 4　大會堂 /　運動場面積 30方丈　宿舍間數 4　圖書室 2

品名	課桌椅	教具	圖書	儀器標本	運動器具	衛生設備	其他
件數	750	20	500	10	16	30	/

教學方針：注重發展兒童身心培養國民道德民族意識及生活所必需之基本知識技能以期養成修己善群愛國之公民為教學方針

學級編制：採用多元式以國算能力分組編成複式一級單式十級

採用教本：(本校採用國民政府教育部審定教本)

訓導方針：根據建國需要發揚我國固有道德及民族精神訓練兒童以期養成奉行三民主義健全公民為訓育方針

訓導組織：採用級導師制

課外活動：舉辦兒童自治練習按照地方自治組織施行巡察衛生健康及各項競賽事宜

備註：(1)本校校長兼任私立揚州震旦中學副校長之職 (2)未曾兼辦民眾學校

填表者私立達德小學主席校董丁汝仁 校長沈達 中華民國三十五年十月三十日

私立达德小学概况表

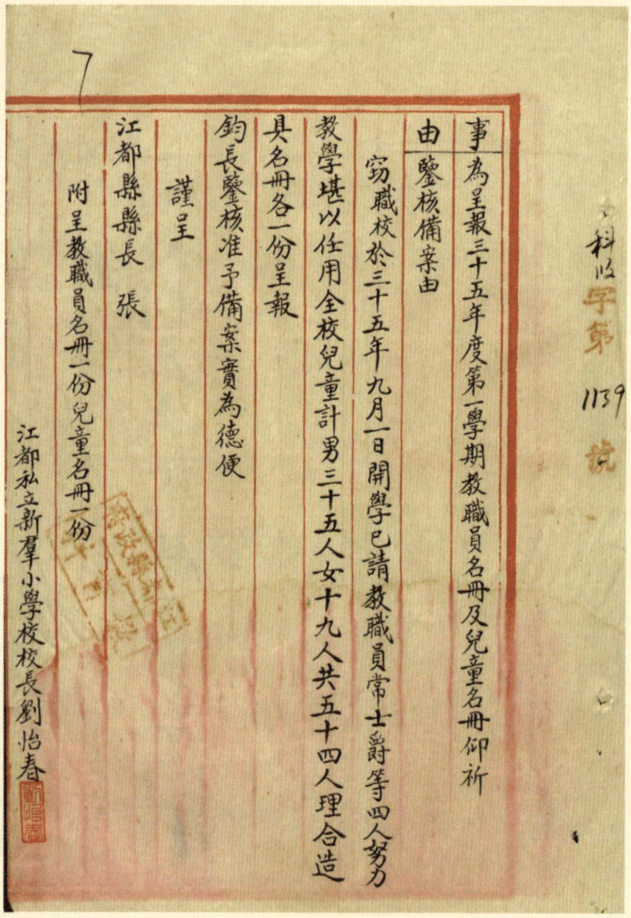

7

事為呈報三十五年度第一學期教職員名冊及兒童名冊仰祈
鑒核備案由
竊職校於三十五年九月一日開學已請教職員常士爵等四人努力
教學堪以任用全校兒童計男三十五人女十九人共五十四人理合造
具名冊各一份呈報
鈞長鑒核准予備案實為德便
謹呈
江都縣縣長 張
附呈教職員名冊一份兒童名冊一份
江都私立新羣小學校校長劉怡春

科收 字第 1139 號

私立新群小学呈报教职员、学员名册的公文

民国扬州建设管理档案

保管单位：扬州市城建档案馆

内容及评价：

扬州市城建档案馆藏有1945年至1948年11月民国江苏省江都县政府建设科形成的江都县及扬州市建设与管理来往文书和民国政府建设法规等，这些建设管理档案共266卷，内容主要包括都市营造计划（城市规划）、街巷、下水道、公路、桥梁、水利、渡船码头、电力、路灯、邮电通讯、园林风景区、农业推广、植树造林、交通运输、航政管理、典当钱庄、计量管理等。

这批档案基本是用毛笔书写，部分案卷中还包含有建设项目的规划设计平面图和工程施工结构图等，至今保存较为完好。对于研究民国末期扬州的城市建设和经济、文化、社会生活，以及对于当今旧城改造、遗址恢复也有着弥足珍贵的史料价值。

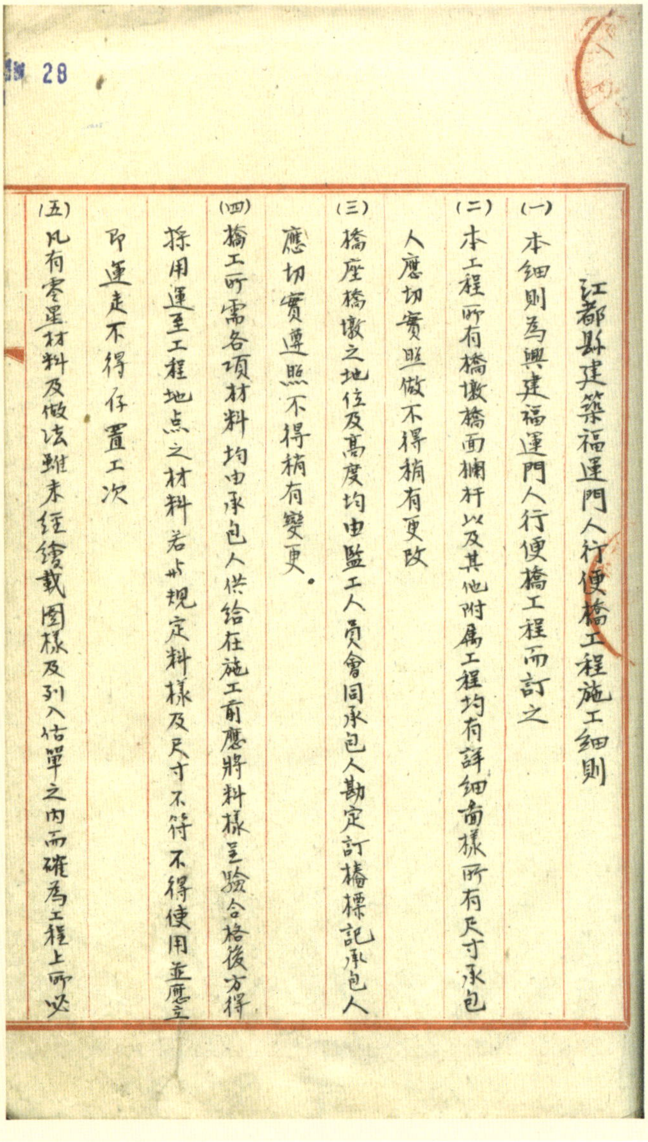
江都縣建築福運門人行便橋工程施工細則
(一) 本細則為興建福運門人行便橋工程而訂之
(二) 本工程所有橋墩橋面欄杆以及其他附屬工程均有詳細圖樣所有尺寸承包人應切實照做不得稍有更改
(三) 橋座橋墩之地位及高度均由監工人員會同承包人勘定訂樁標記承包人應切實遵照不得稍有變更。
(四) 橋工所需各項材料均由承包人供給在施工前應將料樣呈驗合格後方得採用運至工程地点之材料若與規定料樣及尺寸不符不得使用並應立即運走不得存置工次
(五) 凡有零星材料及做法雖未經繪載圖樣及列入估單之內而確為工程上所必

福运门人行便桥建设的施工细则

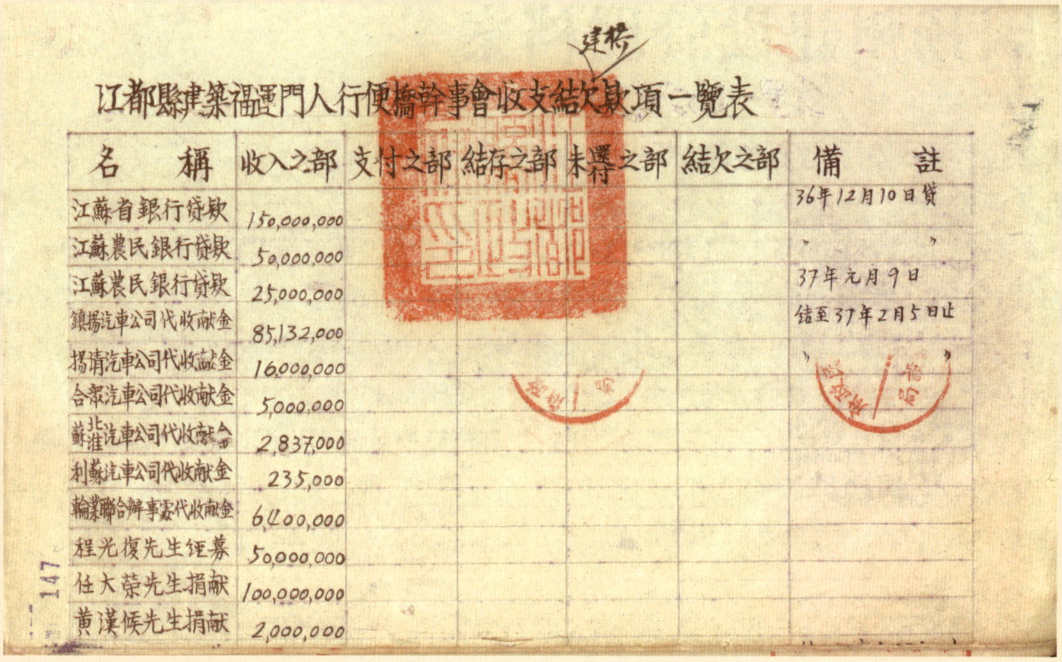

江都縣建築福運門人行便橋幹事會收支結欠款項一覽表

名稱	收入之部	支付之部	結存之部	未還之部	結欠之部	備註
江蘇省銀行貸款	150,000,000					36年12月10日貸
江蘇農民銀行貸款	50,000,000					〃 〃
江蘇農民銀行貸款	25,000,000					37年元月9日
鎮揚汽車公司代收獻金	85,132,000					結至37年2月5日止
揚清汽車公司代收獻金	16,000,000					〃 〃
合鄰汽車公司代收獻金	5,000,000					
蘇北淮汽車公司代收獻金	2,837,000					
利蘇汽車公司代收獻金	235,000					
輪業聯合辦事處代收獻金	6,400,000					
程光復先生經募	50,000,000					
任大榮先生捐獻	100,000,000					
黃漢候先生捐獻	2,000,000					

福运门人行便桥建设的收支情况

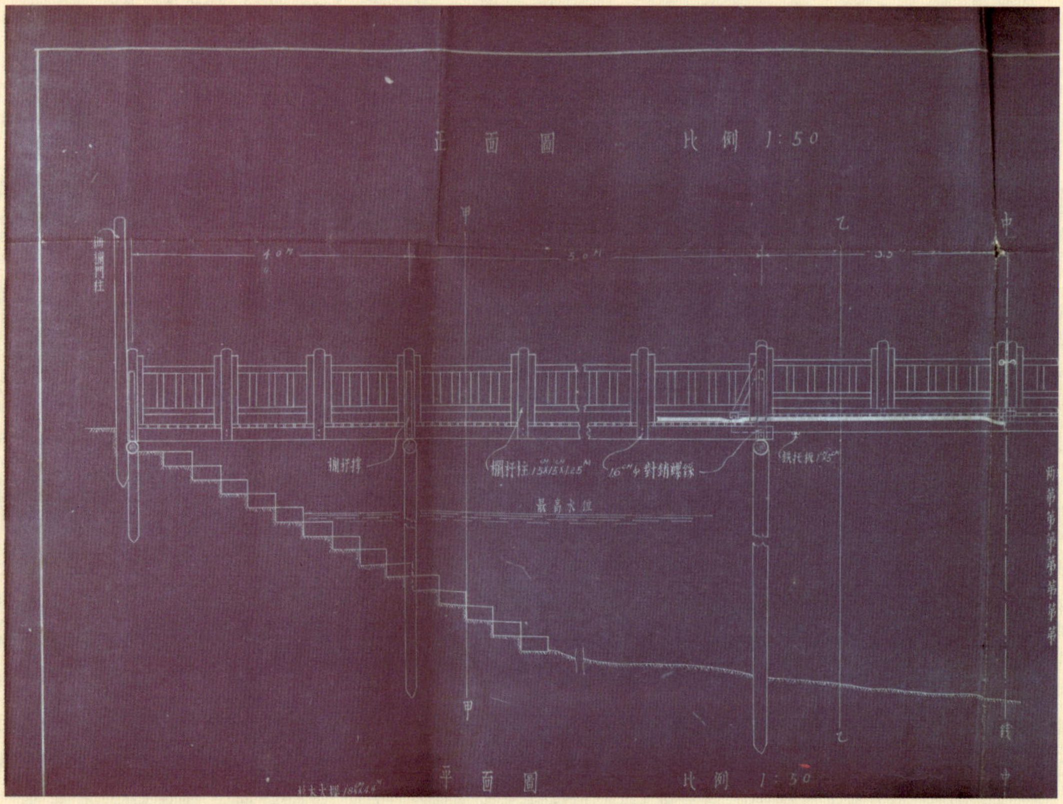

福运门人行便桥建设平面图

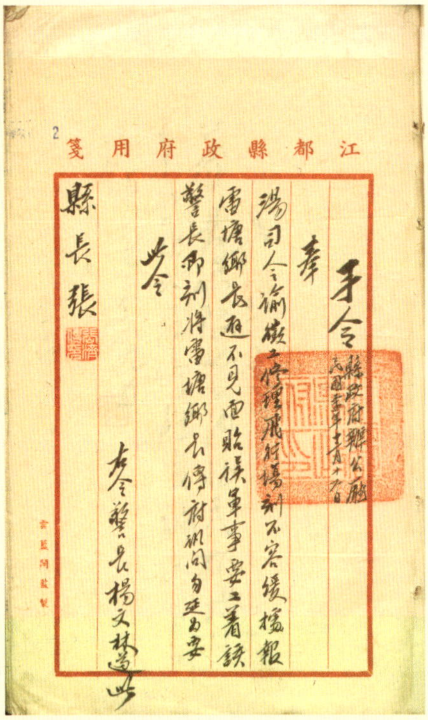
江都縣政府用箋

手令

奉

揚司令諭：被征修理飛機場刻不容緩，據報

雷塘鄉長避不見面貽誤軍事要工，着該

警長即刻將雷塘鄉長停府聽候處置

此令

縣長張

右令警長楊文林遵照

傳遞迅速 電報 通達全球

TELEGRAM

華中電氣通信股份有限公司

電文倘有疑問請向電報局詢問為荷

For any inquiry respecting this telegram please present this copy to the delivery office

建设江都机场的往来文电

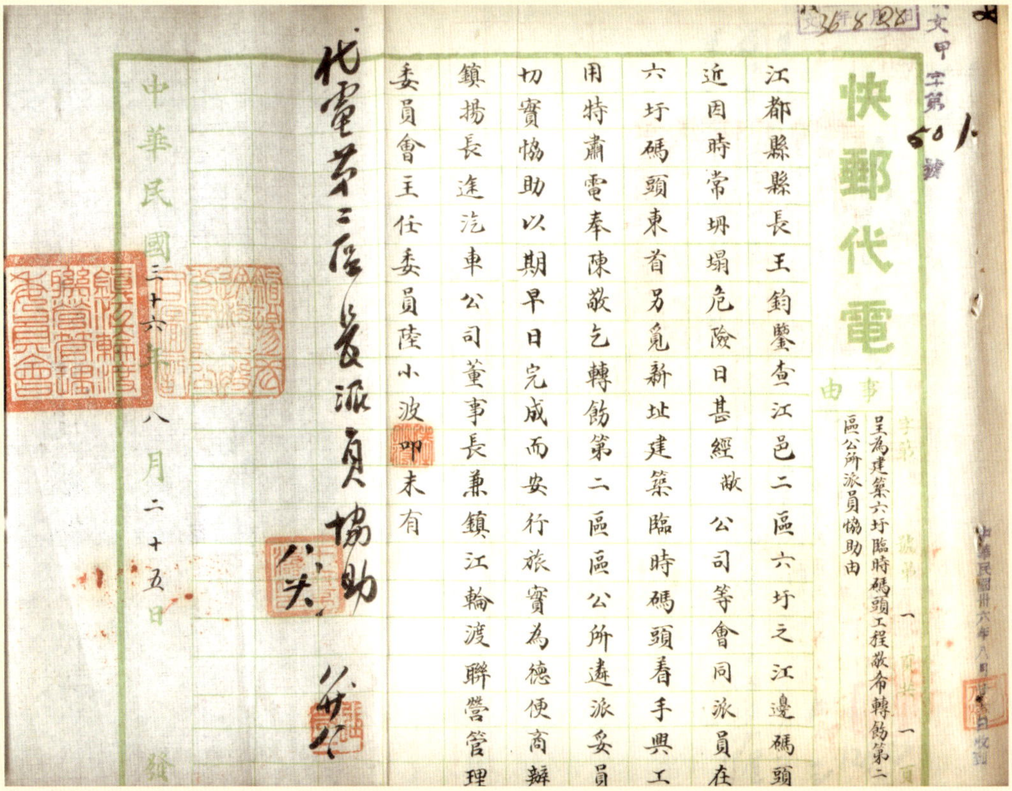
快郵代電

文甲字第501號

事由：呈為建築六圩臨時碼頭工程敬希轉飭第二區公所派員協助由

江都縣縣長王鈞鑒：查江邑二區六圩之江邊碼頭近因時常坍塌危險日甚，經敝公司等會同派員在六圩碼頭東首另覓新址建築臨時碼頭，着手興工。用特肅電奉陳，敬乞轉飭第二區區公所遴派妥員切實協助，以期早日完成而安行旅，實為德便。商辦鎮揚長途汽車公司董事長兼鎮江輪渡聯營管理委員會主任委員陸小波叩。未有

中華民國三十六年八月二十五日

代電第二區長派員協助

建设六圩码头的往来电报

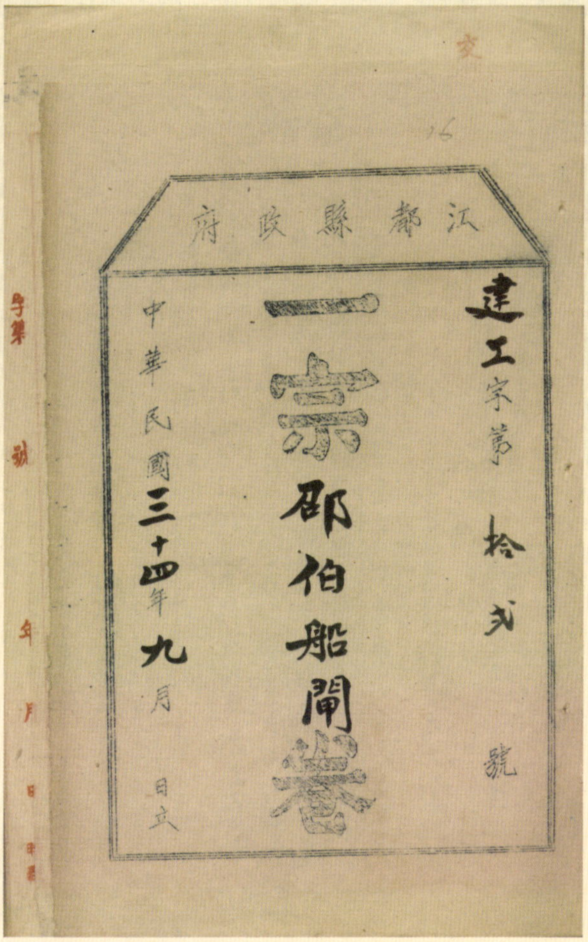

邵伯船闸建设档案

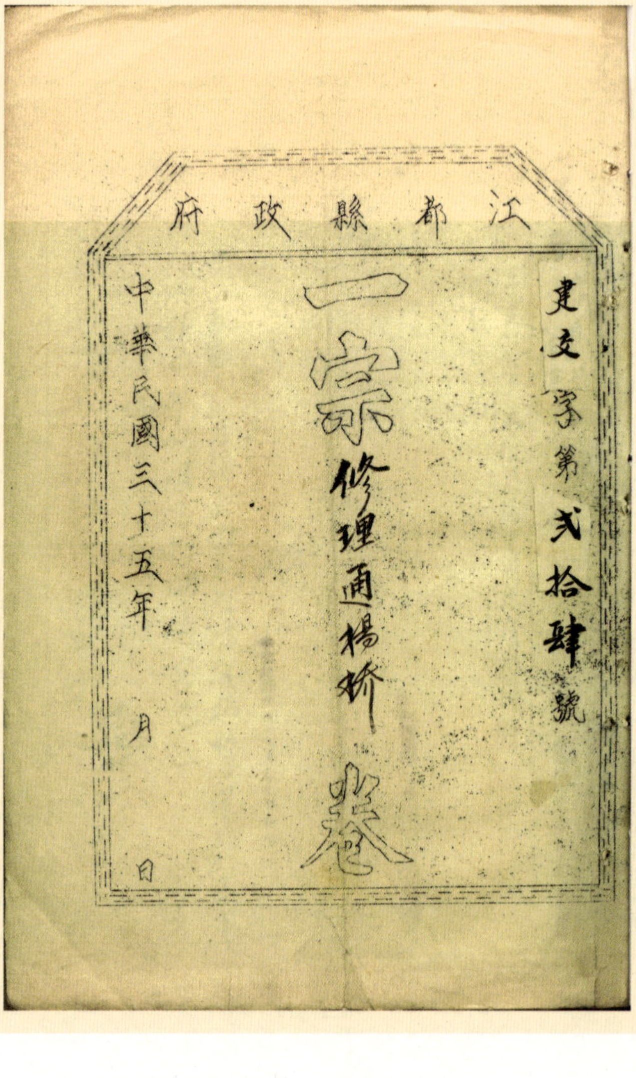

通扬桥建设档案

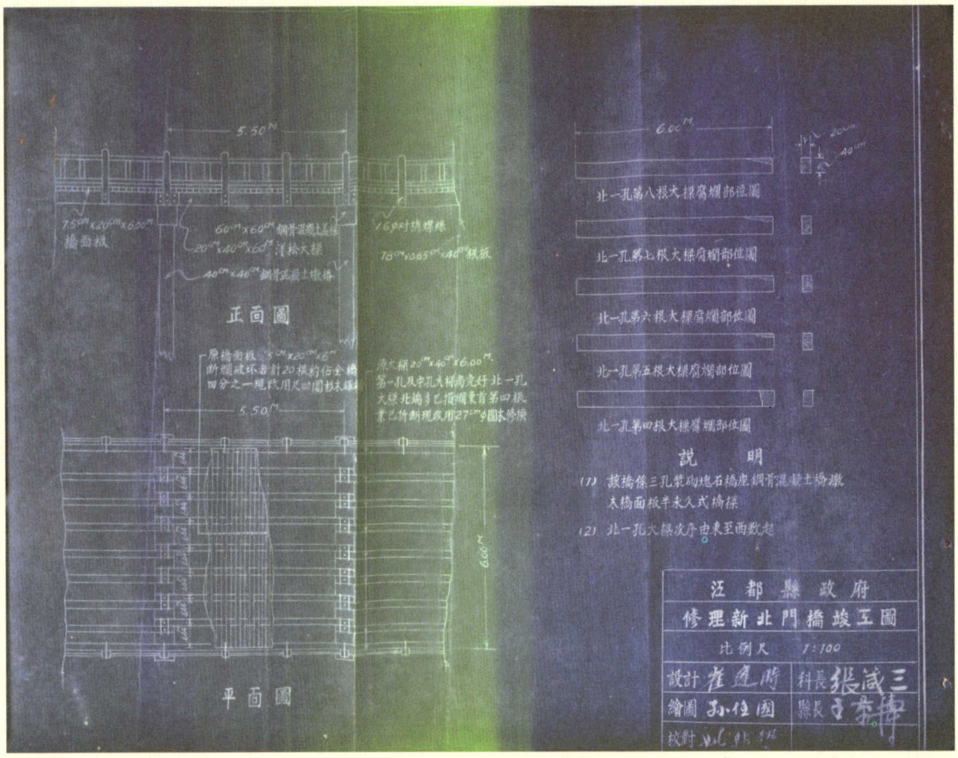

修理新北门桥竣工图

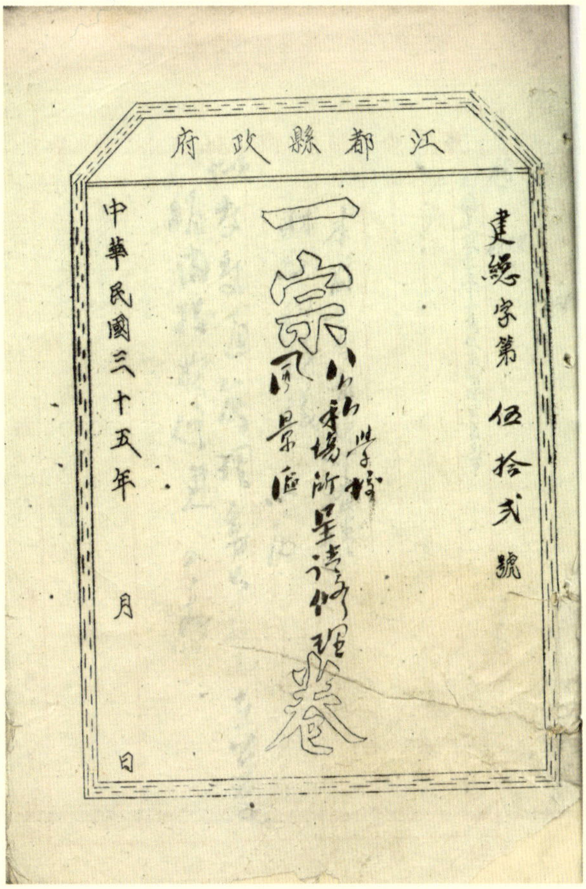
江都縣政府

建總字第伍拾貳號

一宗

卷

中華民國三十五年 月 日

江都县行业公会名册

保管单位：扬州市档案馆

内容及评价：

扬州市档案馆藏有1946年至1947年江都县行业公会名册22卷，涵盖了20世纪40年代中后期扬州浴业、茶粮业、理发业、纺织业、照相业、旅社业、百货业等各行各业。这些名册详细登记了各会员的注册资本、法人代表、注册地址等各行业工会组织的基本资料。从这些档案可以看出，当时教场街、左卫街、多子街非常繁华，各行各业多集中于该地段，堪称商业中心。梁墨生创办的扬州第一家照相馆——映月轩照相馆就位于多子街双桂巷4号内；著名的老字号药店大德生药房则在教场街内，当时的资本金额也是行业内的翘楚，达到了八千万元华中币，而其他药房资本多在一两千万。这些档案对于研究民国后期扬州民间商业发展的总体状况有重要的历史价值。

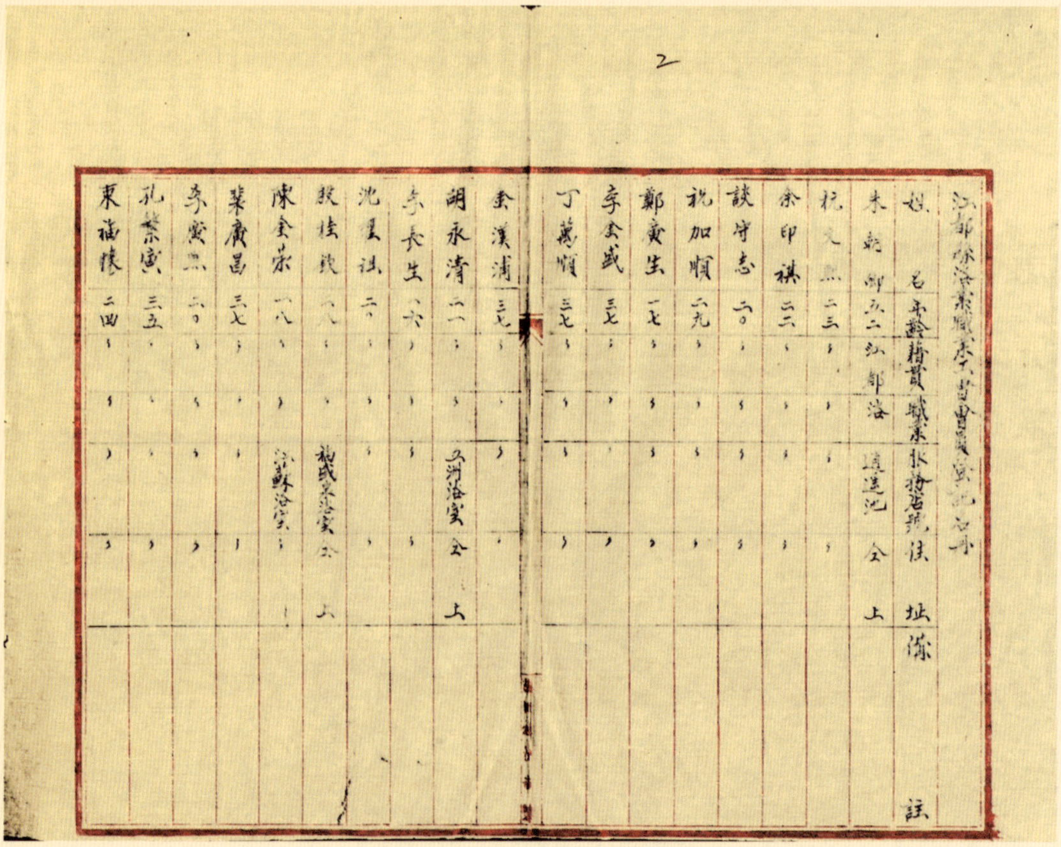

江都县浴业名册

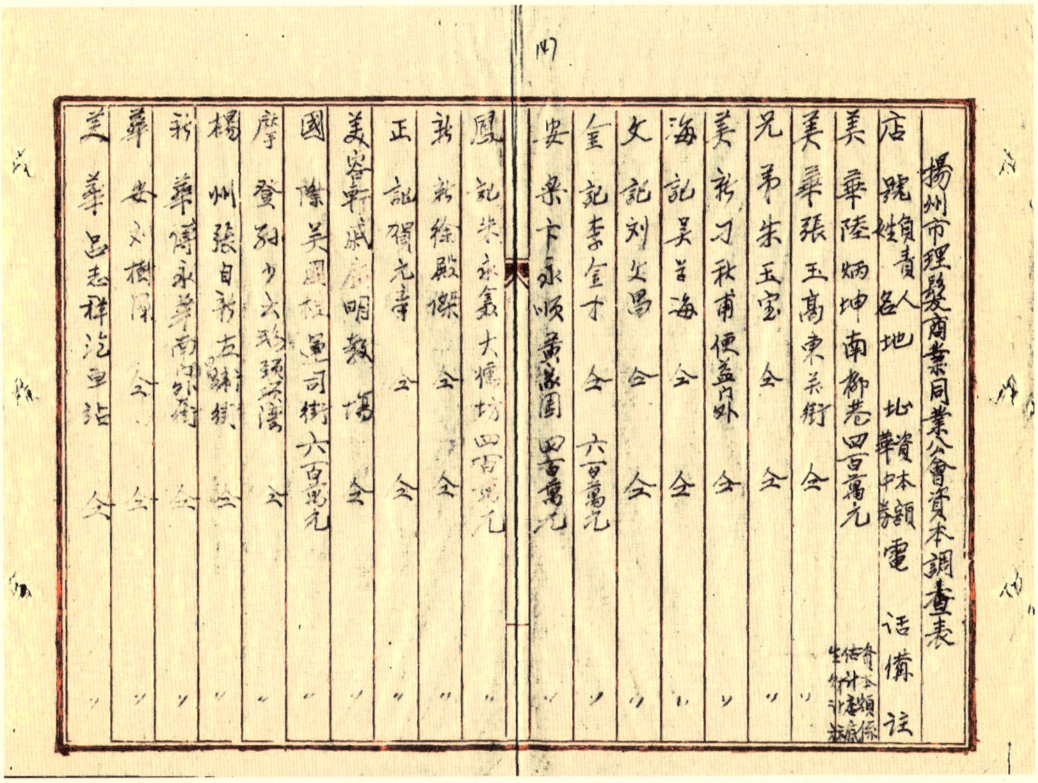
揚州市理髮商業同業公會資本調查表

理发业会员名册

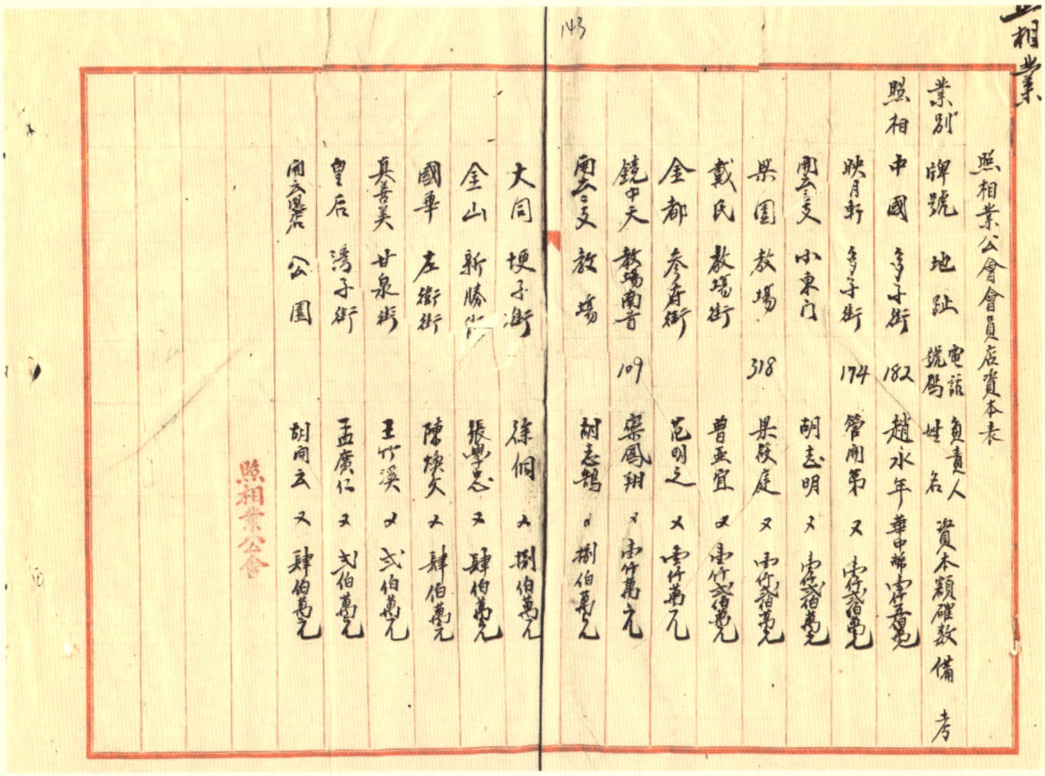
照相業公會會員店資本表

照相业会员名册

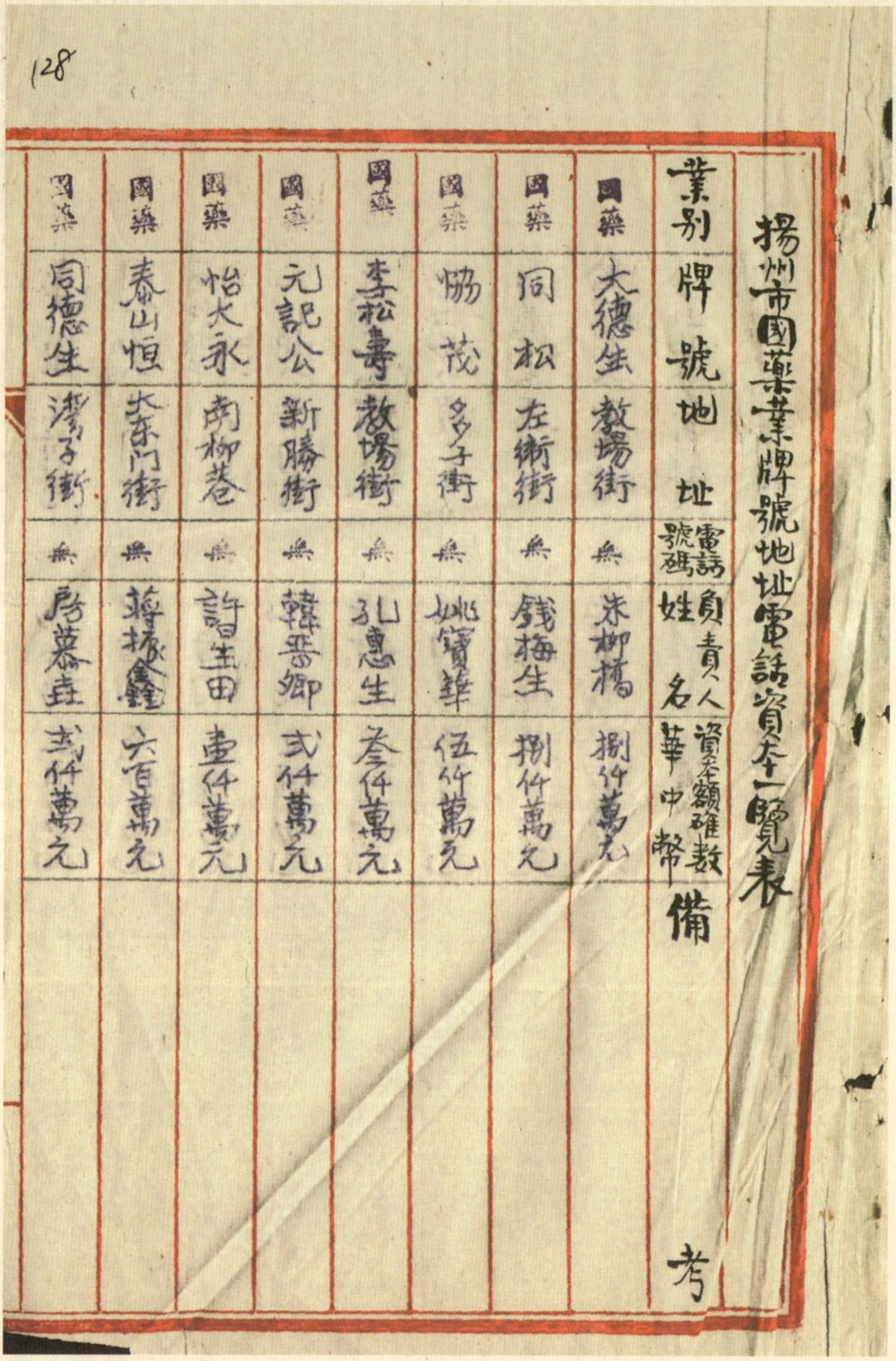
128

揚州市國藥業牌號地址電話資本一覽表

業别	牌號	地址	電話號碼	負責人姓名	資本額確數（華中幣）	備考
國藥	大德生	教場街	無	朱柳橋	捌仟萬元	
國藥	同松	左衛街	無	錢梅生	捌仟萬元	
國藥	協茂	多子街	無	姚寶華	伍仟萬元	
國藥	李松壽	教場街	無	孔惠生	叁仟萬元	
國藥	元記公	新勝街	無	韓晋卿	弍仟萬元	
國藥	怡大永	南柳巷	無	許玉田	壹仟萬元	
國藥	泰山恒	大东门街	無	蔣振鑫	六百萬元	
國藥	同德生	灣子街	無	房慕垚	弍仟萬元	

药业会员名册

中央合作金库江都分理处档案

保管单位： 扬州市江都区档案馆

内容及评价：

馆藏1947年至1949年中央合作金库江都分理处档案的主要内容有：中央合作金库理事会议、常务理事会议、库务会议、监事会议会议记录和会议组织规程；农业贷款章程汇编、产业处理办法、总务法规、营业结算、总分支库机构统计资料等业务文件；启用印信、开业时间、员工裁撤辞退、人员调派、任免、考勤、警工薪金、借支、员工薪金、生活补贴费、医药补助、子女教育、婚丧贷金等通函、来往文书。

中央合作金库江都分理处档案是民国时期中央合作金库江都分理处基本职能、基本活动的真实记载，对研究民国时期金融部门的主要职能、活动、营业状况及民国金融史等具有一定的查考利用价值。

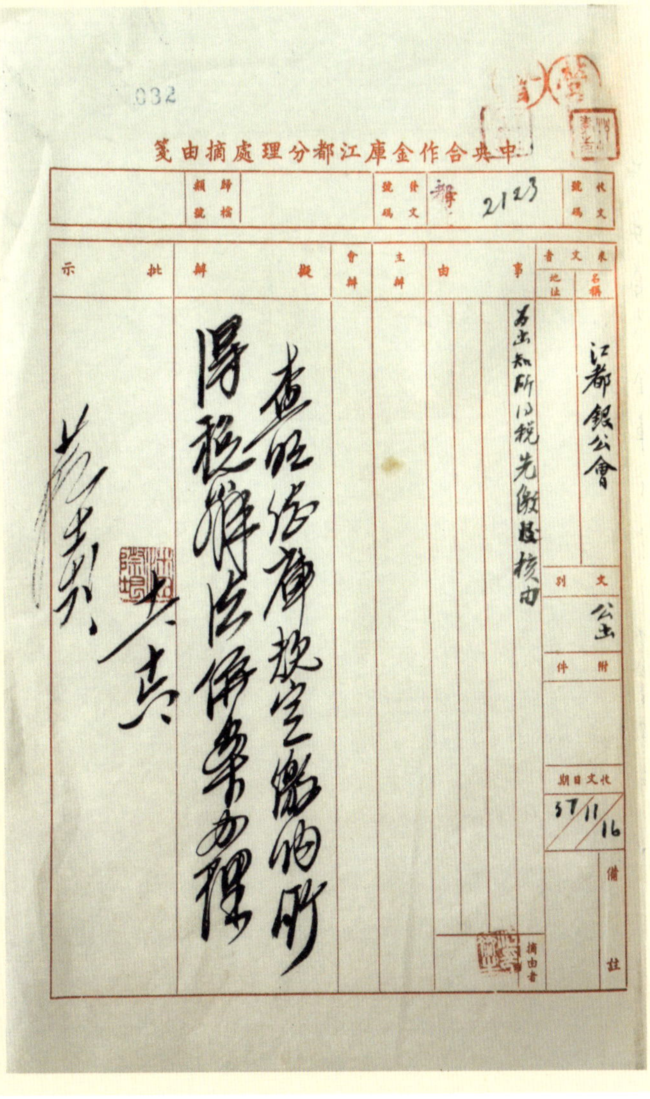
032

中央合作金庫江都分理處摘由箋

收文號碼 | 發文號碼 2123 | 歸檔類號

來文者 名稱：江都銀公會 地址

事由

主辦

會辦

擬辦

批示

文別：公函

附件

收文日期：37/11/16

備註

摘由者

江都银公会公文

中央合作金庫江都分理處摘由箋

收文號碼	行文號碼 688	歸檔號類

來文者名稱：總庫

事由：为舖由报請合所江稅由

文別：[illegible]

附件：

收文日期：36/1/17

備註：

摘由者：

批示：

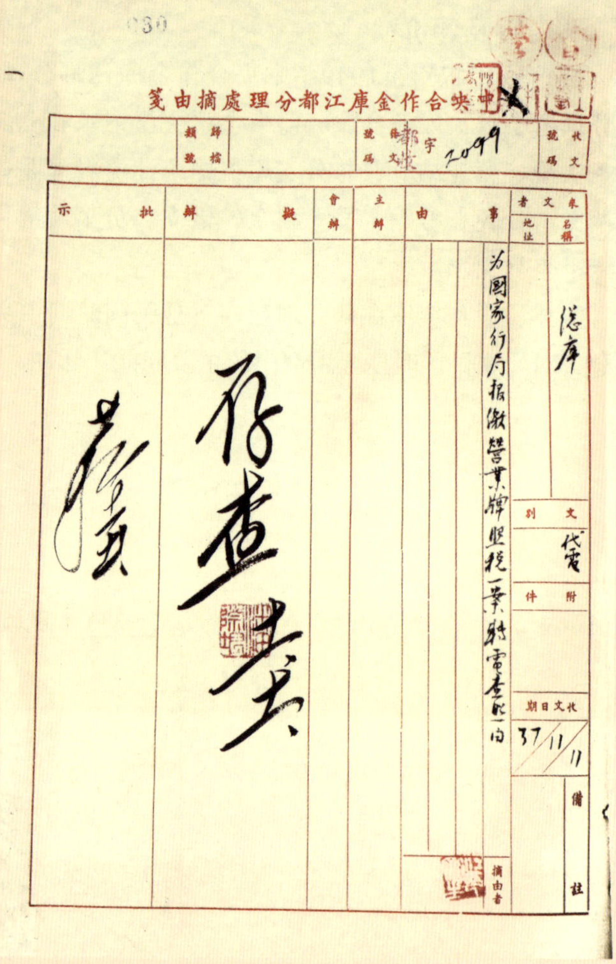
中央合作金庫江都分理處摘由箋

收文號碼	行文號碼 2099	歸檔號類

來文者名稱：總庫

事由：为國家行局报繳營業牌照稅一案，财電查照由

文別：代電

附件：

收文日期：37/11/11

備註：

摘由者：

批示：

公文

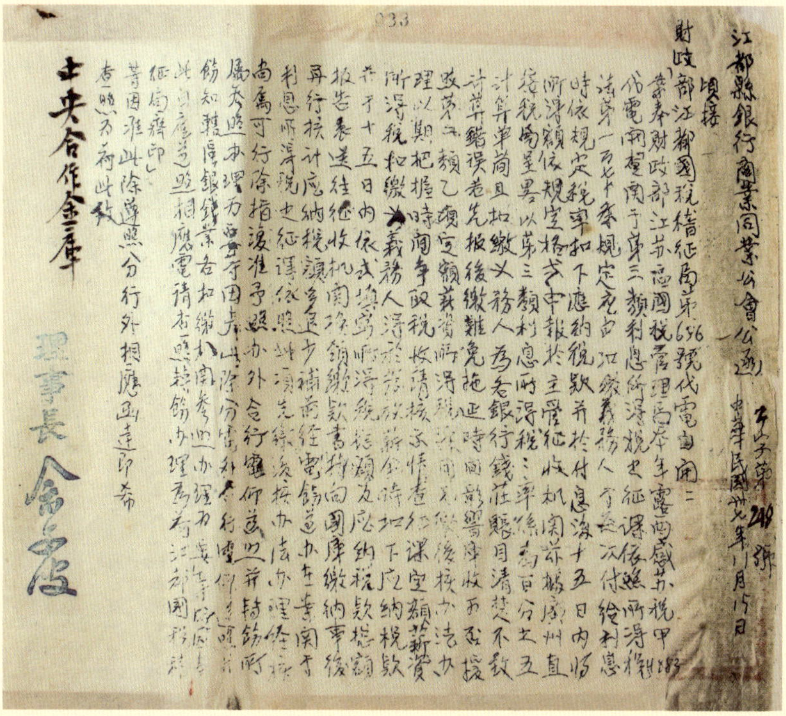

江都县银行商业同业公会公函

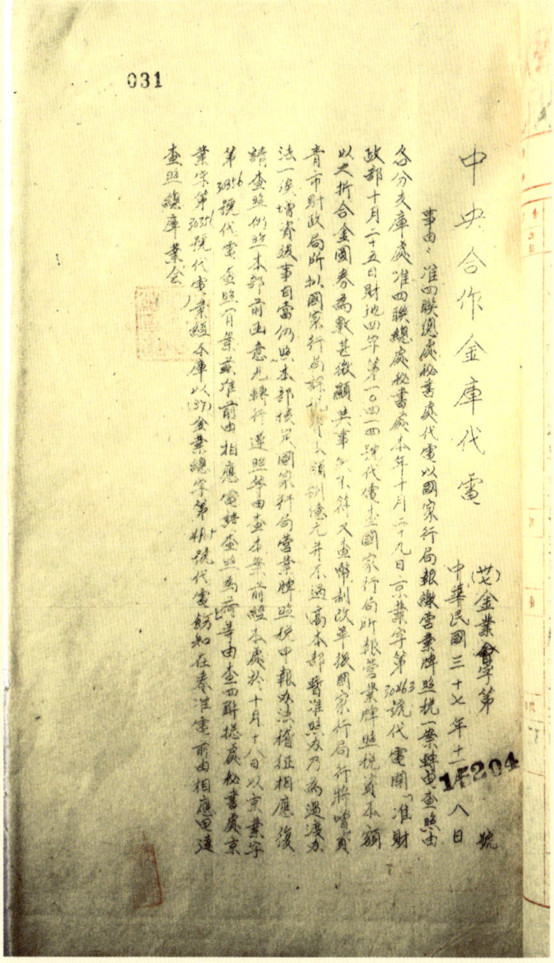

中央合作金库代电

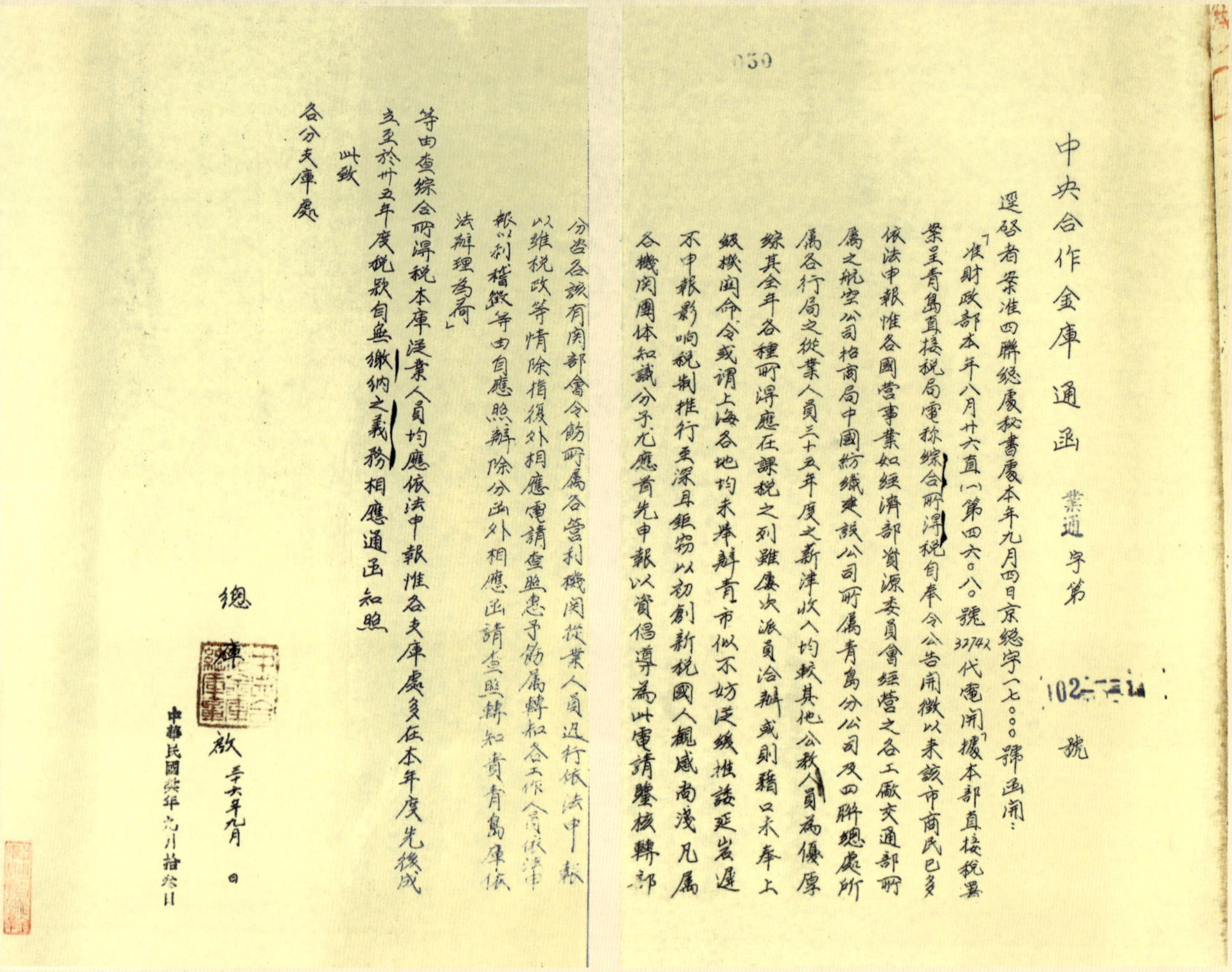

030

中央合作金庫通函　業通字第102-[illegible]號

逕啟者：案准四聯總處秘書處本年九月四日京總字一七〇〇〇號函開：

「准財政部本年八月廿六直(一)第四六〇八〇號32742代電開：「據本部直接稅署案呈青島直接稅局電稱：綜合所得稅自奉令公告開徵以來，該市商民已多依法申報，惟各國營事業如經濟部資源委員會經營之各工廠、交通部所屬之航空公司、招商局、中國紡織建設公司所屬青島分公司及四聯總處所屬各行局之從業人員三十五年度之薪津收入均較其他公教人員為優厚，綜其全年各種所得應在課稅之列，雖屢次派員洽辦，或則藉口未奉上級機關命令，或謂上海各地均未舉辦，青市似不妨從緩，推諉延宕，遲不申報，影響稅制推行至深且鉅。竊以初創新稅，國人觀感尚淺，凡屬各機關團体知識分子尤應首先申報，以資倡導。為此電請鑒核轉部分咨各該有關部會令飭所屬各營利機關從業人員迅行依法申報，以維稅政」等情。除指復外，相應電請查照惠予飭屬轉知各工作人員依法申報，以利稽徵」等由。自應照辦。除分函外，相應函請查照轉知貴青島庫依法辦理為荷」

等由。查綜合所得稅本庫從業人員均應依法申報，惟各支庫處多在本年度先後成立，至於卅五年度稅款自無繳納之義務。相應通函知照。

此致

各分支庫處

總庫啟　三十六年九月　日

中華民國卅年九月拾叁日

中央合作金库通函

江都城厢图

保管单位：扬州市档案馆

内容及评价：

该地图绘制于1948年，纸质已经泛黄，边角略微残缺，但品相依旧完好，字迹清晰可见，城市的各项布局信息完整无缺。该图各项标注细致入微，城区内每条街巷名称一一标明。从图上看，当时的扬州城区面积较小，东至古运河，西至二道河，南至南通路，北至盐阜路，四周有城墙。城区路少街多，运司街、教场街（国庆路）、左卫街（广陵路）是整个版图上最宽大的街道。今天总长超过15公里的文昌路，在民国时仅有“三元巷”；文昌阁建在一道桥上，汶河路尚未形成，只是一条旧河道。该地图详细反映了民国时期扬州城市布局、区域四至、街巷以及学校、政府机构所在地等；地图还标示出较多的寺、庙、庵、观，从图中可以清晰看出，扬州城区大小寺、庙、庵、观不下几十处。

这份地图对于研究民国时期扬州城市建设、城市布局，以及现今进行旧城改造均具有重要的参考价值。

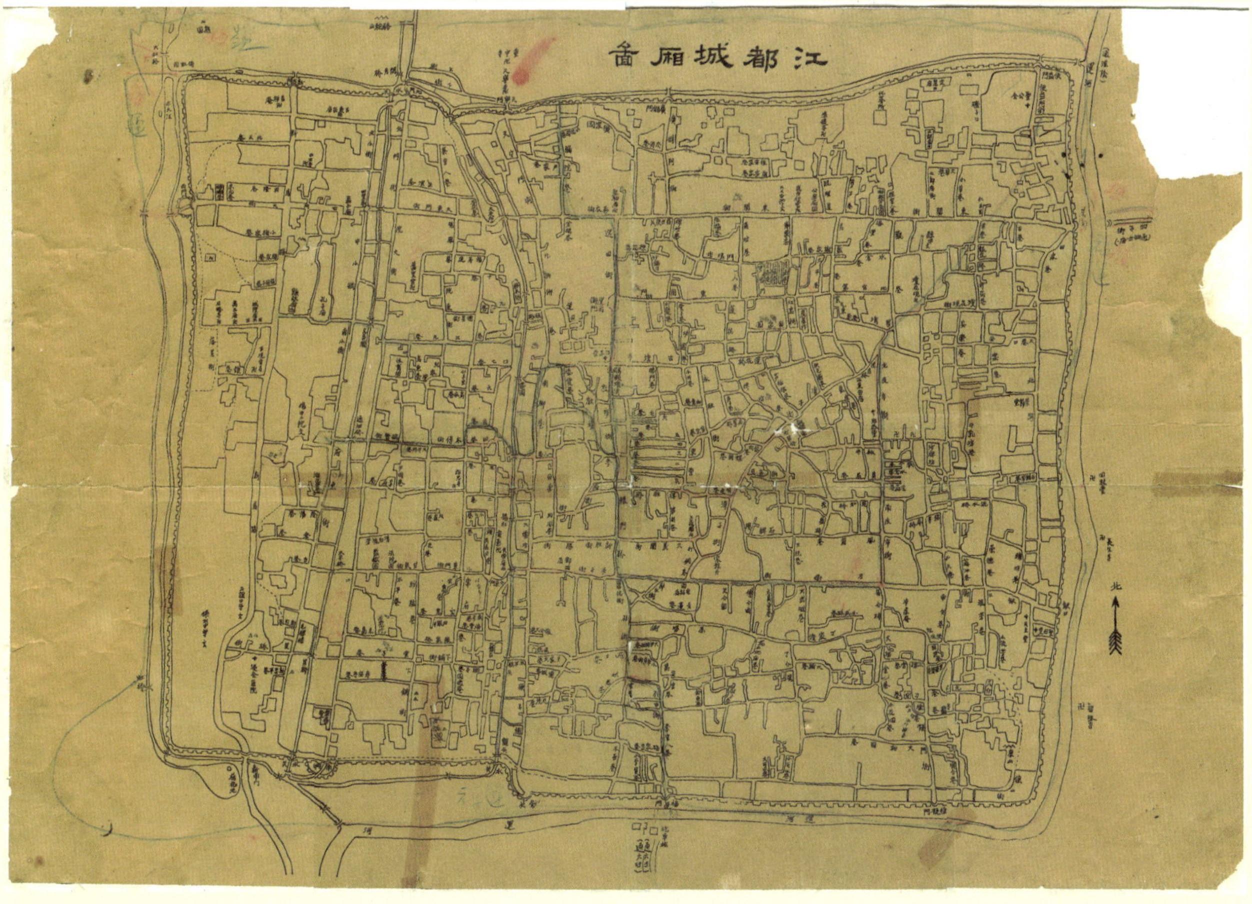

江都城厢图

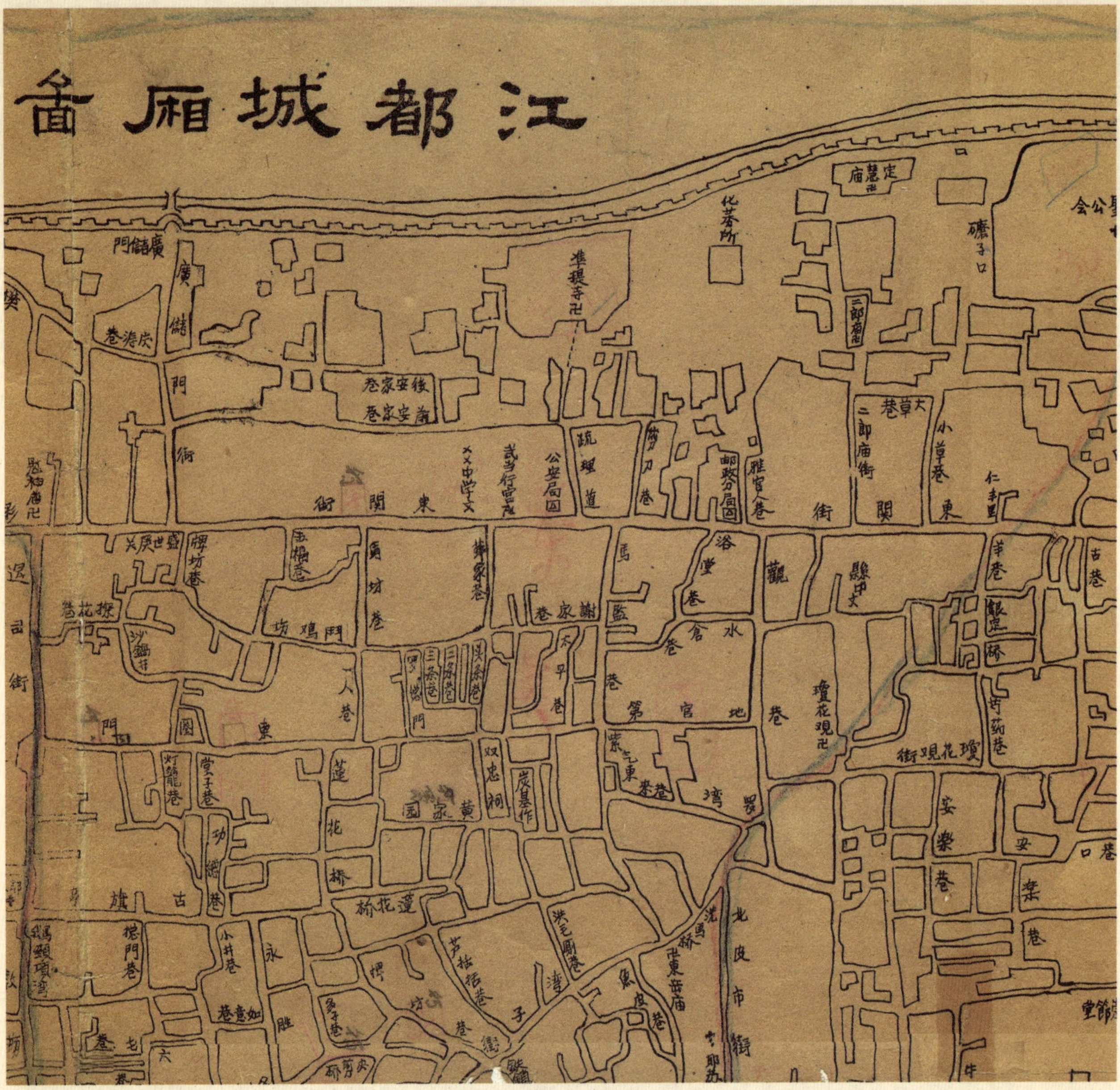

江都城厢图（局部）

第五條　革命人員犧牲或病故之褒卹，應由各該機關填具「革命人員犧牲或病故報請褒卹表」，報請縣以上政府審核批准，分別發給證明書進行撫卹優待。（縣級以下由縣政府辦理）

第六條　凡屬於企業性質之工廠機關，其已有勞動保護之規定者，不得援用本條例。

第七條　本條例自公佈之日施行，條例頒佈後，過去各級政府所頒佈之革命工作人員犧牲褒卹條例，均即作廢。

蘇北區優待地方年老病弱退職人員暫行辦法

第一條　凡本區脫離生產享受供給制待遇之工作人員，因年老（五十歲以上）或長期病弱確實不能繼續工作經醫生證明並經核准加委之機關批准退職回家者，均得享受本辦法之待遇。

第二條　因年老及長期病弱退職之工作人員（以下簡稱退職人員），其在退職時，按下列規定發給退職生活補助金：

（一）參加工作滿一年者，發給補助金計大米一百市斤，每多一年增發大米五十市斤，尾數超過一月者，按半年計算，超過七月者，按全年計算。

（二）患嚴重慢性病，且久治不癒，經醫生證明原機關嚴格審查批准後，再酌情加發補助金，但最高不得超過其生活補助金總數之二分之一。

（三）曾參加部隊因不適於部隊工作而轉入地方工作者，其參加部隊期間按「年老病弱

《苏皖边区第二行政区自卫战争期间紧急治罪暂行条例》

保管单位：宝应县档案馆
内容及评价：

该《条例》制订于1946年1月15日。抗日战争胜利后，一些逃亡的汉奸、伪军、特务潜入解放区，联合反动势力进行破坏活动。 1945年11月29日，中共华中分局发出"开展群众惩奸运动"的指令。 12月29日，苏皖边区政府公布《惩治叛国罪犯（汉奸）暂行条例》，决定对在日本侵华战争期间曾经投敌、通敌、助敌，犯有叛国罪者，根据其罪恶轻重，分别按首要、胁从予以处理。为保障解放区人民生命财产，安定革命社会秩序，争取爱国自卫战争胜利，实现民主和平，苏皖边区第二行政区根据苏皖边区《惩治叛国罪犯暂行条例》及本行政区具体情况，制订了《苏皖边区第二行政区自卫战争期间紧急治罪暂行条例》，并于1946年春季掀起惩奸反霸运动高潮。该条例于2000年征集进馆，具有重要的历史研究价值。

《苏皖边区第二行政区自卫战争期间紧急治罪暂行条例》

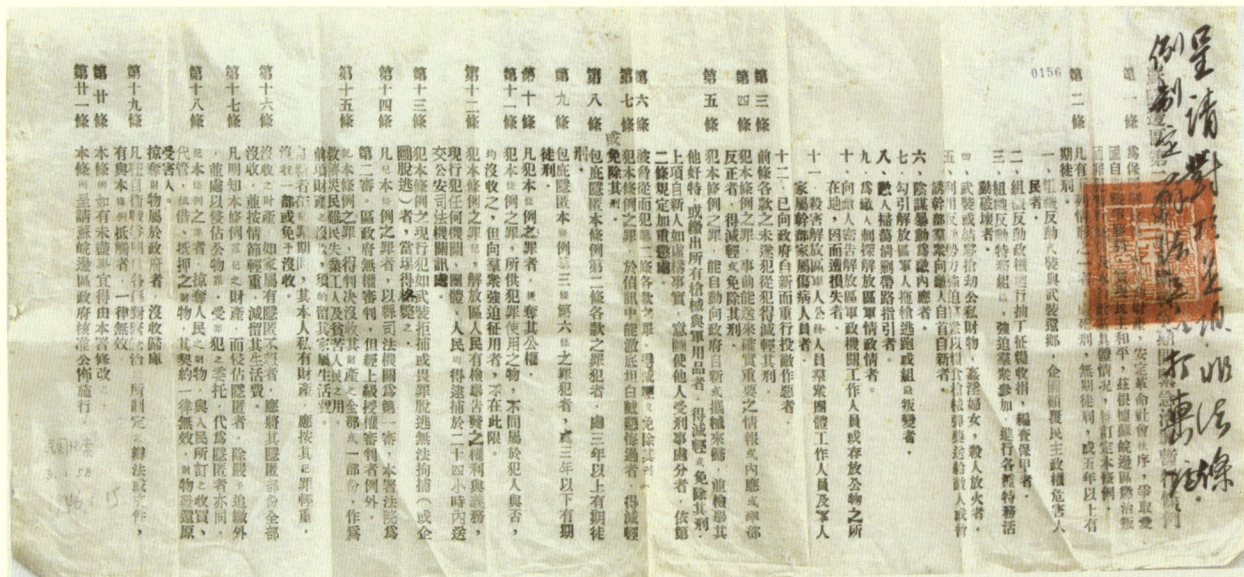

全文：

苏皖边区第二行政区自卫战争期间紧急治罪暂行条例

第一条　为保障解放区人民生命财产，安定革命社会秩序，争取爱国自卫战争胜利，实现民主和平，兹根据苏皖边区惩治叛国罪犯暂行条例及本行政区具体情况，特订定本条例。

第二条　凡有下列情形之一者，处死刑，无期徒刑，或五年以上有期徒刑。

一、组织反动武装与武装还乡，企图颠覆民主政权危害人民者。

二、组织反动政权进行抽丁征粮收捐，编查保甲者。

三、组织反动特务组织，强迫群众参加，进行各种特务活动破坏者。

四、武装或结伙抢劫公私财物，奸淫妇女，杀人放火者。

五、利用反动势力强迫群众以粮食枪械弹药送给敌人或胁诱干部群众向敌人自首自新者。

六、阴谋暴动为敌内应者。

七、勾引解放区军人拖枪逃跑或组织叛变者。

八、为敌人扫荡清剿带路指引者。

九、为敌人刺探解放区军情政情者。

十、向敌人密告解放区军政机关工作人员或存放公物之所在地，因而遭损失者。

十一、杀害解放区军人、公务人员、群众团体工作人员及军人家属、干部家属、伤病人员者。

十二、已向政府自新而重行投敌作恶者。

第三条　前条各款之未遂犯从犯得减轻其刑。

第四条　犯本条例之罪，事前能送来确实重要之情报、或内应、或率部反正者，得减轻或免除其刑。

第五条　犯本条例之罪，能自动向政府自新或携械来归，并检举其他奸特，或缴出所有枪械与军用品者，得减轻或免除其刑。上项自新人如虚构事实，意图使他人受刑事处分者，依第二条规定加重惩处。

第六条　被胁从而犯第二条各款之罪，得减轻或免除其刑。

第七条　犯本条例之罪，于侦讯中能澈［彻］底坦白诚恳悔过者，得减轻或免除其刑。

第八条　包庇、隐匿本条例第二条各款之罪犯者，处三年以上有期徒刑。

第九条　包庇、隐匿本条例第三条第六条之罪犯者，处三年以下有期徒刑。

第十条　凡犯本条例之罪者，褫夺其公权。

第十一条　犯本条例之罪，所供犯罪使用之物，不问属于犯人与否，均没收之，但向群众强迫征用者，不在此限。

第十二条　犯本条例之罪犯，解放区人民有检举告发之权利与义务，现行犯，任何机关、团体、人民均得逮捕于二十四小时内送交公安司法机关讯处。

第十三条　犯本条例之现行犯如武装拒捕或畏罪脱逃无法拘捕（或企图脱逃）者，当场得枪毙之。

第十四条　凡犯本条例之罪者，以县司法机关为第一审，本署法院为第二审，区政府无权审判，但经上级授权审判者例外。

第十五条　犯本条例之罪、得判决没收其财产之全部或一部份，作为救济灾民、难民、失业工人及贫苦人民之用。前项财产之没收，须酌留其家属生活费。

自新者在犯罪期间，其本人私有财产，应按其犯罪轻重，没收一部或免予没收。

第十六条　没收之财产，如家属有隐匿不报者，应将其隐匿部分全部没收，并按情节轻重，减留其生活费。

　　第十七条　凡明知本条例罪犯之财产，而侵占隐匿者，除严于追缴外，并处以侵占公物罪。受罪犯之委托，代为隐匿者亦同。

　　第十八条　犯本条例之罪者，掠夺人民之财物，与人民所订之收买、代管、租借、抵押之财物，其契约一律无效，财物发还原受害人。

　　掠夺财物属于政府者，没收归库。

　　第十九条　凡在自卫战争期间，各县对紧急治罪所制定之办法或文件，有与本条例抵触者，一律无效。

　　第二十条　本条例如有未尽事宜，得由本署修改之。

　　第二十一条　本条例呈请苏皖边区政府核准公布施行。

苏皖边区二分区宝应军用地图

保管单位：宝应县档案馆

内容及评价：

宝应县档案馆馆藏苏皖边区二分区宝应军用地图共有4幅，形成于1946年，其中第一幅为沙沟镇军用地图，1946年11月修正版，二分区宝应县政府翻印，沙沟镇时属苏皖边区二分区宝应县，现归兴化市管辖；第二幅为时堡镇军用地图，1946年11月印制，二分区宝应县政府翻印，时堡镇时属苏皖边区二分区宝应县，现归兴化市管辖；第三幅为车桥镇军用地图，此图为1946年8月修正，二分区宝应县政府翻印，车桥镇时属苏中军区，1946年8月划为苏皖边区二分区宝应县，现部分划入淮安市；第四幅为淮安城军用地图，此图为1946年8月修正版，二分区宝应县政府翻印，淮安城石塘镇时属苏皖边区二分区宝应县。

这四幅军用地图于2000年征集进馆，为二分区指挥机关分析利用地形、组织指挥作战，提供了翔实的地形资料和数据，具有重要的历史研究价值。

沙沟镇军用地图

时堡镇军用地图

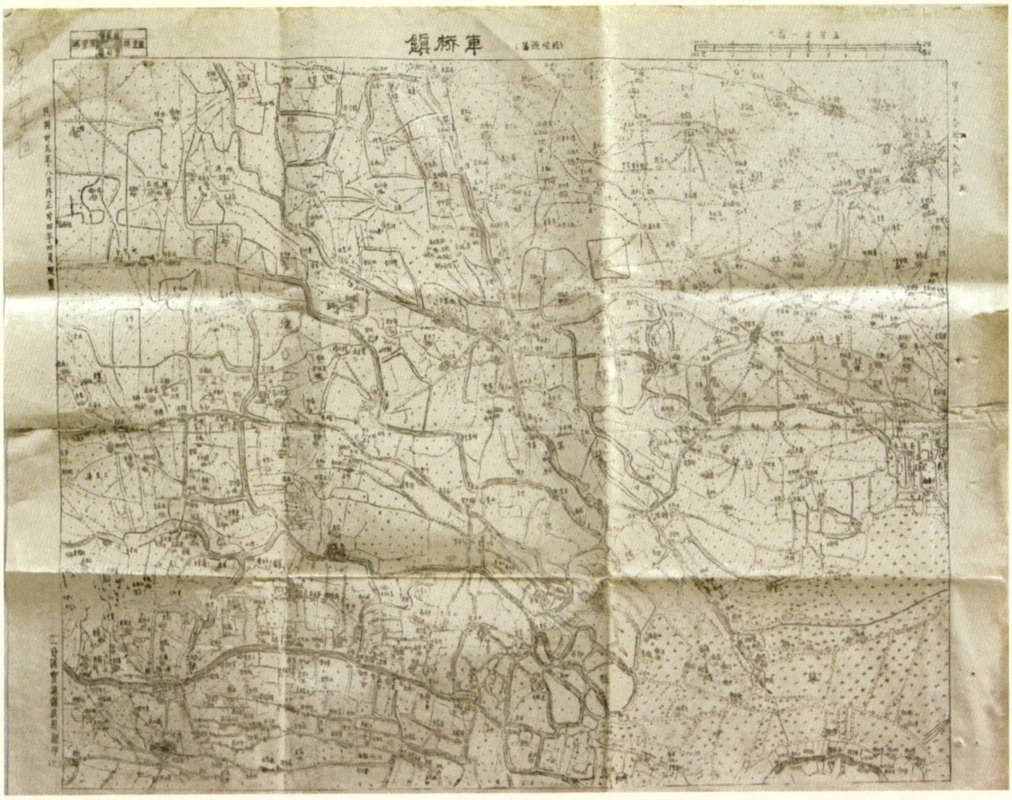

车桥镇军用地图

淮安城军用地图

扬州市军事管制委员会通令

保管单位：扬州市档案局

内容及评价：

1949年1月25日，中国人民解放军开进扬州城，扬州解放。1月26日，扬州市军事管制委员会成立，刘先胜任主任，陈光、宋学武任副主任。军管会成立后颁布的1号通令，即为“保护名胜古迹图书古物”的内容。文件的落款时间为1949年2月10日，距人民解放军进城不到20天，并有军管会主任刘先胜和两位副主任的亲笔签字。从1号通令可以看出，在扬州解放初期，党和政府就有相当高的文物保护意识。这份文件的出台，对古城扬州的文物遗迹起到重要的保护作用。另外，还有军事管理委会内部机构设立、禁止铺张浪费的通知，这些珍贵档案对于了解和研究扬州解放初期，我党的施政管理体系和政策方针具有重要价值。

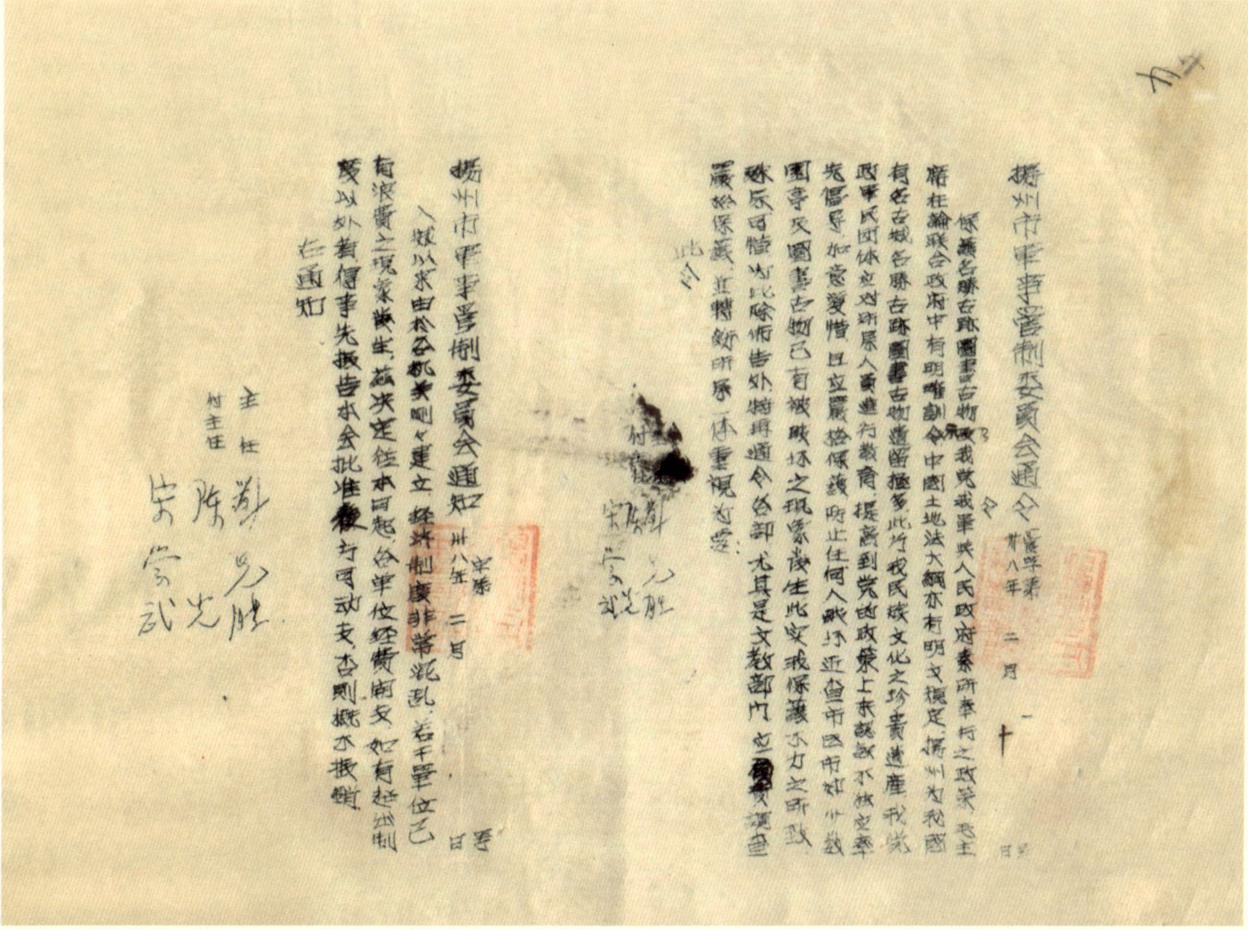

扬州军事管理委员会1号令、2号令

全文：

扬州军事管制委员会通令

管字第1号

卅八年二月十日

保护名胜古迹图书古物乃我党我军与人民政府素所奉行之政策，毛主席在《论联合政府》中有明确训示，中国土地法大纲亦有明文规定。扬州为我国有名古城，名胜古迹图书古物遗留极多，此乃我民族文化之珍贵遗产，我党政军民团体应对所属人员进行教育，提高到党的政策上来认识，不独应率先倡导，加意爱惜，且应严格保护，防止任何人破坏。近查市区市郊少数园亭及图书古物已有被破坏之现象发生，此实我保护不力之所致，殊属可惜。为此除布告外，特再通令各部，尤其是文教部门，应负责调查，严格保护，并转饬所属一体重视为要。

此令。

主　任：刘先胜

副主任：陈　光　宋学武

扬州市军事管制委员会通知

字第　号

卅八年二月　日

入城以来，由于各机关刚刚建立，经济制度非常混乱，若干单位已有浪费之现象发生。兹决定从本月起，各单位经费开支，如有超出制度以外者，得事先报告本会批准后，方可动支，否则概不报销。

右通知。

主　任：刘先胜

副主任：陈　光　宋学武

全文：

中国人民解放军苏北军区扬州市军事管制委员会通知

一月廿八日

一、扬州市军管会内部设秘书处、财经部、宣教部、民政部、民运部、公安部、警备部等六部门，并以杜干全、李文瑾为正、副秘书长，韦永义、吴光明为警备部长，郭建为财经部长，孙尉民、向流为正、副宣教部长，黄亚成为民政部长，杨德和为民运部长，沈毅、汪良为公安部正、副部长。

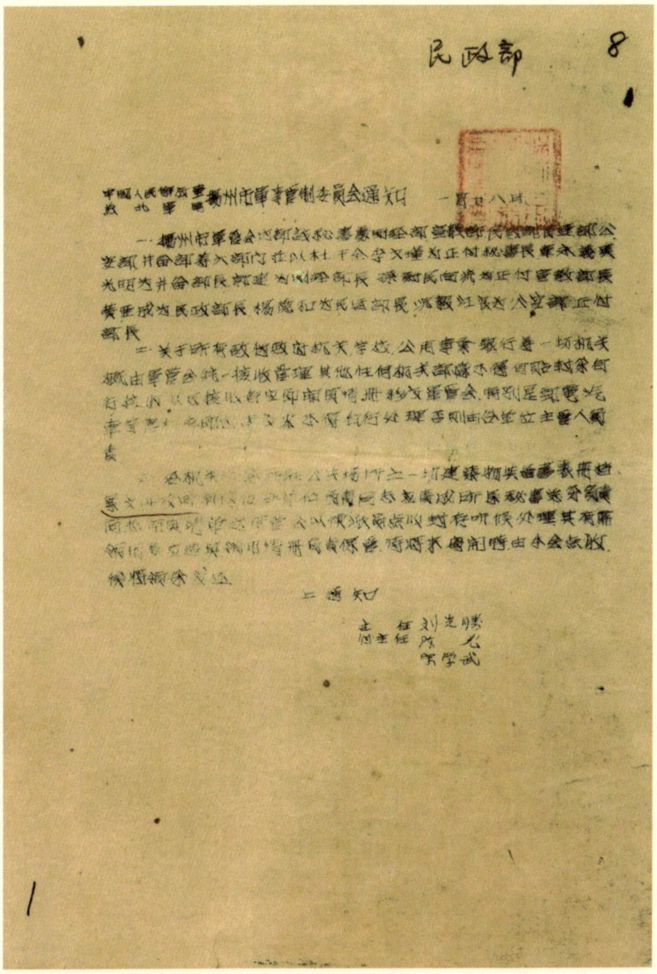
民政部 8

中国人民解放军苏北军区扬州市军事管制委员会通知 一月廿八日

上通知

主　任 刘光胜
副主任 陈　光
宋学武

扬州市军事管制委员会通知

二、关于所有敌伪政府机关、学校、公用事业、银行等一切机关，概由军管会统一接收管理，其他任何机关部队不得自贴封条，自行接收。其它接收者应即开具清册移交军管会，特别是邮电、汽车等机构即迅速交来，不得自行处理，否则由各单位主管人负责。

三、各机关、部队所在公共场所之一切建筑物与图书、表册档案文件及所有□□，各单位负责同志应责成所属秘书、总务负责同志开具清单，送军管会以便派员点收封存，听候处理，其有需领用者应造具领用清册负责保管，待将来离开时，由本会点收后将领条发还。

上通知。

主　任：刘光胜

副主任：陈　光、宋学武

华中行政办事处、苏北支前司令部保护军婚的通令

保管单位：扬州市档案局

内容及评价：

该文件形成于1949年4月5日，由华中行政办事处、苏北支前司令部以“政字第十八号”的文号发布，堪称我市军婚保障的最早文件。这份通令的主要内容即为对军婚给予特殊保护。在特殊的战争年代，军人是革命队伍的主体，从这份档案中，可以看出解放初期党和政府保护军婚的一些特点，以限制离婚和对破坏军婚进行刑事惩罚为核心，如果配偶要求离婚，必须经军人同意。“华中行政办事处”成立于1947年11月，随着苏皖各地的解放，1949年4月，该机构撤销，这份文件是在其撤销前夕所发，弥足珍贵，在特殊年代，对稳定革命队伍，增强队伍战斗力起到积极的作用。

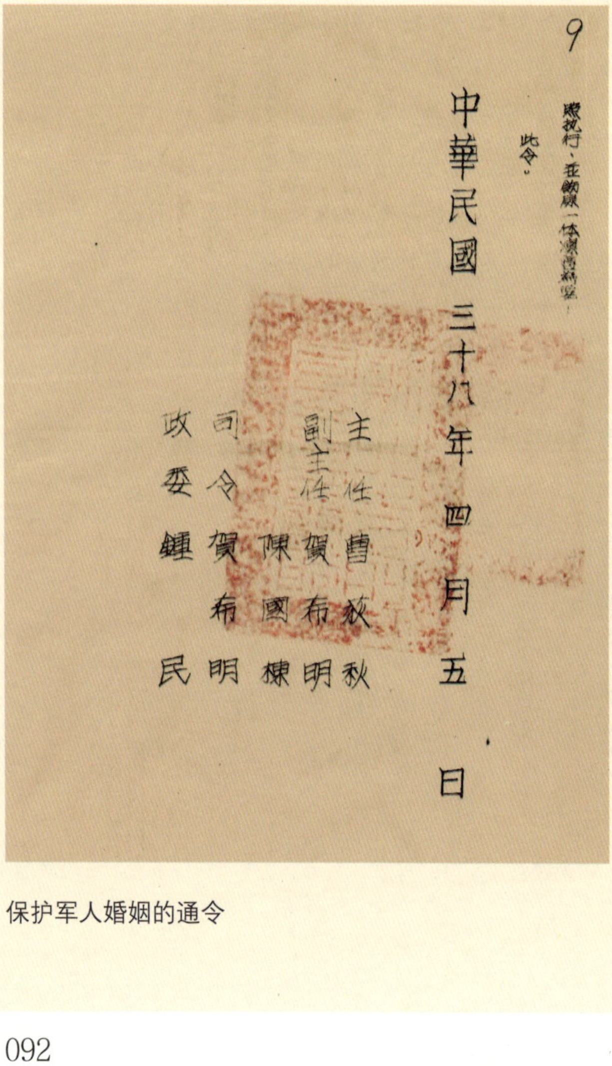

此令。

中華民國三十八年四月五日

主任 曹荻秋

副主任 賀希明 陳國棟

司令 賀希明

政委 鍾民

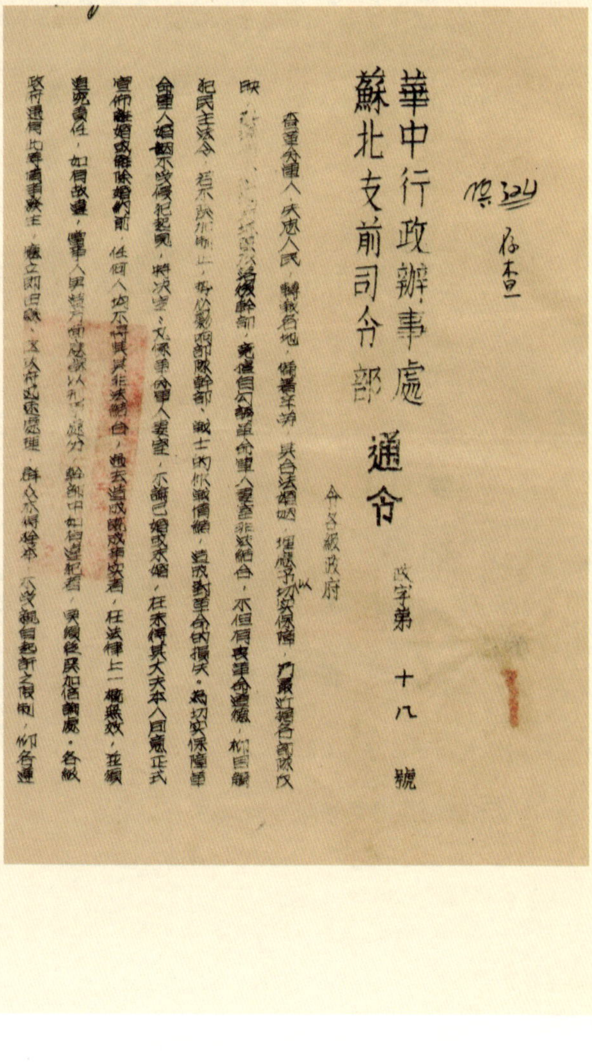

華中行政辦事處
蘇北支前司令部 通令

政字第十八號

令各級政府

保护军人婚姻的通令

全文：

华中行政办事处、苏北支前司令部通令

政字第18号

令各级政府

查革命军人，矢忠人民，转战各地，备著辛劳，其合法婚姻，理应予以切实保障。乃最近据各部队反映，发现□□□地方坏蛋及落后干部，竟擅自勾诱革命军人妻室非法结合，不但有丧革命道德，抑目触犯民主法令，若不严加禁止，势必影响部队干部、战士的作战情绪，造成对革命的损失。为切实保障革命军人婚姻不受侵犯起见，特决定：凡系革命军人妻室，不论已婚或未婚，在未得其丈夫本人同意正式宣布离婚或解除婚姻前，任何人均不得与其非法结合，过去造成既成事实者，在法律上一概无效，并需追究责任。如有故违，当事人男造方面应课以刑事处分，干部中如有违纪者，更须从严加倍论处。各级政府遇有此等情事发生，应立即由县、区政府迅速处理，群众亦得检举，不受亲自起诉之限制，仰各遵照执行，并饬一体凛遵为要。

此令。

中华民国三十八年四月五日

主　任：曹荻秋

副主任：贺希明　陈国栋

司　令：贺希明

政　委：钟　民

苏北行政公署通令

保管单位：高邮市档案馆

内容及评价：

苏北行政公署是解放战争期间革命政权的一个省级行政机构，1949年4月21日成立，驻泰州市。1950年1月，驻地由泰州移至扬州。1952年11月，苏北行政区、苏南行政区与南京市合并建立江苏省。1949年10月13日，苏北行政公署颁布通令，内容包括《苏北区革命军人家属优待条例》《苏北区革命军人牺牲褒恤条例》《苏北区革命工作人员牺牲褒恤条例》《苏北区优待地方年老病弱退职人员暂行办法》。这些条例从多个方面保障了当时苏北地区革命军人、工作人员、群众的基本生活，也为当今研究建国初期如何开展优抚工作提供了翔实的资料，具有重要的历史价值。

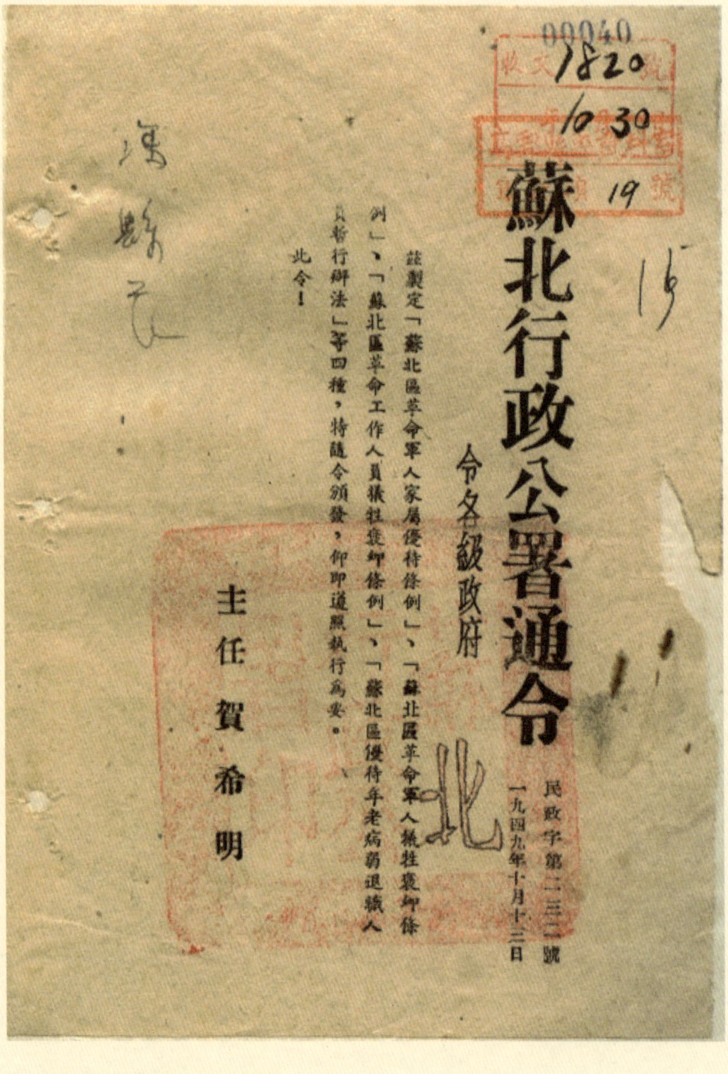
蘇北行政公署通令

民政字第二三二號

一九四九年十月十三日

令各級政府

茲製定「蘇北區革命軍人家屬優待條例」、「蘇北區革命軍人犧牲褒卹條例」、「蘇北區革命工作人員犧牲褒卹條例」、「蘇北區優待年老病弱退職人員暫行辦法」等四種，特隨令頒發，仰即遵照執行爲要。

此令！

主任 賀希明

苏北行政公署通令

全文：

苏北行政公署通令

民政字二三二号

一九四九年10月13日

令各级政府

兹制定《苏北区革命军人家属优待条例》、《苏北区革命军人牺牲褒恤条例》、《苏北区革命工作人员牺牲褒恤条例》、《苏北区优待地方年老病弱退职人员暂行办法》等四种，特随令颁发，仰即遵照执行为妥。

此令！

主任贺希明

《苏北区革命军人家属优待条例》（14条，略）

《苏北区革命军人牺牲褒卹条例》（11条，略）

《苏北区革命工作人员牺牲褒卹条例》（7条，略）

《苏北区优待地方年老病弱退职人员暂行办法》（9条，略）

《苏北行政公署通令》勘误表

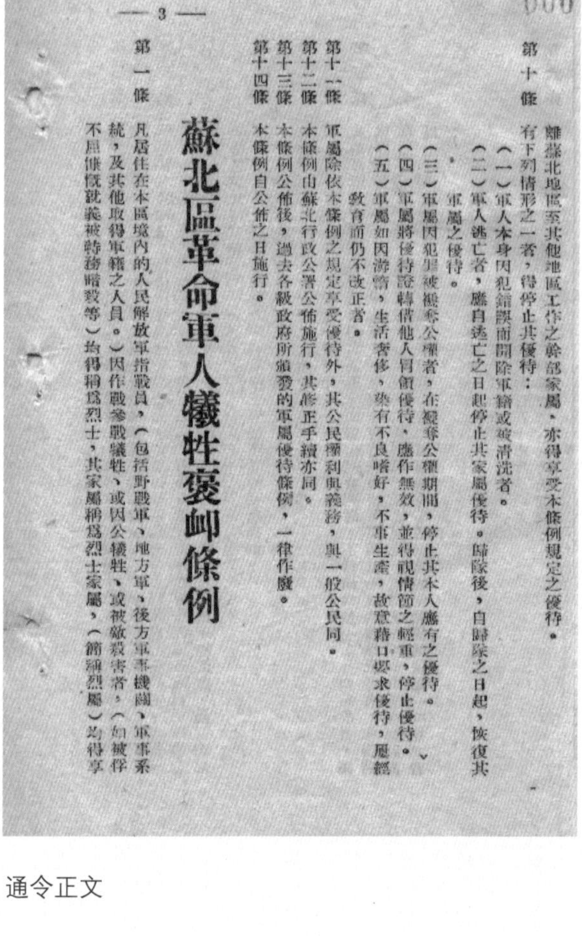

000

第十條 離蘇北地區至其他地區工作之幹部家屬，亦得享受本條例規定之優待。

有下列情形之一者，得停止其優待：

（一）軍人本身因犯錯誤而開除軍籍或被清洗者。

（二）軍人逃亡者，應自逃亡之日起停止其家屬優待。歸隊後，自歸隊之日起，恢復其軍屬之優待。

（三）軍屬因犯罪被褫奪公權者，在褫奪公權期間，停止其本人應有之優待。

（四）軍屬將優待證轉借他人冒領優待，應作無效，並得視情節之輕重，停止優待。

（五）軍屬如因游惰，生活奢侈，染有不良嗜好，不事生產，故意藉口要求優待，屢經教育而仍不改正者。

第十一條 軍屬除依本條例之規定享受優待外，其公民權利與義務，與一般公民同。

第十二條 本條例由蘇北行政公署公佈施行，其修正手續亦同。

第十三條 本條例公佈後，過去各級政府所頒發的軍屬優待條例，一律作廢。

第十四條 本條例自公佈之日施行。

— 3 —

蘇北區革命軍人犧牲褒卹條例

第一條 凡居住在本區境內的人民解放軍指戰員，（包括野戰軍、地方軍、後方軍事機關、軍事系統，及其他取得軍籍之人員。）因作戰參戰犧牲、或因公犧牲、或被敵殺害者，（如被俘不屈慷慨就義被特務暗殺等）均得稱為烈士，其家屬稱為烈士家屬，（簡稱烈屬）均得享

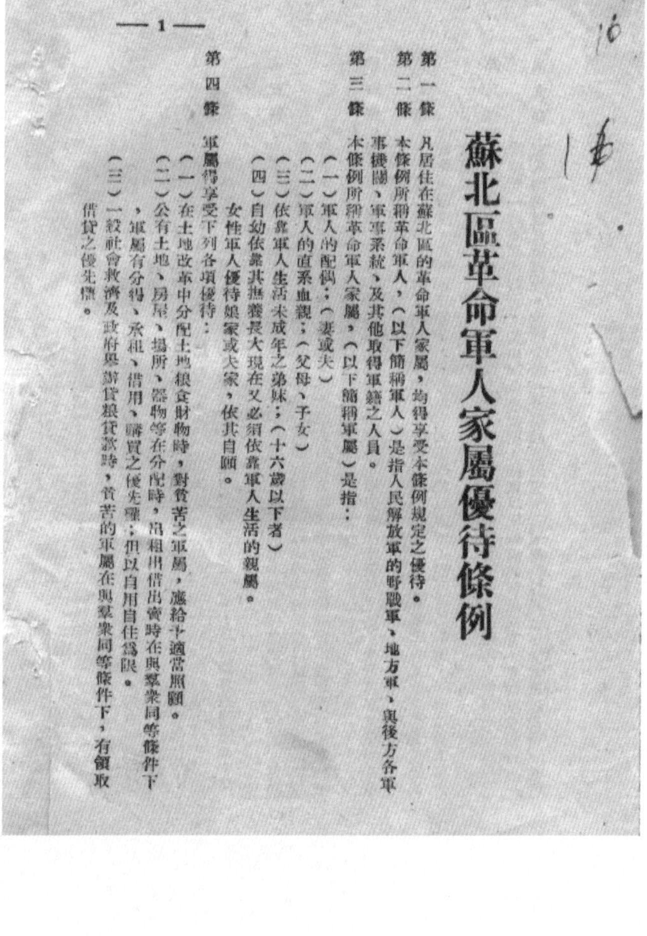

00041

蘇北區革命軍人家屬優待條例

第一條 凡居住在蘇北區的革命軍人家屬，均得享受本條例規定之優待。

第二條 本條例所稱革命軍人，（以下簡稱軍人）是指人民解放軍的野戰軍、地方軍、與後方各軍事機關、軍事系統、及其他取得軍籍之人員。

第三條 本條例所稱革命軍人家屬，（以下簡稱軍屬）是指：

（一）軍人的配偶；（妻或夫）

（二）軍人的直系血親；（父母、子女）

（三）依靠軍人生活未成年之弟妹；（十六歲以下者）

（四）自幼依靠其撫養長大現在又必須依靠軍人生活的親屬。

女性軍人優待娘家或夫家，依其自願。

第四條 軍屬得享受下列各項優待：

（一）在土地改革中分配土地粮食財物時，對貧苦之軍屬，應給予適當照顧。

（二）公有土地、房屋、場所、器物等在分配時，出租出借出賣時在與羣衆同等條件下，軍屬有分得、承租、借用、購買之優先權；但以自用自住為限。

（三）一般社會救濟及政府舉辦貸粮貸款時，貧苦的軍屬在與羣衆同等條件下，有領取借貸之優先權。

— 1 —

通令正文

—5—

（一）在家居住之配偶。

（二）在家居住之子女。

（三）父母。

（四）十六歲以下之弟妹。

（五）撫養烈士長大而現亡又必須依靠烈士生活之其他親屬。

（六）參加工作之直系親屬。

無上述烈屬條件者，即不發。

第七條 烈屬得享受一般軍屬待遇，在享受優待時，與軍屬同樣條件下，應先儘烈屬。

第八條 爲表揚烈士事蹟，各地得建立烈士紀念碑、塔、亭、祠、林、烈士墓等，並訂清明節爲烈士掃墓節，各級政府得組織烈士事蹟編纂委員會，負責收集編纂烈士英勇事蹟。

第九條 烈士撫卹手續：烈士犧牲後，應由所在部隊團以上政治機關出具詳細證明文件，發至原籍轉發烈屬，該烈屬於接到上述證明文件後，應即繳送縣政府換發烈屬證明書，（由各專署統一印發）及領取撫卹費，在換發前應嚴格審查合乎本條例第二條所規定之親屬，始得發給。

第十條 本條例自公佈之日起施行。本條例公佈後，過去各級政府頒發之撫卹條例，均即作廢。

第十一條 本條例由本署以命令公佈施行，修正手續亦同。

蘇北區革命工作人員犧牲褒卹條例

—6—

第一條 凡本解放區之革命工作人員，（以下簡稱革命人員。包括脫離生產之地方系統的幹部、警衛隊員、公安隊員，及勤雜人員在內。）其因公犧牲或病故者，均依本條例之規定，享受褒卹。

第二條 革命人員因參戰或對敵鬥爭或被敵殺害（包括被俘不屈被特務暗殺等）而致犧牲者，給予烈士稱號，其家屬稱爲烈屬，發給其家屬「烈屬證」，棺葬費由所在機關在不超過大米五百市斤至六百市斤範圍內實報實銷，並得按左列規定發給其家屬撫卹費：（領取順序與革命軍人烈屬同）

（一）鄉級以下（限於脫離生產）大米五百市斤

（二）區級大米七百市斤

（三）縣級以上大米九百市斤

第三條 革命人員非屬於前條所稱之原因而係積勞病故者，不得稱烈士。除棺葬費仍照前條之規定由原機關實報實銷外，其家屬撫卹費按以下標準發給：

（一）鄉級以下（限於脫離生產）大米四百市斤

（二）區級大米五百市斤

（三）縣級以上大米六百市斤

第四條 因參戰或因公犧牲之革命工作人員，其事蹟特別英烈足資楷模或鬥爭歷史較長有特殊功績者，除分別依本條例第二第三條之規定撫卹外，並得酌量情形予以下列之獎勵或褒揚：

（一）傳令嘉獎

（二）頒發獎狀

（三）立傳褒揚

00044

第五條 革命人員犧牲或病故之褒卹，應由各該機關填具「革命人員犧牲或病故報請褒卹表」，報請縣以上政府審核批准，分別發給證明書進行撫卹優待。（縣級以下由縣政府辦理）

第六條 凡屬於企業性質之工廠機關，其已有勞動保護之規定者，不得援用本條例。

第七條 本條例自公佈之日施行。本條例頒佈後，過去各級政府所頒佈之革命工作人員犧牲褒卹條例，均即作廢。

蘇北區優待地方
年老病弱退職人員暫行辦法

—7—

第一條 凡本區脫離生產享受供給制待遇之工作人員，因年老（五十歲以上）或長期病弱確實不能繼續工作經醫生證明並原機關批准退職回家者，均得享受本辦法之待遇。

第二條 因年老及長期病弱退職之工作人員（以下簡稱退職人員），其在退職時，按下列規定發給退職生活補助金：

（一）參加工作滿一年者，發給補助金計大米一百市斤，每多一年增發大米五十市斤，尾數超過一月者，按半年計算，超過七月者，按全年計算。

（二）患嚴重慢性病，且久治不癒，經醫生證明原機關嚴格審查批准後，再酌情加發補助金，但最高不得超過其生活補助金總數之二分之一。

（三）曾參加部隊因不適於部隊工作而轉入地方工作者，其參加部隊期間按「年老病弱

通令正文

宝应城解放时的《入城守则》

保管单位：宝应县档案馆

内容及评价：

1948年12月9日下午，宝应县城宣告解放，为了严肃政纪，稳定宝应城内秩序，做好部队入城前的各项准备工作，宝应县委、县政府在敌人溃逃不到两小时之际，制定了《入城守则》，部队入城后，战士将其贴在枪托上，广泛进行宣传。该《守则》既表达了夺取政权后所表现的自豪感，又很明确地规定了进城后必须执行的“三大纪律八项注意”，为部队顺利入城，迅速融入城市，进而管理城市奠定了坚实基础。

全文：

入城守则

同志们！宝应城永远是人民的城市了，我们必须认真爱护城市，保护工商业，不使城市人民受损害。我们必须遵守如下几条：

一、做到坚决执行三大纪律八项注意。

1.三大纪律：①一切行动听指挥；②不拿群众一针一线；③一切缴获要归公。

2.八项注意：①说话和气；②买卖公平；③借东西要还；④损坏东西要赔;⑤不打人骂人;⑥不损坏庄稼;⑦不调戏妇女;⑧不虐待俘虏。

二、做到“眼不花、手不拿、心不想、嘴不馋。”

三、做到“不买便宜货、不强买；不贪污落私，一切归公；不乱抓人。”

四、随时随地做宣传。

宝应县委县政府

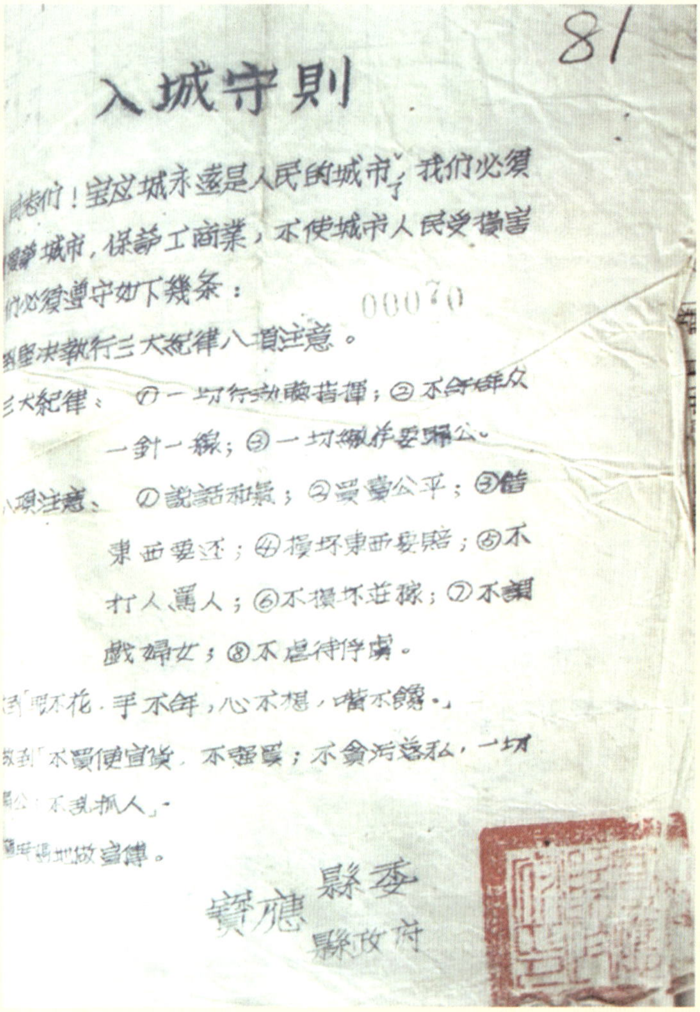
81

入城守则

同志们！宝应城永远是人民的城市了，我们必须
爱护城市，保护工商业，不使城市人民受损害
们必须遵守如下几条：
00070
坚决执行三大纪律八项注意。
三大纪律：①一切行动听指挥；②不拿群众
一针一线；③一切缴获要归公。
八项注意、①說話和氣；②買賣公平；③借
東西要还；④損坏東西要賠；⑤不
打人罵人；⑥不損坏莊稼；⑦不調
戲婦女；⑧不虐待俘虜。
眼不花，手不拿，心不想，嘴不饞。
不買便宜貨，不强買；不貪污落私，一切
歸公，不乱抓人。
随時随地做宣傳。
寶應 縣委
縣政府

入城守则

渡江战役支前档案

保管单位：扬州市档案馆

内容及评价：

扬州市档案馆藏有1949年华中第二行政区支前司令部、苏北支前司令部、苏皖边区第二行政区支前司令部、苏北扬州分区司令部关于成立渡江支前机构和人员任命的批文、渡江支前会议决议、渡江支前工作报告总结以及筹集渡江支前经费物资、组织民船民工的通知信函等，共计83件。1949年的渡江战役支前是扬州地区解放战争以来，规模最大最全面的一次支前。华中二分区人民在党的领导下，在“一切为了支援大军渡江作战，一切为了夺取渡江战役胜利”的口号鼓舞下，全力以赴支援渡江战役前线，为取得渡江战役的伟大胜利作出了重大贡献。全地区既筹备粮草，保障军需，又组织民工，随军出征，共动员民(船)工42.56万人，包括常备民工9720人、船工3.9万人，筹集船只18742艘，组织担架3648副，小车2.43万辆，挑子6149副，牲口2767头。在解放战争中书写了人民支前的光辉一页，同时在血与火的战争洗礼中，华中二分区革命队伍不断成熟壮大。

这一档案详细反映了当时扬州地区渡江支前的状况，为研究这一段革命历史提供了重要的历史资料。

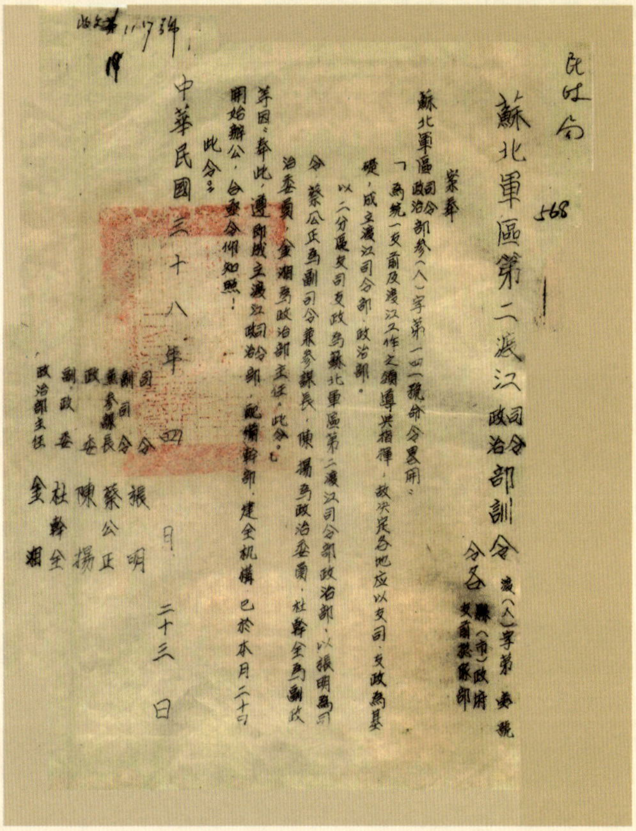
民政局 568

蘇北軍區第二渡江司令部政治部訓令

渡（人）字第壹號

令各縣（市）政府、支前總隊部

案奉

蘇北軍區司令部政治部參（人）字第一四一號命令畧開：

「為統一支前及渡江工作之領導與指揮，故決定各地應以支司、支政為基礎，成立渡江司令部、政治部。

以二分區支司支政為蘇北軍區第二渡江司令部政治部，以張明為司令，蔡公正為副司令兼參謀長，陳揚為政治委員，杜幹全為副政治委員，金湘為政治部主任。此令。」

等因，奉此，遵即成立渡江司令部、政治部，配備幹部，建全机構，已於本月二十日開始辦公，合亟令仰知照！

此令！

司令 張明
副司令兼參謀長 蔡公正
政委 陳揚
副政委 杜幹全
政治部主任 金湘

中華民國三十八年四月二十三日

成立渡江支前司令部的训令

全文：

苏北军区第二渡江司令部、政治部训令

渡（人）字第壹号

令各县（市）政府、支前总队部

案奉

苏北军区司令部、政治部参（人）字第一四一号命令略开：

（为统一支前及渡江工作之领导与指挥，故决定各地应以支司、支政为基础，成立渡江司令部、政

治部。

以二分区支司支政为苏北军区第二渡江司令部政治部，以张明为司令，蔡公正为副司令兼参谋长，陈扬为政治委员，杜干全为副政治委员，金湘为政治部主任。此令。)

等因：奉此，遵即成立渡江司令部、政治部，配备干部，健全机构，已于本月二十日开始办公，合亟令仰知照！

此令。

中华民国三十八年四月二十三日

司令：张　明

副司令兼参谋长：蔡公正

政委：陈　扬

副政委：杜干全

政治部主任：金　湘

全文：

苏皖边区第二行政区支前司令部命令

秘动字第一三三号

中华民国三十八年二月二十三日

令各县支前总队部

为陆续不断地支援大军渡江，第二线船只（载重三千斤至五千斤），需于三月十日前组织就绪，待命集中调度。

甲、组织办法：

一、每船三个全劳动力，三船为一小组，挑选积极分子为组长。

二、三小组为一小队，以民兵或行政组长、积极分子为队长。

三、三小队为一分队，以村干为队长、队副。

四、三分队至五分队为一中队，以乡干为中队长、中队副、指挥员、支书。并须配备事务长、文书各一人。

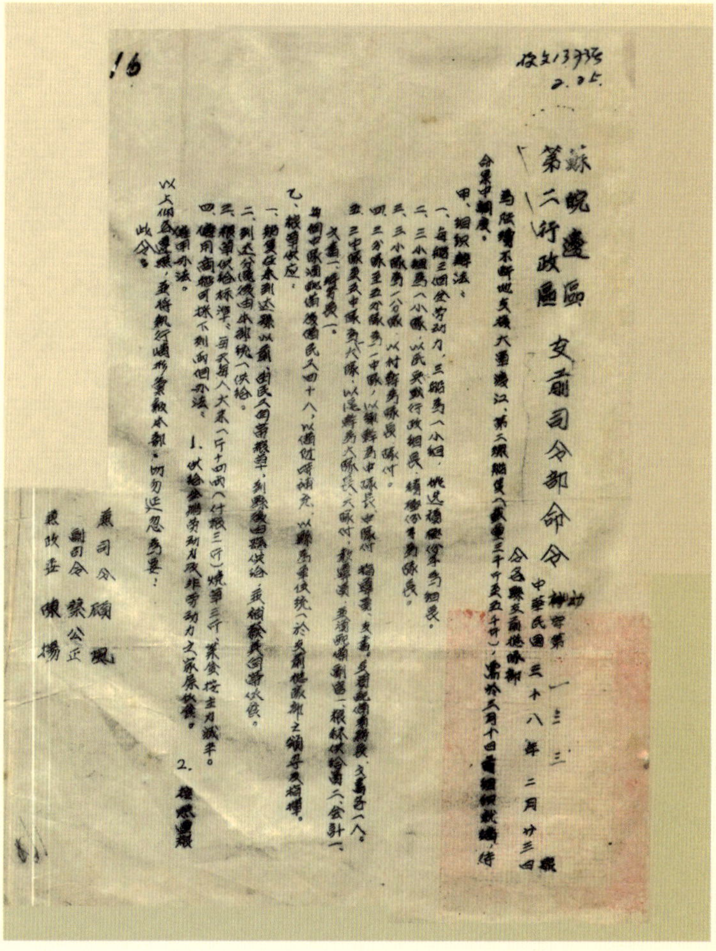
16

收文13335
2.25

苏皖边区
第二行政区　支前司令部命令

秘动字第一三三号
中华民国三十八年二月廿三日
令各县支前总队部

兼司令　顾　风
副司令　蔡公正
兼政委　陈　扬

关于劳力调配、粮草供应的命令

五、三中队至五中队为一大队，以区干为大队长、大队副、教导员，并须配备副官一、粮秣供给员二、会计一、文书一、特务长一。

每个中队须配备后备民工四十人，以备随时补充，以县为单位统一于支前总队部之领导及指挥。

乙、粮草供应：

一、船只在未到达县以前，由民工自带粮草，到县后由县供给，并补发其自带伙食。

二、到达分区后由本部统一供给。

三、粮草供给标准：每天每人大米一斤十四两（什粮三斤）烧草三斤，菜金按主力减半。

四、雇佣商船可采下列两个办法：1.供给全船劳动力及非劳动力之家属伙食。2.按照运粮雇佣办法。

以上仰各遵照，并将执行情形备报本部，切勿延忽为要！

此令。

兼司令：顾　风

副司令：蔡公正

兼政委：陈　扬

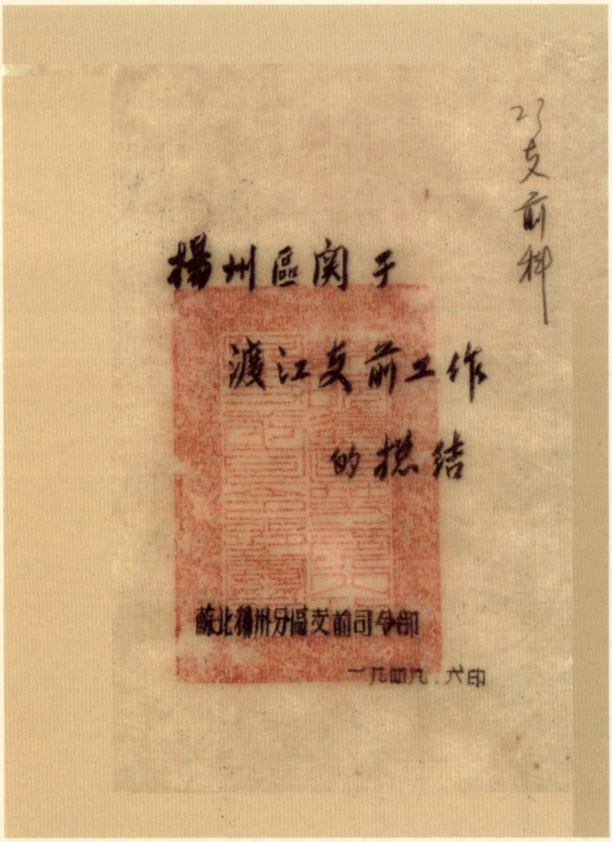

27 支前科

揚州區關于渡江支前工作的總結

蘇北揚州分區支前司令部

一九四九.六印

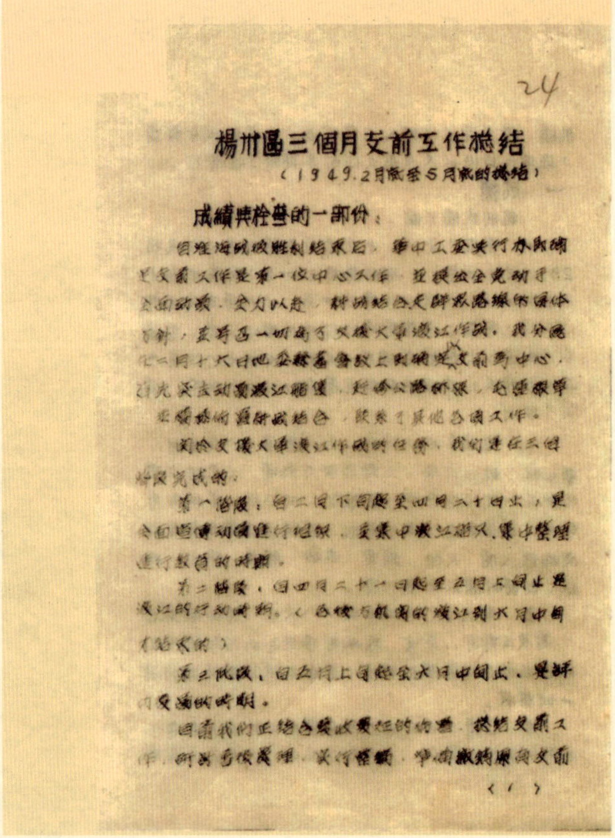

24

揚州區三個月支前工作總結

（1949.2月底至5月底的總結）

成績與檢查的一部份：

[illegible]

（1）

扬州区关于渡江支前工作总结

渡江船工光榮證

茲有　縣　鄉鎮　村船工　於四月二十一日至　月　日參加協助本軍渡江作戰，英勇行船，完成任務。本軍除致感謝之意外，特發給渡江船工光榮證，以資表揚。

此證。

中國人民解放軍第三野戰軍
司令員兼政治委員 陳毅
副司令員 粟裕
副政治委員 譚震林
政治部主任 唐亮
政治部副主任 鍾期光

一九四九年四月　日給

船字第　號

存根

　縣　鄉鎮　村船工　完成任務光榮証

三野司令部 政治部

一九四九年四月　日給

渡江光榮證 第　號

民工同志參加渡送部隊過江完成光榮任務特發給光榮證以資證明

此證

右給　同志收執

司令 杜幹全
副司令 蔡公正
政委 陳揚
政治部主任 金湘
第一副主任 夏雨
第二副主任 張理

中華民國三十八年　月　日

渡江支前光榮證

同志係　省　縣　區人，配合本軍渡江，完成戰勤任務，本軍除致謝意外，特發給渡江光榮證，以資表揚。

此證。

中國人民解放軍第三野戰軍
司令員兼政治委員 陳毅
副司令員兼第一副政委 粟裕
副政治委員 譚震林
政治部主任 唐亮
政治部副主任 鍾期光

一九四九年　月　日給

光荣证

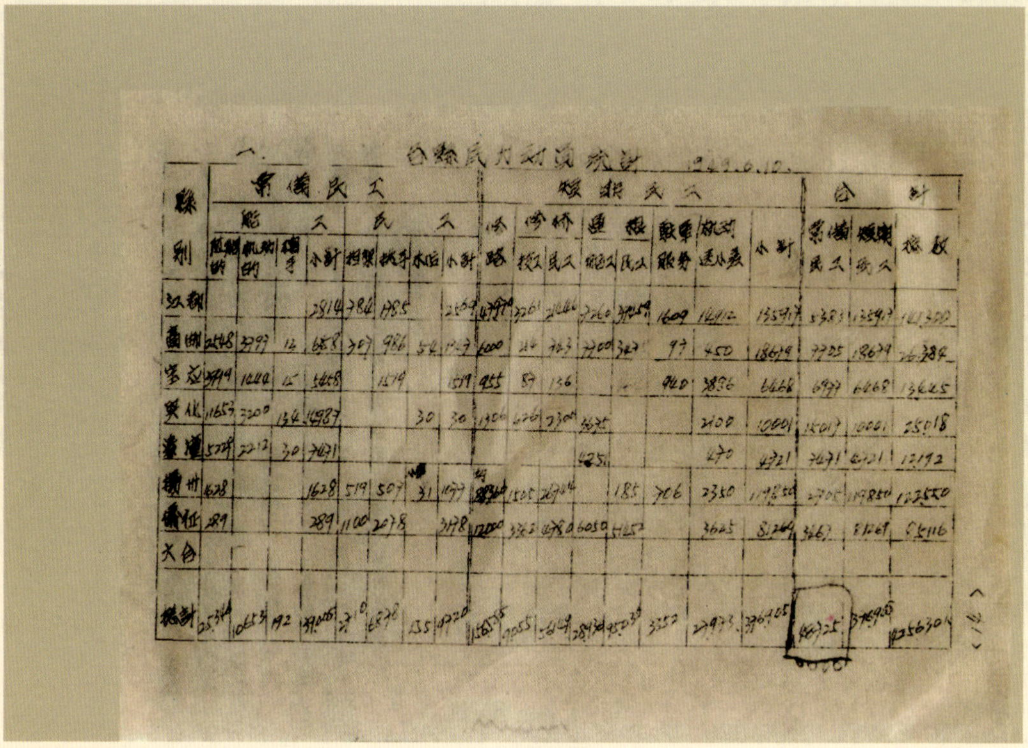

一、各县民力动员统计 1949.6.12.

县别	常备民夫								短期民夫								合计		
	船夫				民夫				修路	修桥		运粮		军车服务	航运送小麦	小计	常备民夫	短期民夫	总数
	随船的	机船的	舵手	小计	担架	挑手	木匠	小计		技工	民夫	船夫	民夫						
江都				2814	784	1885		2669	4990	3261	2666	2260	3254	1609	16412	135917	5383	135917	141300
高邮	2548	3297	14	6858	307	986	54	1347	4000	214	763	2200	327	97	450	18679	7705	18679	26384
宝应	3919	1440	15	5458		1519		1519	955	57	136		[illegible]	960	3856	6668	6977	6668	13645
兴化	1653	3200	134	14987			30	30	1300	626	2304	5635			2400	10001	15017	10001	25018
[illegible]	5229	2212	30	7471								425			470	4321	7471	4321	12192
扬州	1628			1628	519	507	31	1057	88364	1505	26784		185	706	2350	119850	2705	119850	122550
仪征	289			289	1100	2078		3178	12000	3363	4380	6050	5125		3645	81269	3467	81269	85116
六合																			
总计	25344	10653	192	39066	2210	6878	135	9220	156535	9055	5649	28430	95039	3352	27933	376405	46325	376905	422630

各县民力动员统计表

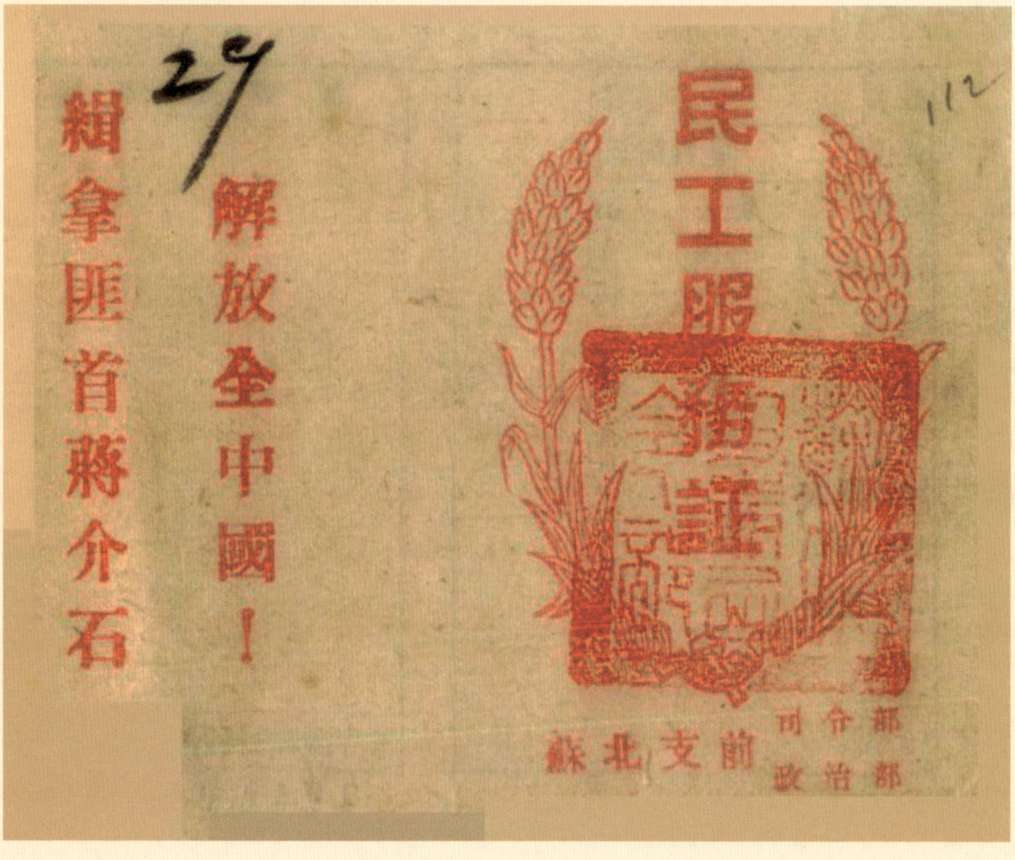

民工服务证

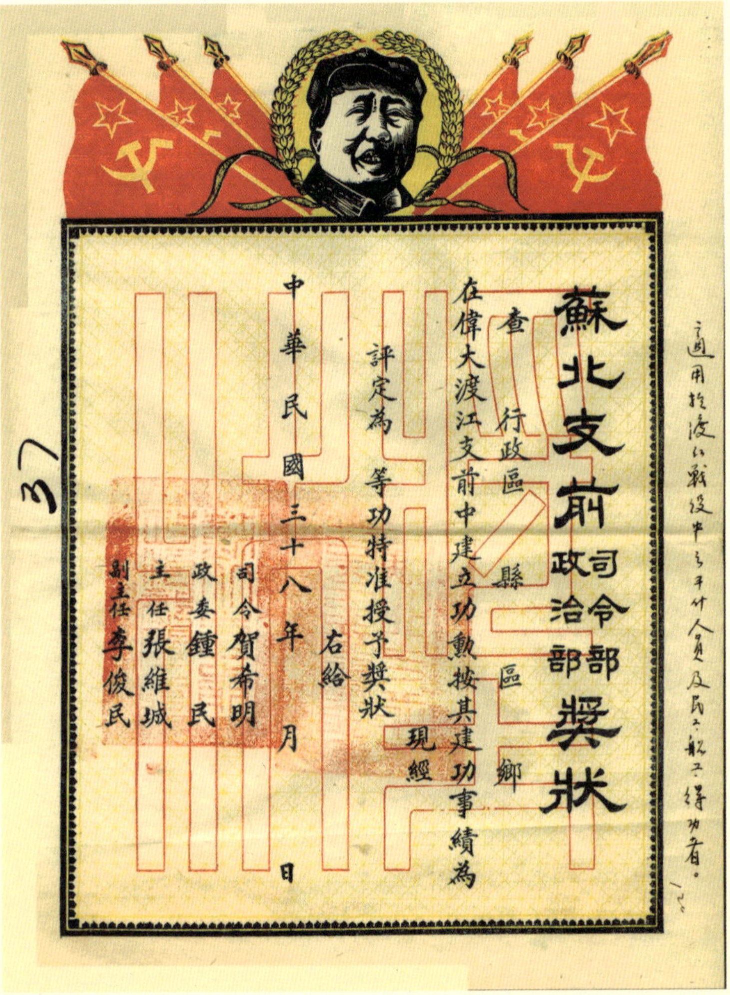

蘇北支前司令部政治部獎狀

查　行政區　縣　區　鄉

在偉大渡江支前中建立功勳按其建功事績為

現經

評定為　等功特准授予獎狀

右給

司令賀希明

政委鍾民

主任張維城

副主任李俊民

中華民國三十八年　月　日

華東支前司令部政治部獎狀

為　區　縣　區　村民　同志在　戰役中勝利完成任務經　評議為　等功特發獎狀

右給

司令員傅秋濤

政治委員宋任窮

副司令員曹荻秋

副政治委員陳丕顯

政治部主任魏思文

中華民國　年　月　日

蘇南支前司令部獎狀

同志係　縣　區人參與京滬杭戰役勝利完成支前任務卓著功勳按照支前人員獎懲條例經評功委員會評為　等功合給此狀以資獎勵

此狀

司令管文蔚

副司令陳國棟

駱明

政委鍾民

中華民國三十八年　月　日

支前司令部奖状

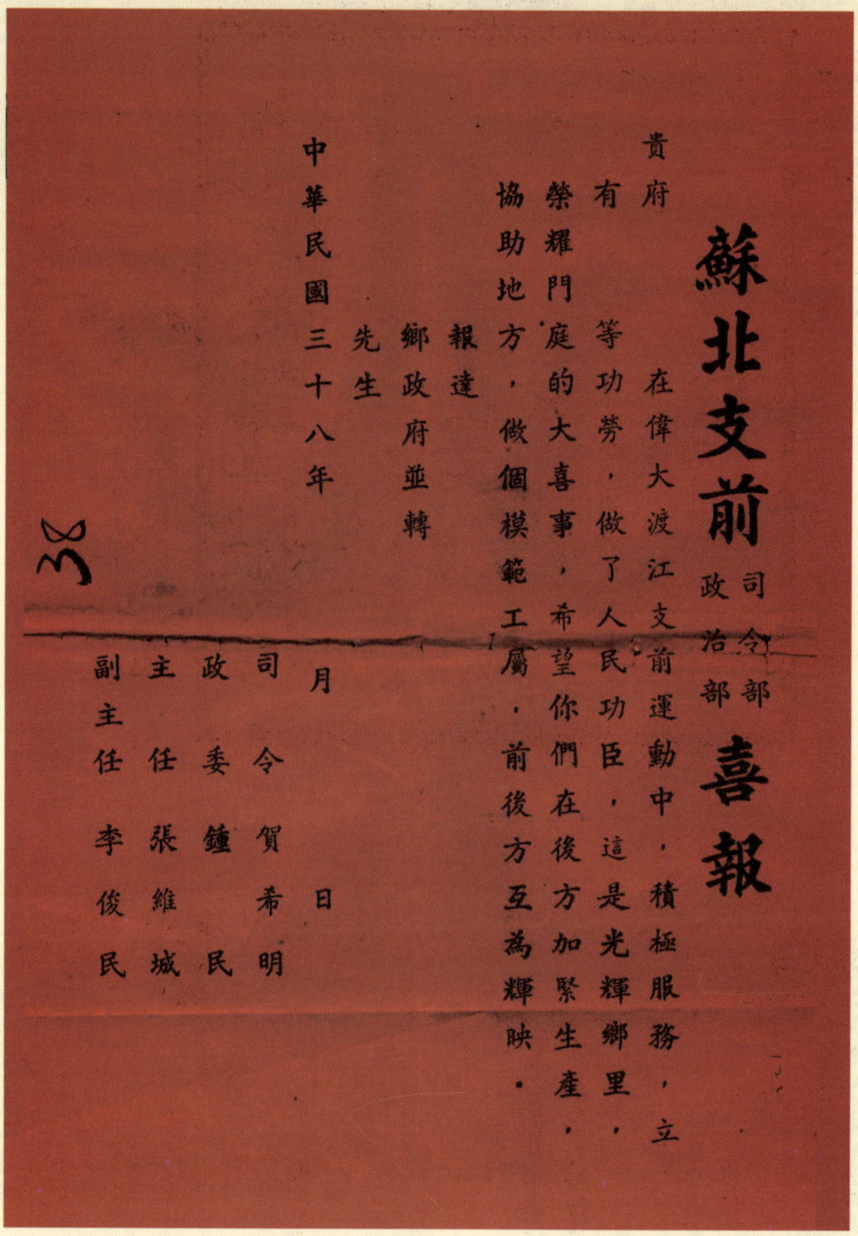

蘇北支前司令部政治部喜報

貴府

有

榮耀門庭的大喜事，希望你們在後方加緊生產，

協助地方，做個模範工屬，前後方互為輝映。

報達

鄉政府並轉

先生

中華民國三十八年　月　日

司令　賀希明

政委　鍾民

主任　張維城

副主任　李俊民

38

苏北支前司令部、政治部喜报

中华人民共和国成立后档案

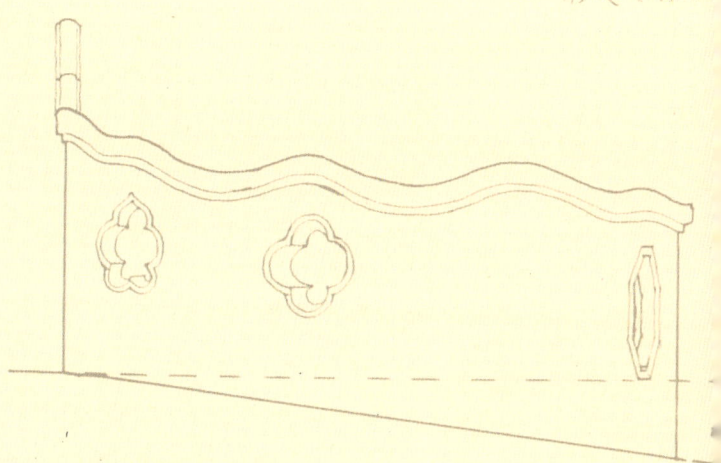

解放初期扬州城市规划档案

保管单位：扬州市城建档案馆

内容及评价：

扬州市城建档案馆藏有20世纪50至60年代扬州市城市规划档案共计10卷，包括50年代以来历次城市总体规划方案，如1957年同济大学编制的规划比较方案；1958年和1959年省建设厅修改的规划方案；南京大学和省建设厅1960年至1962年规划调整方案及1961年至1965年五年建设规划方案，均有图纸资料。

这些解放初期扬州城市规划档案，为了解和研究当时扬州城市规划发展、城市规模、城市建设布局，提供了宝贵的历史资料。

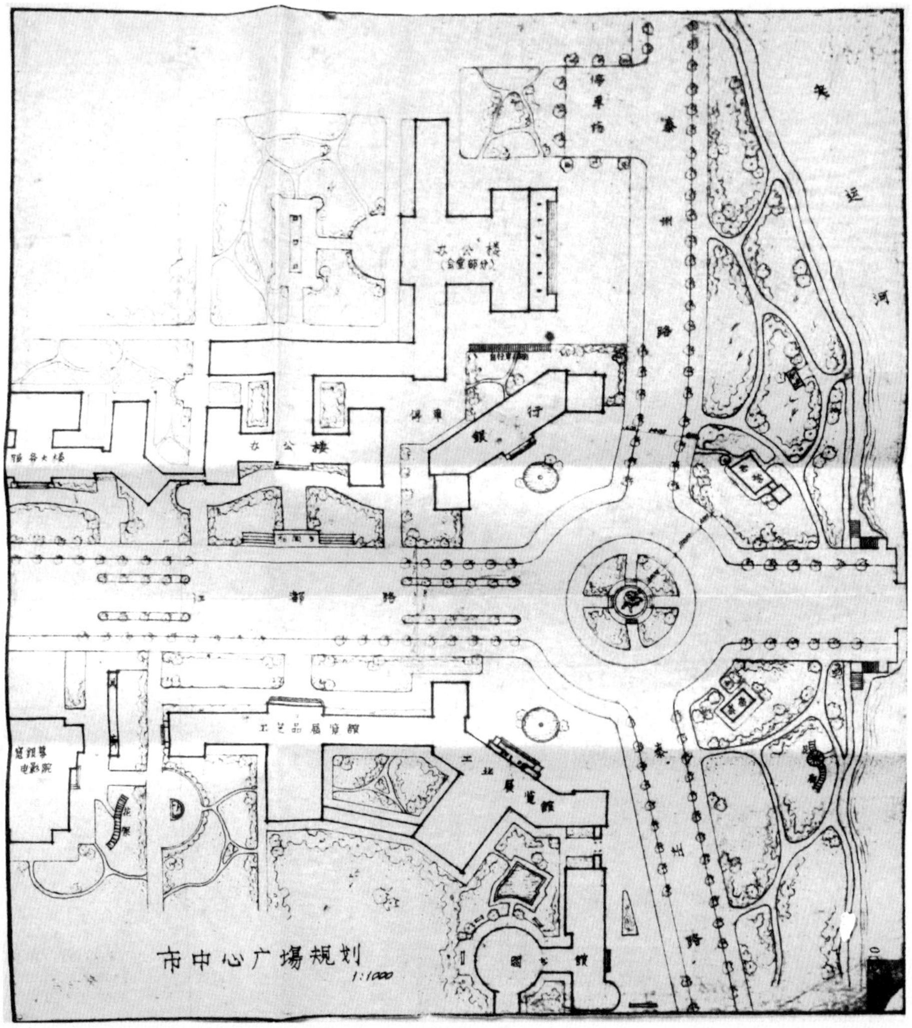

60年代绘制的市中心广场规划图

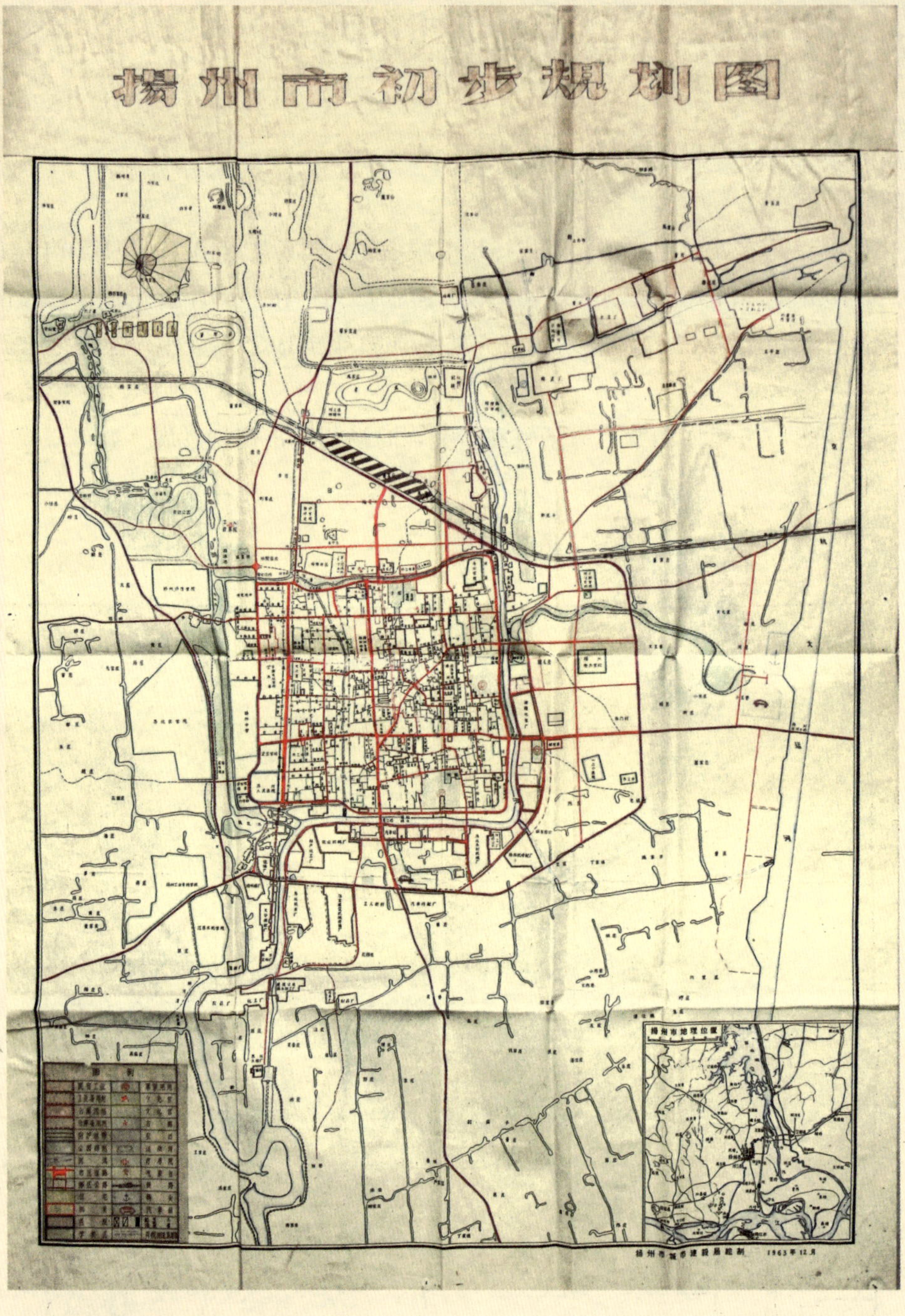

1963年绘制的扬州市初步规划图

扬州工商业社会主义改造档案

保管单位： 扬州市档案馆

内容及评价：

解放前夕到解放初，扬州工商业以私营为主。1956年，扬州基本完成对工商业的社会主义改造，香粉业、药业、文化用品业、五金业、印刷业、陶瓷业、酱品业、饮食业、钟表业、洗染业、旅社业、理发业等50个行业2500余户实行了公私合营，其中不乏富春茶社、谢馥春香粉、镜中天照相、中国照相这样的扬州老字号。这些档案详细记载有各商号的法人代表、商号地址、开设年月、出资形式、职工人数、资本情况、股东姓名等，对于研究扬州社会主义改造前扬州私营工商业情况有重要的史料价值。

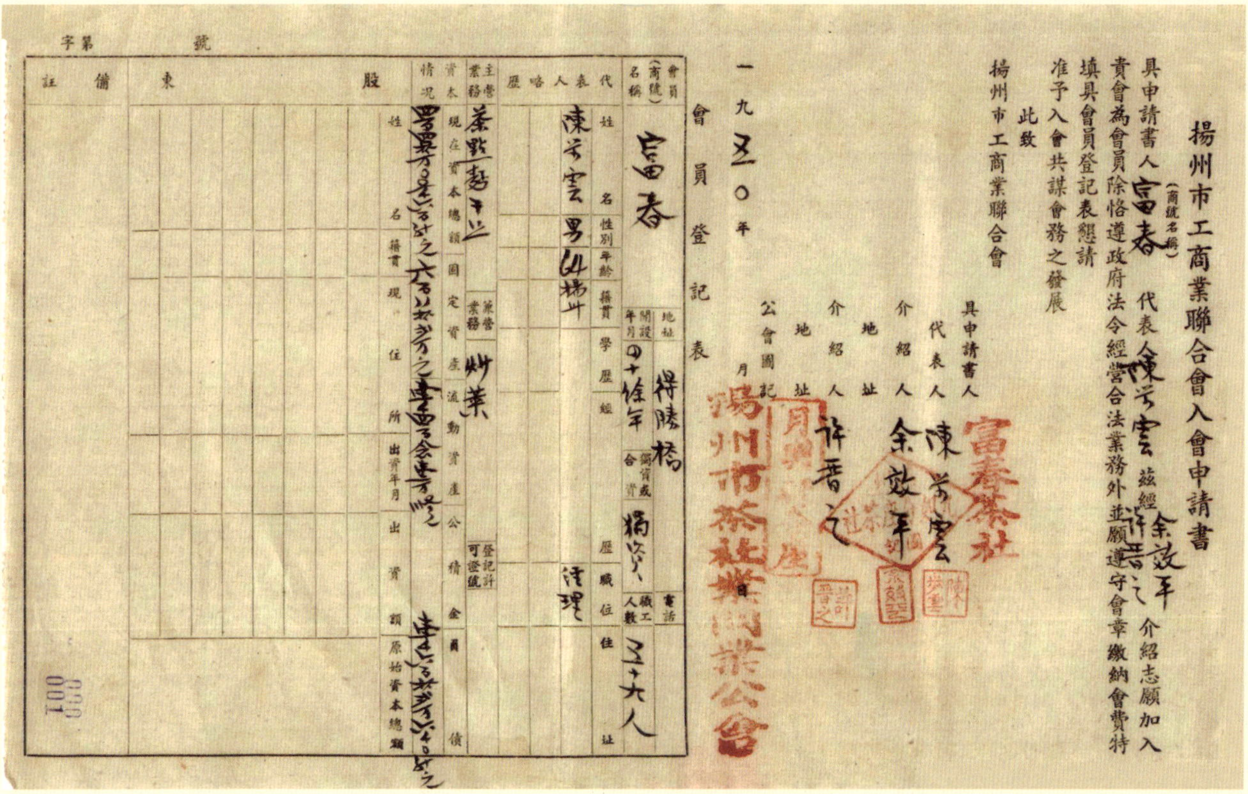
揚州市工商業聯合會入會申請書

具申請書人（商號名稱）富春 代表人陳步雲 茲經余效平、許晉之介紹志願加入貴會為會員除恪遵政府法令經營合法業務外並願遵守會章繳納會費特填具會員登記表懇請准予入會共謀會務之發展

此致

揚州市工商業聯合會

具申請書人 富春茶社
代表人 陳步雲
介紹人 余效平
地址
介紹人 許晉之
地址
公會圖記 揚州市茶社業同業公會

一九五〇年 月 日

會員登記表

會員（商號）名稱：富春

地址：得勝橋

代表人：陳步雲 男 64 揚州

開設年月：四十餘年

主營業務：茶點麵點

兼營業務：炒菜

職工人數：五十六人

富春茶社加入工商业联合会的申请书

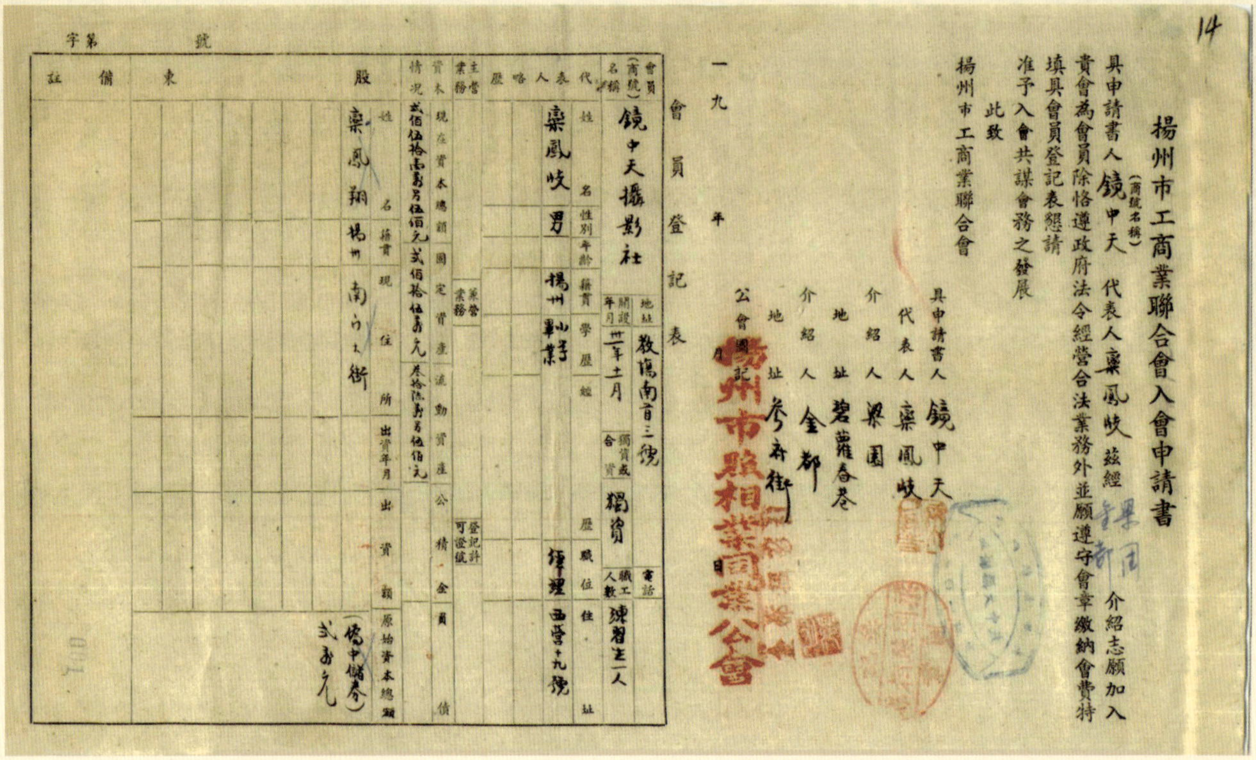
揚州市工商業聯合會入會申請書

具申請書人(商號名稱)鏡中天 代表人桑鳳岐 茲經梁園金都介紹志願加入貴會為會員除恪遵政府法令經營合法業務外並願遵守會章繳納會費特填具會員登記表懇請准予入會共謀會務之發展

此致

揚州市工商業聯合會

具申請書人 鏡中天

代表人 桑鳳岐

介紹人 梁園

地址 碧蘿春巷

介紹人 金都

地址 參府街

公會 揚州市照相業同業公會

一九 年 月 日

會員登記表

鏡中天摄影社加入工商业联合会的申请书

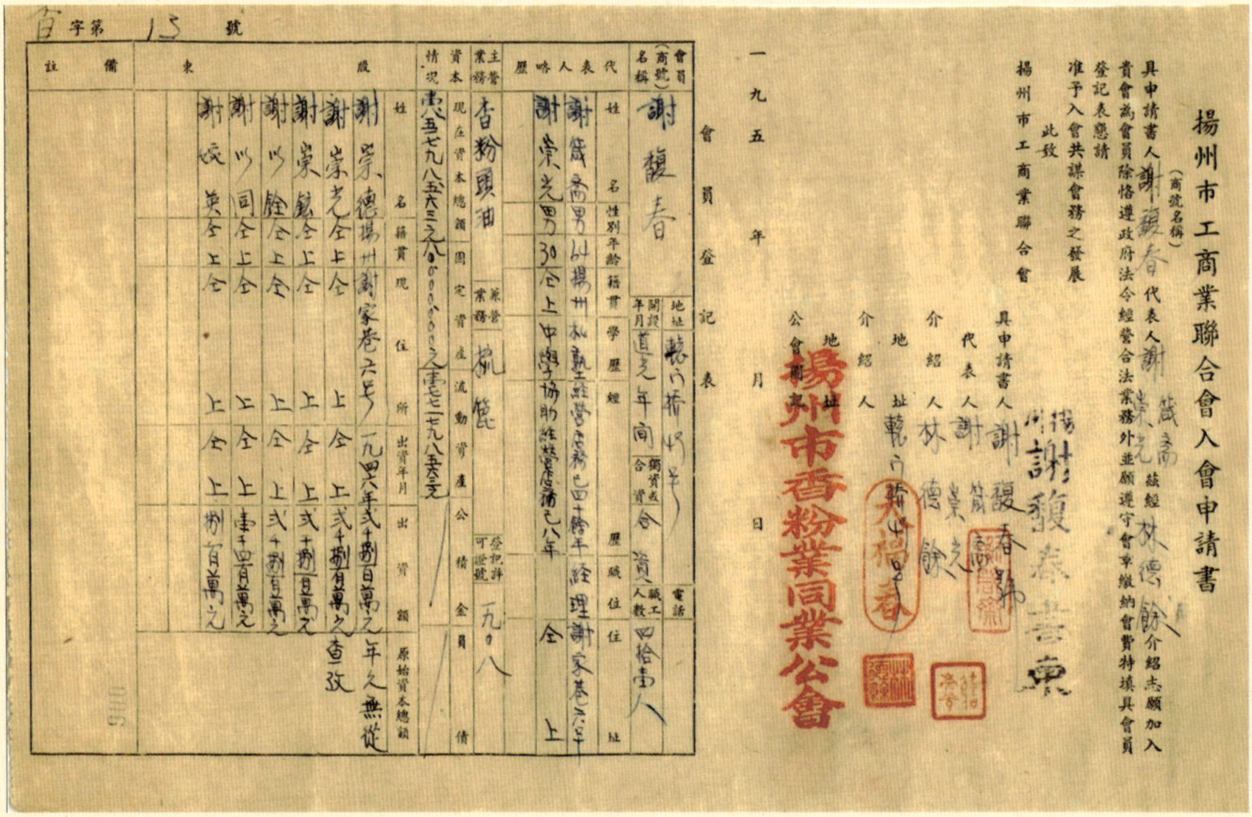
揚州市工商業聯合會入會申請書

具申請書人(商號名稱)謝馥春 代表人謝箴齋 茲經林德餘介紹志願加入貴會為會員除恪遵政府法令經營合法業務外並願遵守會章繳納會費特填具會員登記表懇請准予入會共謀會務之發展

此致

揚州市工商業聯合會

具申請書人 謝馥春

代表人 謝箴齋

介紹人 林德餘

公會 揚州市香粉業同業公會

一九五 年 月 日

會員登記表

谢馥春加入工商业联合会的申请书

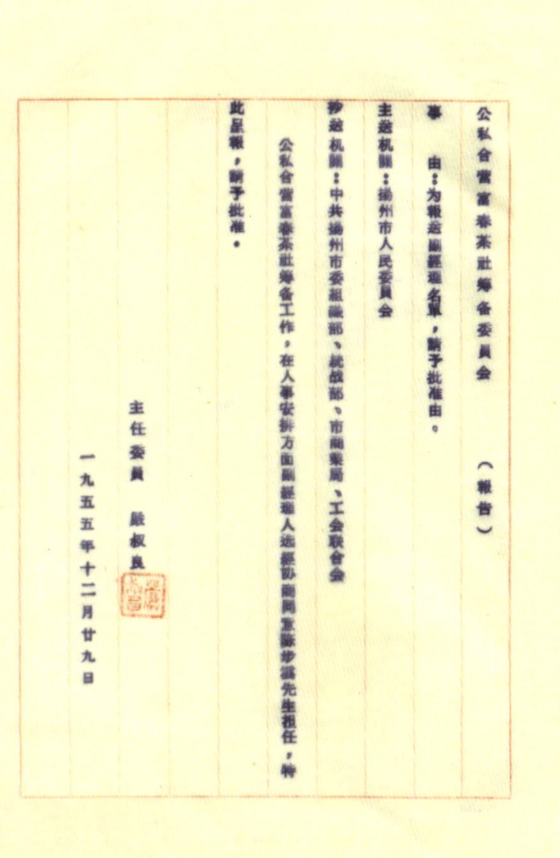

公私合营富春茶社筹备委員会　（報告）

事　由：为報送副經理名單，請予批准由。

主送机關：扬州市人民委員会

抄送机關：中共扬州市委組織部、統战部、市商業局、工会联合会

公私合营富春茶社筹备工作，在人事安排方面副經理人选經協商同意陈步云先生担任，特此呈報，請予批准。

主任委員　严叔良

一九五五年十二月廿九日

陈步云担任富春茶社副经理的文件

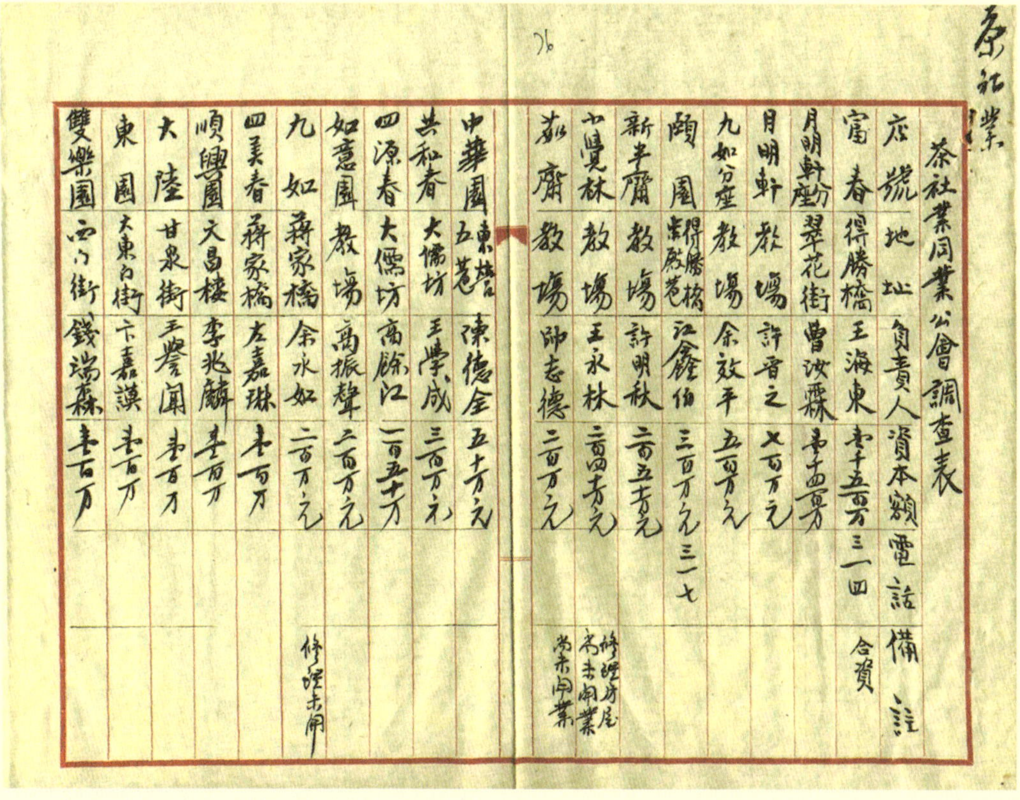

茶社業同業公會調查表

店號	地址	負責人	資本額	電話	備註
富春	得勝橋	王海東	壹千五百万	三一四	合資
月明軒分座	翠花街	曹汝霖	壹千四百万		
月明軒	教場	許香之	七百万元		
九如分座	教場	余效平	五百万元		
頤園	得勝橋崇威巷	江鑫伯	三百万元	三一七	
新半齋	教場	許明秋	二百五十万元		
小覺林	教場	王永林	二百四十万元		修理房屋尚未開業
[illegible]齋	教場	師志德	二百万元		尚未開業
中華園	東圈門五巷	陳德全	五十万元		
共和春	大儒坊	王學成	三百万元		
四源春	大儒坊	高餘江	一百五十万		
如意園	教場	高振聲	二百万元		
九如	蔣家橋	余永如	二百万元		修理未開
四美春	蔣家橋	左嘉琳	壹百万		
順興園	文昌樓	李兆麟	壹百万		
大陸	甘泉街	王譽聞	壹百万		
東園	大東門街	卞嘉謨	壹百万		
雙樂園	西門街	錢瑞森	壹百万		

扬州茶社业同业公会登记表

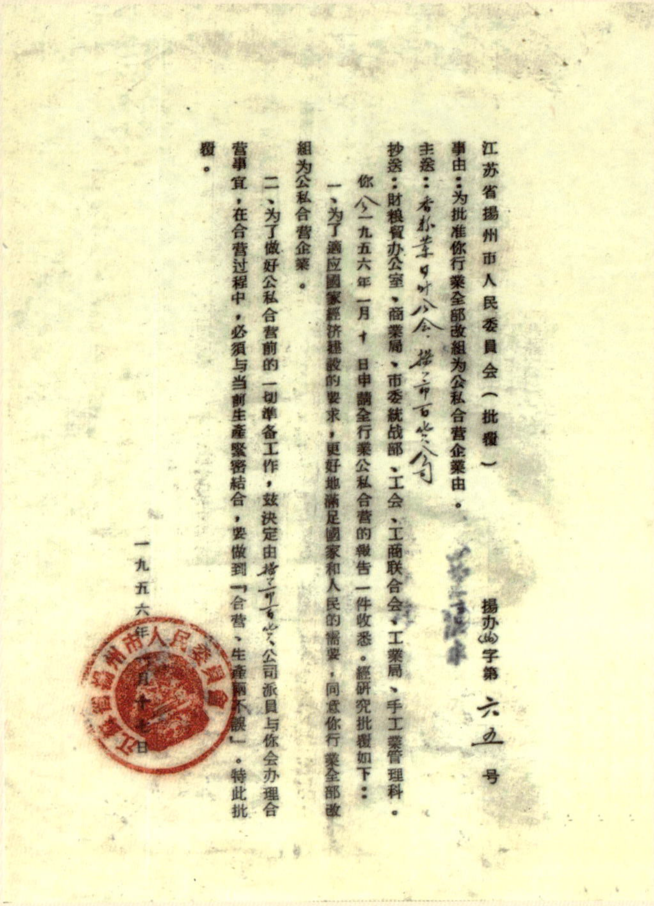

江苏省扬州市人民委员会（批覆）　　扬办㈣字第 六五 号

事由：为批准你行業全部改組为公私合营企業由。

主送：香粉業同業公会　扬市百货公司

抄送：财粮贸办公室、商業局、市委統战部、工会、工商联合会、工業局、手工業管理科。

你会一九五六年一月十日申請全行業公私合营的報告一件收悉。經研究批覆如下：

一、为了適应國家經济建設的要求，更好地滿足國家和人民的需要，同意你行業全部改組为公私合营企業。

二、为了做好公私合营前的一切準备工作，兹决定由扬市百货公司派員与你会办理合营事宜，在合营过程中，必須与当前生產緊密結合，要做到「合营、生產兩不誤」。特此批覆。

一九五六年一月十日

香粉业公私合营的批复

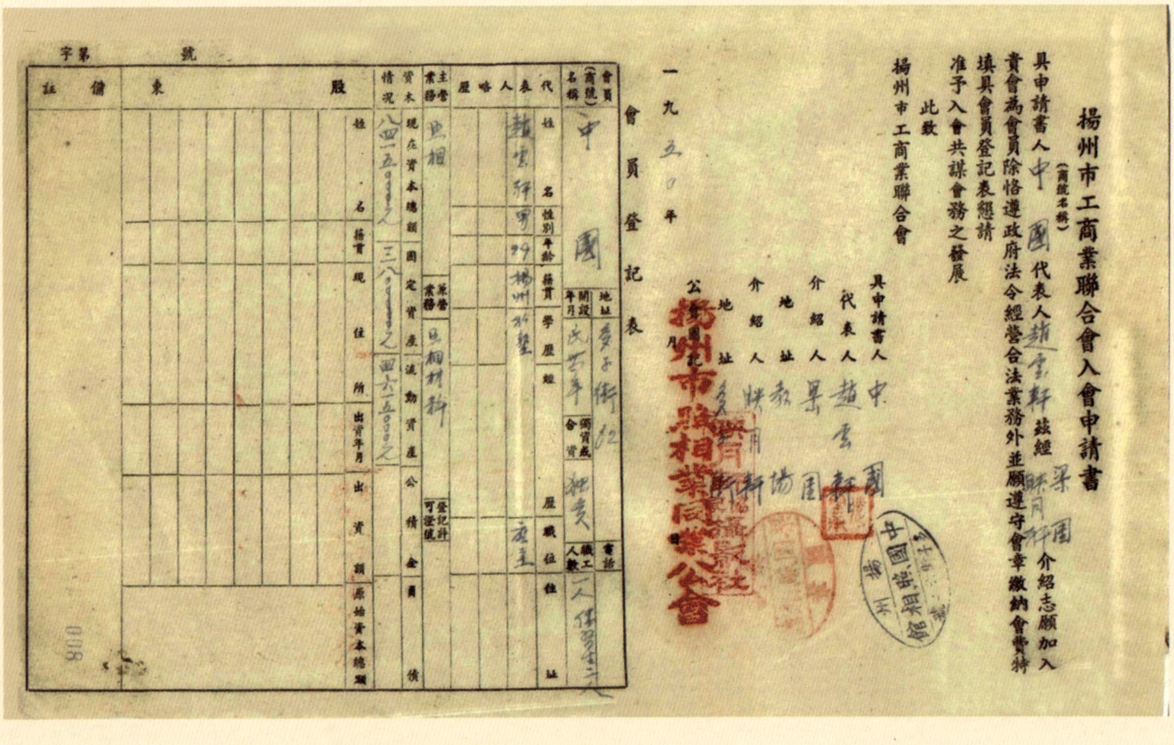

揚州市工商業聯合會入會申請書

具申請書人中國（商號名稱）代表人趙雲軒茲經瞿月軒介紹志願加入

貴會為會員除恪遵政府法令經營合法業務外並願遵守會章繳納會費特

填具會員登記表懇請

准予入會共謀會務之發展

此致

揚州市工商業聯合會

具申請書人　中國

代表人　趙雲軒

介紹人

地址

介紹人

地址

一九五〇年　月　日

會員登記表

會員名稱（商號）	中國	地址	費子街	電話	
代表人	姓名 趙雲軒	性別 男	年齡 39	籍貫 揚州	學歷 私塾
開設年月		獨資或合資	獨資	職工人數	一人
主營業務	照相	兼營業務	照相材料		

字第　號

中国照相馆加入工商业联合会的申请书

扬州古建筑档案

保管单位：扬州市城建档案馆

内容及评价：

扬州老城区东关街、南河下等历史街区有相当多的清代以来的盐商住宅、私家园林等古建筑，大多数保存完好。1961年，上海同济大学建筑系师生在陈从周教授带领下来扬州调查古建筑保存状况，先后多次测绘扬州住宅园林和传统民居，形成现状底图120多张，现存于扬州市城建档案馆。这批珍贵的古建筑档案为研究了解扬州古建筑历史状况，为扬州古城保护、古建筑修复，保持古建筑原汁原味的传统风貌提供了重要参考。

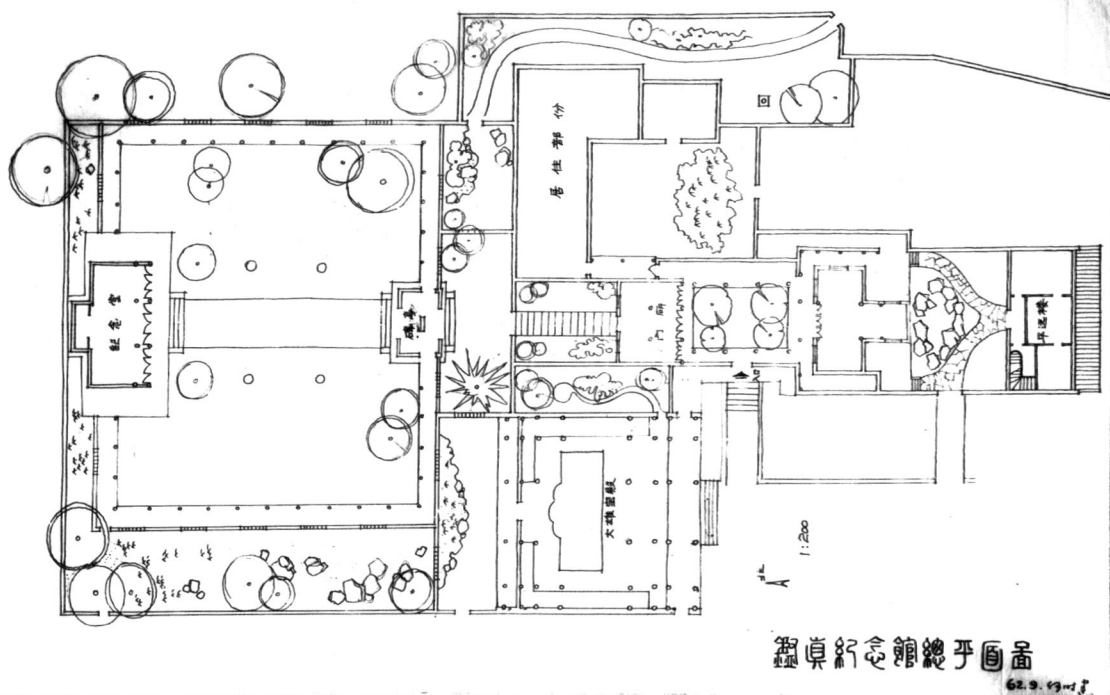

鉴真纪念馆总平面图

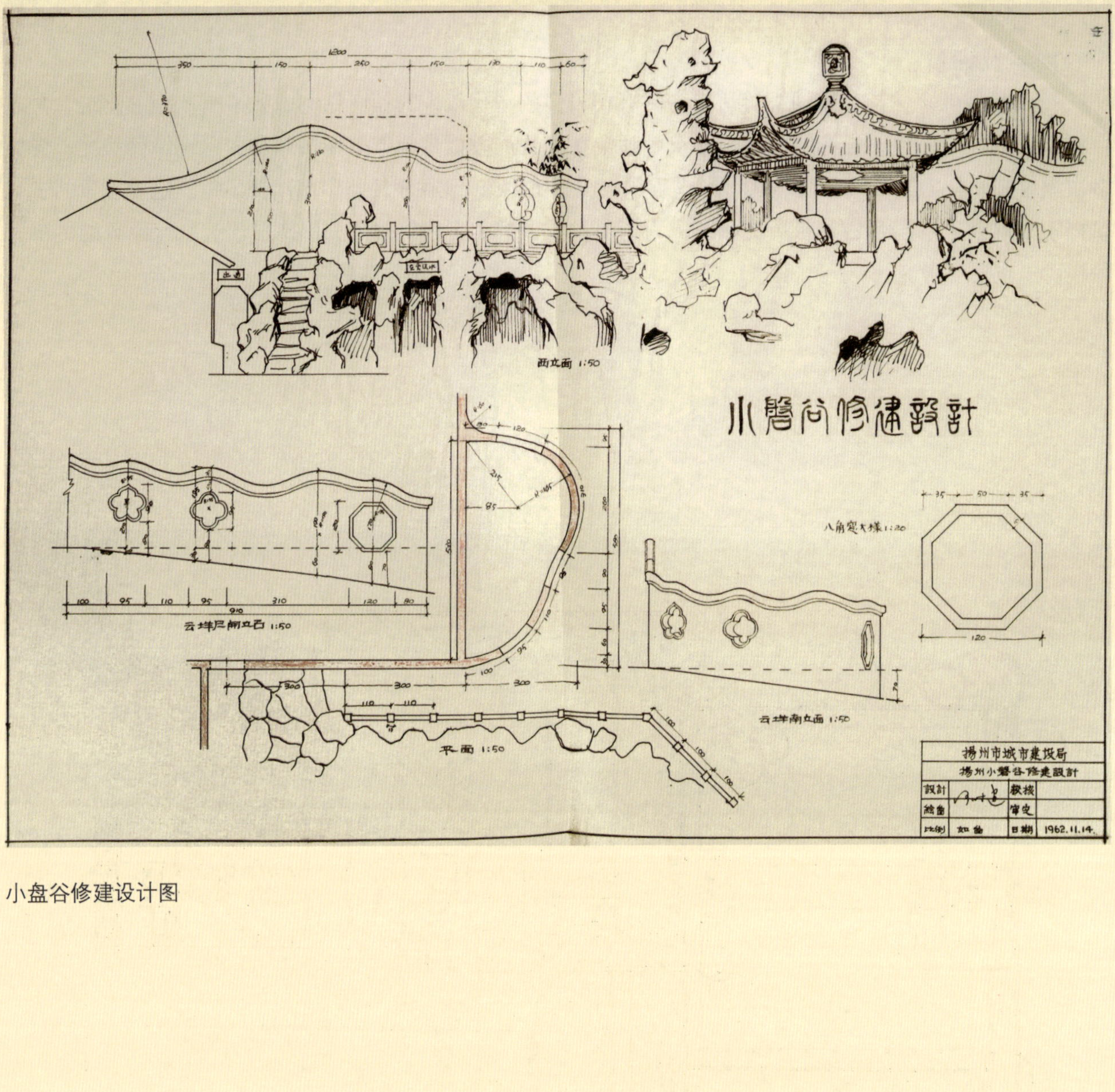
小磐谷修建設計
西立面 1:50
八角窗大樣 1:20
云墙南立面 1:50
平面 1:50
揚州市城市建設局
揚州小磐谷修建設計
設計
校核
繪圖
审定
比例 如圖
日期 1962.11.14.

小盘谷修建设计图

献给全国科学大会

阅历沧桑近古稀,
长征迈步未为迟。
神州锦绣拥花簇,
赤县光辉映党旗。
老骥伏枥千里志,
新芽超越一心齐。
空前盛会感温暖,
继往开来举大旗。

吴征镒

名人档案

Archival Undertaking in Jiangsu
中国·江苏

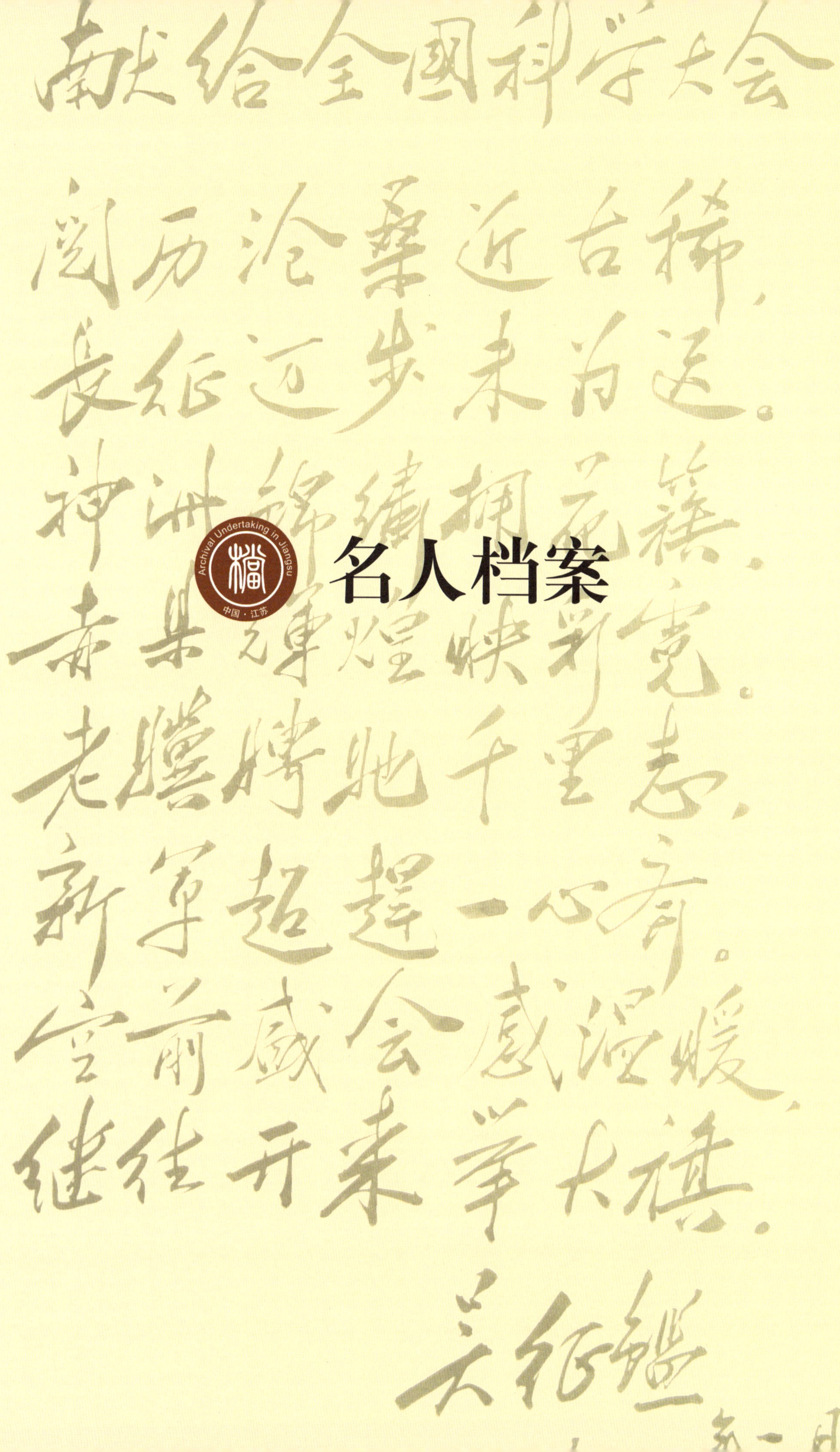

陈毅元帅为“四零烈士墓”亲笔题词手迹

保管单位：宝应县档案馆

内容及评价：

1940年11月，刘少奇、陈毅、粟裕、黄克诚等指挥了著名的曹甸战役。1957年11月，曹甸人民为纪念在曹甸战役中英勇牺牲的革命先烈，在镇东首“大泾河”，也就是1940年12月曹甸战役中新四军伤亡最惨重的地方建成了“四零烈士墓”。1958年4月，国务院副总理陈毅元帅为“四零烈士墓”亲笔题词，钟期光上将撰写了祭文。陈毅题词内容为“在曹甸战斗中英勇牺牲的先烈们，你们的革命精神，永垂不朽!我高呼曹甸的英雄们，万岁！万岁！万万岁！陈毅敬题”。

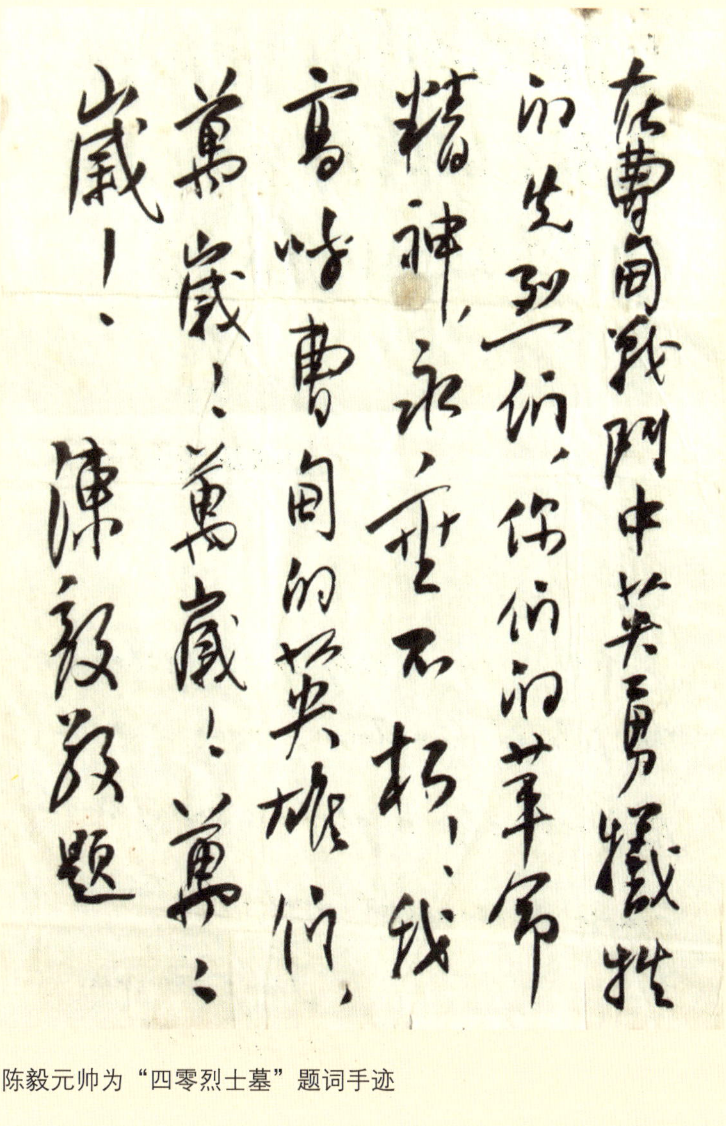

陈毅元帅为“四零烈士墓”题词手迹

江泽民同志为扬州题词

保管单位： 扬州市档案馆

内容及评价：

党和国家第三代中央领导核心江泽民同志籍贯扬州，他一直关心家乡建设与发展，从1987年以来，江泽民同志共为扬州题词30件，从“古城扬州是我的可爱的故乡，祝愿它在社会主义现代化进程中焕发出更加绚丽的青春”到“把扬州建设成为古代文化与现代文明交相辉映的名城”，从为扬州中学、扬州大学、双博馆等文化事业单位题字，到为扬州港、扬州火车站、润扬长江公路大桥、扬州泰州机场等重大工程项目题字，无不体现了江泽民同志对家乡的深情关怀和殷切期望。

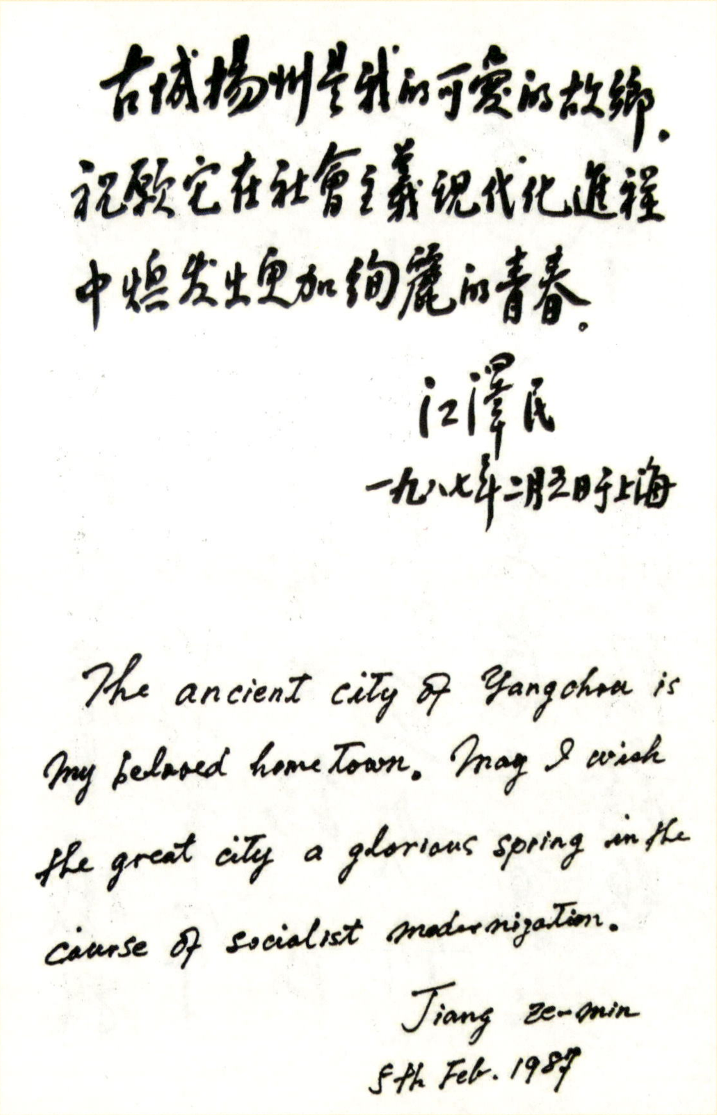
古城扬州是我的可爱的故鄉。
祝願它在社會主義現代化進程
中焕发出更加絢麗的青春。
江泽民
一九八七年二月五日于上海

The ancient city of Yangchou is
my beloved hometown. May I wish
the great city a glorious spring in the
course of socialist modernization.
Jiang Ze-min
5th Feb. 1987

江泽民题词

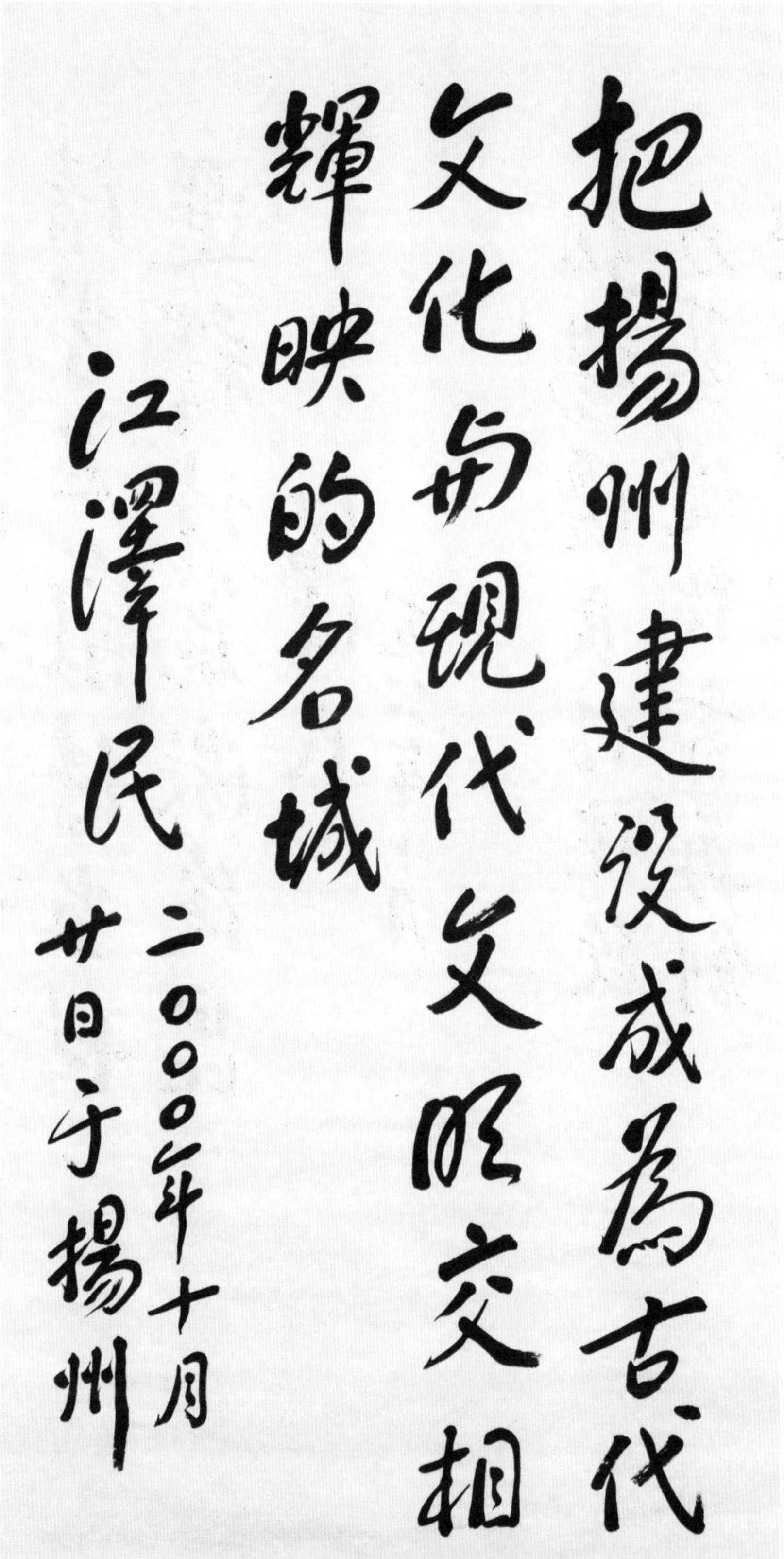
把揚州建設成為古代
文化與現代文明交相
輝映的名城
江澤民
二〇〇〇年十月
廿日于揚州

江泽民题词

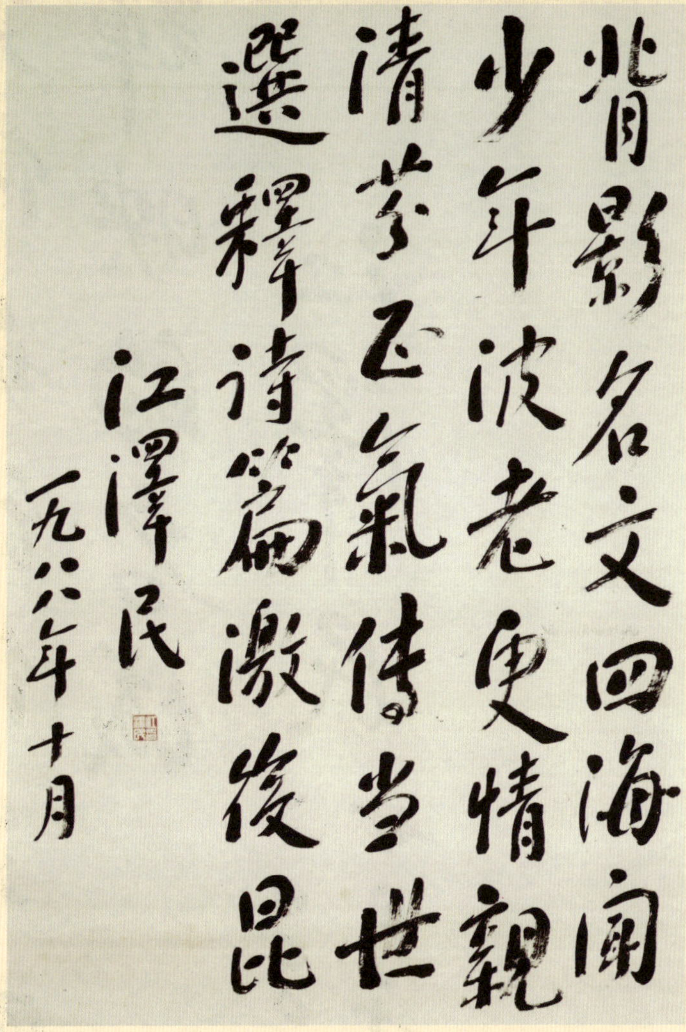
背影名文四海闻
少年波老更情亲
清芬正气传当世
选释诗篇激后昆
江泽民
一九八八年十月

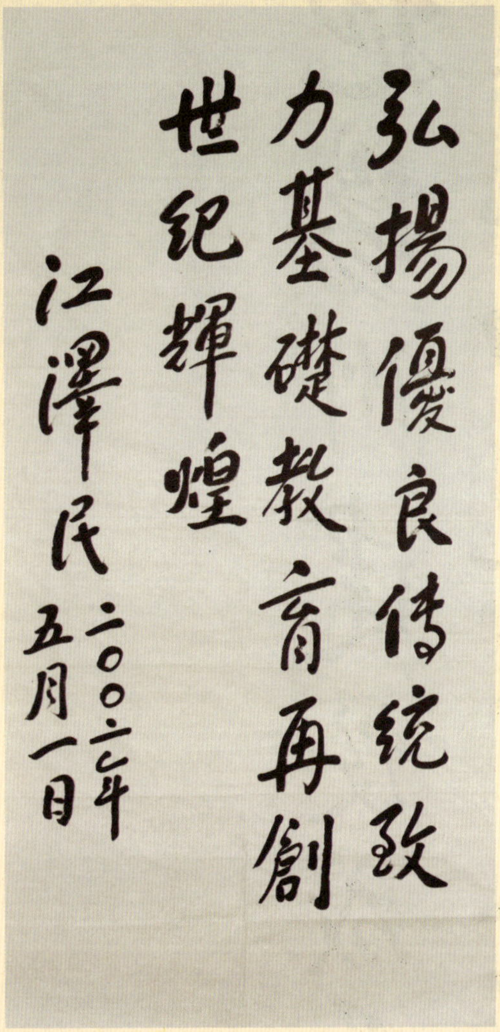
弘扬优良传统致
力基础教育再创
世纪辉煌
江泽民
二〇〇二年
五月一日

江泽民题词

任中敏教授著作及手迹

保管单位： 扬州大学档案馆

内容及评价：

任中敏（1897~1991），名讷，字中敏，江苏扬州人，著名词曲学家、戏剧理论家、中国散曲学开创者和奠基人、唐代音乐文艺研究一代宗师。1918年考取北京大学国文系，师从著名词学大师吴梅，攻习宋词和金元散曲。1920年毕业后，先后执教于扬州中学、复旦大学、四川大学、上海大学、广东大学。1930年任镇江中学校长。1937年参与创办汉民中学，其间，因日寇侵华，率师生西迁至桂林，历尽艰辛。1951年任四川大学教授。1980年回到故乡扬州，任扬州师范学院教授、词曲研究室主任、中国古代文化研究所名誉所长。1981年经国务院批准为首批博士研究生导师。任中敏毕生从事学术和教育事业。早在二三十年代便以《新曲苑》24种、《散曲丛刊》15种、《词曲通义》等传世之作而成为饮誉海内外的词曲学大师和近代散曲研究奠基人之一。解放后数十年，精心研究，开拓了唐代音乐文艺研究的广阔领域，主要著作有《唐戏弄》《唐声诗》《敦煌歌辞总编》《唐杂言》《优语集》《隋唐五代燕乐杂言歌辞集》等。1984年《唐戏弄》获“第一届全国戏剧理论著作奖荣誉奖”； 1984年、1987年、1990年连续三届荣获“江苏省哲学社会科学优秀成果荣誉奖”；1990年《隋唐五代燕乐杂言歌辞》获“第五届中国图书奖荣誉奖”；1991年荣享国务院颁发的“为发展中国高等教育事业做出贡献”政府特殊津贴。

扬州大学档案馆藏有任中敏的系列著作，以及任中敏与国内知名学者探讨学术问题的往来信函，建立了较为系统全面的名人档案。

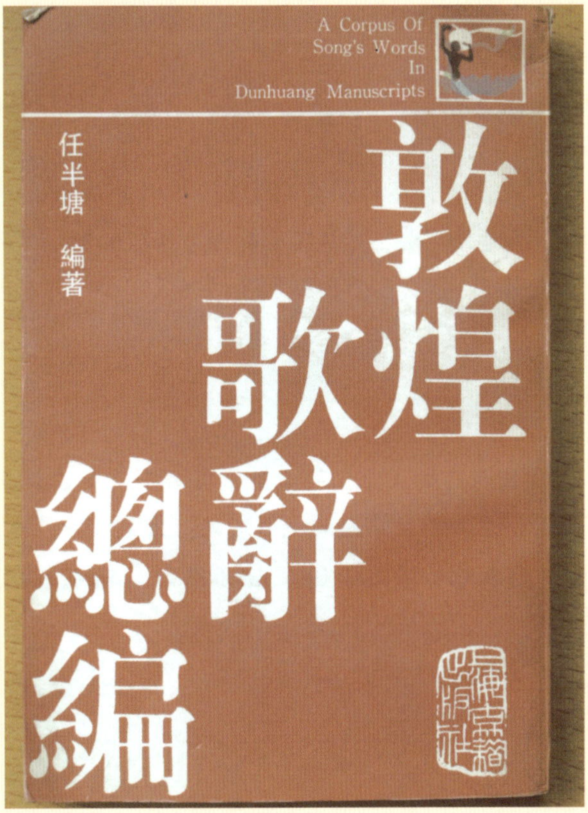

1987年上海古籍出版社出版的《敦煌歌辞总编》

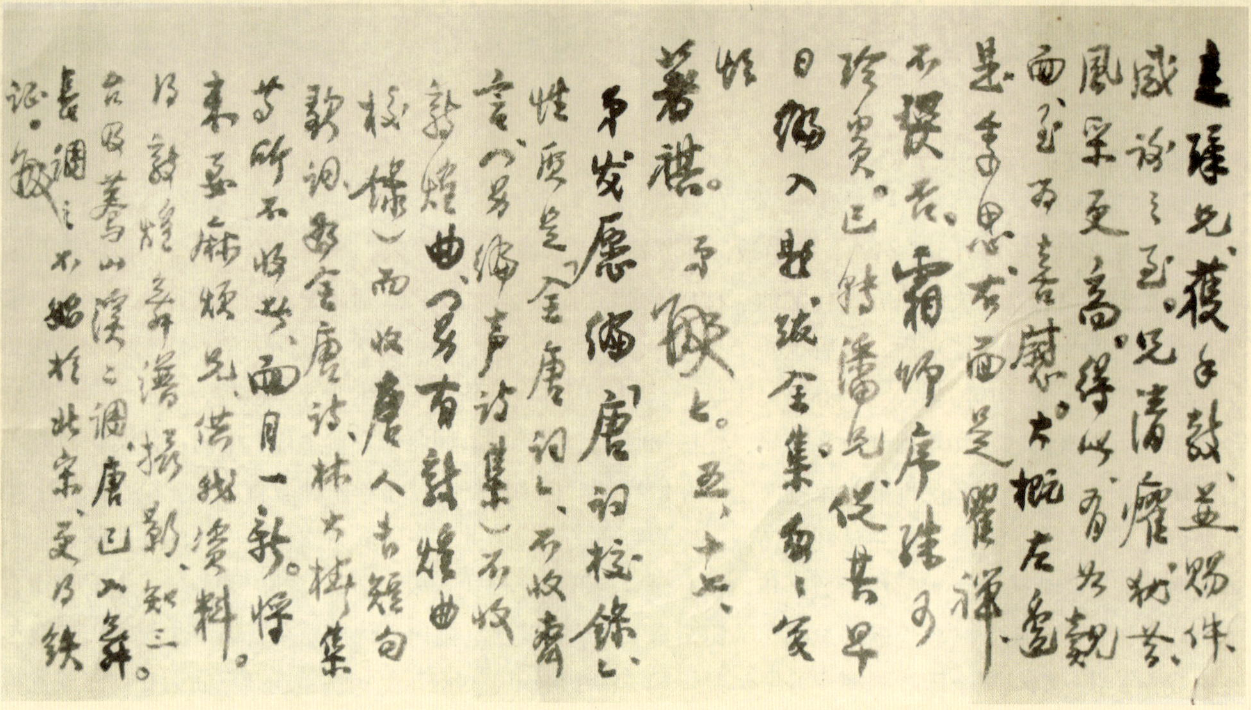

任中敏写给唐圭璋讨论学术问题的信函

全文：

圭璋兄：

获手教并赐件，感谢之至。兄清癯犹昔，风采更高。得此，有如觌面，至为喜慰。大概左边是季思，右边是瞿禅，不误否。霜师序殊可珍贵，已转潘兄，促其早日编入题跋全集，匆匆复颂

著祺

弟敏 上

五.十七

弟发愿编《唐词校录》，性质是《全唐词》，不收齐言，（另编声诗集）不收敦煌曲，（另有敦煌曲校录）而收唐人长短句歌词，为全唐诗，林大椿集等所不收者，面目一新。将来要麻烦兄，供我资料。得敦煌舞谱摄影，知三台及蓦山溪二调，唐已入舞。长调之不始于北宋，更得铁证。

敏

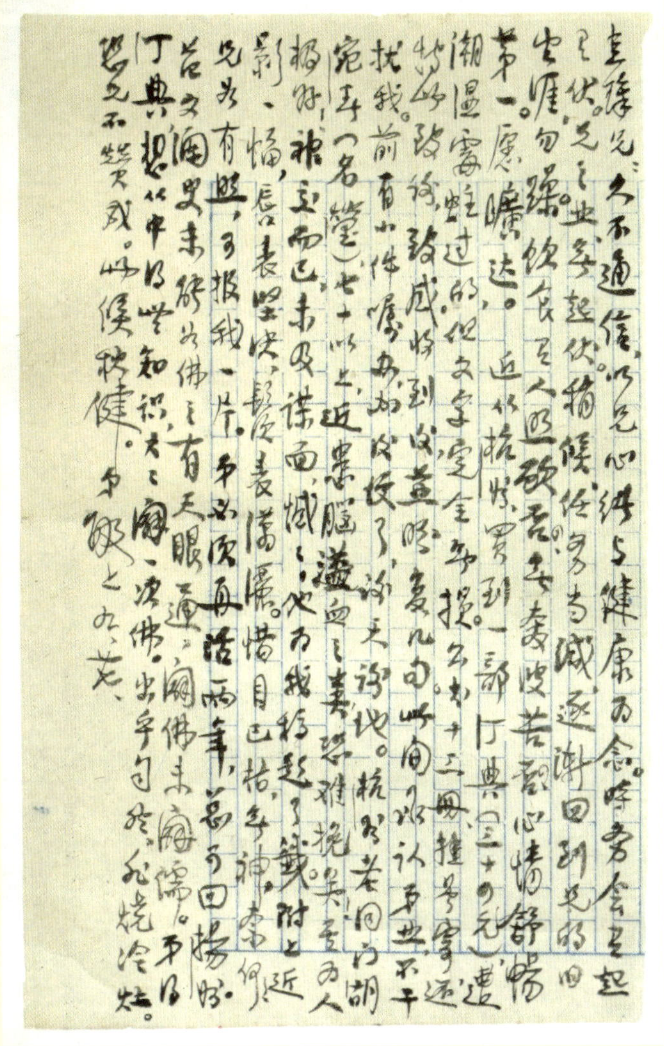

任中敏写给唐圭璋讨论学术问题的信函

全文：

圭璋兄：

久不通信，以兄心绪与健康为念。时务会有起有伏。兄之业，无起伏。稍候，任务当减，逐渐回到兄的旧生涯，勿躁。饮食有人照顾否？无奔波苦否？心情舒畅第一。愿旷达。近从杭州买到一部丁典（三十四元），遭潮湿霉蛀过的，但文字完全无损。公书十三册，挂号寄还，特此致谢、致感。收到后并盼复几句。此间承认弟业，不干扰我。前有小件嘱办，办后便了，谢天谢地。杭州老同门胡宛春（名莹），七十以上，近患脑溢血之类，恐难挽矣！其为人极好！神交而已，未及谋臣［面］，憾憾，他为我稿题了签。附上近影一幅，唇表坚决，须表潇洒。惜目已枯，无神，奈何！兄如有照，可报我一片。弟必须再活两年，总可回扬州。范文澜史未能如佛之有天眼通，拜佛未拜儒。弟得丁典，想从中得些知识，大大拜一次佛。出乎自然了，非烧冷灶。恐兄不赞成。此候秋健。

弟敏 上

九．二十七

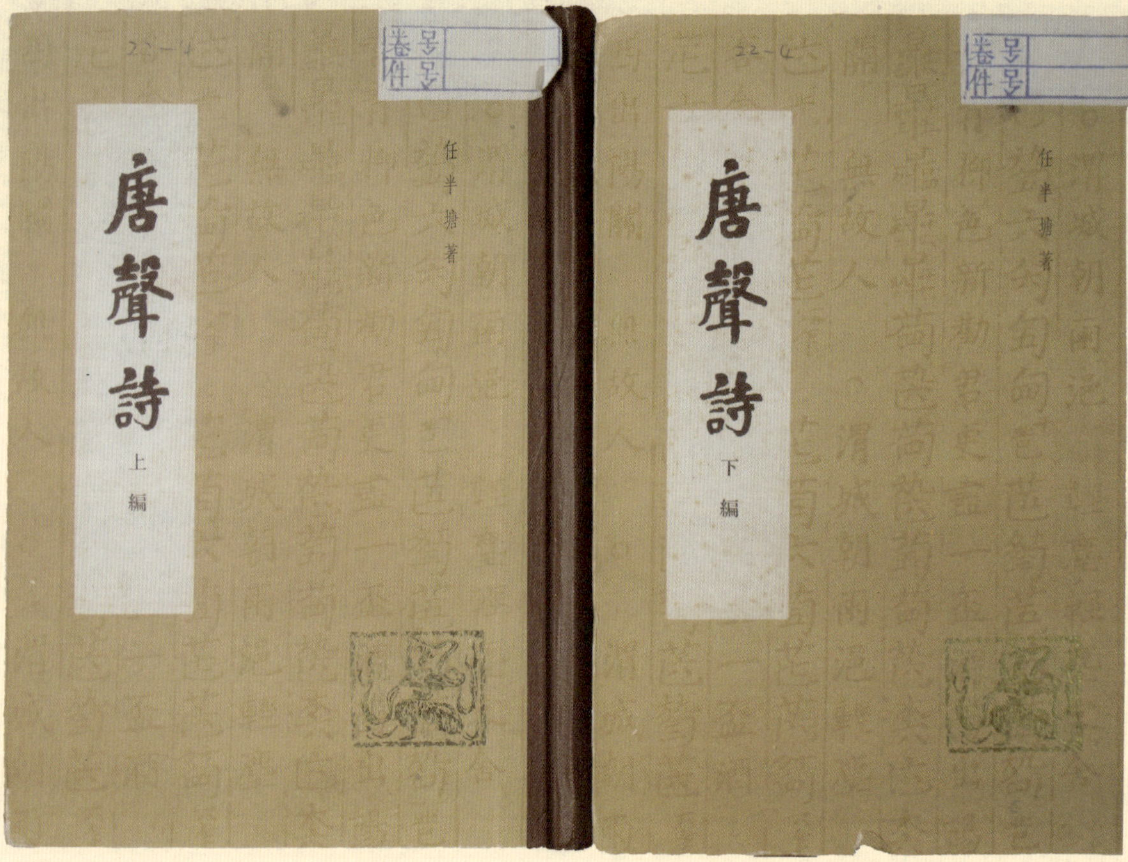

1982年上海古籍出版社出版的《唐声诗》

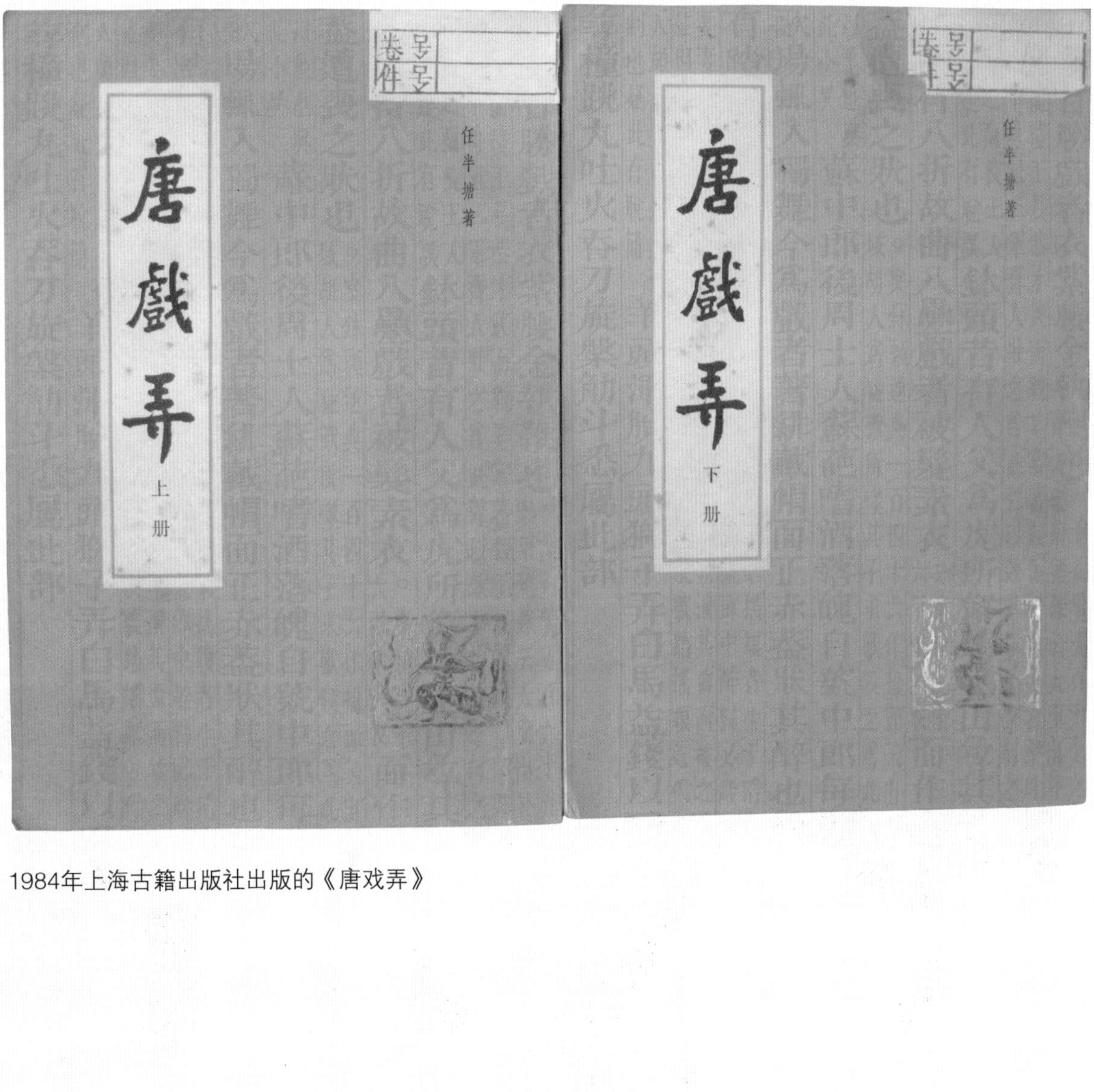

1984年上海古籍出版社出版的《唐戏弄》

张爱萍将军在方巷“社教”图片档案

保管单位： 扬州市档案馆

内容及评价：

1965年9月2日至1966年4月27日，国务院原副总理、国防部长、中国人民解放军副总参谋长张爱萍上将在邗江县方巷大队开展社教蹲点工作，他大兴学习之风，亲自授课，帮助农民扫盲识字，组织群众学习“老三篇”；与当地农民同甘共苦，同吃同住同劳动；支持农村兴修水利，植树造林，发展经济，脱贫致富，形成了享誉全国的“方巷经验”，先后有26 个省、市约16万人次前来参观学习，其规模宏大，盛况空前，影响深远。近年来，扬州市档案馆致力于张爱萍将军社教档案的征集，已征集进馆社教图片近二百幅，这些图片反映了张爱萍在方巷蹲点社教的真实情况。

在田头休息时间，张爱萍亲自授课学习毛主席语录。

春节期间，张爱萍为群众写春联。

张爱萍带领群众深入田间挖水渠

张爱萍夫人李又兰（左一）与群众一起参加脱粒

张爱萍为参加水利建设的解放军指战员介绍情况

张爱萍与参加党员、贫协、人民代表大会的代表合影

张爱萍倡导将《老三篇》等课本随身携带

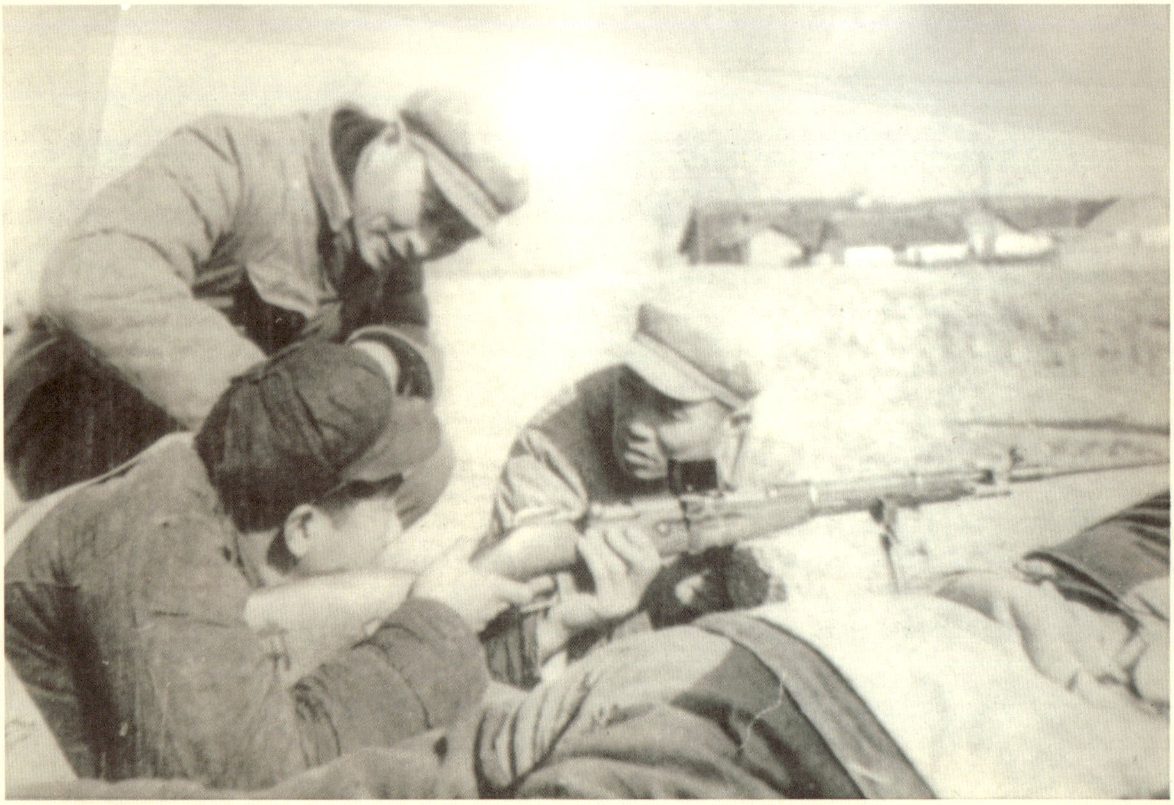

张爱萍指导民兵打靶

“吴氏四杰”档案

保管单位：扬州市档案馆

内容及评价：

近年来，扬州市档案馆致力于院士档案的征集和整理，以扬州吴道台后人，在文化、科技领域颇有影响的“吴氏四杰”吴白匋、吴征鉴、吴征铠、吴征镒的个人档案尤为珍贵。

吴白匋为我国著名剧作家、南京大学中文系教授，其一生治学不厌，博识多闻，于文学、史学、艺术学、考古学、文字学、文物鉴定诸领域，均有很高造诣。吴征鉴是我国著名预防医学家，曾任中国医学科学院副院长、国家科委预防医学专业组副组长、卫生部医学科学委员会常委、中华医学会理事等，他毕生致力于人体寄生虫病的防治研究，确定了中华白蛉是我国黑热病的主要传播媒介，为我国基本消灭黑热病作出了重大贡献。吴征铠为我国著名物理化学家、放射化学家和化学教育家，我国铀扩散浓缩事业、放射化学、分子光谱学的奠基者之一，中国科学院资深院士。吴征镒为我国著名的具有国际声誉的植物学家，中国科学院资深院士，获2007年中国国家最高科学技术奖。

扬州市档案馆征集了吴白匋的剧本手稿、诗词手稿、书法手迹、工作笔记，还有林散之、程千帆、冯其庸等与其往来信札，吴白匋使用的金石印章、文具以及各种纪念证章、挽联等，计138件。馆藏大量

1956年6月14日，中共中央领导人接见并与参加拟制全国长期科学规划工作的科学家合影。

有关吴征鉴的档案资料，其中包括吴征鉴生前研究黑热病撰写的书籍；有关黑热病研究的珍贵原版照片153张；参加毛主席逝世一周年及毛主席纪念堂落成典礼大会的出席证，以及上世纪70年代末参加全国科学大会的代表证等珍贵证件，各类手稿原件等档案资料223件。馆藏已故院士吴征铠的诗词手稿原件数份。此外，扬州市档案馆还为97岁高龄的吴征镒院士录制了声像档案，征集了吴征镒多种著作以及数件影像档案等。

这些档案资料不仅反映了“吴氏四杰”在各自领域的突出成就，更反映了扬州深厚的文化底蕴对其成长的作用和影响，对激励教育后人，继承和发展扬州优良文化传统有着十分重要的意义。

学规划工作的科学家合影 1956.6.14.

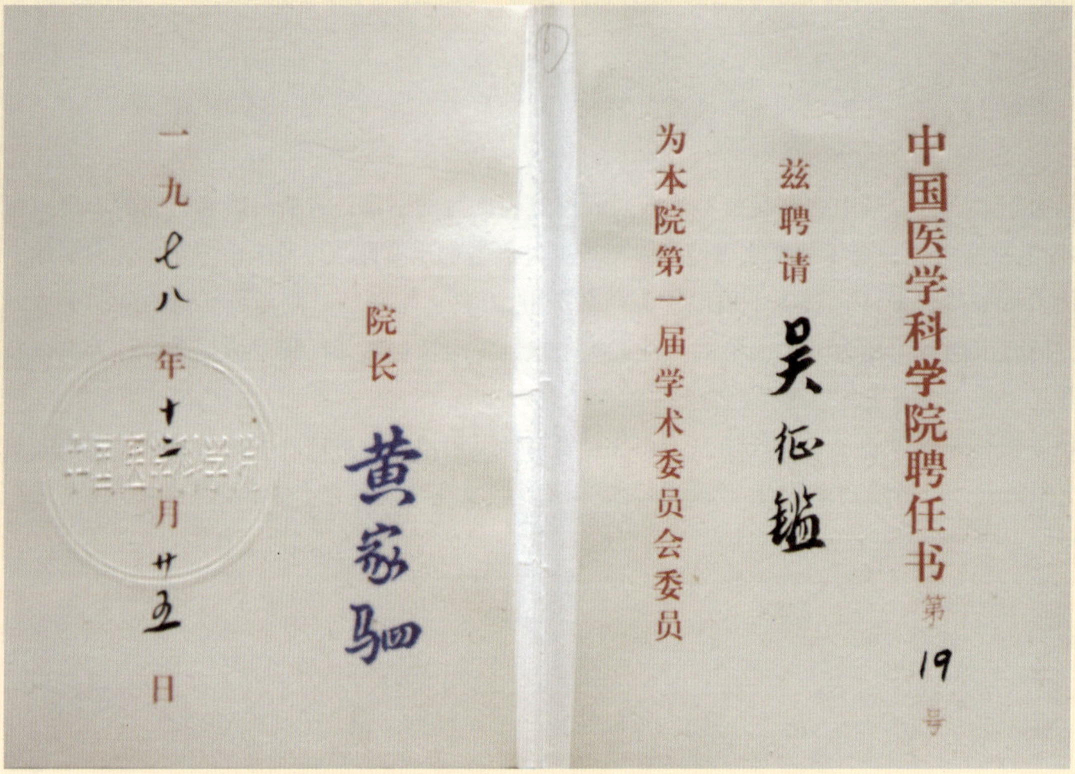
中国医学科学院聘任书 第19号

兹聘请吴征鉴

为本院第一届学术委员会委员

院长 黄家驷

一九七八年十二月廿五日

1978年12月25日，中国医学科学院聘请吴征鉴为该院第一届学术委员会委员聘书。

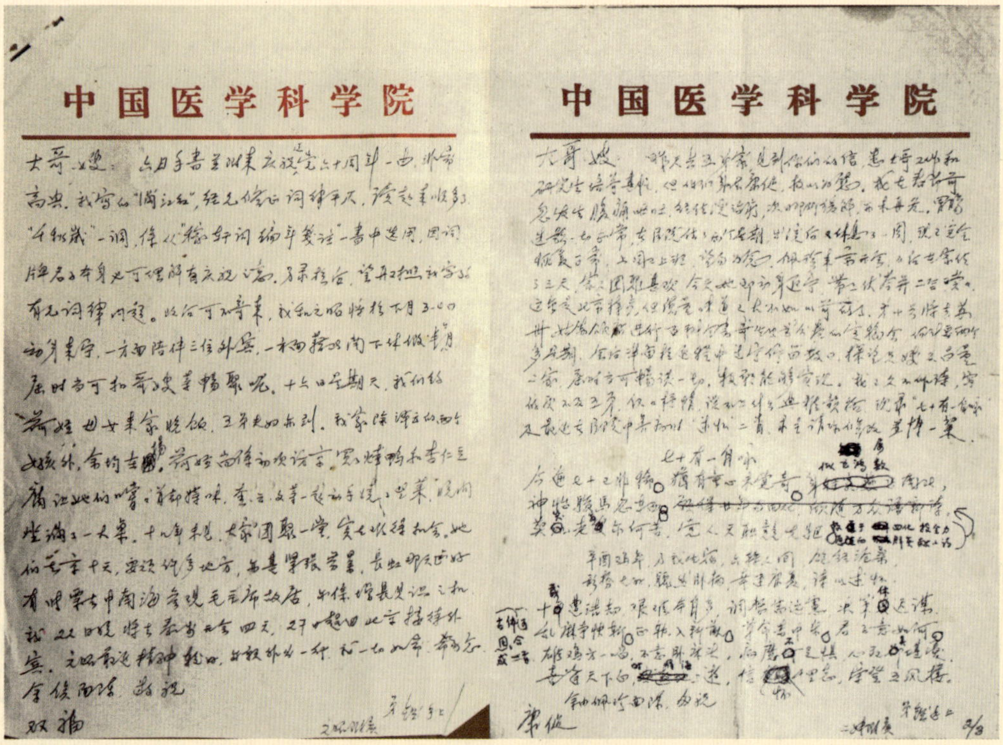
中国医学科学院

中国医学科学院

吴征鉴写给兄长吴白匋的信件

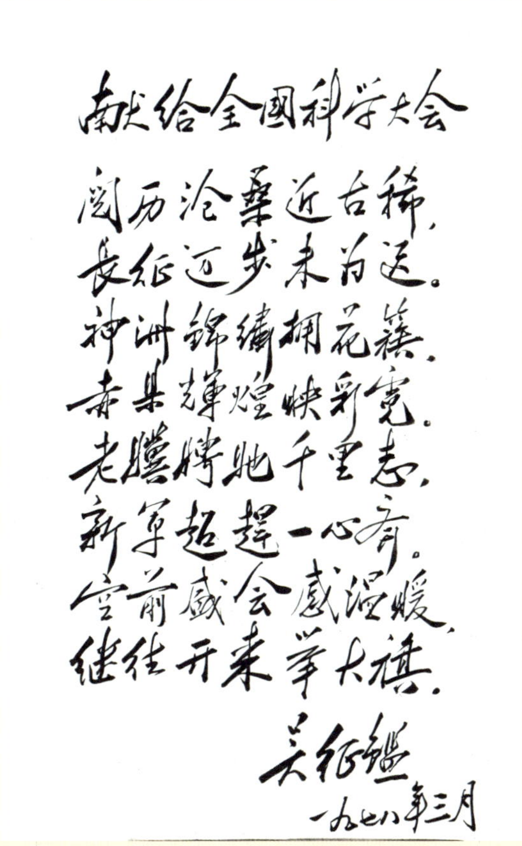
献给全国科学大会

阅历沧桑近古稀，
长征迈步未为迟。
神州锦绣拥花簇，
赤县辉煌映彩霓。
老骥腾驰千里志，
新军超越一心齐。
空前盛会感温暖，
继往开来举大旗。

吴征鉴
一九七八年三月

吴征鉴献给科学技术大会诗词原件

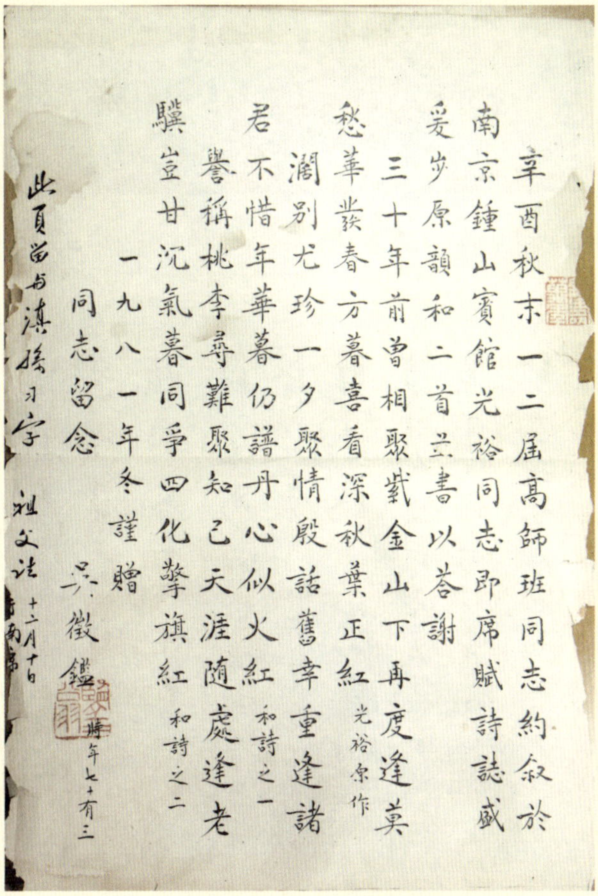
辛酉秋末一二届高師班同志約叙於南京鍾山賓館光裕同志即席賦詩誌盛爰步原韻和二首並書以答謝

三十年前曾相聚紫金山下再度逢莫愁華裳春方暮喜看深秋葉正紅 光裕原作

濶别尤珍一夕聚情殷話舊幸重逢諸君不惜年華暮仍譜丹心似火紅 和詩之一

譽稱桃李尋難聚知己天涯隨處逢老驥豈甘沉氣暮同爭四化擎旗紅 和詩之二

同志留念

一九八一年冬 謹贈 吳徵鑑 時年七十有三

吴征鉴诗词手稿

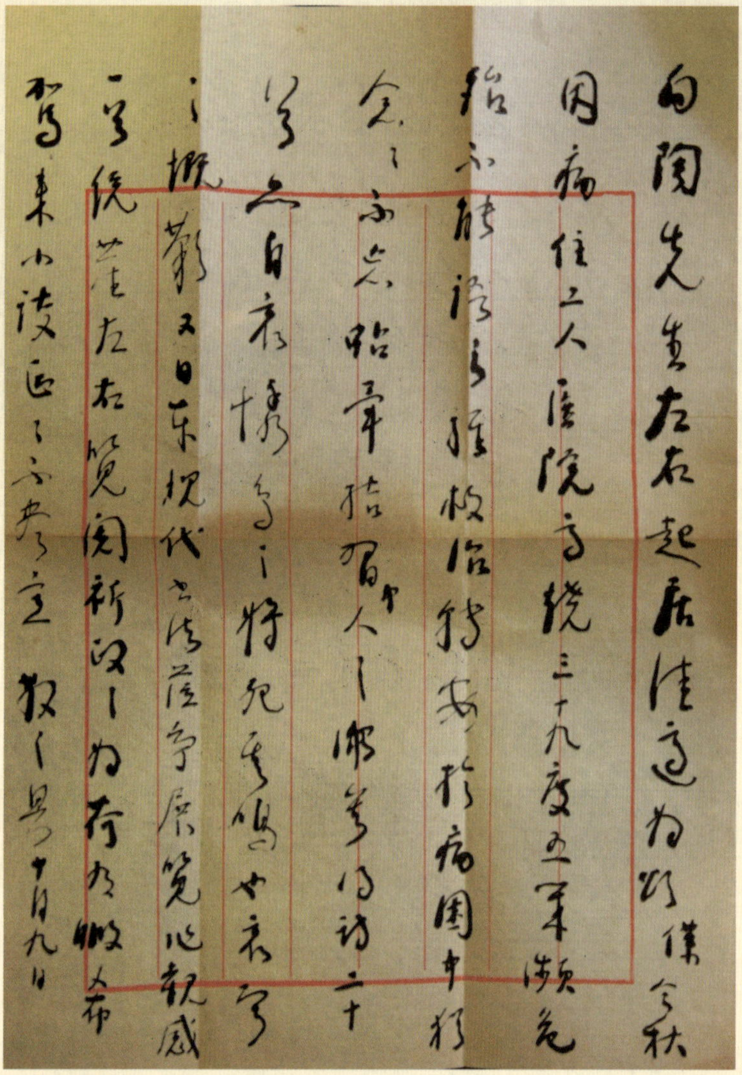

林散之与吴白匋的往来信札

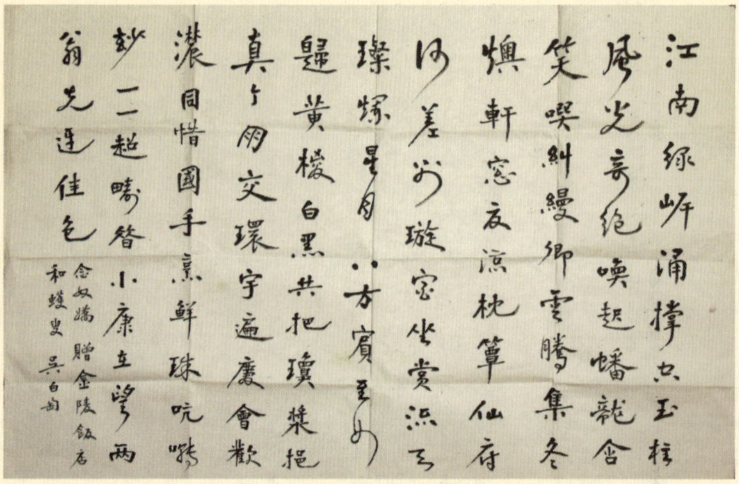

吴白匋书法作品

吴白匋常用印

吴白匋工作笔记

吴氏三兄弟，左起：吴征鉴、吴征鉴夫人、吴征铠、吴征镒。

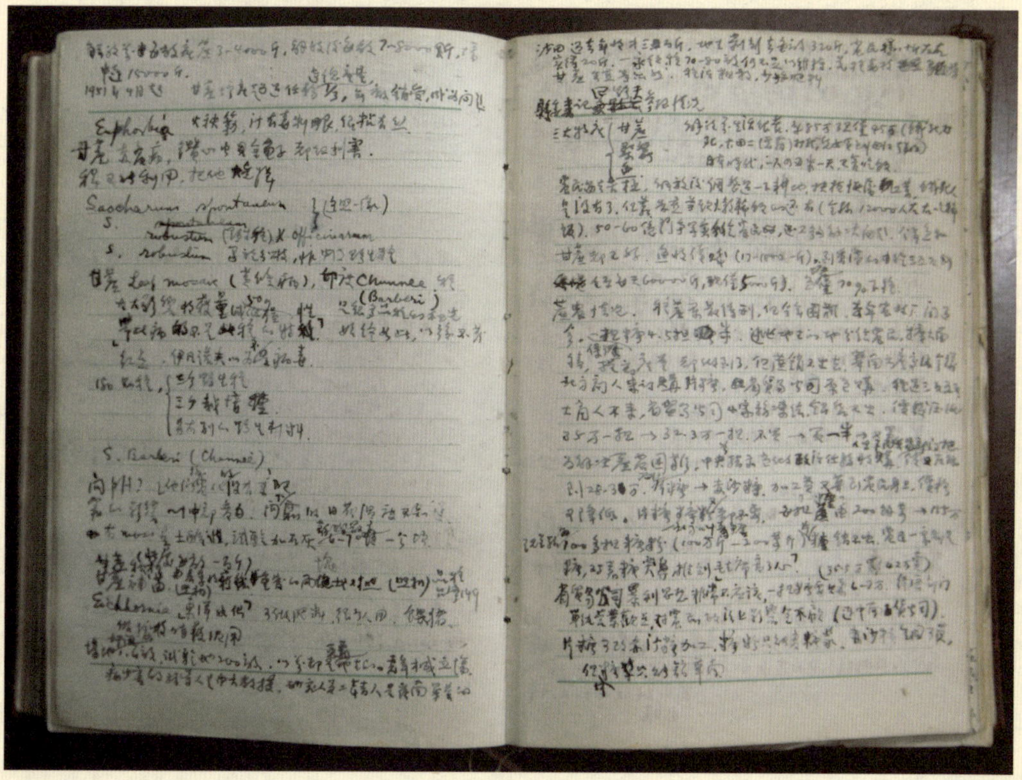

吴征镒院士50年代的笔记本

星云大师档案

保管单位：扬州市江都区档案馆

内容及评价：

星云大师，生于1927年，江苏省扬州市江都区仙女镇人，俗名李国深，为禅门临济宗第48代传人。1938年于南京栖霞山寺礼拜宜兴大觉寺志开上人，披剃出家，1949年到台湾，1967年于高雄开创佛光山，任佛光山第一、二、三任住持，致力研究与推动“人间佛教”。星云大师出家70余年，陆续于全球各地创建200余所道场、16所佛教学院、22所美术馆、26所图书馆及出版社、12所书局、50余所中华学校。2009年以来，星云大师多次向家乡档案馆捐赠档案资料，包括书籍、画册、手稿、佛珠、砚台、袈裟、一笔字书法作品等。星云大师档案对研究星云大师的弘法历程、传播中华文化、弘扬民族精神具有重要的史料价值。

星云大师年轻时的照片

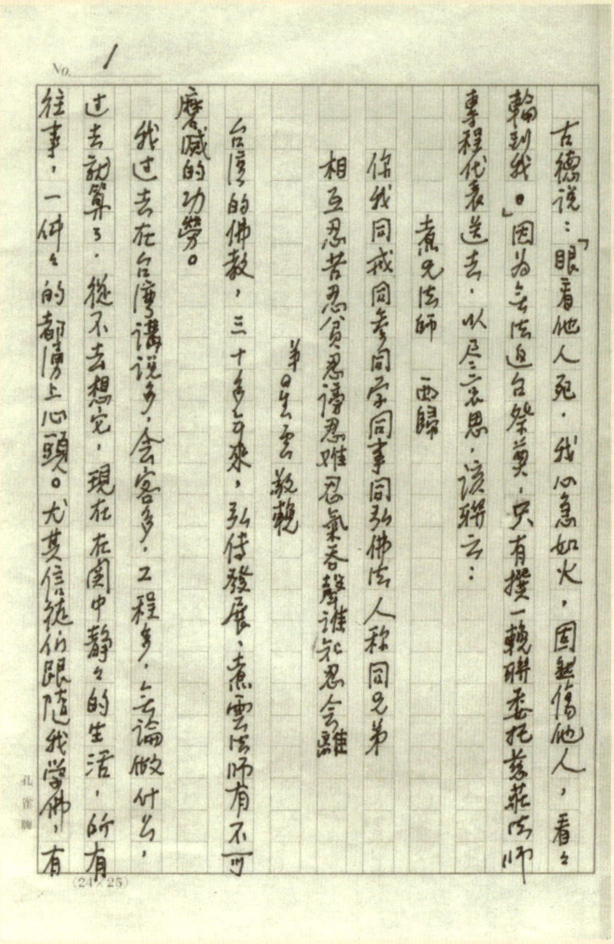

No. 1

古德说：「眼看他人死，我心急如火，因是伤他人，看看轮到我。」因为无法返台祭奠，只有撰一輓联委托慈莊法师專程代表送去，以尽哀思，该联云：

煮云法師　西歸

你我同戒同参同学同事同弘佛法人称同兄弟

相互忍苦忍貧忍謗忍难忍氣吞聲谁知忍会離

弟日星云　敬輓

台湾的佛教，三十多年来，弘传發展，煮云法师有不可磨滅的功勞。

我过去在台湾讲说多，会客多，工程多，无论做什么，过去就算了，從不去想它，現在在閉中静静的生活，所有往事，一件件的都湧上心頭。尤其信徒们跟随我学佛，有

(24×25)

星云大师给护法信徒的信

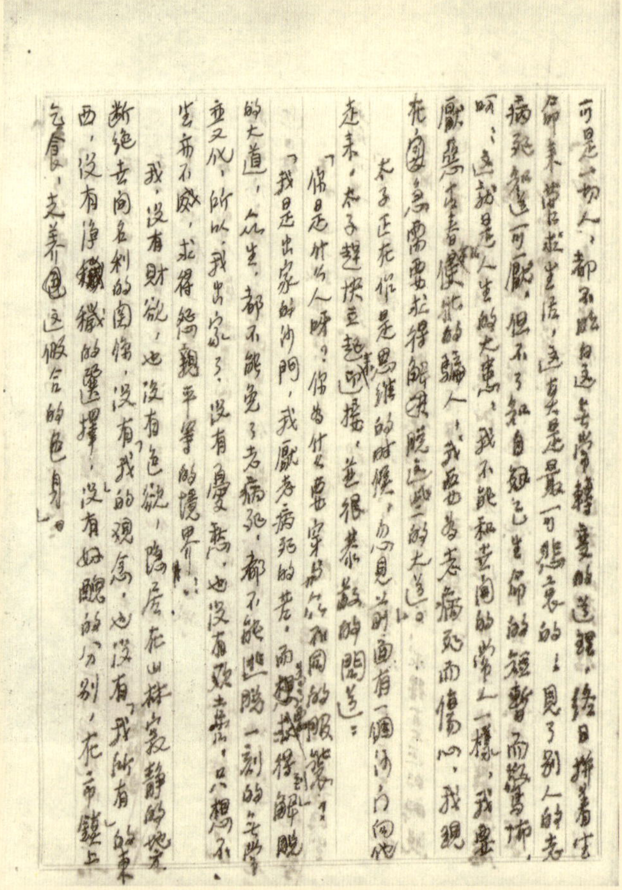

可是一切人，都不能自逃无常轉變的道理，終日拼着生命来営求生活，这真是最可悲哀的！見了别人的老病死，都还可厭，但不了知自己生命的短暂而警怖，呀！这就是人生的大患，我不能和世间的常人一樣，我要厭恶青春健康的騙人，我要为老病死而傷心，我现在急需要求得解脱这些的大道。」

太子正在作是思惟的时候，忽見对面有一個沙门向他走来，太子趕快立起迎接，並很恭敬的問道：

「你是什么人呀？你为什么要穿与众不同的服装？」

「我是出家的沙門，我厭老病死的苦，而想找得到解脱的大道，众生，都不能免了老病死，都不能逃脱一剎的无常，无常变化，所以，我出家了。没有憂悲，也没有欢喜，只想不生不滅，求得怨親平等的境界！

我，没有財欲，也没有色欲，隱居在山林寂静的地方，断绝去向名利的圍繞，没有「我的」观念，也没有「我所有」的东西，没有淨穢的選擇，没有好醜的分别，在市鎮上乞食，来养这假合的色身」。

星云大师手书《释迦牟尼佛传》

星云大师使用过的念珠

星云大师使用过的砚台

星云大师穿过的袈裟

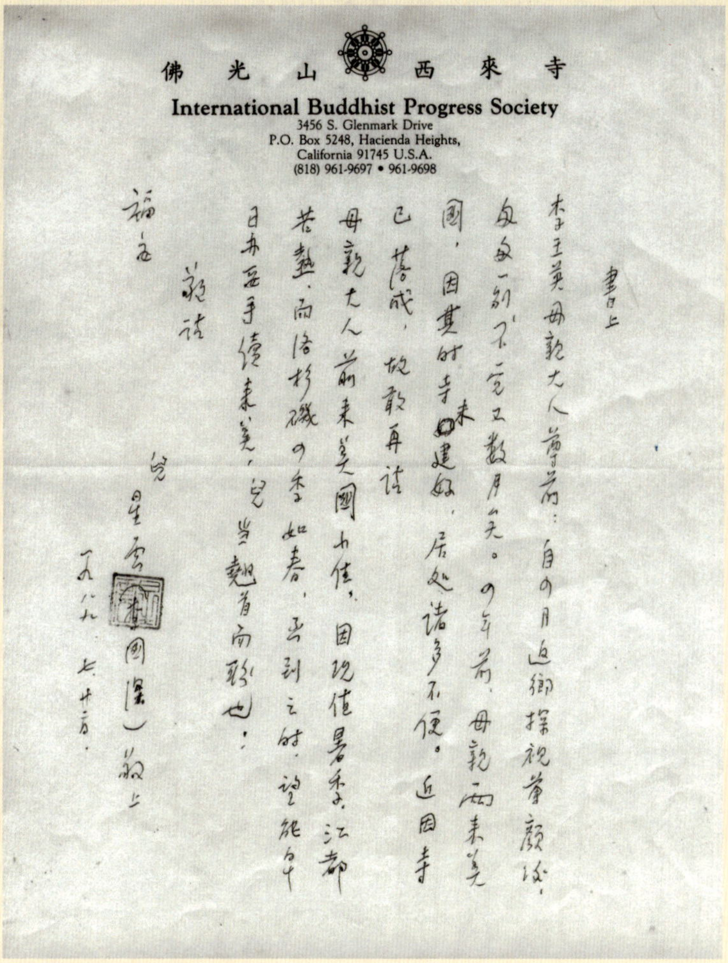

佛光山　西來寺

International Buddhist Progress Society
3456 S. Glenmark Drive
P.O. Box 5248, Hacienda Heights,
California 91745 U.S.A.
(818) 961-9697 • 961-9698

書上

李王英母親大人尊前：自四月返鄉探視慈顏後，匆匆一別不覺又數月矣。四年前，母親曾來美國，因其時寺未建好，居處諸多不便。近因寺已落成，故敢再請母親大人前來美國小住，因現值暑季，江都苦熱，而洛杉磯四季如春，正到之時，望能早日辦妥手續來美，兒當翹首而盼也！

敬請

福安

兒 星雲（李國深）敬上

一九八九.七.廿六.

星云大师致母亲的家书

星云大师提倡“三好四给”。三好：即心存好念，口说好话，身做好事；四给：给人欢喜，给人幸福，给人信心，给人方便。图为星云大师一笔书“三好四给”。

非物质文化遗产传承人档案

保管单位：扬州市档案馆

内容及评价：

非物质文化遗产的大部分领域，如口头文学、表演艺术、手工技艺、民间知识等，一般是由传承人的口传心授而得以代代传递、延续和发展的。扬州拥有极其丰富的非物质文化遗产，先后获批3批15项国家级非物质文化遗产项目。近几年来，扬州市档案馆致力于征集非遗项目和非遗传承人档案，目前已形成一定规模，将扬州全部3批17位国家级非遗传承人的档案征集进馆，其中主要为：传承人的项目申请表、获奖证书、作品底稿、创作图片以及部分作品实物。其中，尤以剪纸大师张秀芳、玉雕大师顾永骏、漆器大师张宇的档案最为丰富，能较好地反映出扬州非物质文化遗产保护与发展的概貌。

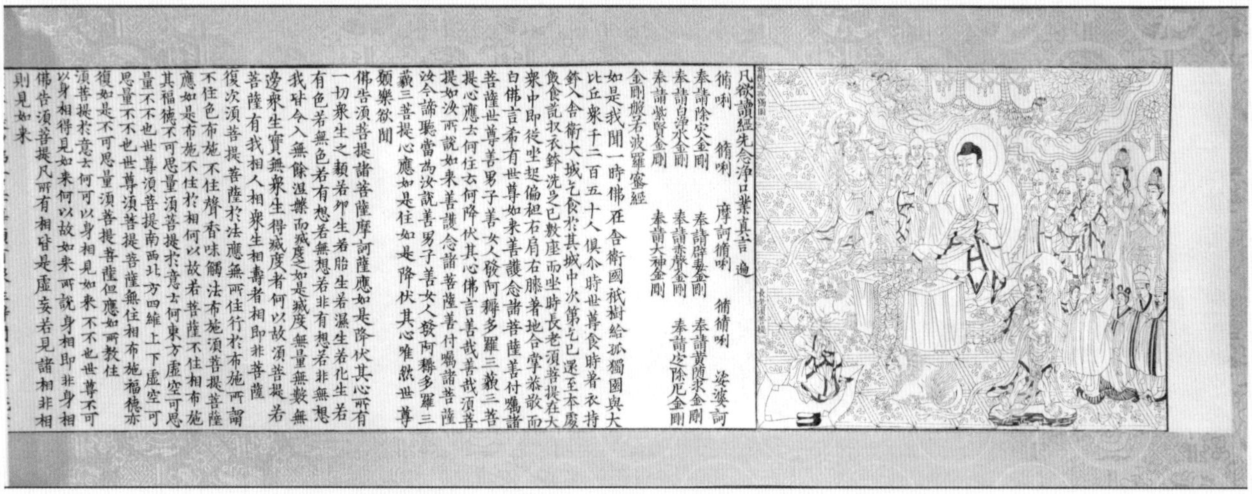

国家级非遗传承人陈义时雕版作品（局部）

国家级非遗传承人张秀芳剪纸作品

国家级非遗传承人徐永珍获得的奖牌绶带

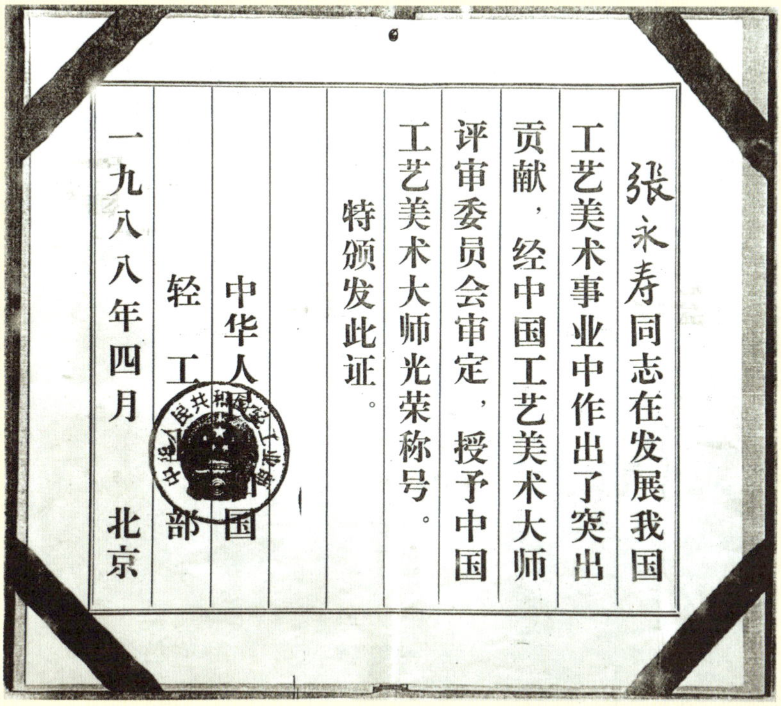

張永寿同志在发展我国工艺美术事业中作出了突出贡献，经中国工艺美术大师评审委员会审定，授予中国工艺美术大师光荣称号。

特颁发此证。

中华人民共和国

轻工业部

一九八八年四月 北京

张永寿获“中国工艺美术大师”称号的证书

中国工艺美术大师张永寿作品

赵庆泉著作及手稿

张宇《江天一览》雕漆花瓶底稿（局部）

特殊载体档案

安素轩石刻拓本

保管单位：扬州市档案馆

内容及评价：

嘉庆年间，淮南商总兼两淮盐运使鲍淑芳将平生所有积蓄用于搜集宋元古籍、法帖、绘画、墨砚等物。中年时，在当代名家的帮助下，精选唐、宋以来书法墨迹珍品，以自己的书斋“安素轩”为名，汇编成《安素轩法帖》。嘉庆二年（1797），鲍淑芳聘请扬州雕刻名家党锡龄等勾摹镌刻，耗时28年，于道光四年（1824）完工。新中国成立初期，鲍氏后人、著名画家鲍娄先将家传的近200方《安素轩石刻》悉数捐赠给扬州天宁寺。这些石刻汇集了唐、宋、元、明诸多名家书法作品，包括唐代8件、宋代22件、元代23件、明代8件，其中有唐勾本王羲之《兰亭集序》、李北海书《出师表》、苏东坡诗书、米芾小楷、赵孟頫行书等，或是蝇头小楷，或是大笔草书，将历代书法名家的风采全部还原于石碑上。石刻大部分是按真迹或原作勾摹刻制的，且大都有名人题跋，部分为首次见诸刻石。镌刻者的刀法流畅，生动再现了原作的风貌。这些石刻成为扬州不可多得的重要文化遗产。扬州市档案馆藏有《安素轩石刻》拓本，为历史考证留下了珍贵的史料，也对研究历代书法、碑刻等有着弥足珍贵的价值。

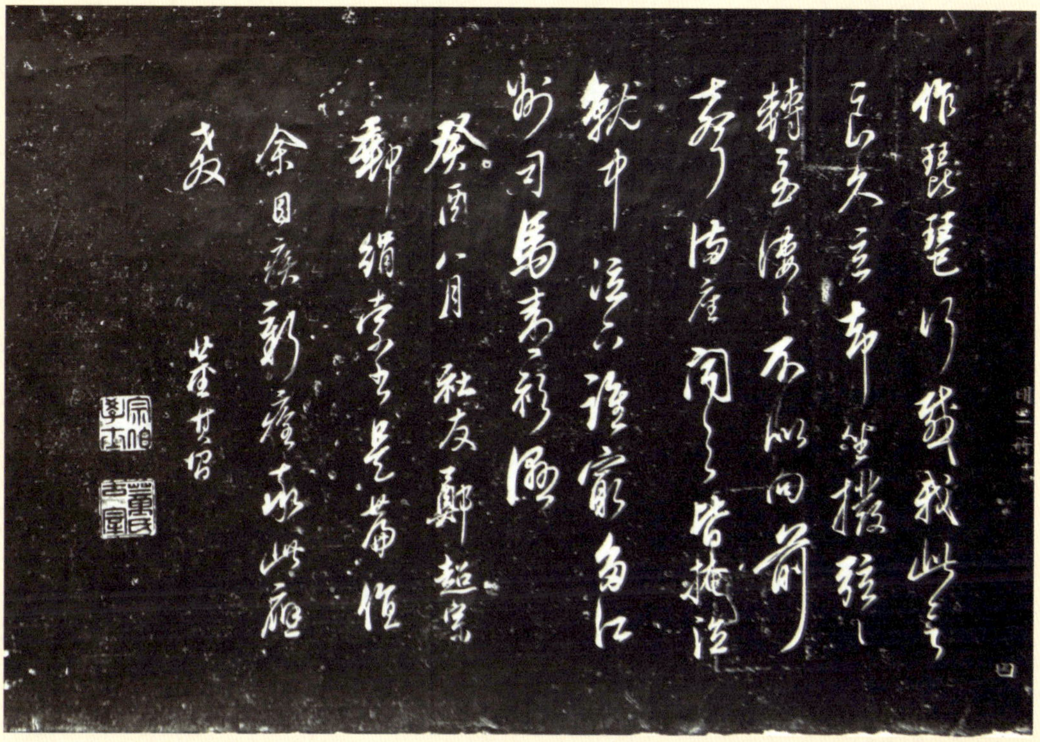

董其昌书法刻石

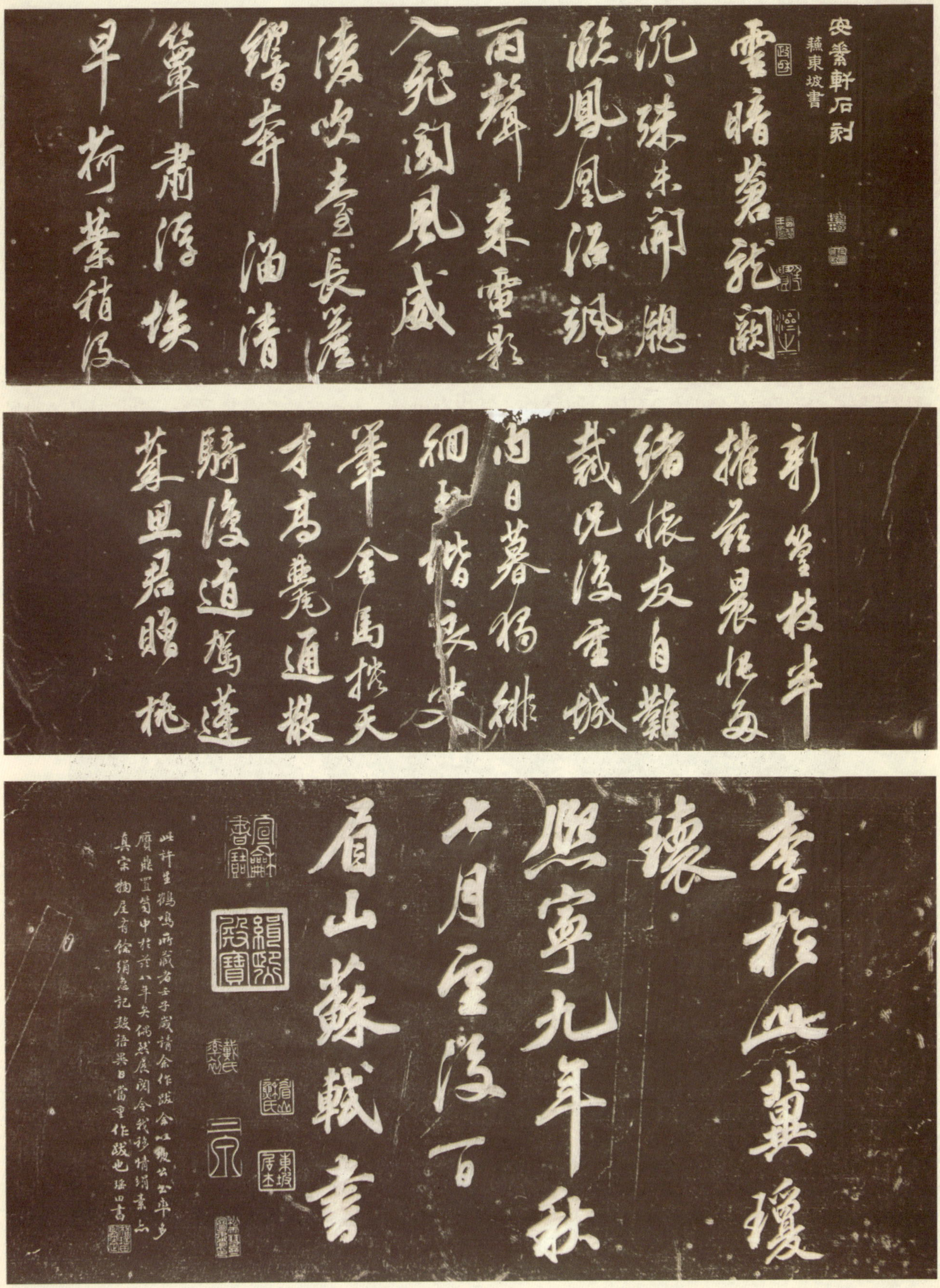

苏轼诗书刻石

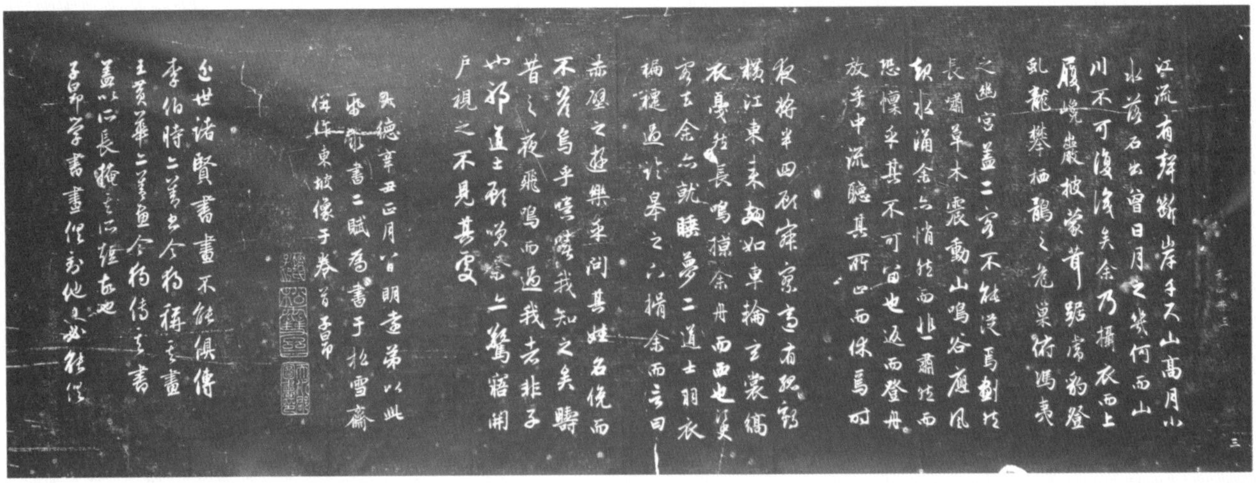

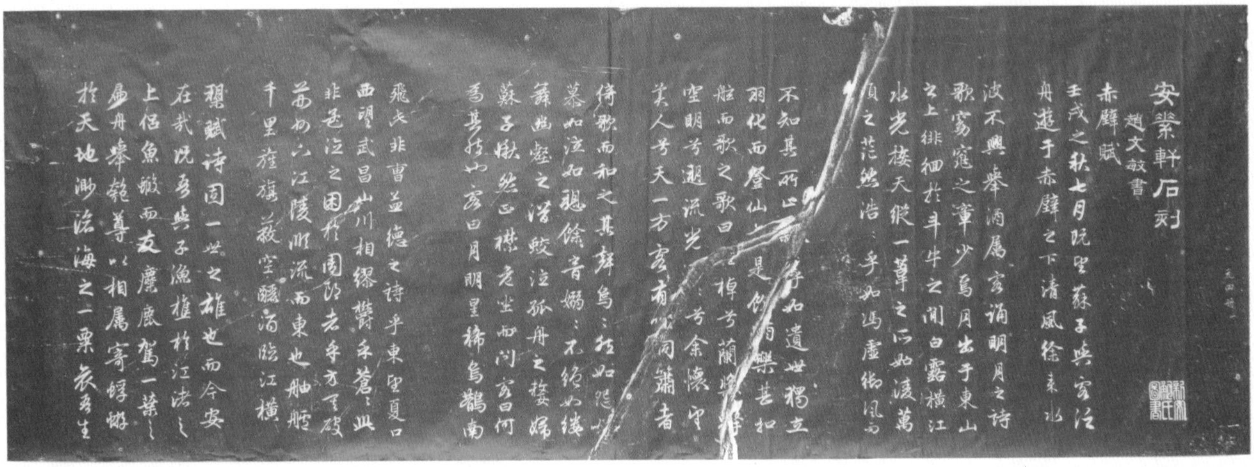
安素軒石刻
赤壁賦
趙文敏書

赵孟頫书法刻石

对外友好城市交往档案

保管单位：扬州市档案馆

内容及评价：

扬州是国务院公布的首批24座历史文化名城之一，自古就是国际交往的重要城市。改革开放以来，扬州先后与日本唐津市、厚木市，美国肯特市、西港市，德国奥芬巴赫市，缅甸仰光市等9座城市结为友好城市。目前，扬州市档案馆藏有扬州与友好城市之间建立友好城市协议书、对方赠送的礼品、荣誉市民证书等170余件，其中有与美国肯特市、荷兰布雷达市建立友好关系协议书，日本厚木市赠送给扬州市政府的“风月亭”磁盘；美国肯特市赠送的水晶工艺品；美国西港市赠送的银质工艺盘；埃及伊斯梅丽雅市赠送的铜质工艺盘；日本唐津市赠送的友好纪念杯、木雕工艺品；韩国庆州市赠送的天马冢金冠等。这些实物档案，反映了友好交往地区的民族特色，体现了与友好交往城市人民的情谊，是扬州政治、经济和社会生活各领域对外交往活动的真实记录和历史见证。

扬州市与日本厚木市结为友好城市纪念瓷盘

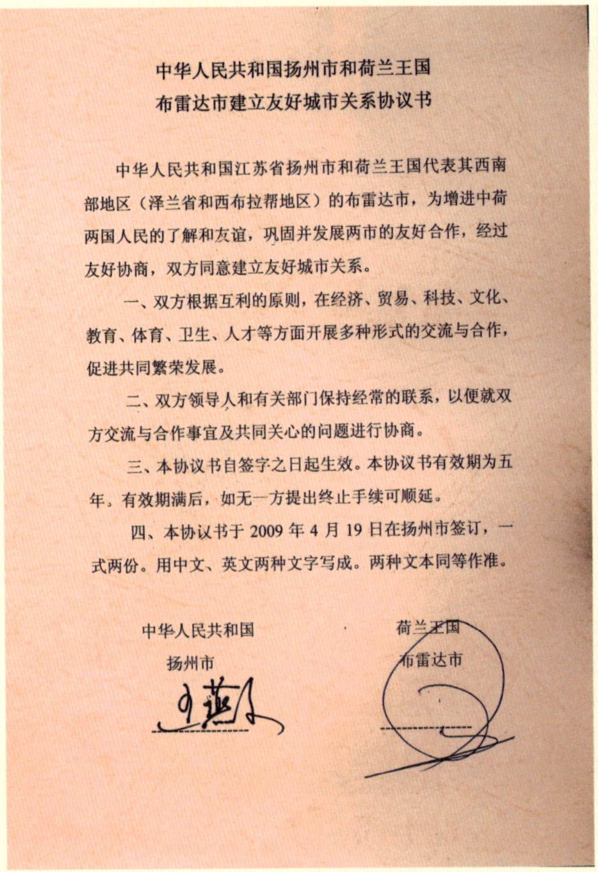

中华人民共和国扬州市和荷兰王国
布雷达市建立友好城市关系协议书

中华人民共和国江苏省扬州市和荷兰王国代表其西南部地区（泽兰省和西布拉帮地区）的布雷达市，为增进中荷两国人民的了解和友谊，巩固并发展两市的友好合作，经过友好协商，双方同意建立友好城市关系。

一、双方根据互利的原则，在经济、贸易、科技、文化、教育、体育、卫生、人才等方面开展多种形式的交流与合作，促进共同繁荣发展。

二、双方领导人和有关部门保持经常的联系，以便就双方交流与合作事宜及共同关心的问题进行协商。

三、本协议书自签字之日起生效。本协议书有效期为五年。有效期满后，如无一方提出终止手续可顺延。

四、本协议书于 2009 年 4 月 19 日在扬州市签订，一式两份。用中文、英文两种文字写成。两种文本同等作准。

中华人民共和国
扬州市

荷兰王国
布雷达市

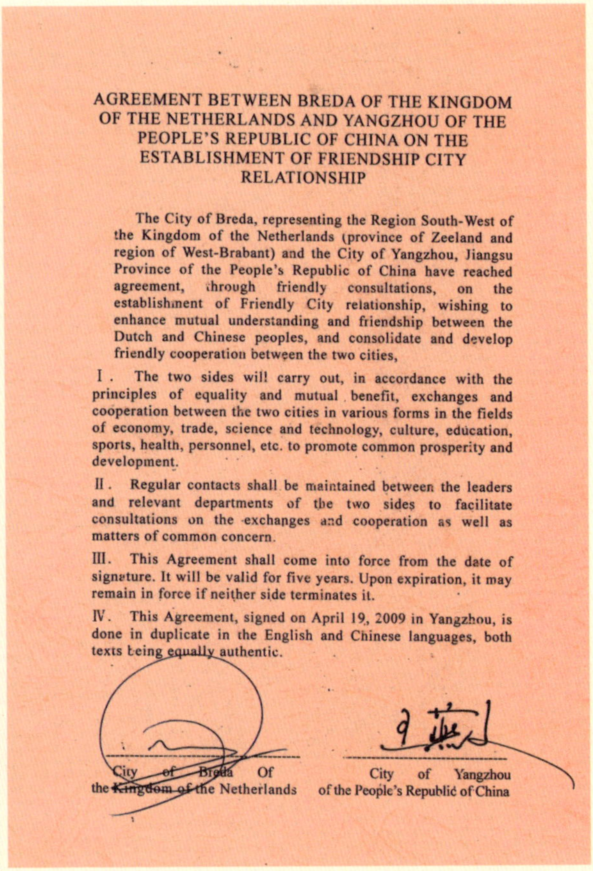

AGREEMENT BETWEEN BREDA OF THE KINGDOM OF THE NETHERLANDS AND YANGZHOU OF THE PEOPLE'S REPUBLIC OF CHINA ON THE ESTABLISHMENT OF FRIENDSHIP CITY RELATIONSHIP

The City of Breda, representing the Region South-West of the Kingdom of the Netherlands (province of Zeeland and region of West-Brabant) and the City of Yangzhou, Jiangsu Province of the People's Republic of China have reached agreement, through friendly consultations, on the establishment of Friendly City relationship, wishing to enhance mutual understanding and friendship between the Dutch and Chinese peoples, and consolidate and develop friendly cooperation between the two cities,

Ⅰ. The two sides will carry out, in accordance with the principles of equality and mutual benefit, exchanges and cooperation between the two cities in various forms in the fields of economy, trade, science and technology, culture, education, sports, health, personnel, etc. to promote common prosperity and development.

Ⅱ. Regular contacts shall be maintained between the leaders and relevant departments of the two sides to facilitate consultations on the exchanges and cooperation as well as matters of common concern.

Ⅲ. This Agreement shall come into force from the date of signature. It will be valid for five years. Upon expiration, it may remain in force if neither side terminates it.

Ⅳ. This Agreement, signed on April 19, 2009 in Yangzhou, is done in duplicate in the English and Chinese languages, both texts being equally authentic.

City of Breda Of the Kingdom of the Netherlands

City of Yangzhou of the People's Republic of China

扬州市与荷兰布雷达市建立友好城市关系协议书

埃及铜盘

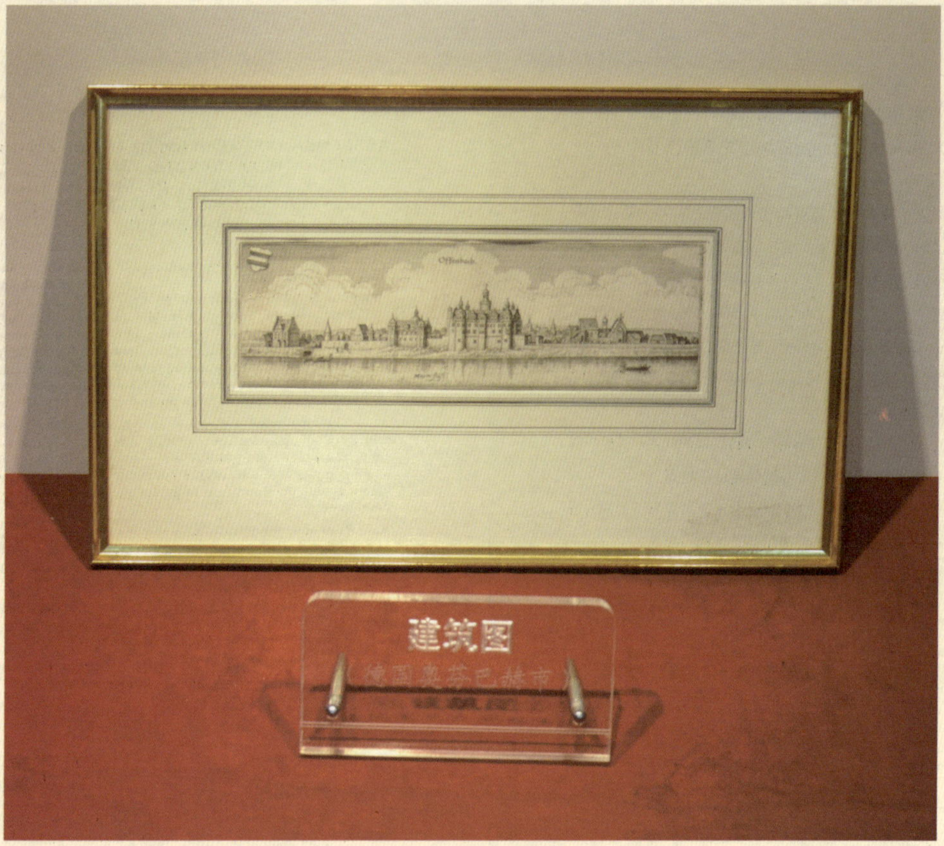

德国奥芬巴赫市建筑图

德国奥芬巴赫市市徽

德国曼海姆市市徽

日本唐津市纪念杯

意大利里尼米市工艺品

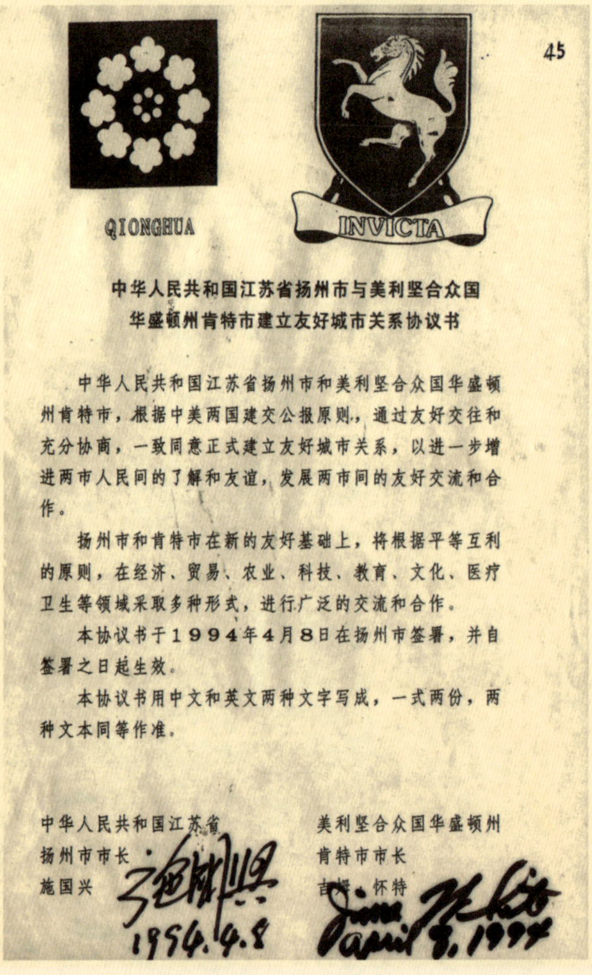

45

QIONGHUA

INVICTA

中华人民共和国江苏省扬州市与美利坚合众国
华盛顿州肯特市建立友好城市关系协议书

中华人民共和国江苏省扬州市和美利坚合众国华盛顿州肯特市，根据中美两国建交公报原则，通过友好交往和充分协商，一致同意正式建立友好城市关系，以进一步增进两市人民间的了解和友谊，发展两市间的友好交流和合作。

扬州市和肯特市在新的友好基础上，将根据平等互利的原则，在经济、贸易、农业、科技、教育、文化、医疗卫生等领域采取多种形式，进行广泛的交流和合作。

本协议书于１９９４年４月８日在扬州市签署，并自签署之日起生效。

本协议书用中文和英文两种文字写成，一式两份，两种文本同等作准。

中华人民共和国江苏省
扬州市市长
施国兴
1994.4.8

美利坚合众国华盛顿州
肯特市市长
吉姆·怀特
April 8, 1994

扬州市与美国肯特市结为友好城市协议书

与港澳台地区交往实物、礼品档案

保管单位：扬州市档案馆

内容及评价：

近年来，扬州与港澳台地区联系进一步密切，已连续10年入选台湾地区大陆台商投资环境最有影响力排行榜——台湾电机电子同业工会“极力推荐城市”。目前扬州市档案馆藏有国民党荣誉主席吴伯雄赠送的《大台湾风物图志》和青花瓷瓶；香港原特首曾荫权赠送的“吉祥如意”瓷器工艺品；香港人才交流中心赠送的金紫荆工艺品；香港华润集团赠送的白玉工艺品；香港“李锦记”集团赠送的水晶酱油瓶工艺品；台湾故宫博物院赠送的陶瓷工艺品等。这些实物档案，是港澳台地区社会经济状况和民族特色的真实反映，也是扬州政治、经济和社会生活各领域对外交往活动的历史见证，是宝贵的人文财富。

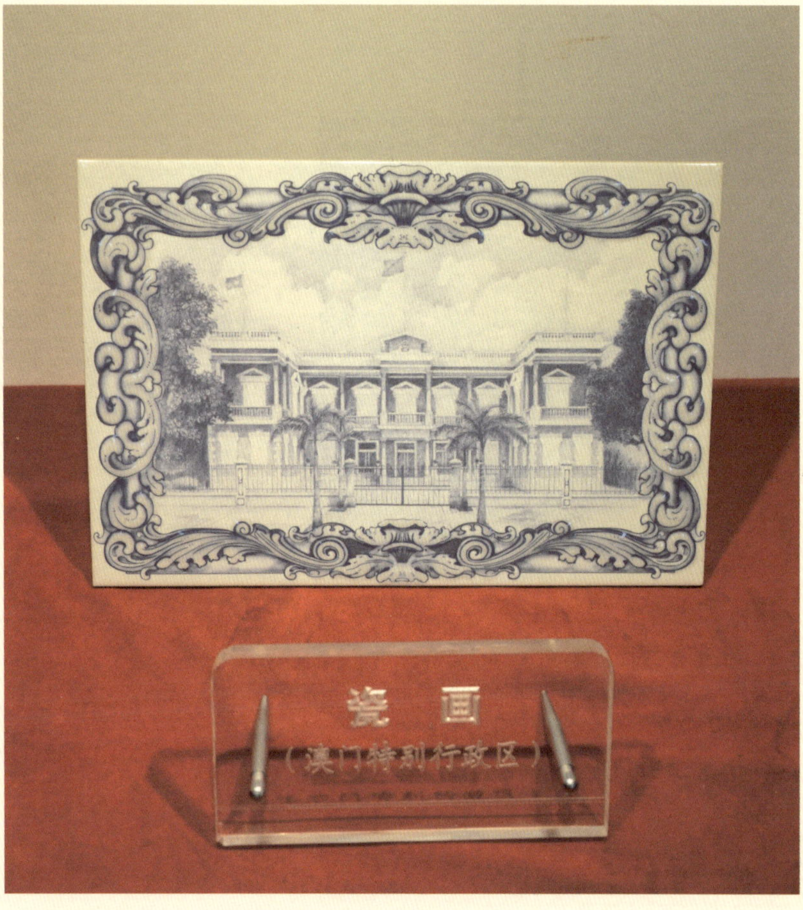

澳门特别行政区赠送的瓷画

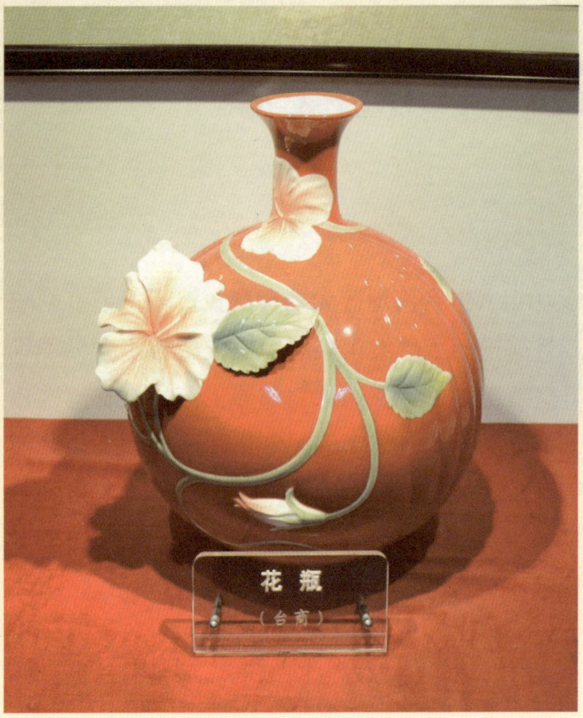

台商赠送的花瓶

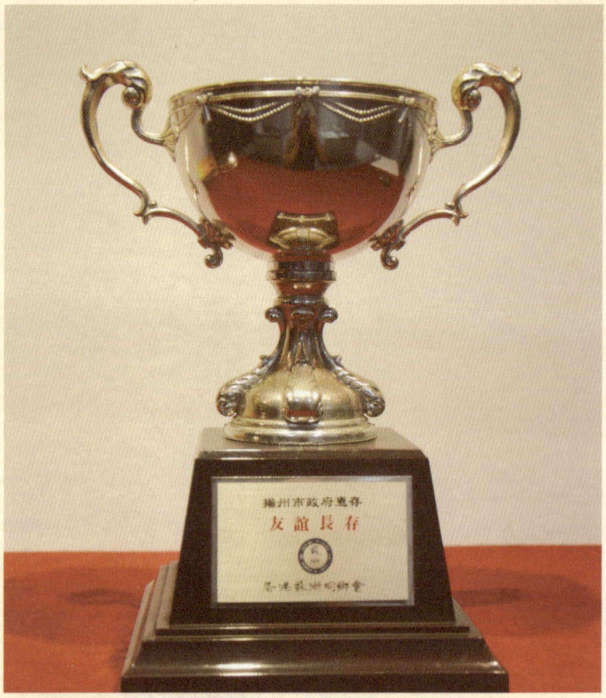

香港苏浙同乡会赠送的友好纪念碑

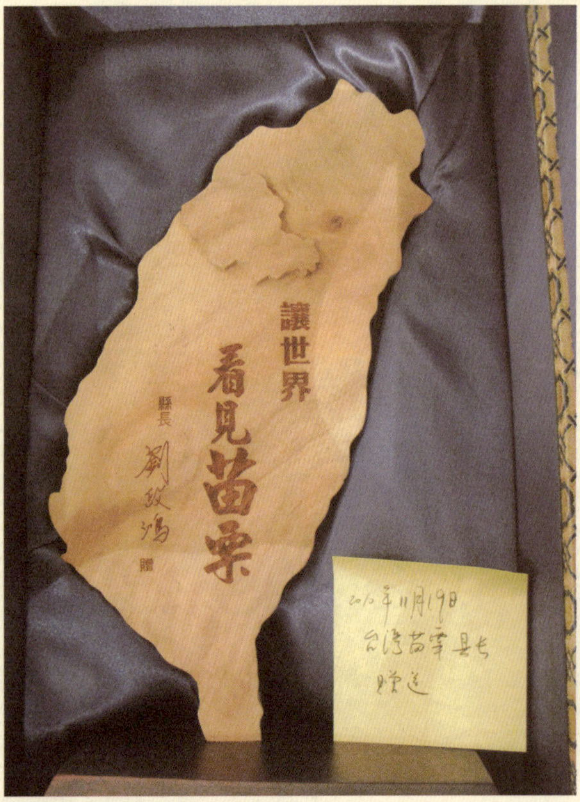

台湾苗栗县县长赠送的纪念品

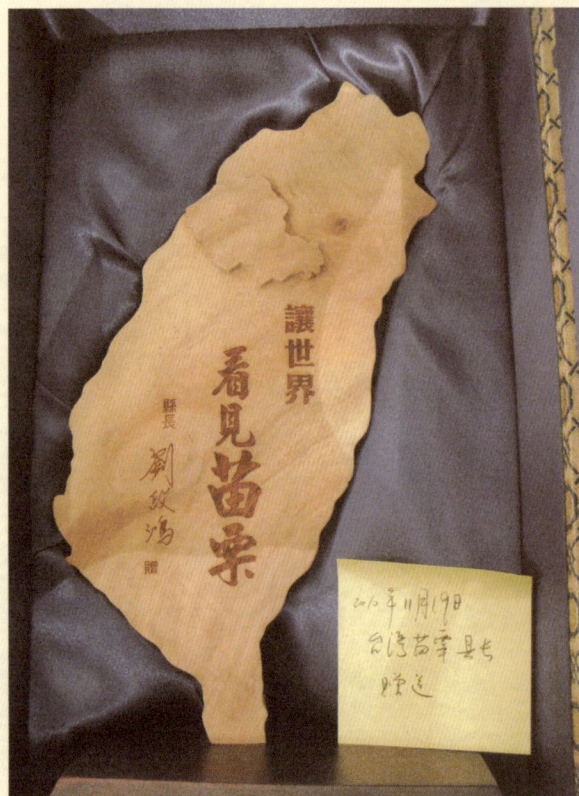

中国国民党荣誉主席吴伯雄赠送的瓷瓶

香港特首曾荫权赠送的玉如意瓷器

扬州清曲声像档案

保管单位： 扬州市档案馆、扬州市广陵区档案馆

内容及评价：

扬州清曲又名“广陵清曲”、“维扬清曲”，以曲牌联唱形式表现故事内容，源于民歌，形成于乾隆时期，是既古老又有现实影响力的曲艺之一。2006年5月，扬州清曲被列入第一批国家级非物质文化遗产项目。省级非遗传承人聂峰为清曲整理忙碌一生，在他的努力下，清代李斗《扬州画舫录》中所记载的古曲全部得以恢复。其中《劈破玉》《跌落金钱》《吉祥草》《到春来》四支曲牌在200多年前即失传，经聂峰深入挖掘得以恢复。聂峰2010年10月去世后，其遗孀及女儿将聂峰生前收集珍藏的近百件扬州清曲档案（包括音像、实物）无偿捐赠给扬州市档案馆，其中72件清曲曲目磁带总时长72小时，扬州清曲名家黎子云、王万青在二十世纪二三十年代演奏的扬州清曲录音尤为珍贵。扬州市广陵区档案馆还藏有扬州清曲申报国家级非遗项目的文本材料，其中有《佚存曲谱》复制件两卷。这些档案为相关部门研究扬州清曲提供了丰富的素材。

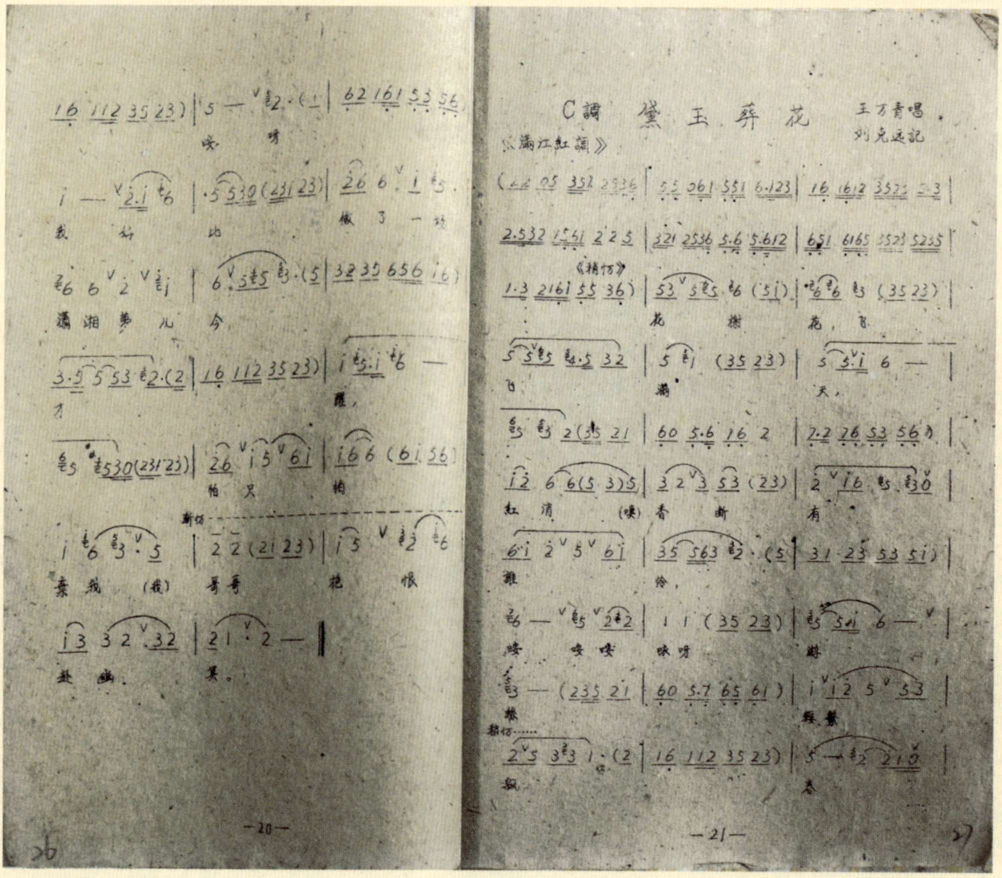

扬州清曲曲谱

扬州清曲

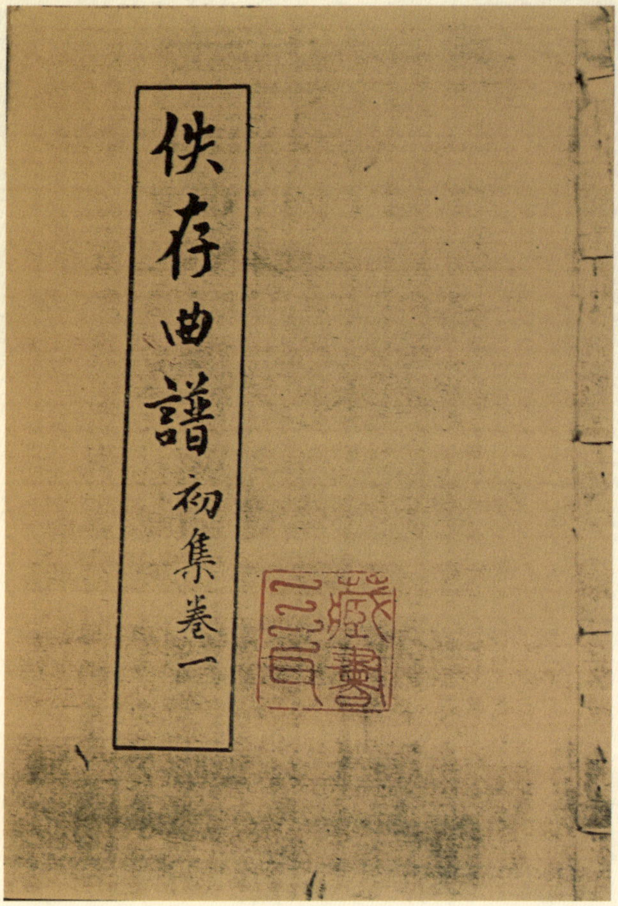

《佚存曲谱》封面

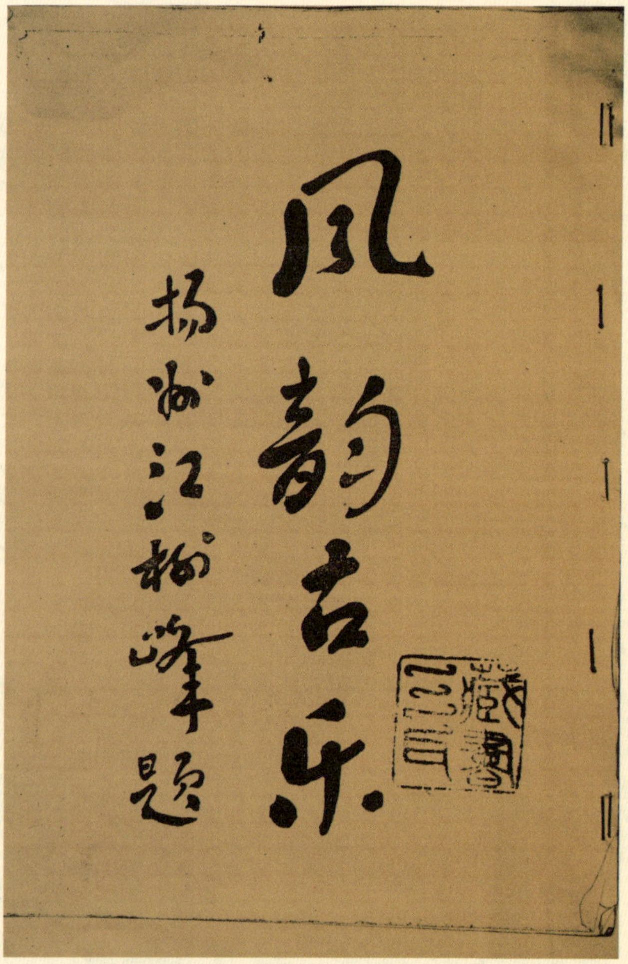

江树峰题名的《风韵古乐》

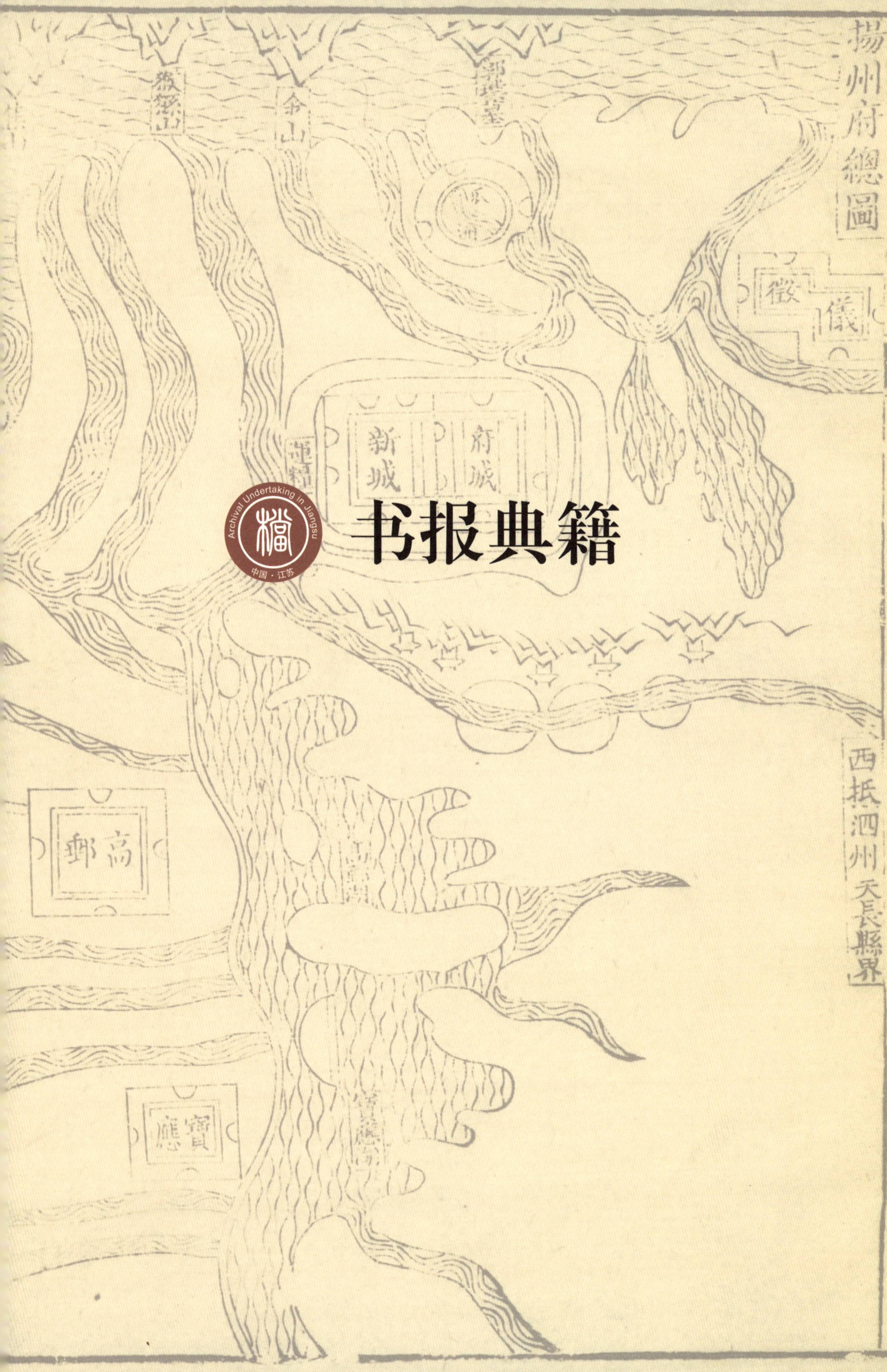
揚州府總圖
儀徵
府城
新城
高郵
寶應
余山
西抵泗州天長縣界

《集千家注批点补遗杜工部诗集》

保管单位：扬州市邗江区档案馆

内容及评价：

扬州市邗江区档案馆藏《集千家注批点补遗杜工部诗集》20卷（含附录1卷、年谱1卷），为明正德十四年（1519）版，唐杜甫撰、宋黄鹤补注、刘辰翁评点。该书为线装竖排，经省、市图书馆和扬州师范学院图书馆有关专家鉴定，该书为第二次刻本，距今近500年。20多年前扬州市图书馆致函国家图书馆核对，与明正德十四年刘氏安正堂刻本相同，该版本全国仅存两部，国家图书馆和邗江区档案馆各一部，足见此馆藏本之珍稀。

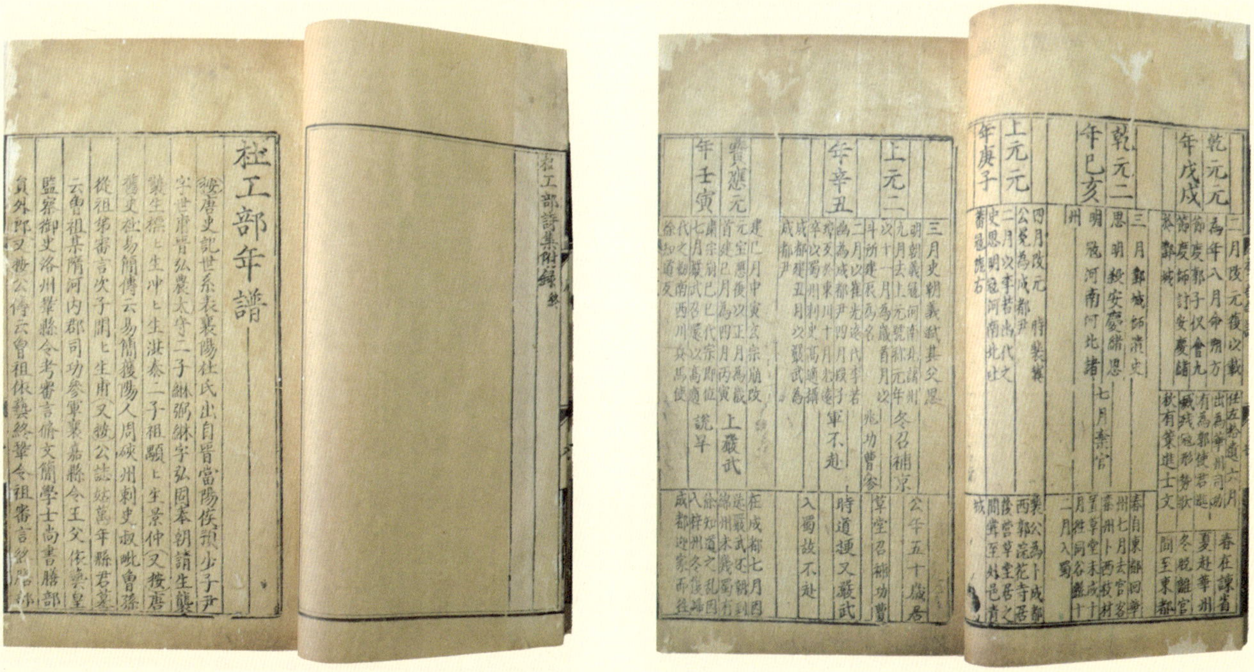

《杜工部诗集》杜甫年谱

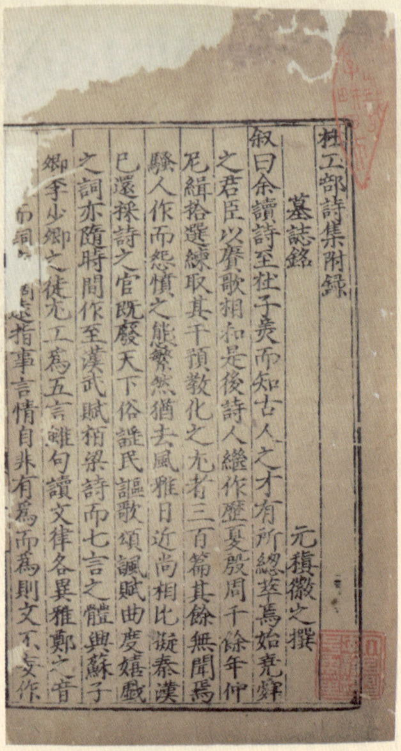

杜工部詩集附録

墓誌銘　元稹微之撰

叙曰余讀詩至杜子美而知古人之才有所總萃焉始堯舜之君臣以賡歌相和是後詩人繼作歴夏殷周千餘年仲尼緝拾選練取其干預教化之尤者三百篇其餘無聞焉騷人作而怨憤之態繁然猶去風雅日近尚相比擬秦漢已還採詩之官既廢天下俗謠民謳歌頌諷賦曲度嬉戲之詞亦隨時間作至漢武賦栢梁詩而七言之體興蘇子卿李少卿之徒尤工爲五言雖句讀文律各異雅鄭之音[illegible]而詞[illegible]指事言情自非有爲而爲則文不妄作

《杜工部诗集》附录

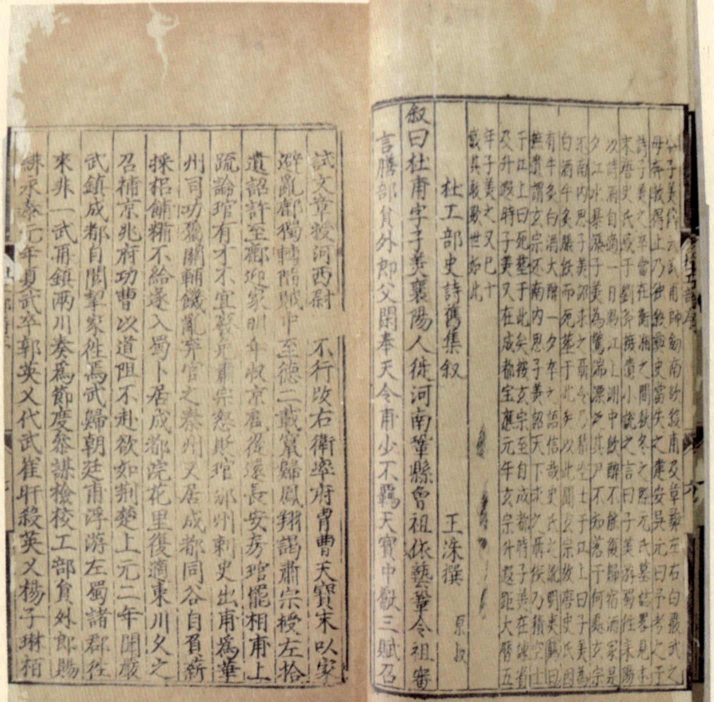

杜工部史詩舊集叙　王洙撰　原叙

叙曰杜甫字子美襄陽人徙河南鞏縣曾祖依藝鞏令祖審言膳部員外郎父閑奉天令甫少不羈天寶中獻三賦召試文章授河西尉不行改右衛率府胄曹天寶末以家避亂鄜州獨轉陷賊中至德二載竄歸鳳翔謁肅宗授左拾遺詔許至鄜迎家明年收京扈從還長安房琯罷相甫上疏論琯有才不宜罷免肅宗怒貶琯邠州刺史出甫爲華州司功屬關輔饑亂棄官之秦州又居成都同谷自負薪採梠餔糒不給遂入蜀卜居成都浣花里復適東川久之召補京兆府功曹以道阻不赴欲如荆楚上元二年聞嚴武鎮成都自閬挈家往焉武歸朝廷甫浮游左蜀諸郡往來非一武再鎮兩川奏爲節度參謀檢校工部員外郎賜緋永泰元年夏武卒郭英乂代武崔旰殺英乂楊子琳栢

《杜工部诗集》集叙

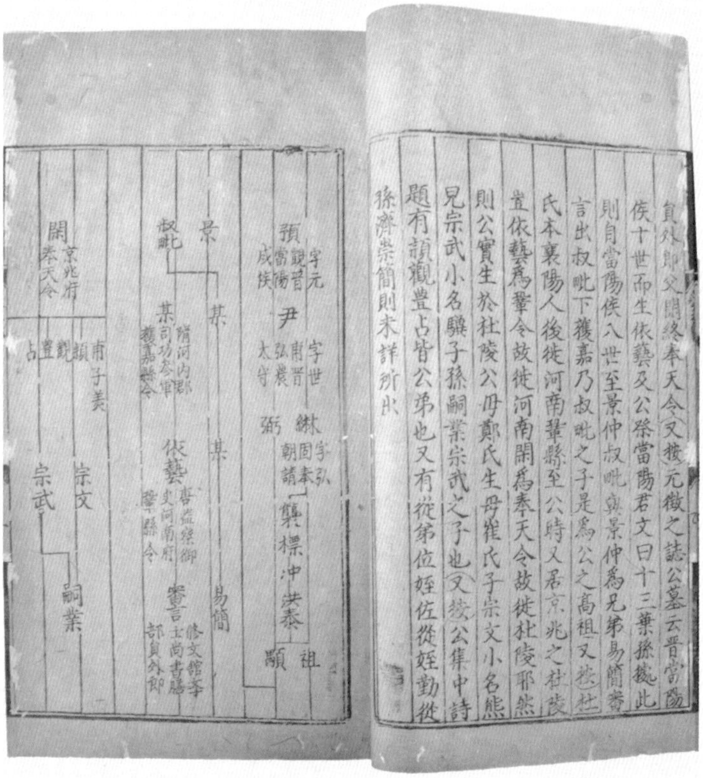

《杜工部诗集》谱系

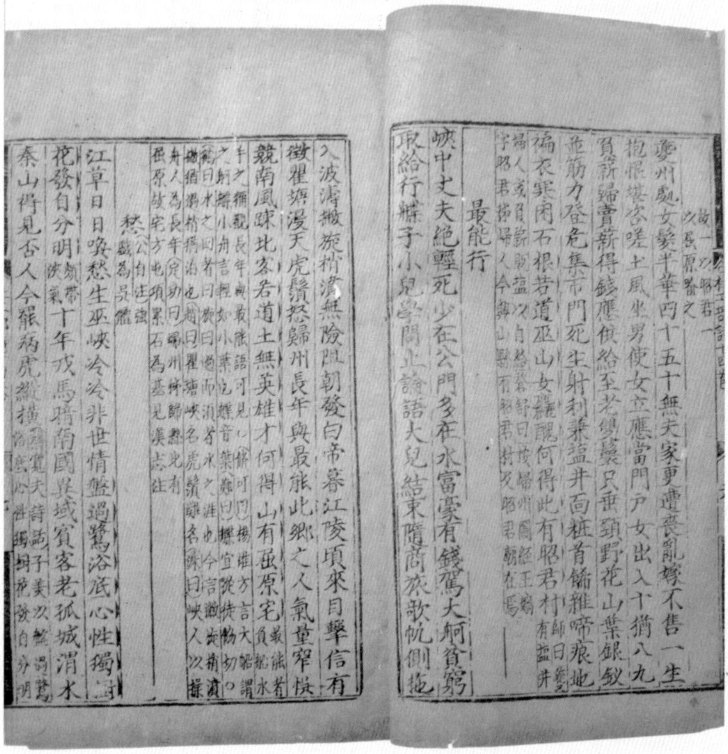

《杜工部诗集》正文

明《嘉靖惟扬志》

保管单位： 扬州市档案馆、扬州市江都区档案馆

内容及评价：

《嘉靖惟扬志》是馆藏最早的扬州府志，也是扬州现存最早的一部地方志书。馆藏本为天一阁藏明代《方志选刊》本。明嘉靖二十一年（1592）朱怀干修，盛仪纂。原全书共三十八卷，以平列门目体罗列十九类。卷首胡植叙、崔桐叙，卷一郡邑古今图，卷二建革志、疆里志，卷三历代志，卷四分野志、五行志，卷五至六山川志、形胜志、物产志，卷七公署志，卷八户口志，卷九盐政志，卷十军政志，卷十一礼乐志，卷十二经籍志，卷十三至十五秩官志，卷十六至十八秩官列传，卷十九至二十人物志，卷二十一至二十六人物列传，卷二十七至三十七诗文志，卷三十八杂志。扬州市档案馆、扬州市江都区档案馆所藏该志书虽然不完整，但成书时间较早，是现存志书中成书时间最早的，也是唯一成书于明代的志书，对研究扬州的建置、沿革以及政治、经济、文化等具有重要作用。

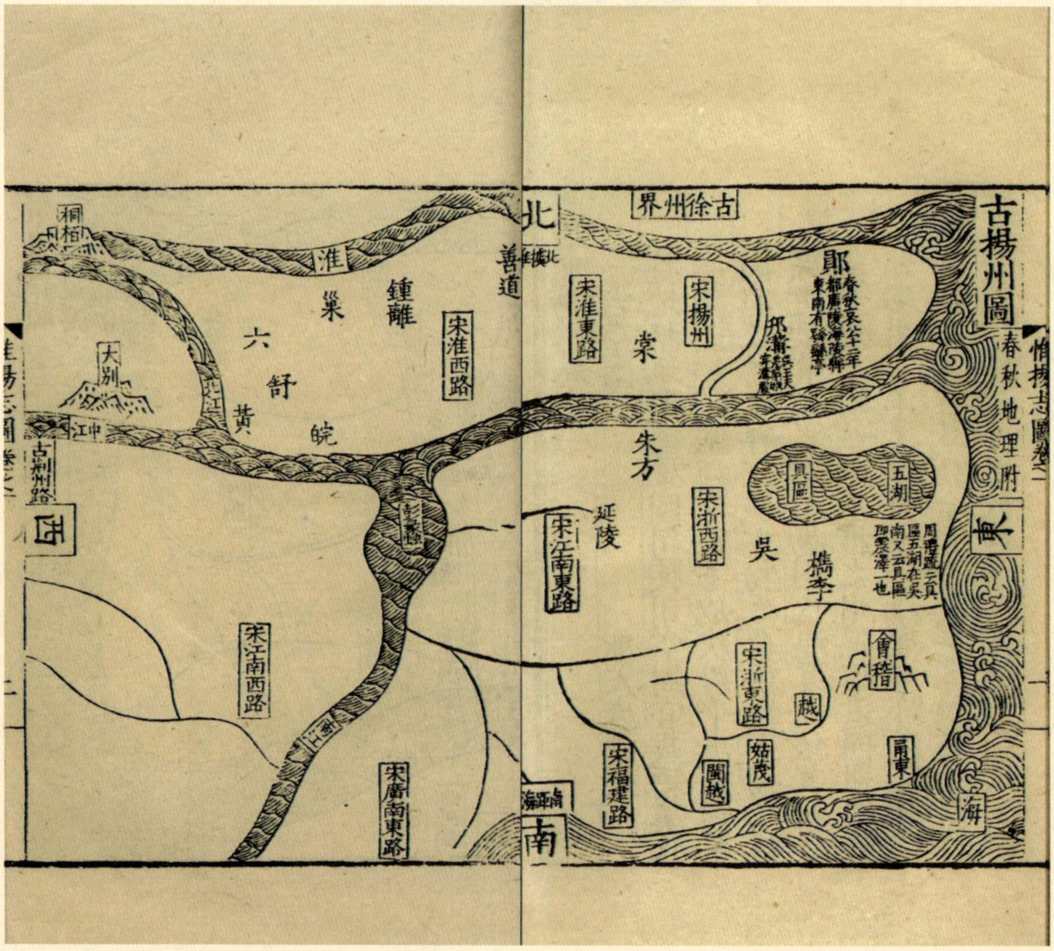

《嘉靖惟扬志》古扬州图

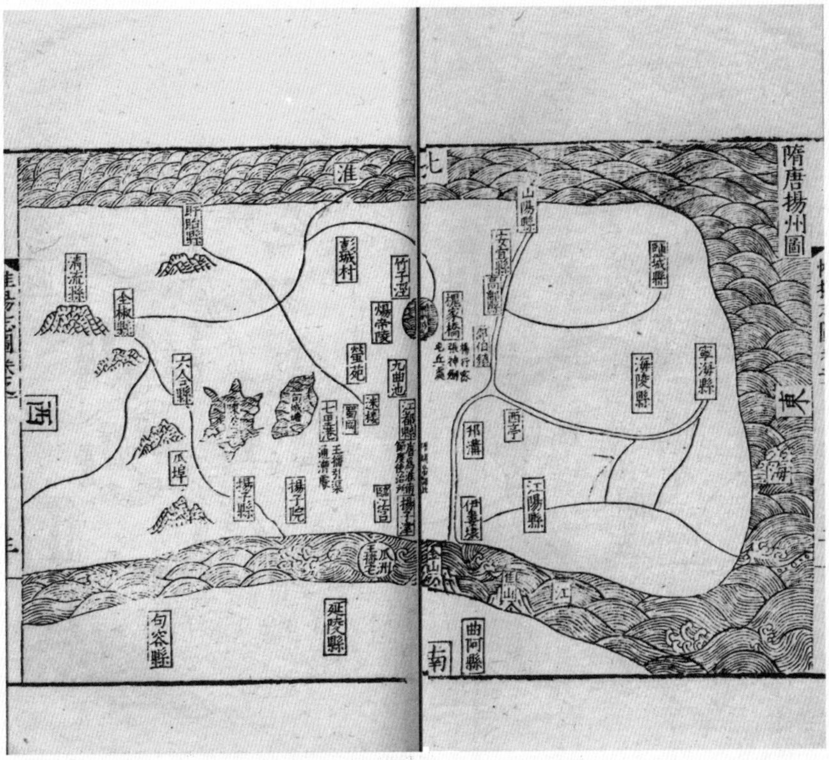

《嘉靖惟扬志》隋唐扬州图

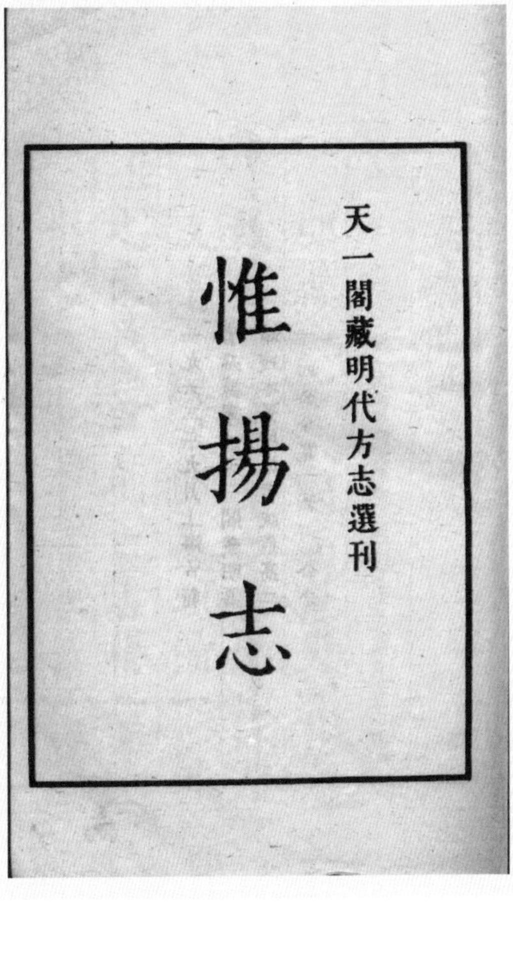

《嘉靖惟扬志》扉页

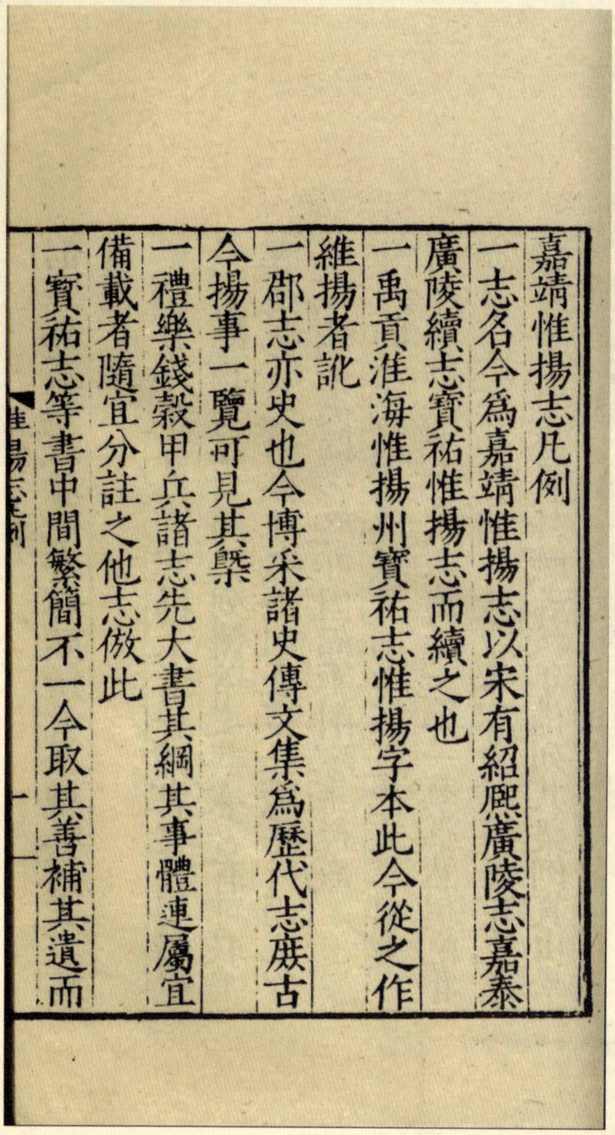

嘉靖惟揚志凡例
一志名今爲嘉靖惟揚志以宋有紹熙廣陵志嘉泰
廣陵續志寶祐惟揚志而續之也
一禹貢淮海惟揚州寶祐志惟揚字本此今從之作
維揚者訛
一郡志亦史也今博采諸史傳文集爲歷代志庶古
今揚事一覽可見其槩
一禮樂錢穀甲兵諸志先大書其綱其事體連屬宜
備載者隨宜分註之他志倣此
一寶祐志等書中間繁簡不一今取其善補其遺而
惟揚志凡例　一

《嘉靖惟扬志》凡例

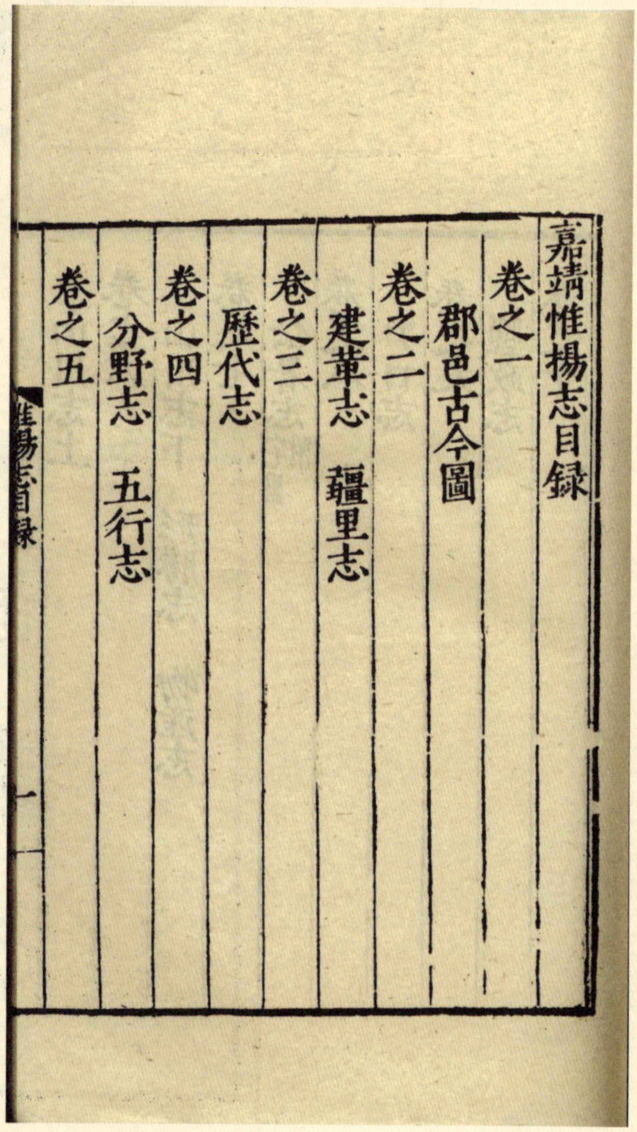

嘉靖惟揚志目録
卷之一
郡邑古今圖
卷之二
建革志　疆里志
卷之三
歷代志
卷之四
分野志　五行志
卷之五
惟揚志目録　一

《嘉靖惟扬志》目录

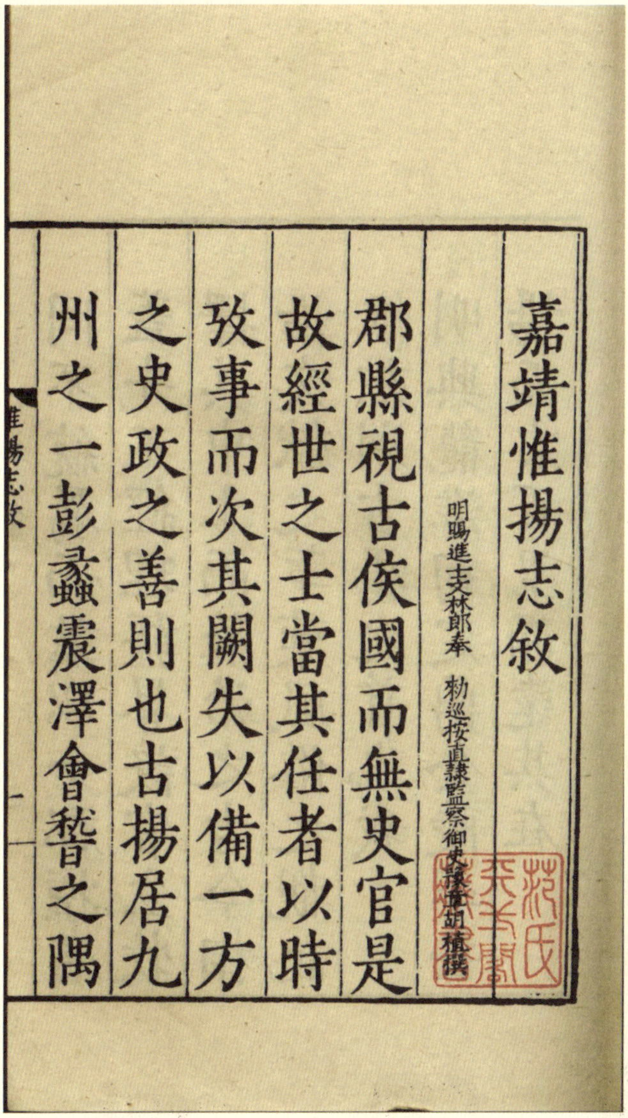
嘉靖惟揚志敘
明賜進士文林郎奉勅巡按直隷監察御史豫章胡植撰
郡縣視古侯國而無史官是故經世之士當其任者以時攷事而次其闕失以備一方之史政之善則也古揚居九州之一彭蠡震澤會瞀之隅
惟揚志敘

《嘉靖惟扬志》序文

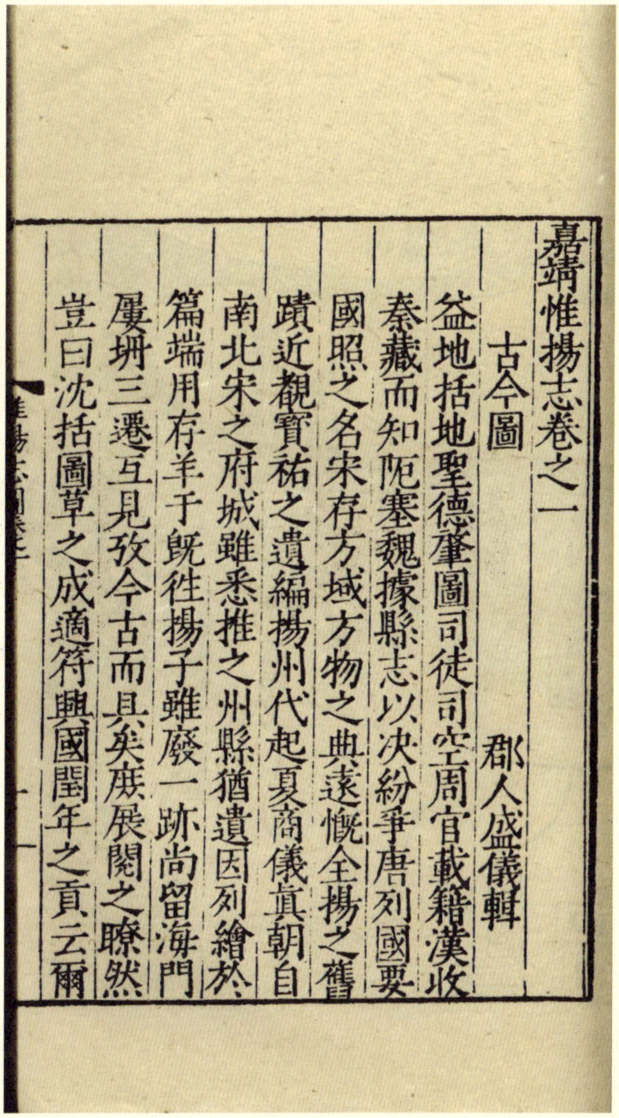
嘉靖惟揚志卷之一
古今圖　郡人盛儀輯
益地括地聖德肇圖司徒司空周官載籍漢收秦藏而知阨塞魏據縣志以決紛爭唐列國要國照之名宋存方域方物之典遠慨全揚之舊蹟近覩寶祐之遺編揚州代起夏商儀眞朝自南北宋之府城雖悉推之州縣猶遺因列繪於篇端用存羊于既往揚子雖廢一跡尚留海門屢坍三遷互見攷今古而具矣庶展閱之瞭然豈曰沈括圖草之成適符輿國圖年之貢云爾

《嘉靖惟扬志》正文

《维扬八景图册》

保管单位：扬州市城建档案馆

内容及评价：

此画册长宽皆为30公分左右，题为《游目骋怀》，愤庵款，仇帝臣印。根据画册后题跋可知，题跋者为仇帝臣弟仇帝来。仇帝臣，字子老，因无意仕途，乃放情山水，选扬州佳山胜迹绘扬州八景于一册，并约请亲朋好友为每一景赋诗，于是仇帝来和其他好友或录先哲诗文，或自赋新作，一文一景，总成一册，八景分别为广陵涛、邗沟、康山、李墅河、平山堂、甘泉山、茱萸湾、禅智寺。

此画册一景一诗，笔墨凝炼，敷色雅逸，造型准确，功力深厚，再现了当时扬州风景名胜之风貌。画册围绕古邗沟和古运河选材，目前为扬州仅见的孤本，具有较高的史料价值和文化价值。该图册既为扬城运河水文化的打造提供了重要历史依据，又为扬州牵头申报运河世界文化遗产起到了重要作用。

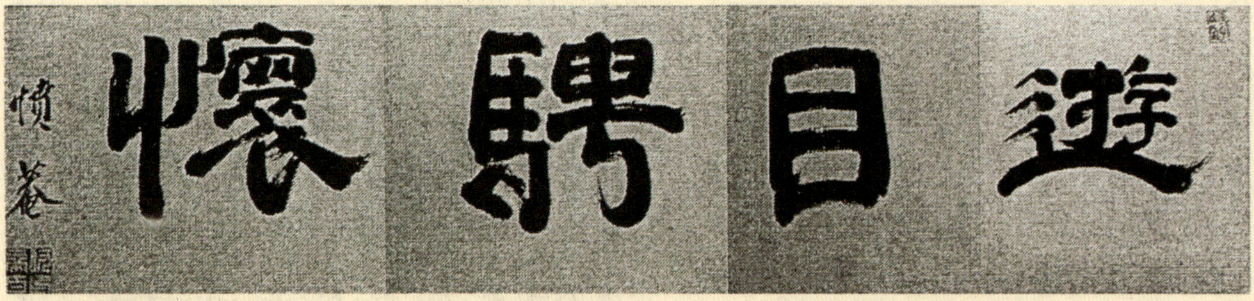

游目骋怀题记

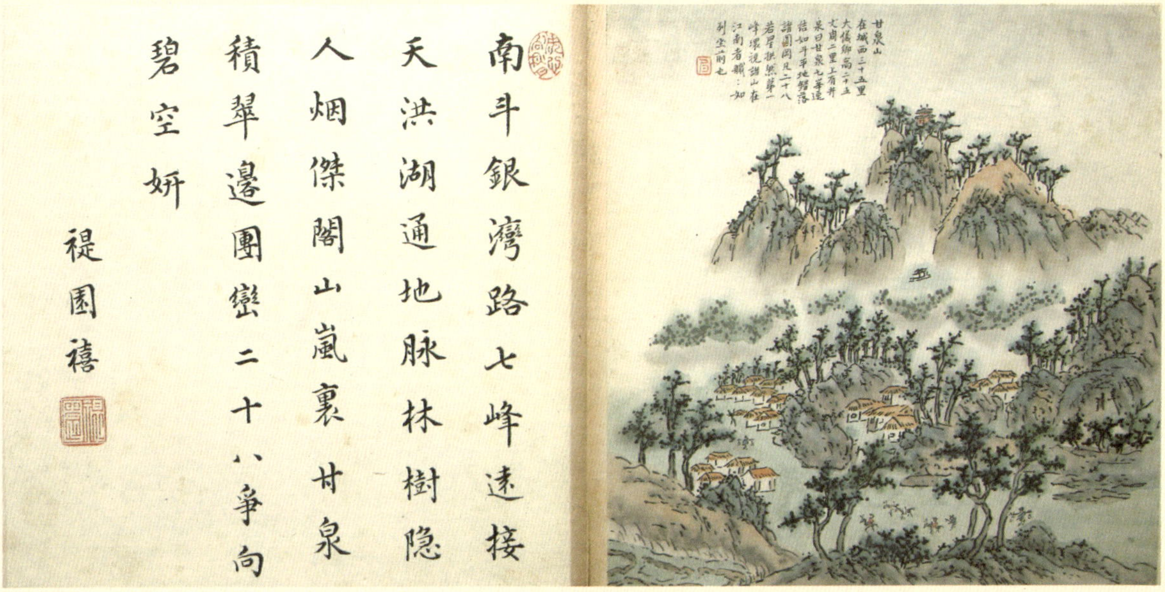

维扬八景图之甘泉山

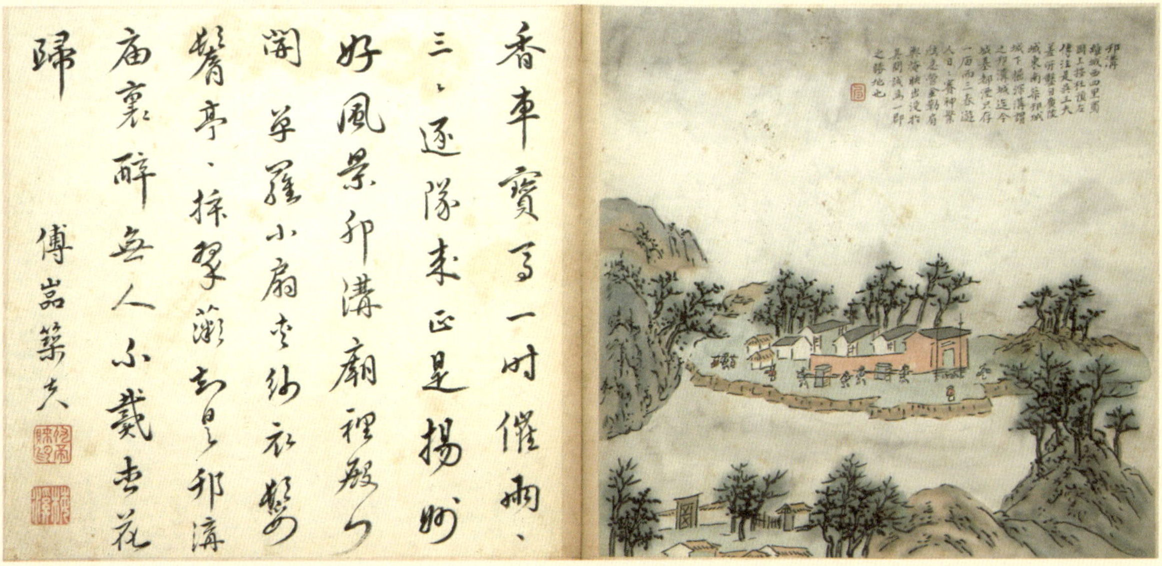

维扬八景图之邗沟

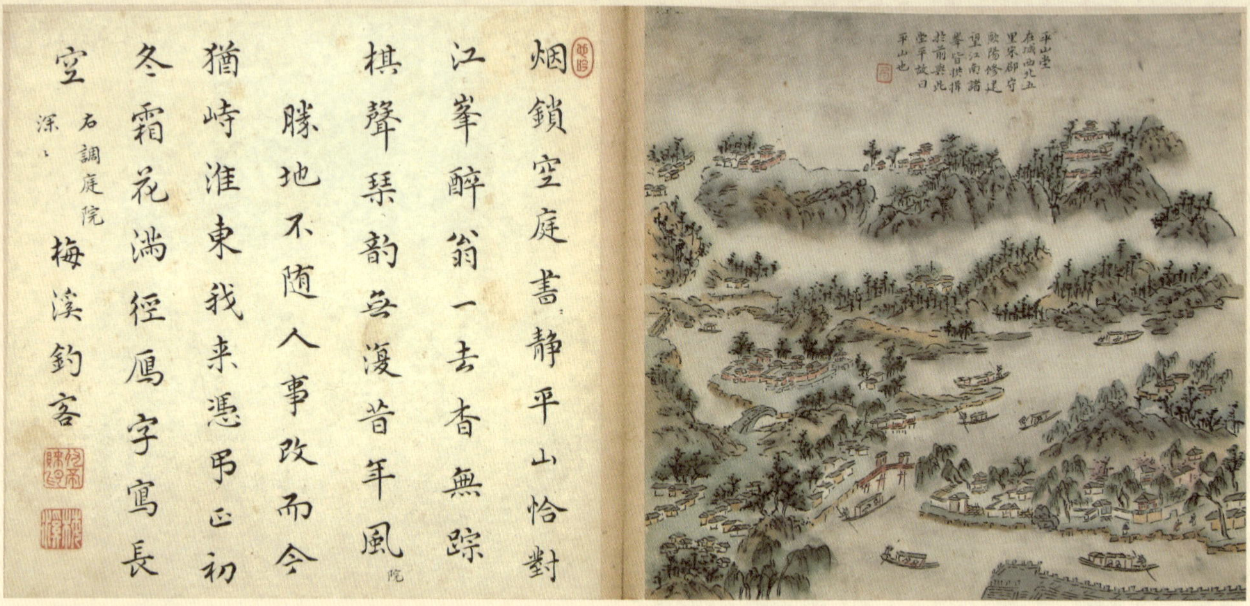

维扬八景图之平山堂

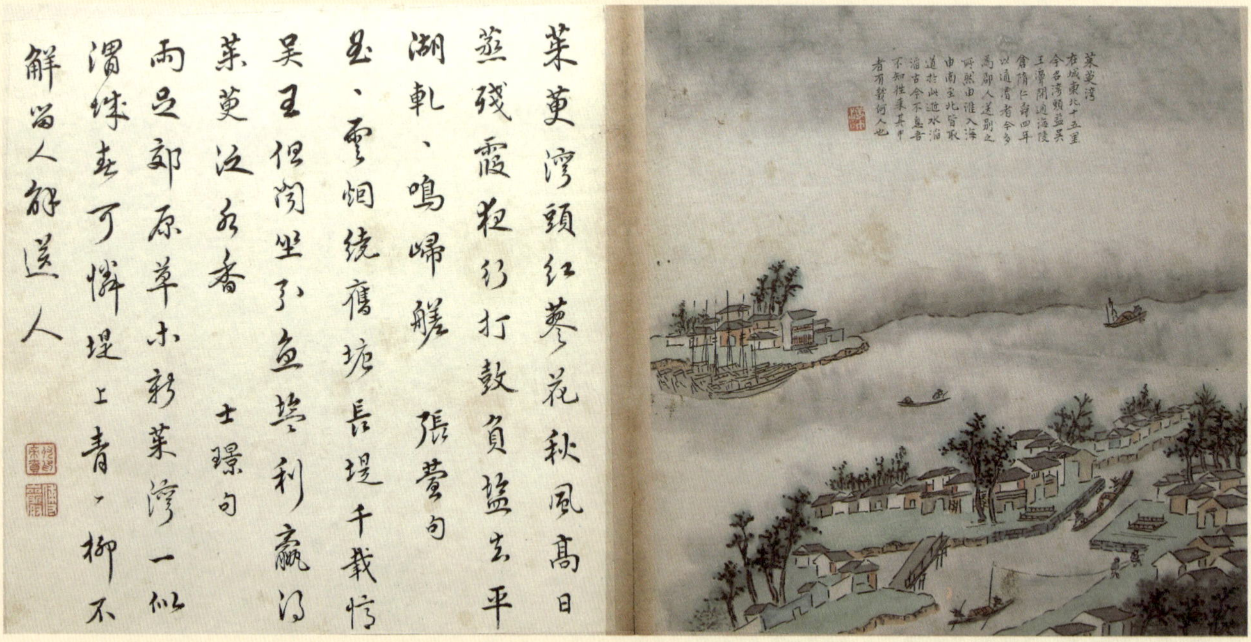

维扬八景图之茱萸湾

清代历朝《高邮州志》

保管单位：高邮市档案馆

内容及评价：

高邮市档案馆藏清代历朝《高邮州志》，是高邮清代较为系统和完整的地方志书，它包括：康熙、雍正、乾隆《高邮州志》，嘉庆《增修高邮州志》，道光《续增高邮州志》，光绪《再续高邮州志》，共九十五卷，除六卷康熙、十二卷雍正《高邮州志》为复制件外，其他为原件。这些志书基本完整系统，主要记录了古代高邮建置、田赋、山川、水利、风俗、物产、军政、人物等方面内容，是研究高邮的起源、名称的由来、丰富的特产、名人和古迹、渊远的历史文化及社会风土人情的第一手资料，具有重要的历史价值。

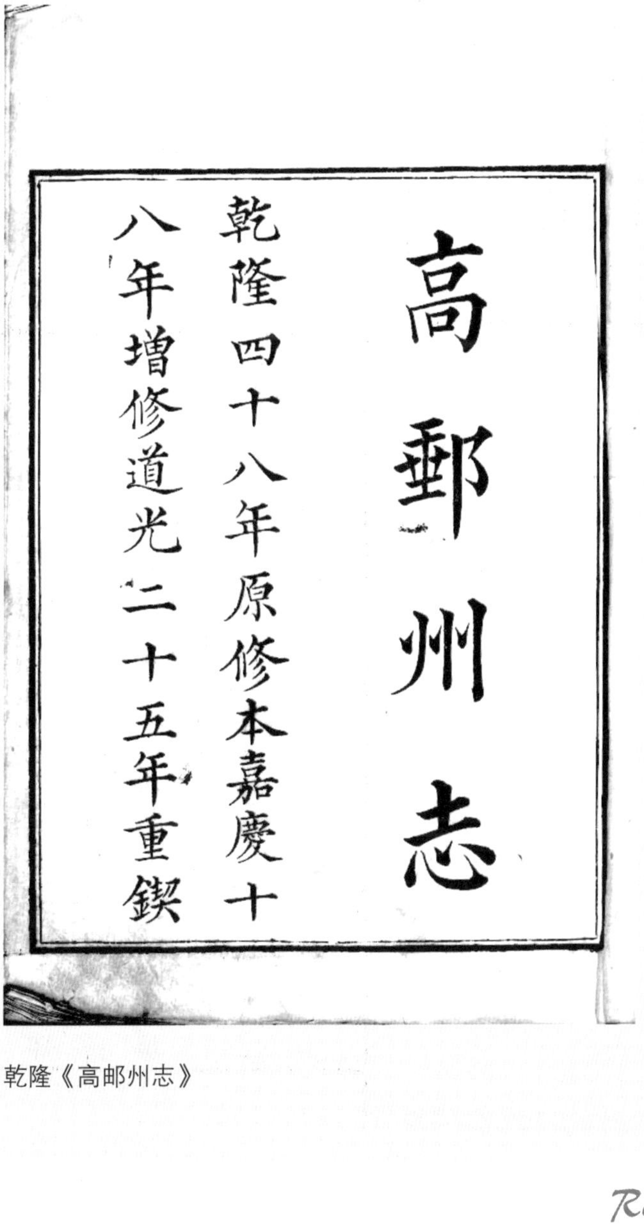

乾隆《高邮州志》

人物志

術藝

宋秦湛字處度少游子善著色山水見圖繪寶鑑

明王三樂字存齋明神宗時人精於醫著有運氣指明今蕪傳論者但傳其因年省病因人定藥因時立方因地投劑數語又言治閩粵蠱毒諸方尤爲奇驗書未見

國朝王琨字山輝石之子畫世其家法見前志琨孫濤字以恬少習祖業工花鳥設色久愈鮮明他手不及

道光《续增高邮州志》人物志

育嬰堂

存款

一存捐款典足錢一萬二千貫

道光二十三年十二月邑人沈在復等因普濟育嬰兩堂經費不敷稟請飭議公捐經知州黃紹元范鳳諧先後飭委吏目方觀國會同邑紳宋茂初等議捐遇有捐項隨即交典生息截至二十六年終除用淨存本利錢一萬一千九百三十七千七百二十三文其城鄉捐戶姓名州卷有冊可稽又經堂董高善

光绪《再续高邮州志》舆地志育婴堂

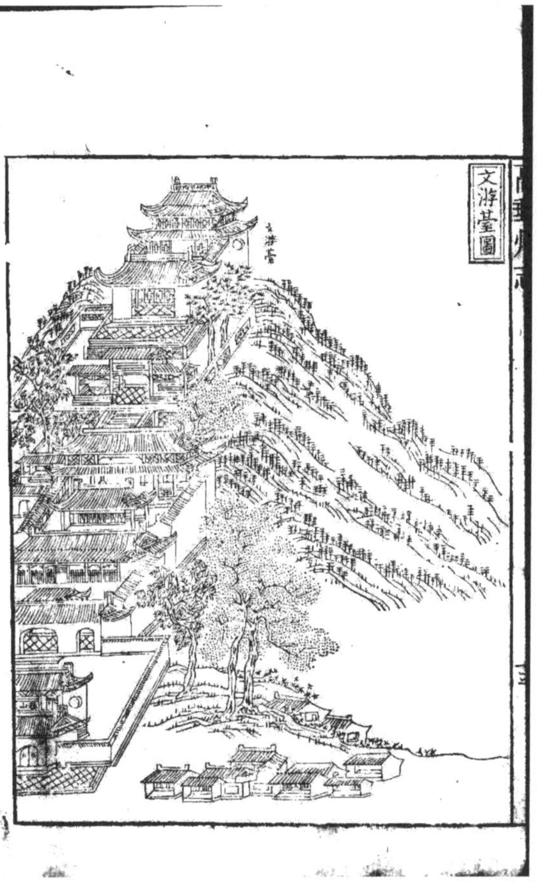

乾隆《高邮州志》文游台图

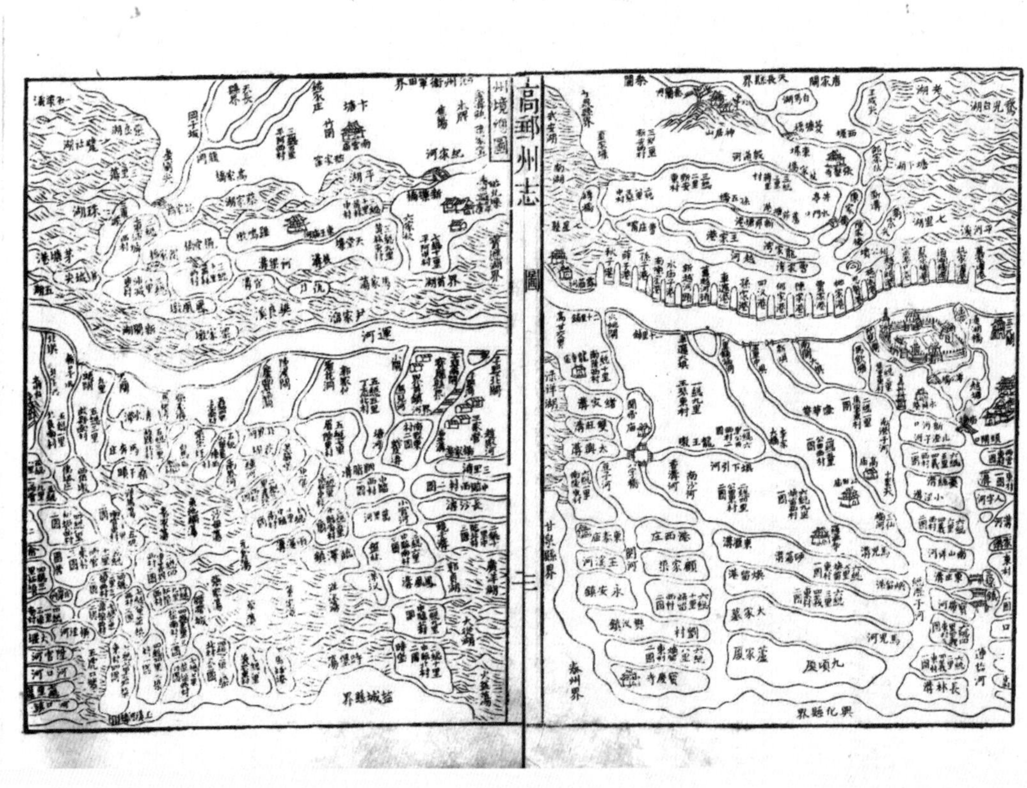

乾隆《高邮州志》高邮全境图

雍正《扬州府志》

保管单位： 扬州市档案馆

内容及评价：

馆藏雍正《扬州府志》为雍正十一年（1733）原刻本。两淮盐运使尹会一纂修，翰林院编修程梦星等纂，共四十卷。尹会一，字元孚，号健余，河北博野人，雍正十一年，擢两淮盐运使兼扬州知府，重修安定书院，兴起文教。程梦星，字午桥，号香溪，祖籍安徽歙县，寓居江都，官翰林院编修，因亲丧退隐归里，不复出，于念四桥东购筱园，并筑漪南别业，以寓四方名士。雍正《扬州府志》共四十卷。其中卷一舆图、卷二建置、卷三星野、卷四疆域、卷五城池、卷六都里、卷六山川、卷七河渠、卷八河渠、卷九水利、卷十风俗，卷十一物产、卷十二学校、卷十三公署、卷十四祠祀、卷十五赋役（关税用饷漕运屯粮附）、卷十六封建（战守附）、卷十七军政驿传附、卷十八盐法秩官附、卷十九至卷二十秩官、卷二十一至卷二十二选举上、卷二十三古迹、卷二十四冢墓、卷二十五寺观、卷二十六至卷二十七名宦、卷二十八至卷三十三人物、卷三十四列女、卷三十五撰述（附碑目）、卷三十六至卷三十九艺文、卷四十杂记。

《续四书全书提要》评该志说：“繁简较为得中，事备而文不增，乃其长也。”该志还注重考订工作，如对古今“扬州”之考辨，有补旧志之疏误。其《撰述》门类中附录碑目，如宋苏轼蜀冈诗石刻、唐杜佑八角石题名、元赵孟頫书于高邮的《元赵万户碑》等，有助于史迹考证和历史文化的研究。

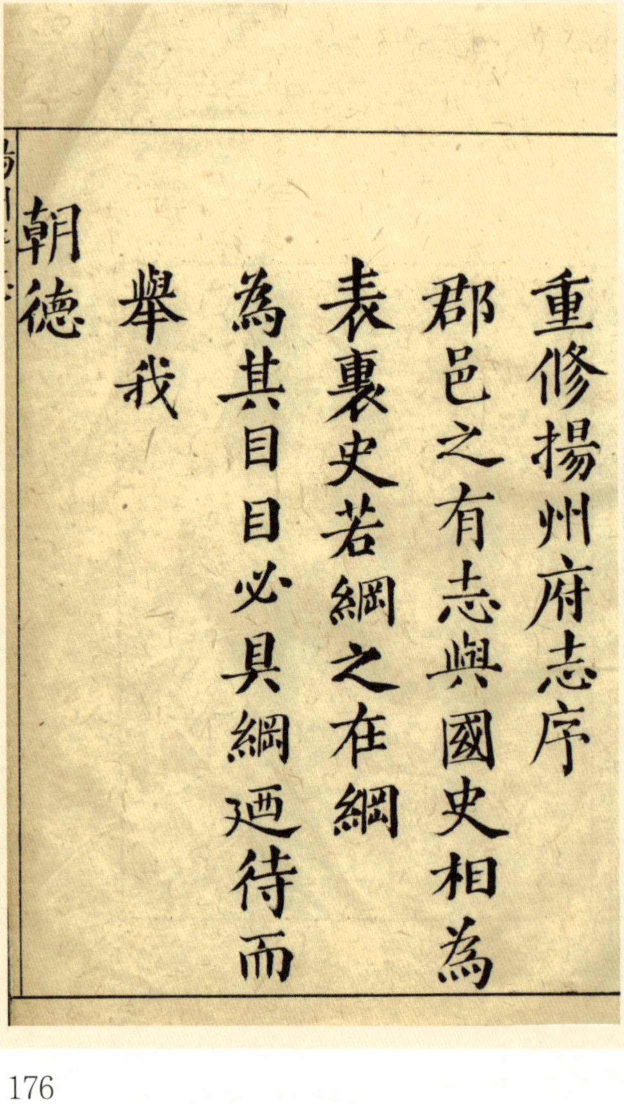
重修揚州府志序
郡邑之有志與國史相為
表裏史若綱之在綱
為其目目必具綱迺待而
舉我
朝德

雍正《扬州府志》序文

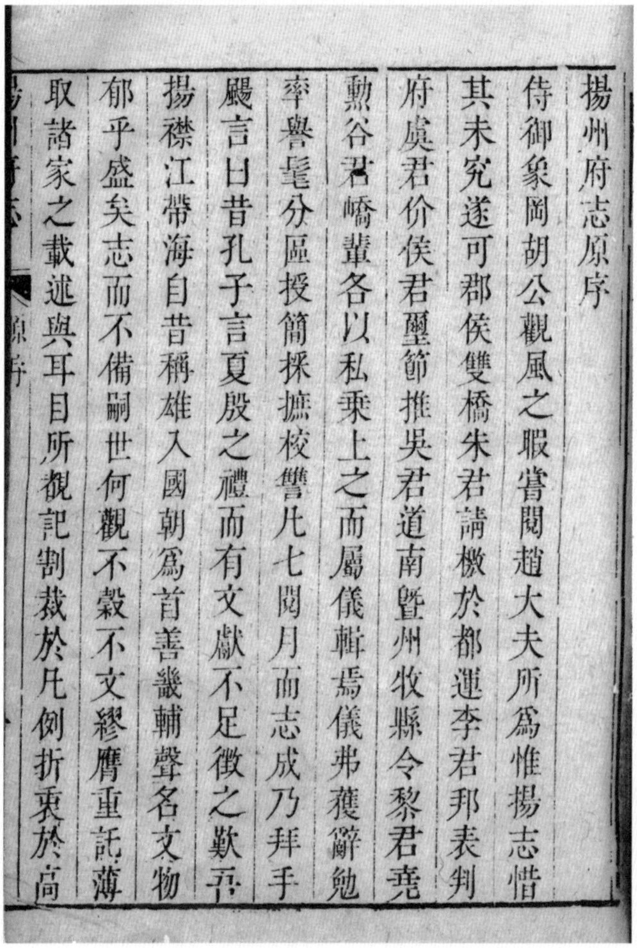

揚州府志原序

侍御象岡胡公觀風之暇嘗閱趙大夫所爲惟揚志惜其未究遂可郡侯雙橋朱君請檄於都運李君邦表判府虞君价侯君璽節推吳君道南暨州牧縣令黎君堯勳谷君嶠輩各以私秉上之而屬儀軒焉儀弗獲辭勉率譽髦分區授簡採摭校讐凡七閱月而志成乃拜手颺言曰昔孔子言夏殷之禮而有文獻不足徵之歎予揚襟江帶海自昔稱雄入國朝爲首善畿輔聲名文物郁乎盛矣志而不備嗣世何觀不穀不文繆膺重託薄取諸家之載述與耳目所覩記劄裁於凡例折衷於高

揚州府志　原序

雍正《扬州府志》原序

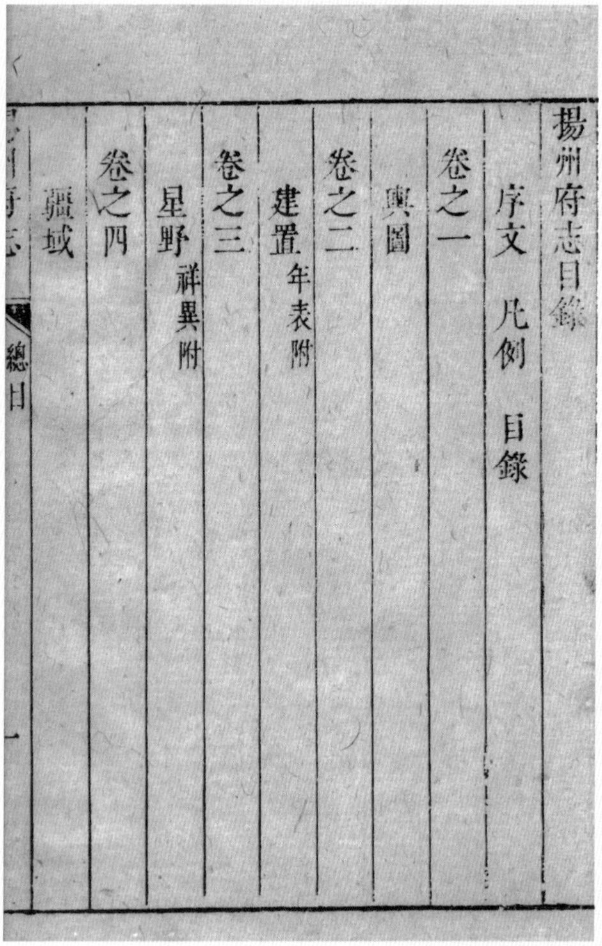

揚州府志目錄

序文　凡例　目錄

卷之一

輿圖

卷之二

建置　年表附

卷之三

星野　祥異附

卷之四

疆域

揚州府志　總目

雍正《扬州府志》目录

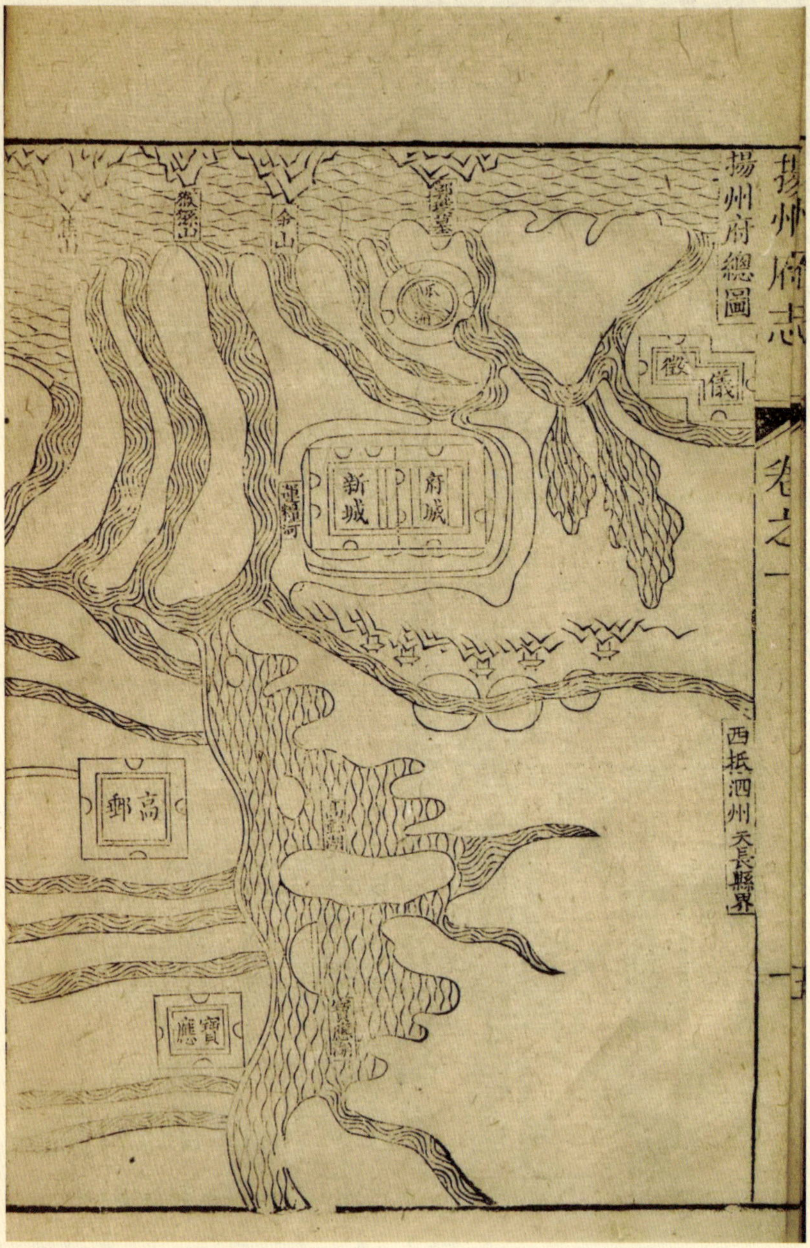

雍正《扬州府志》扬州府总图

《扬州画舫录》

保管单位：扬州市档案馆

内容及评价：

《扬州画舫录》是李斗所著的清代笔记集，成书于乾隆六十年（1795）。该书记录了当时扬州的社会生活和景物。其中，涉及园林的内容占有相当比例，所记诸园布局，特别详明。先总叙布局，再依次分述园内景物、布局，使读者对清代扬州园林有一个全貌性的了解。该书详细介绍了扬州二十四景、扬州八刹等。李斗（？~1817），字北有，号艾塘（一作艾堂），江苏仪征人，诸生，博通文史兼通戏曲、诗歌、音律等，有《艾塘曲录》《艾塘乐府》《永报堂诗集》《扬州画舫录》及《防风馆诗》等。

《扬州画舫录》共十八卷，分别为：草河录上、草河录下、新城北录上、新城北录中、新城北录下、城北录、城南录、城西录、小秦淮录、虹桥录上、虹桥录下、桥东录、桥西录、冈东录、冈西录、蜀岗录、工段营选录、舫匾录。该书以其搜罗广博、雅俗共赏而著称于世，其资料来源多系“考索于志乘碑版，咨询于故老通人，采访于舟人市贾”（阮元《序》），近乎全面地反映了康乾时期扬州经济、文化和生活状况。

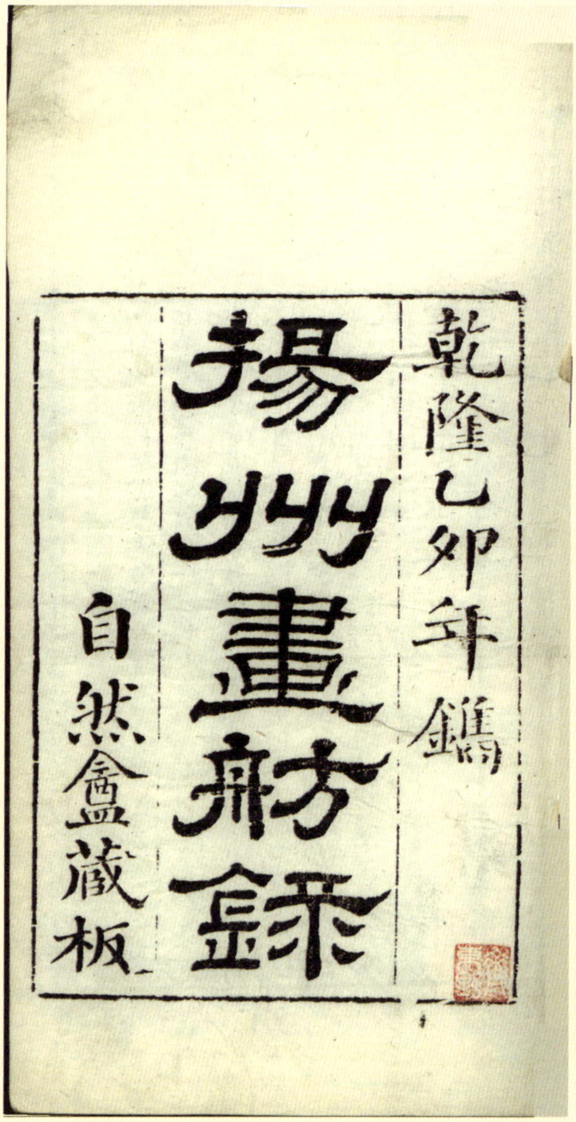

《扬州画舫录》封面

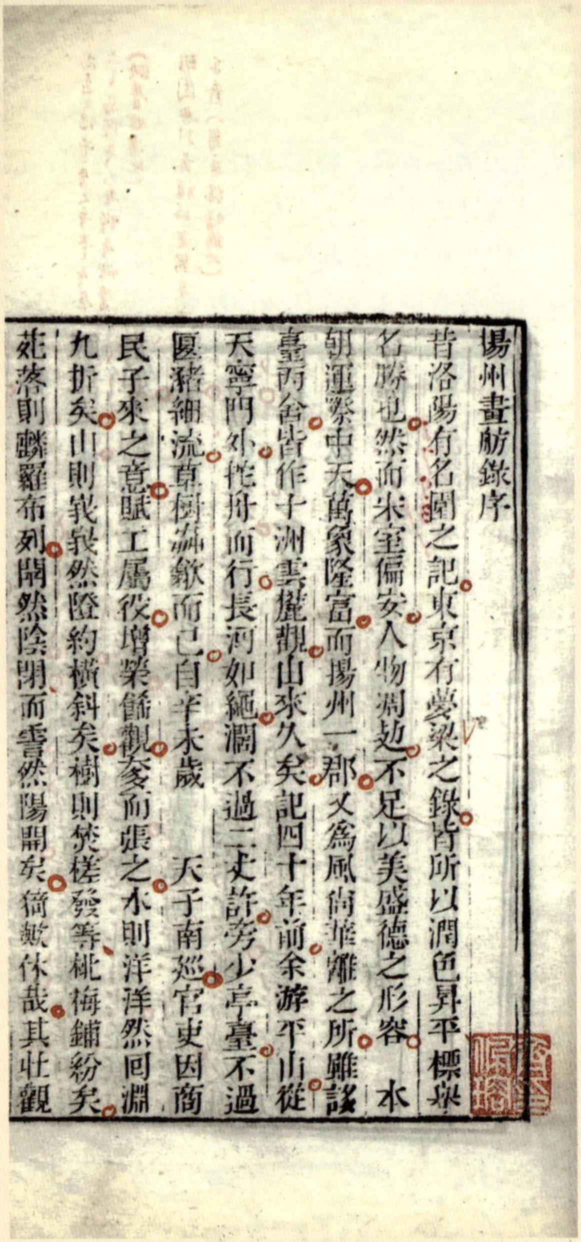

揚州畫舫錄序

昔洛陽有名園之記東京有夢粱之錄皆所以潤色昇平標舉名勝也然而宋室偏安人物凋敝不足以美盛德之形容 本朝運際中天萬象隆富而揚州一郡又爲風尚華離之所雖讌臺酉舍皆作于洲雲麗觀山來久矣記四十年前余游平山從天寧門外拕舟而行長河如繩濶不過二丈許旁少亭臺不過匽瀦細流草樹卉歙而已自辛未歲 天子南巡官吏因商民子來之意賦工屬役增榮飾觀奓而張之水則洋洋然回淵九折矣山則峩峩然隥約橫斜矣樹則焚槎發等桃梅鋪紛矣苑落則鱗羅布列閛然陰閉而霅然陽開矣猗歟休哉其壯觀

袁枚作《扬州画舫录》序文

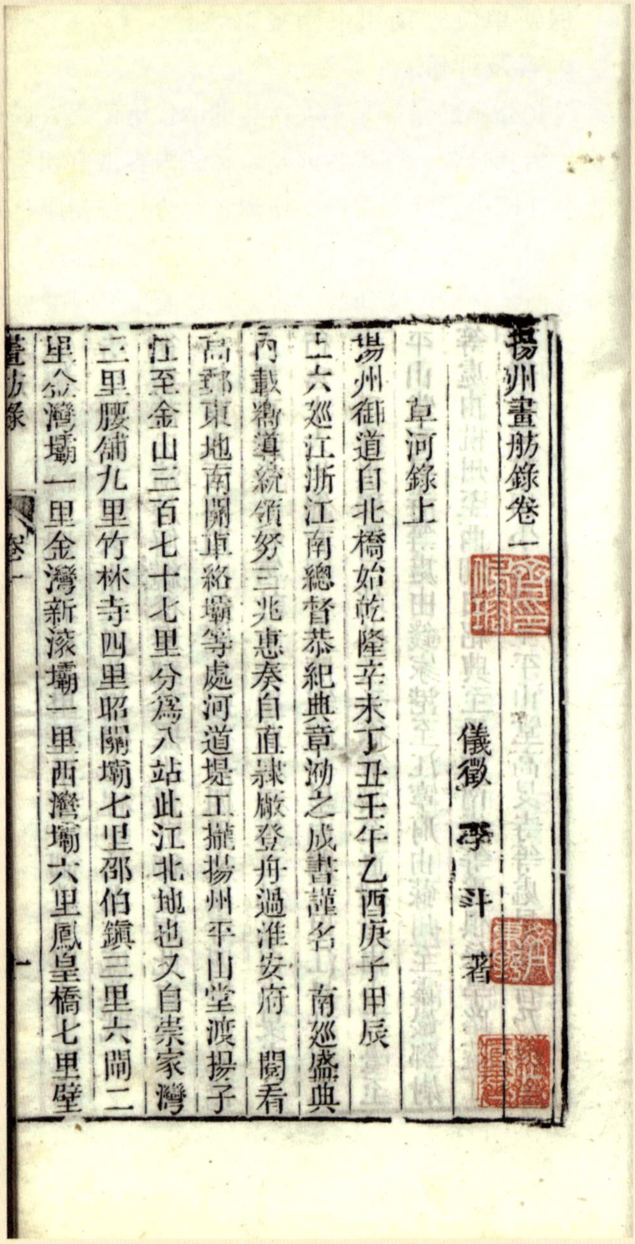

揚州畫舫錄卷一

草河錄上

儀徵李斗著

揚州御道自北橋始乾隆辛未丁丑壬午乙酉庚子甲辰上六巡江浙江南總督恭紀典章渤之成書謹名南巡盛典內載欽尊統領努三兆惠奏自直隸廠登舟過淮安府 閱看高郵東地南關車絡壩等處河道堤工擺揚州平山堂渡揚子江至金山三百七十七里分爲八站此江北地也又自崇家灣三里腰鋪九里竹林寺四里昭關壩七里邵伯鎮三里六閘二里金灣壩一里金灣新滚壩一里西灣壩六里鳳皇橋七里壁

畫舫錄 卷一 一

《扬州画舫录》正文

《扬州画舫录》配图

乾隆《江都县志》及嘉庆《江都县续志》

保管单位：扬州市档案馆、扬州市江都区档案馆

内容及评价：

扬州市档案馆藏有乾隆《江都县志》及嘉庆《江都县续志》，扬州市江都区档案馆同时藏有乾隆《江都县志》。

乾隆《江都县志》，由江都县知县五格、黄湘主修，翰林院编修程梦星等纂，初刻于乾隆八年（1743），馆藏本为光绪七年（1881）江都知县刘汝贤重刊木刻本。全志十册，共三十二卷，分别为：建置、星野、疆域、山川、学校、赋役、秩官、祠祀、军政、风俗、物产、选举、仕籍、名宦、乡贤、古迹、寺观、冢墓、人物（十卷）、列女、经籍、艺文、杂记。志尾有江都县知县刘汝贤为重刊江都县志而撰的跋。瞿宣颖《方志考稿》评论该志：“其卷首绘图有宋二城图及宋大城图，考订至为精审”，“全书类皆摘比故书中关于广陵事而成。”《续修四库提要》称许它“采摭颇备，文亦雅洁”。

嘉庆《江都县续志》由江都县知县王逢源修，国子监博士李宝泰辑。该志修于嘉庆十六年（1811），光绪七年（1881）江都知县刘汝贤重刊。除卷首、目录外，共二十卷，分别为：卷首天章；卷一祥异、疆域、城池、镇市、坊表、河渠、渡、堤、桥梁、学校、书院、义学；卷二赋役、漕屯、盐法；卷三秩官、公署；卷四祠祀、军政、选举、封荫；卷五仕籍、名宦、古迹、寺观、塚墓；卷六人物；卷七列女；卷八经籍、碑目；卷九、十艺文；卷十一、十二杂记。乾隆帝曾6次巡游，特于卷首添设“天章”。其秩官、古迹、艺文等类目中收录了不少关于曹寅在江都时的活动与诗文。还收录了徐乾学、杭世骏、厉鹗、赵翼等人流寓扬州的作品。此外，编者还注意搜采集镇资料，如对当时的瓜洲、大桥、宜陵等镇故实，皆着力收录，弥补了旧志的欠缺。“杂记”两卷，采录前此郡县志所未及的遗闻，并对前志内舛误之处作了考辨论证。

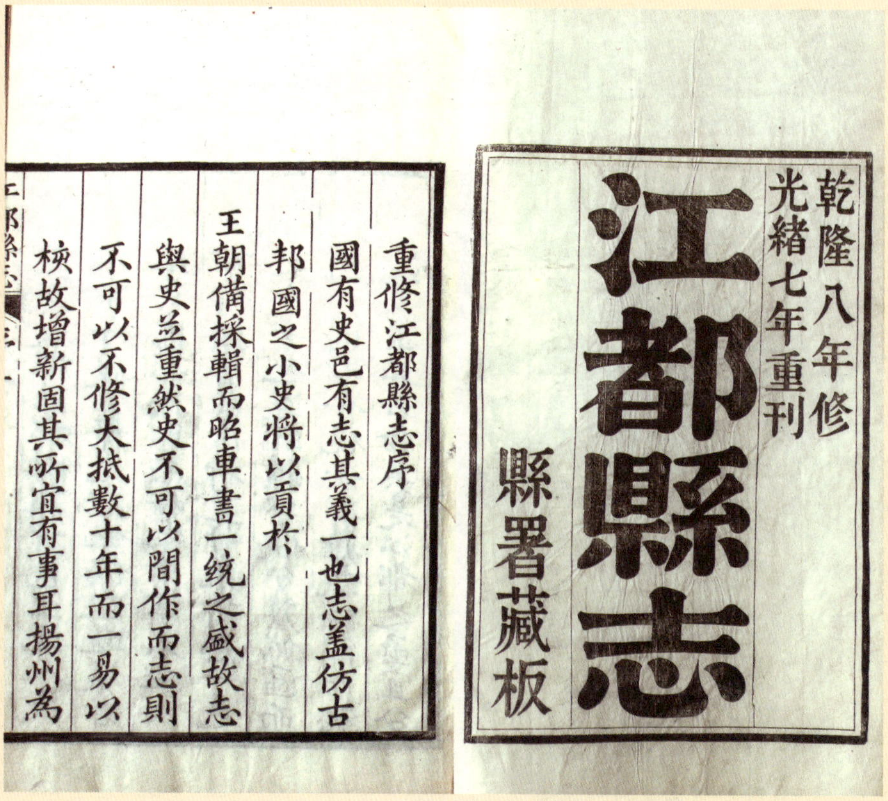
乾隆八年修
光緒七年重刊
江都縣志
縣署藏板

重修江都縣志序
國有史邑有志其義一也志蓋仿古
邦國之小史將以貢於
王朝備採輯而昭車書一統之盛故志
與史並重然史不可以間作而志則
不可以不修大抵數十年而一易以
榦故增新固其所宜有事耳揚州為

乾隆《江都县志》首页

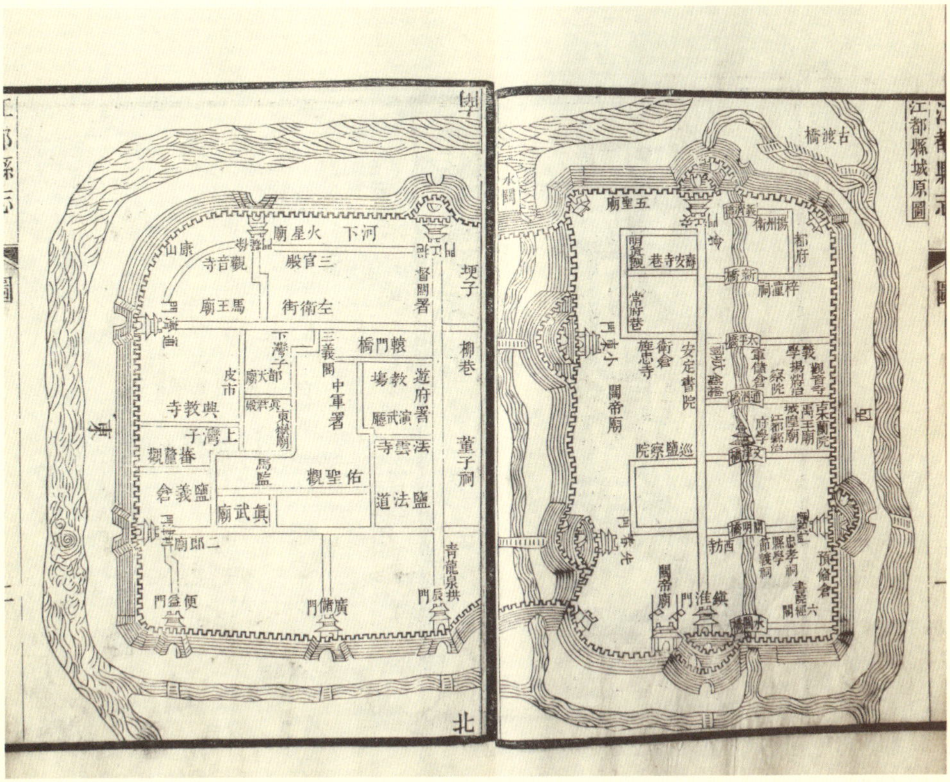

乾隆《江都县志》中的江都县城图

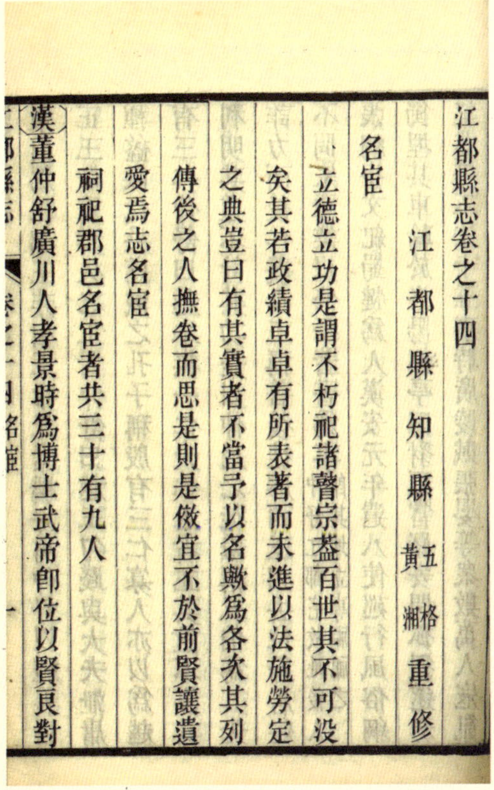
江都縣志卷之十四

江都縣知縣五格黃湘重修

名宦

立德立功是謂不朽祀諸瞽宗蓋百世其不可沒矣其若政績卓卓有所表著而未進以法施勞定之典豈曰有其實者不當予以名歟爲各次其列傳俾後之人撫卷而思是則是傚宜不於前賢讓遺愛爲志名宦

祠祀郡邑名宦者共三十有九人

漢董仲舒廣川人孝景時爲博士武帝即位以賢良對

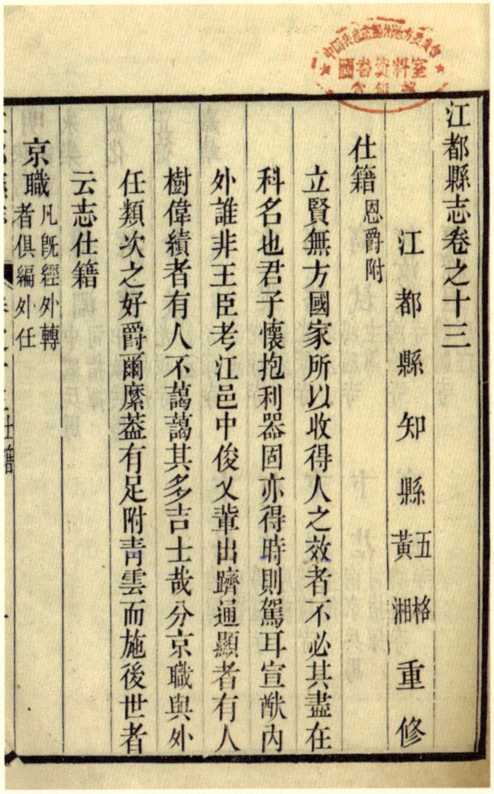
江都縣志卷之十三

江都縣知縣五格黃湘重修

仕籍恩爵附

立賢無方國家所以收得人之效者不必其盡在科名也君子懷抱利器固亦得時則駕耳宦猷內外誰非王臣考江邑中俊乂輩出躋通顯者有人樹偉績者有人不藹藹其多吉士哉分京職與外任類次之好爵爾縻盍有足附青雲而施後世者云志仕籍

京職凡既經外轉者俱編外任

乾隆《江都县志》正文

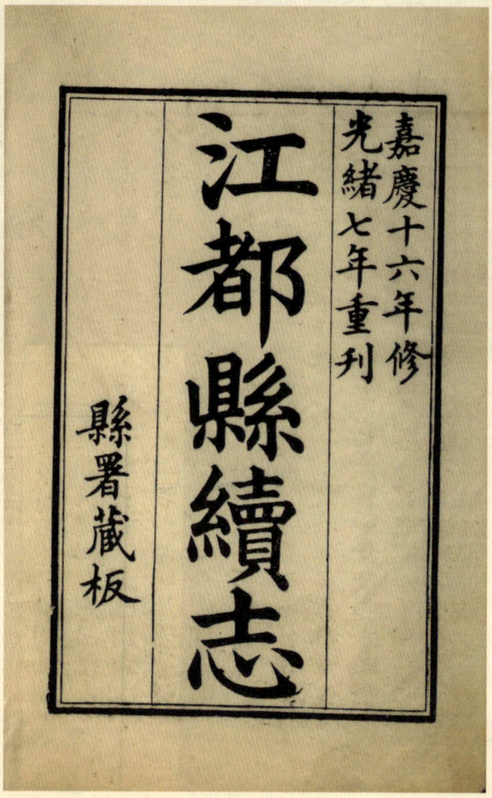

嘉慶十六年修
光緒七年重刊

江都縣續志

縣署藏板

嘉庆《江都县续志》扉页

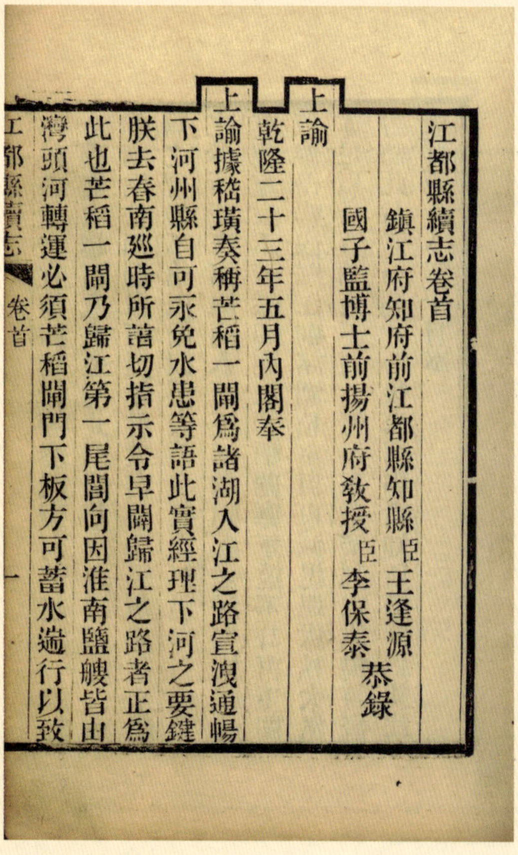

江都縣續志卷首

鎮江府知府前江都縣知縣臣王逢源
國子監博士前揚州府教授臣李保泰恭錄

上諭

乾隆二十三年五月內閣奉
上諭據嵇璜奏稱芒稻一閘爲諸湖入江之路宣洩通暢下河州縣自可永免水患等語此實經理下河之要鍵朕去春南巡時所諳切指示令早闢歸江之路者正爲此也芒稻一閘乃歸江第一尾閭向因淮南鹽艘皆由灣頭河轉運必須芒稻閘門下板方可蓄水遄行以致

江都縣續志　卷首　一

嘉庆《江都县续志》卷首

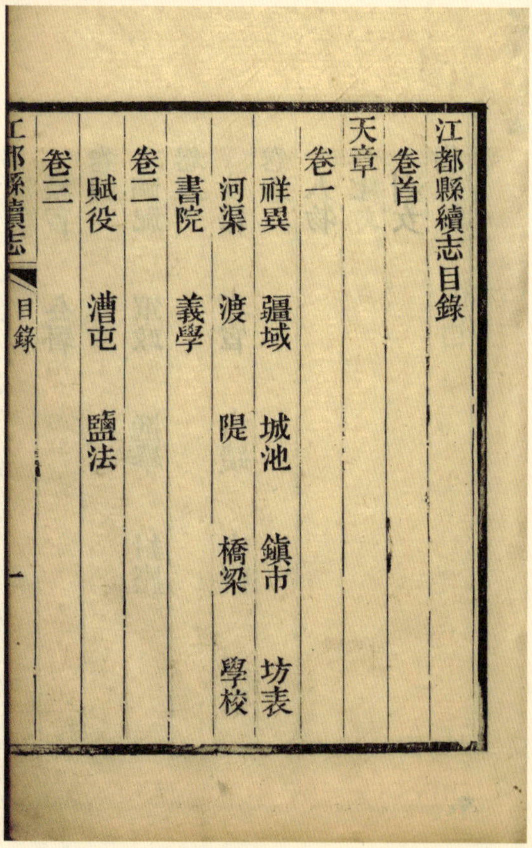

江都縣續志目錄

卷首
天章
卷一
祥異　疆域　城池　鎮市　坊表
河渠　渡　隄　橋梁　學校
書院　義學
卷二
賦役　漕屯　鹽法
卷三

江都縣續志　目錄

嘉庆《江都县续志》目录

嘉庆《重修扬州府志》

保管单位：扬州市档案馆

内容及评价：

嘉庆《重修扬州府志》于嘉庆十四年（1809）启局编纂，嘉庆十五年终成其事。两淮盐政阿克当阿主修，姚文田、江藩等纂。参与此志编纂的还有为数众多的翰林院编修和著名的乾嘉学者，在扬州今存旧志中，纂修队伍规模最大。馆藏为嘉庆十五年（1810）刻本复印。该志规模宏大，全志凡七十二卷、首一卷，分订成四十八册，总计一百多万言。卷首原序、职名、凡例、舆图；卷首外设巡幸、建置沿革、星野、疆域、山川、河渠、城池、都里、津梁、公署、学校、赋役、盐法、兵志、祠祀、家冢、寺观、古迹、秩官、选举、人物、风俗、物产、艺文、金石、事略、杂志。

该志记述时间起自远古扬州，止于嘉庆间。在资料采辑上，汇集府、州、县旧志及官牍档册、文献典籍，又增之采访资料，其文字篇幅在今存扬州各府志之上。对隋以前所称之扬州慎加考订，按实际地域记述，对异说及舛误之处，分条厘正，间附考辨。其规模篇幅不啻在扬州历代府志中首屈一指，就是在我国旧府志中亦可入洪篇巨帙之列，一直被视为清代的名志。

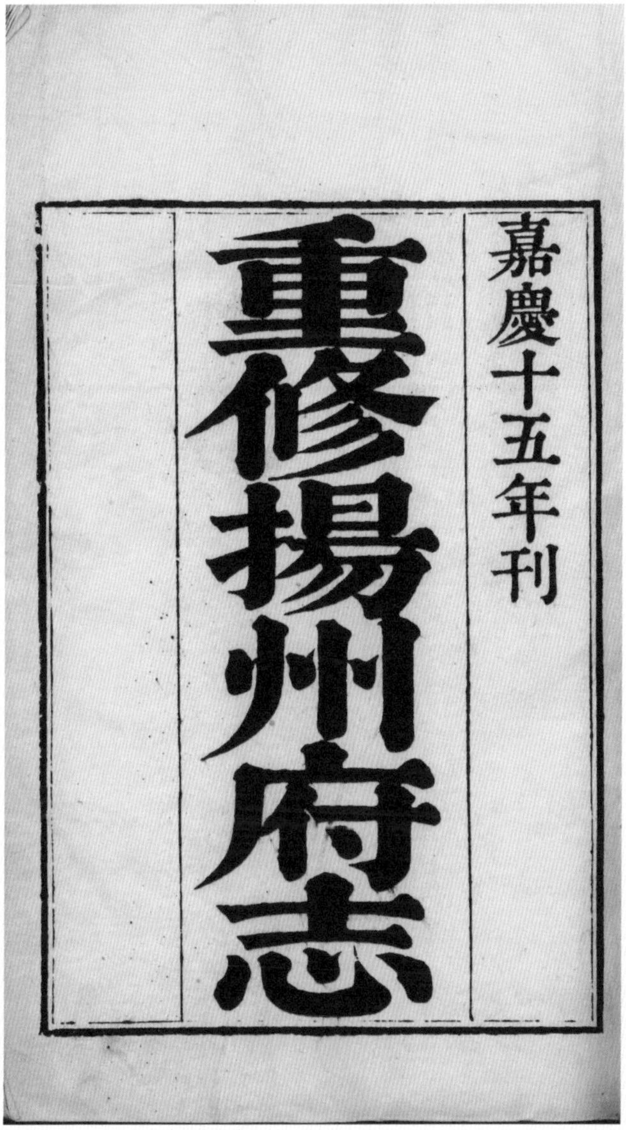

嘉庆《重修扬州府志》封面

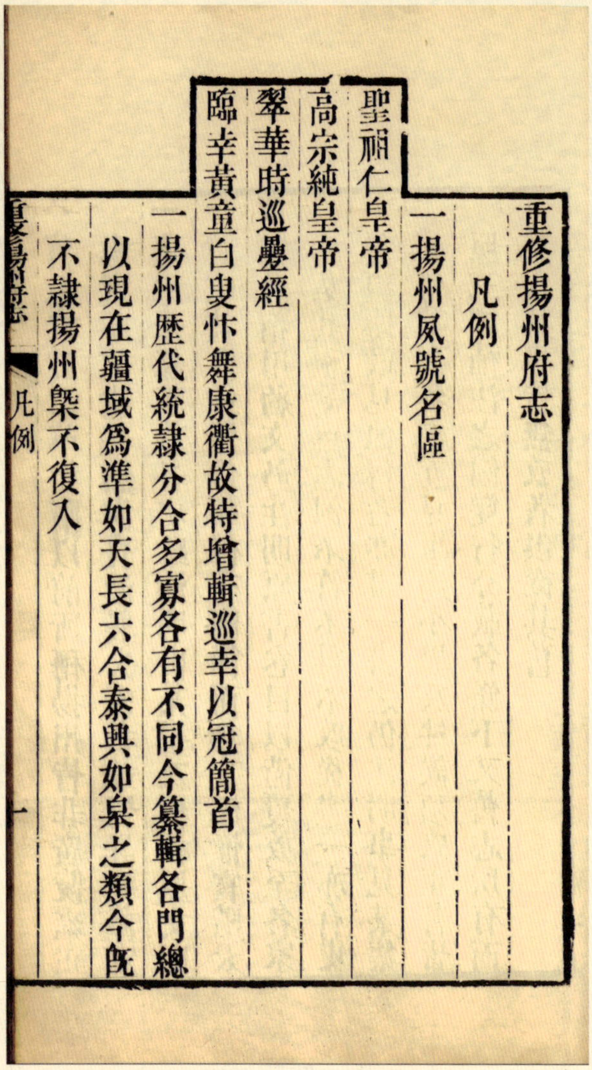

重修揚州府志

凡例

一揚州夙號名區

聖祖仁皇帝

高宗純皇帝

翠華時巡疊經

臨幸黃童白叟忭舞康衢故特增輯巡幸以冠簡首

一揚州歷代統隸分合多寡各有不同今纂輯各門總

以現在疆域爲準如天長六合泰興如皋之類今既

不隸揚州槩不復入

重修揚州府志　凡例　一

嘉庆《重修扬州府志》凡例

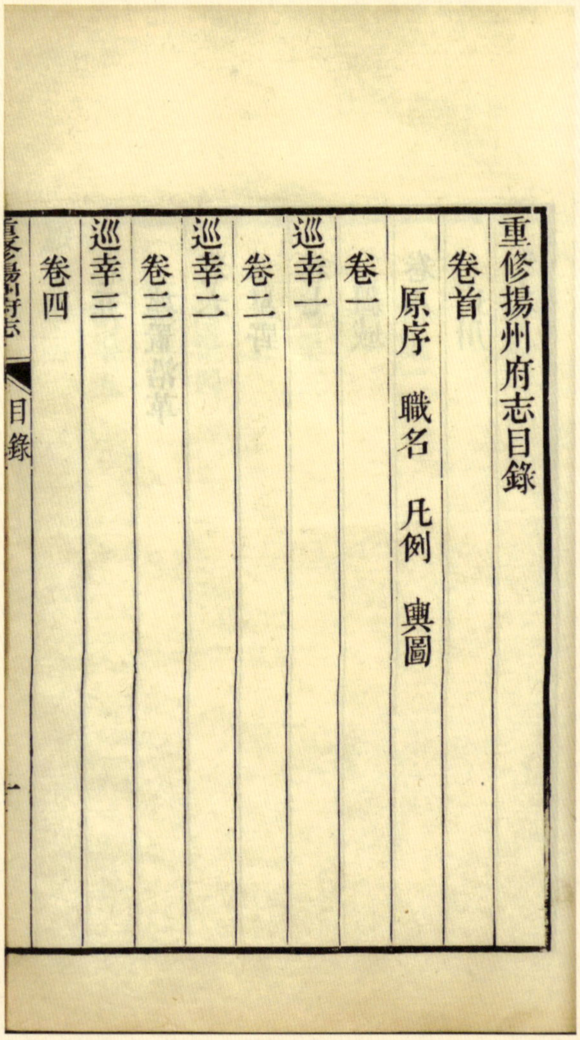

重修揚州府志目錄

卷首

原序　職名　凡例　輿圖

卷一

巡幸一

卷二

巡幸二

卷三

巡幸三

卷四

重修揚州府志　目錄　一

嘉庆《重修扬州府志》目录

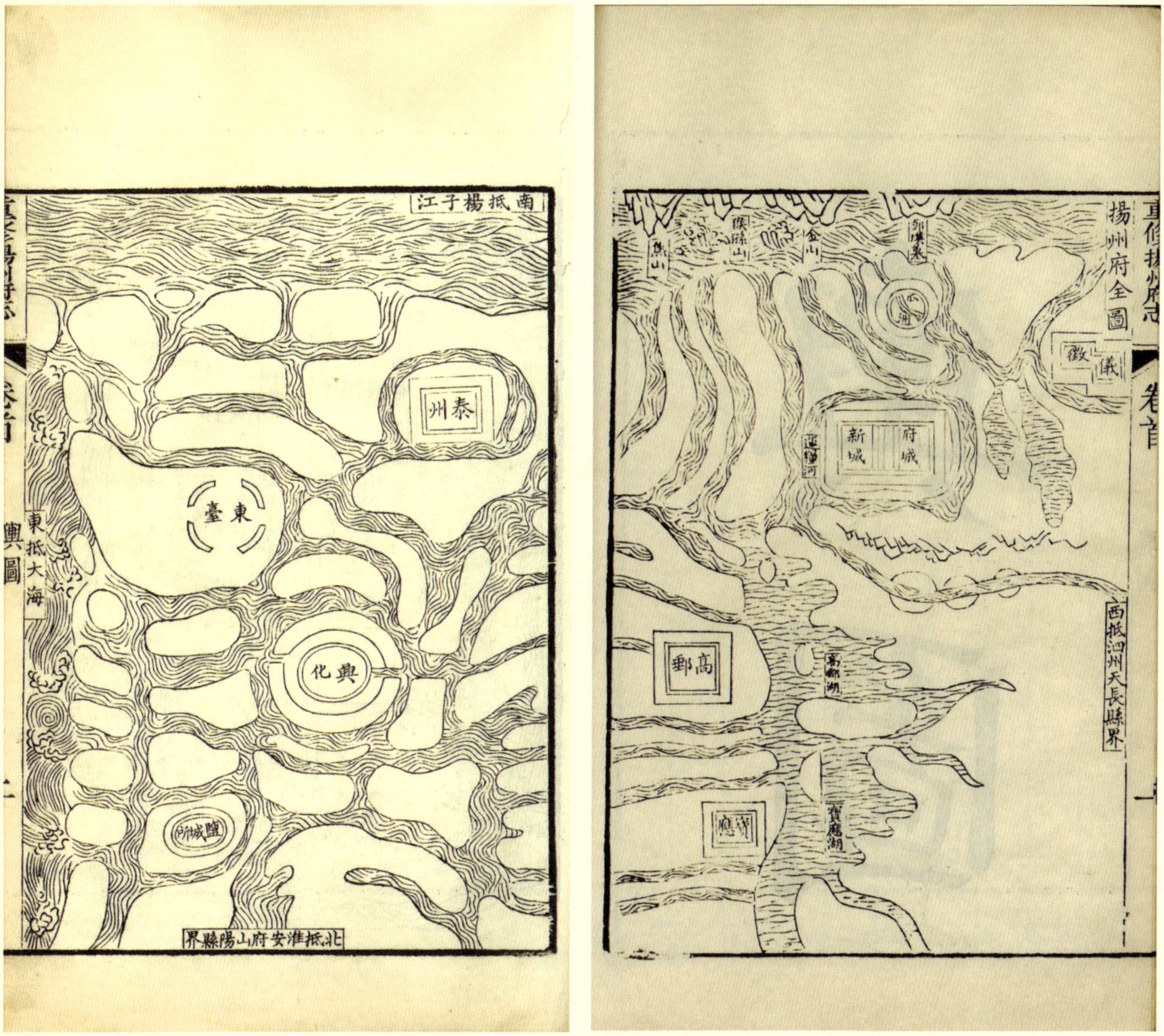

嘉庆《重修扬州府志》扬州府全图

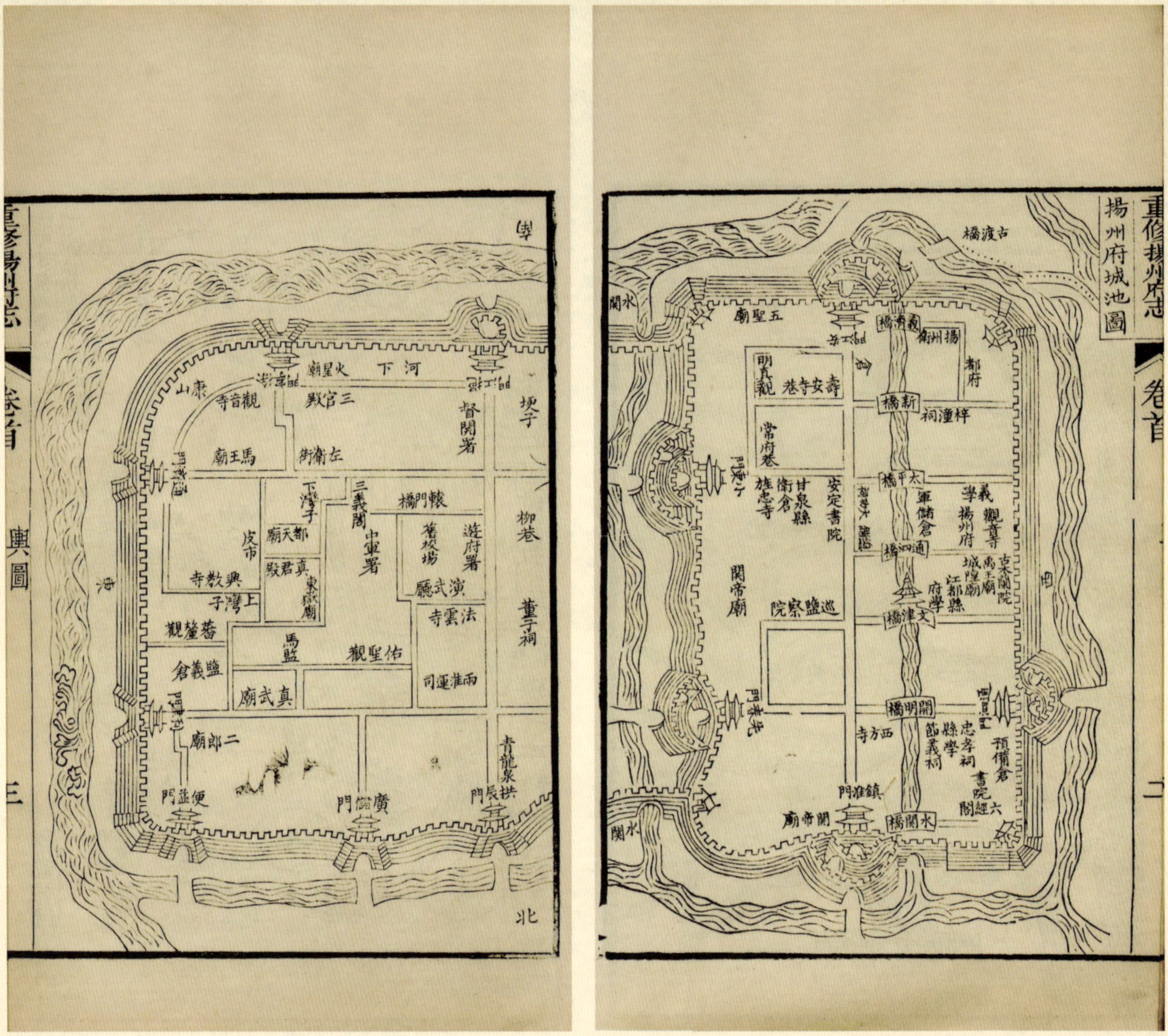

嘉庆《重修扬州府志》扬州城池图

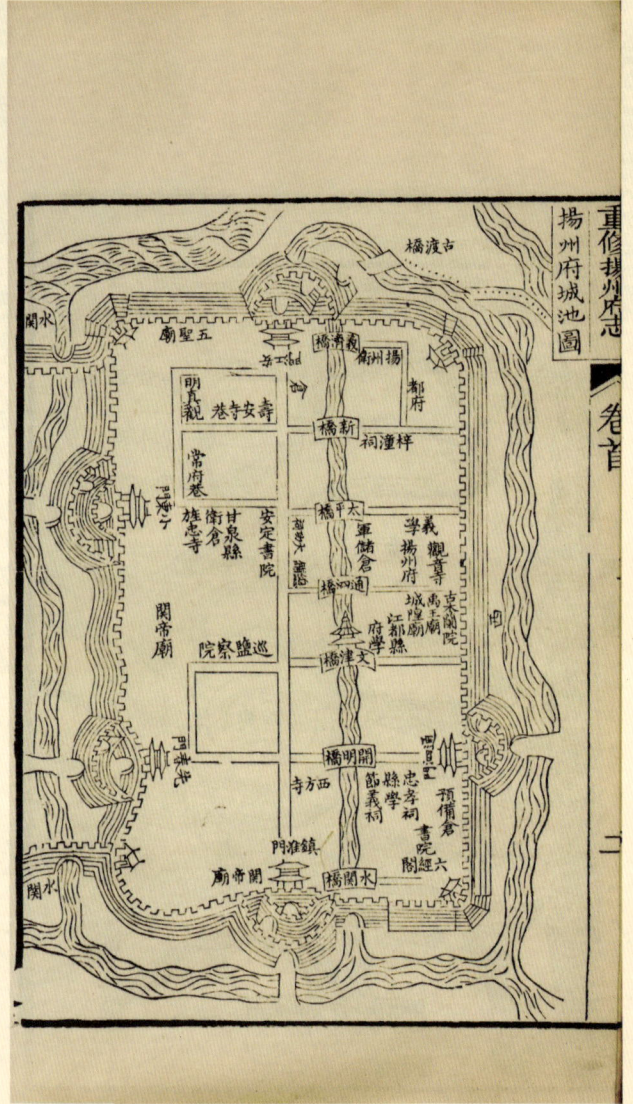

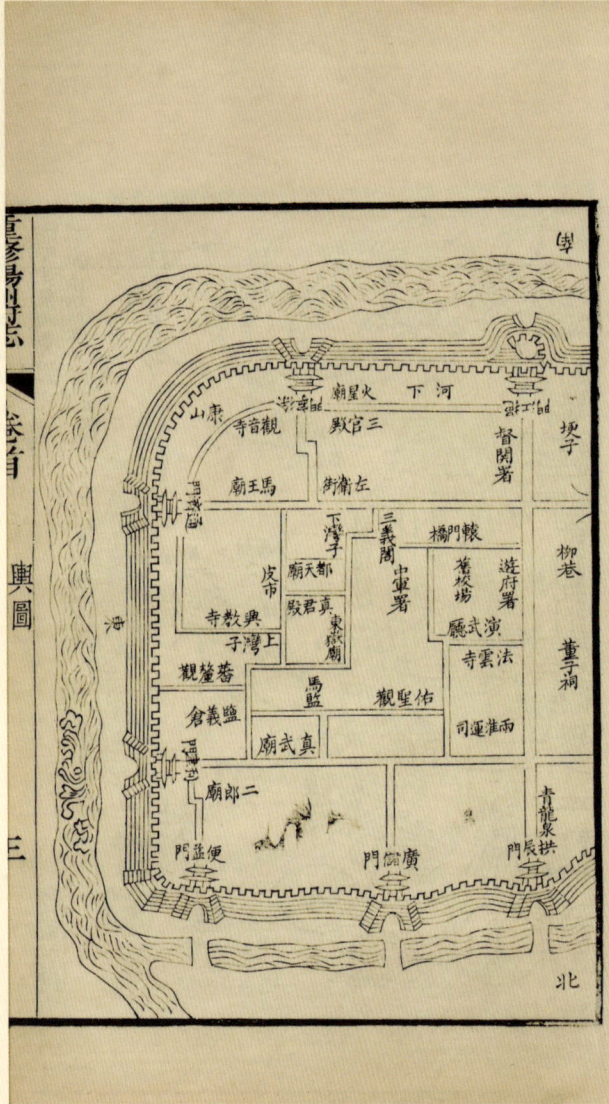

《扬州图经》

保管单位：扬州市档案馆

内容及评价：

《扬州图经》是清嘉庆年间焦循、江藩纂辑的一部扬州地方文献，系从众多资料中把有关扬州的各项文献记载辑录在一起，勾勒出千百年来扬州历史概貌。焦循(1763~1820)，字理堂（一字里堂），江苏甘泉人（今方巷人），嘉庆举乡试，与阮元齐名。博闻强记，于经史、历算、声韵、训诂之学都有研究，有通儒之称，扬州学派代表人物之一，有《里堂学算记》《北湖小志》《雕菰集》等。江藩（1761~1831），字子屏，号郑堂，晚号节甫，原籍安徽旌德之江村(今属白地镇)，后为甘泉(今江苏扬州)人，监生，博览群经，尤深汉诂。为古文词，豪迈雄俊。著《隶经文》、《炳烛室杂文》等。

馆藏《扬州图经》为扬州广陵古籍刻印社据嘉庆稿本校刊刻印本。共八卷，卷一：周、秦、汉、三国、晋、刘宋；卷二：齐、魏、梁、北周、陈、隋；卷三：唐；卷四：杨吴、南唐；卷五：北宋；卷六：南宋一；卷七：南宋二；卷八：元、明。该志以编年之体作述，又以熔裁精当，历来为学界所推崇。记述社会事迹与人物前后照应，记事中述及人物，人物传记中又补充历史事迹。对文献资料的辑录，作进一步补正、考辨和说明，除正史外，旁及野史、笔记、小说、考证文字和金石碑跋，资料颇为丰富和准确。

《扬州图经》扉页

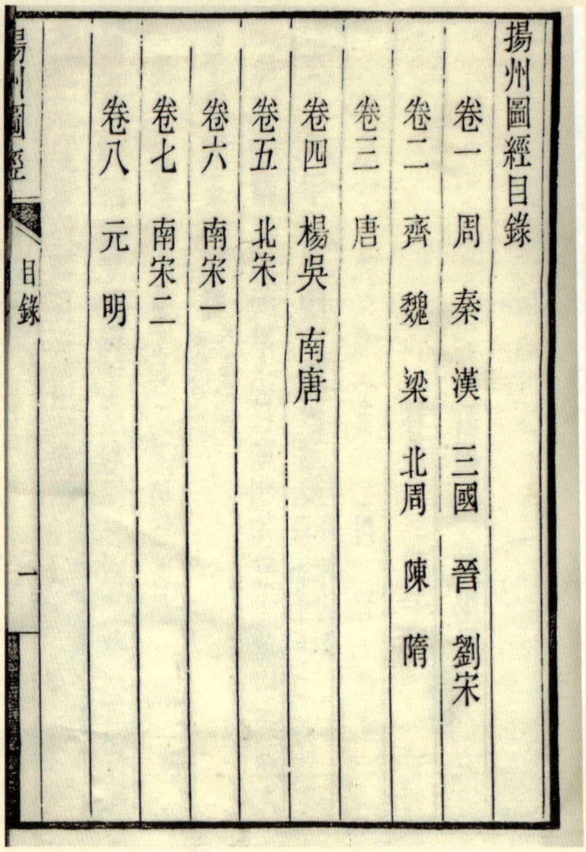

揚州圖經目錄

卷一 周 秦 漢 三國 晉 劉宋
卷二 齊 魏 梁 北周 陳 隋
卷三 唐
卷四 楊吳 南唐
卷五 北宋
卷六 南宋一
卷七 南宋二
卷八 元 明

揚州圖經 目錄 一

《扬州图经》目录

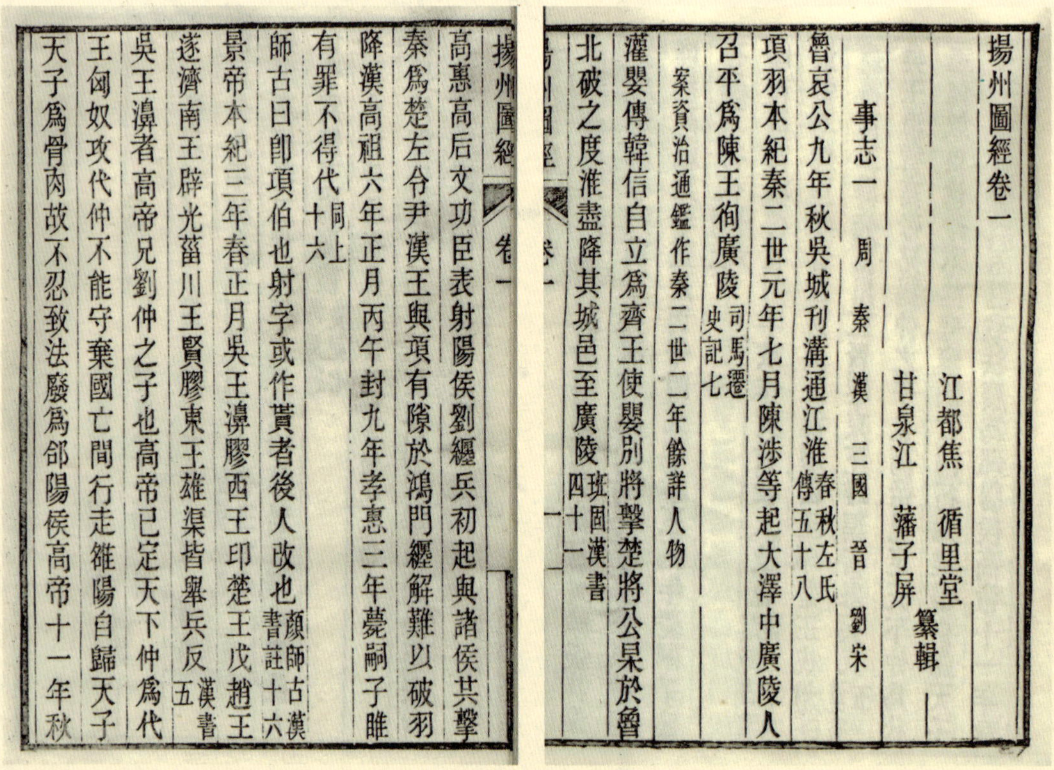

揚州圖經卷一

江都焦 循里堂
甘泉江 藩子屏 纂輯

事志一 周 秦 漢 三國 晉 劉宋

魯哀公九年秋吳城邗溝通江淮春秋左氏傳五十八
項羽本紀秦二世元年七月陳涉等起大澤中廣陵人召平爲陳王徇廣陵司馬遷史記七
案資治通鑑作秦二世二年餘詳人物
灌嬰傳韓信自立爲齊王使嬰別將擊楚將公杲於魯北破之度淮盡降其城邑至廣陵班固漢書四十一

揚州圖經 卷一 一

高惠高后文功臣表射陽侯劉纏兵初起與諸侯共擊秦爲楚左令尹漢王與項有隙於鴻門纏解難以破羽降漢高祖六年正月丙午封九年孝惠三年薨嗣子睢有罪不得代同上十六
師古曰即項伯也射字或作貰者後人改也顏師古漢書註十六
景帝本紀三年春正月吳王濞膠西王卬楚王戊趙王遂濟南王辟光菑川王賢膠東王雄渠皆舉兵反漢書五
吳王濞者高帝兄劉仲之子也高帝已定天下仲爲代王匈奴攻代仲不能守棄國亡間行走雒陽自歸天子天子爲骨肉故不忍致法廢爲郃陽侯高帝十一年秋

揚州圖經 卷一

《扬州图经》正文

同治《续纂扬州府志》

保管单位：扬州市档案馆

内容及评价：

《续纂扬州府志》为清两淮盐运使方浚颐监纂，扬州知府英杰监修，晏端书、钱振伦、卞宝第纂。该志初修于清嘉庆十五年（1810），至同治十三年（1874）方告完成，历经六十余年，期间曾遭太平天国战火。馆藏为清同治十三年（1874）刻本复印。全志共二十四卷，分别为：卷一、二河渠；卷三城池、公署、学校；卷四赋役、盐法、兵志；卷五祠祀、冢墓、寺观、古迹；卷六秩官；卷七选举；卷八宦迹；卷九至卷二十一人物；卷二十二、二十三艺文；卷二十四事略、杂志。志中先对旧志阙佚者加以补刊，然后增纂新编。于每篇之首，用夹注叙其接续原委。全志内容偏重反映晚清之际水灾兵祸等社会情况，较详细地记述了嘉庆十六年（1811）至道光十三年（1833）扬州区域的河工成案，对其后的水利工程、增设改建及加高拆除的闸坝、河官的改制等情况亦附记述。“事略”中较多地记述了太平军在扬州的战事、捻军在扬州的活动。《续修四库全书提要》对它评价较高：“皆以志成硕学主持其事，立名既示谦虚，持论归纯正，凡所引据，亦皆详确。”

同治《续纂扬州府志》扉页

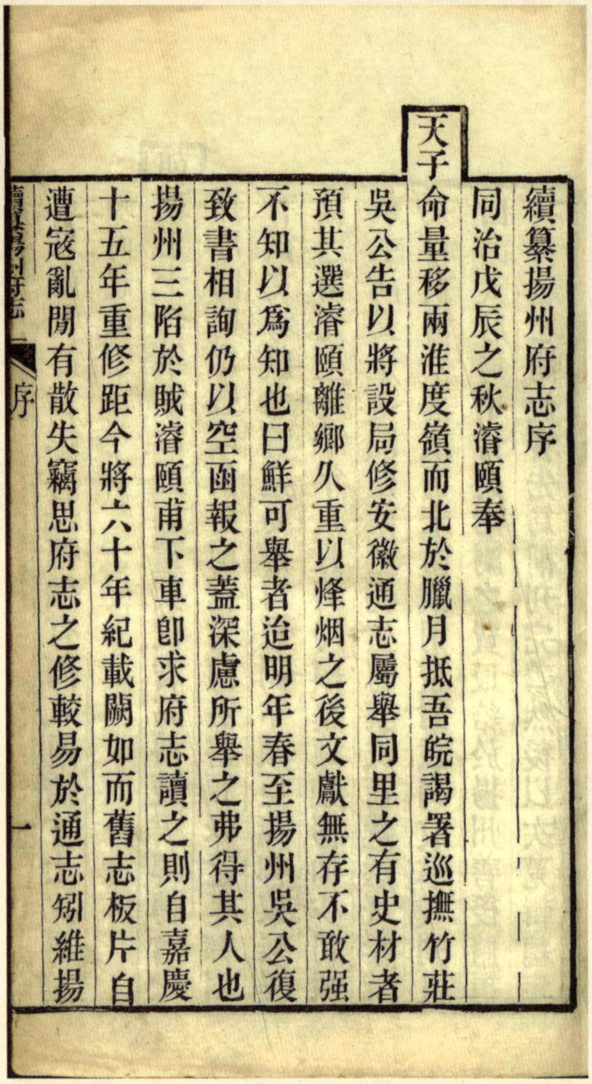

續纂揚州府志序

同治戊辰之秋濬頤奉
天子命量移兩淮度嶺而北於臘月抵吾皖謁署巡撫竹莊
吳公告以將設局修安徽通志屬舉同里之有史材者
預其選濬頤離鄉久重以烽烟之後文獻無存不敢强
不知以爲知也曰鮮可舉者迨明年春至揚州吳公復
致書相詢仍以空函報之蓋深慮所舉之弗得其人也
揚州三陷於賊濬頤甫下車即求府志讀之則自嘉慶
十五年重修距今將六十年紀載闕如而舊志板片自
遭寇亂閒有散失竊思府志之修較易於通志矧維揚

續纂揚州府志 序 一

同治《续纂扬州府志》序

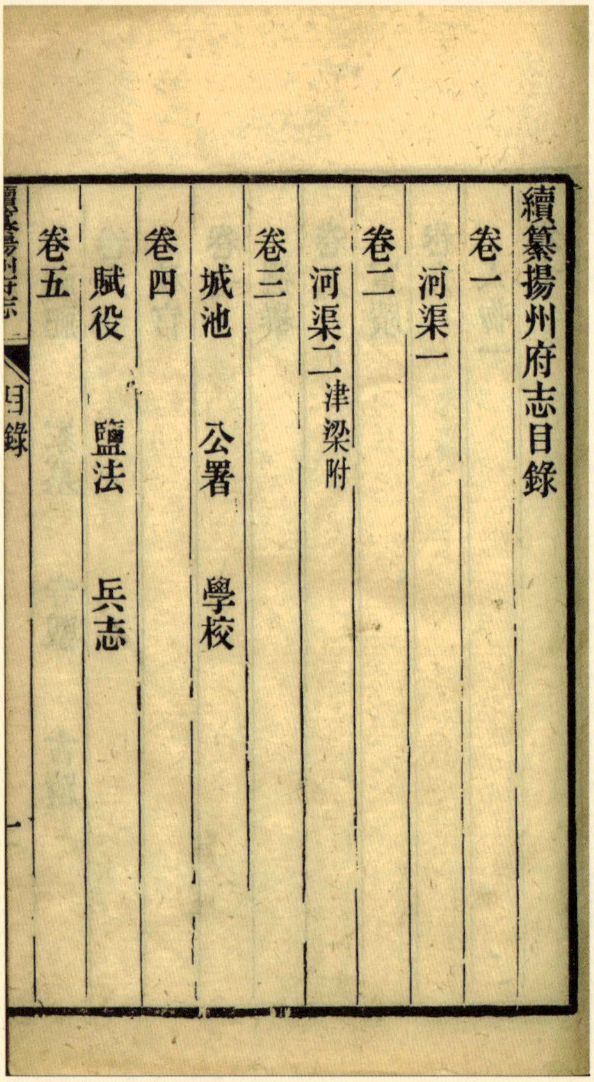

續纂揚州府志目錄

卷一
河渠一
卷二
河渠二津梁附
卷三
城池 公署 學校
卷四
賦役 鹽法 兵志
卷五

續纂揚州府志 目錄 一

同治《续纂扬州府志》目录

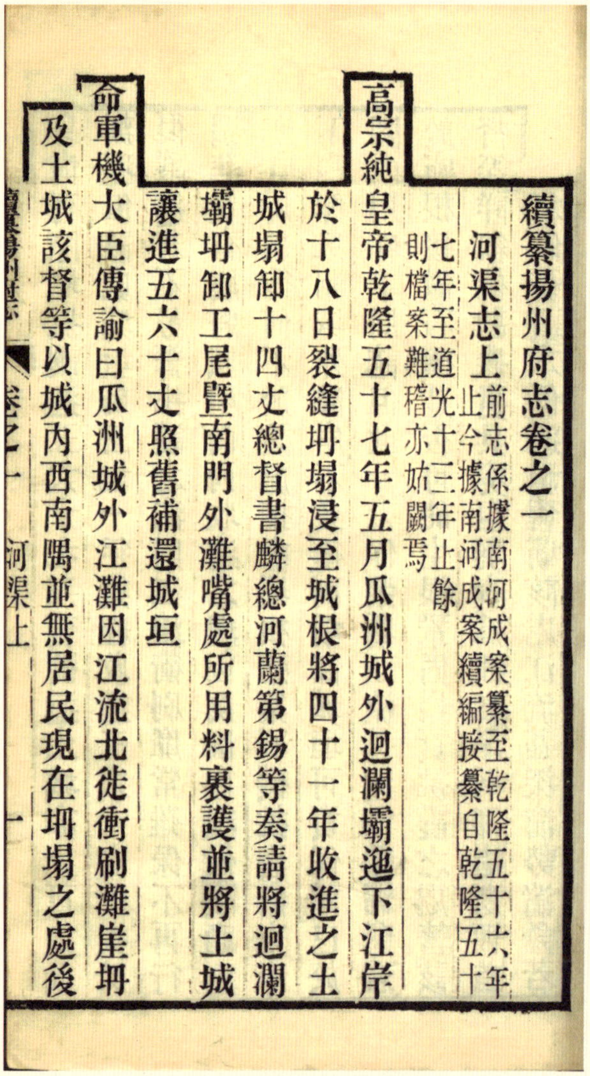

續纂揚州府志卷之一

河渠志上 前志係據南河成案纂至乾隆五十六年止今據南河成案續編接纂自乾隆五十七年至道光十三年止餘則檔案難稽亦姑闕焉

高宗純皇帝乾隆五十七年五月瓜洲城外迴瀾壩迤下江岸於十八日裂縫坍塌浸至城根將四十一年收進之土城塌卸十四丈總督書麟總河蘭第錫等奏請將迴瀾壩坍卸工尾暨南門外灘嘴處所用料裹護並將土城讓進五六十丈照舊補還城垣

命軍機大臣傳諭曰瓜洲城外江灘因江流北徙衝刷灘崖坍

及土城該督等以城內西南隅並無居民現在坍塌之處後

續纂揚州府志 卷之一 河渠上 一

同治《续纂扬州府志》正文

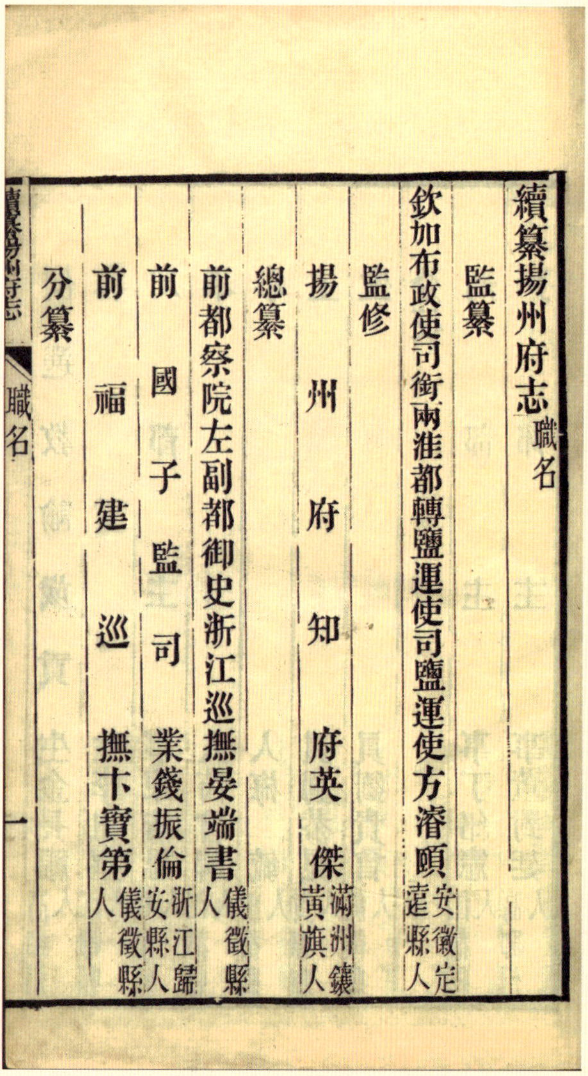

續纂揚州府志 職名

監纂

欽加布政使司銜兩淮都轉鹽運使司鹽運使方濬頤 安徽定遠縣人

監修

揚州府知府英傑 滿洲鑲黃旗人

總纂

前都察院左副都御史浙江巡撫晏端書 儀徵縣人

前國子監司業錢振倫 浙江歸安縣人

前福建巡撫卞寶第 儀徵縣人

分纂

續纂揚州府志 職名 一

同治《续纂扬州府志》职名

《广陵通典》

保管单位：扬州市档案馆

内容及评价：

《广陵通典》，由清代著名哲学家、文学家、史学家汪中编纂。汪中（1745~1794），原名秉中，字容甫，江都（今扬州）人，祖籍安徽歙县，与阮元、焦循同为“扬州学派” 的杰出代表。乾隆四十二年（1777）拔贡，后绝意仕进。遍读经史百家之书，卓然成家。能诗，工骈文，所作《哀盐船文》，为名儒杭世骏所叹赏，誉为“惊心动魄，一字千金”。因此文名大显。精于史学，曾博考先秦图书，研究古代学制兴废。著有《述学》《广陵通典》《容甫遗诗》等。

《广陵通典》是记载扬州地方史事的一部编年体史书，记事始于春秋时代吴王夫差开邗沟筑邗城，迄于唐昭宗乾宁元年杨行密事。按照汪中的写作计划，本书记事的下限为明清之际史可法守扬州。但是，他只写到唐朝末年，就因病去世了。道光三年（1823），其后人将遗稿刻印行世。该书共十卷，二本，品相完好，字迹清晰，在研究扬州历史，尤其在考证沿革、历代人物、典礼等方面有重要的史料参考价值。

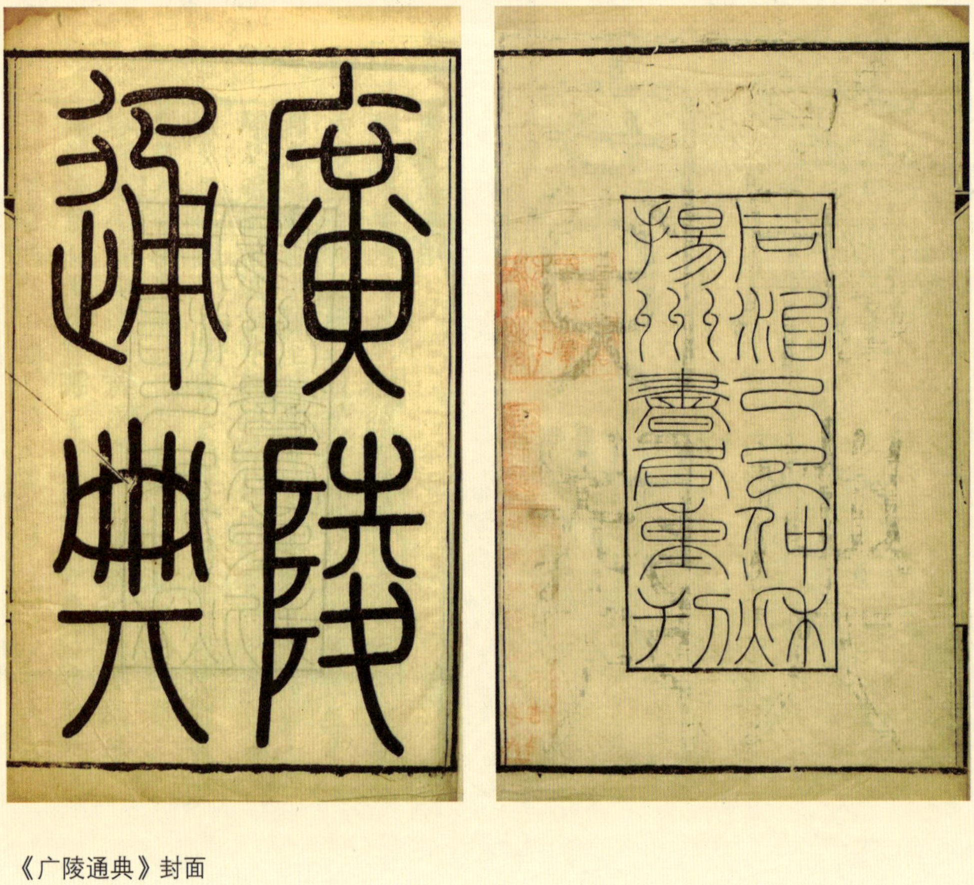

《广陵通典》封面

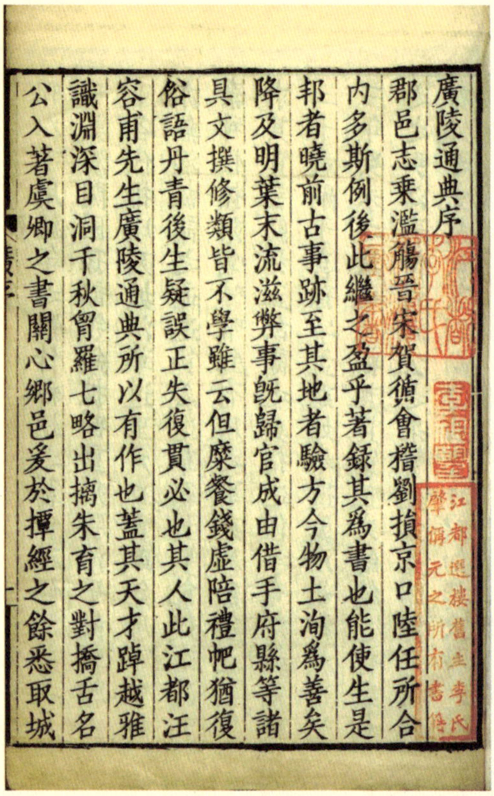

廣陵通典序
郡邑志乘濫觴晉宋賀循會稽劉損京口陸任所合
内多斯例後此繼之盈乎著錄其爲書也能使生是
邦者曉前古事跡至其地者驗方今物土洵爲善矣
降及明葉末流滋弊事既歸官成由借手府縣等諸
具文撰修類皆不學雖云但糜餐錢虛陪禮帗猶復
俗語丹青後生疑誤正失復貫必也其人此江都汪
容甫先生廣陵通典所以有作也蓋其天才踔越雅
識淵深目洞千秋胷羅七略出擒朱育之對撟舌名
公入著虞卿之書關心鄉邑爰於撢經之餘悉取城

《广陵通典》序文

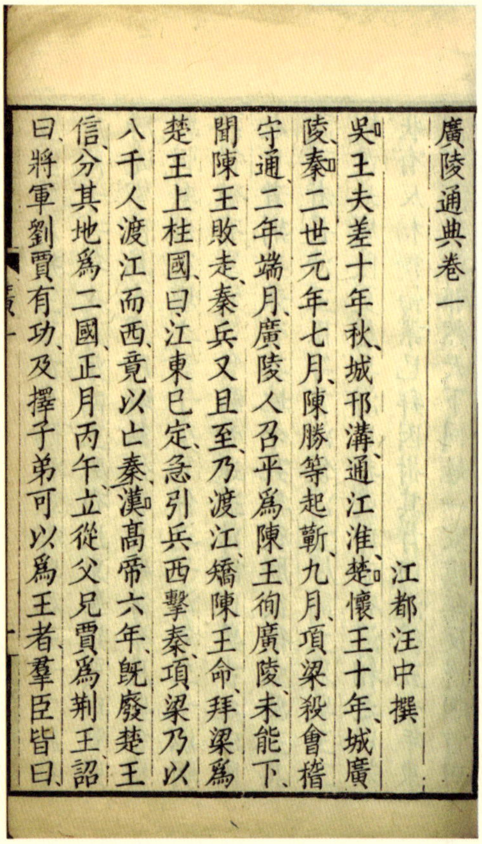

廣陵通典卷一
江都汪中撰
吳王夫差十年秋城邗溝通江淮楚懷王十年城廣
陵秦二世元年七月陳勝等起蘄九月項梁殺會稽
守通二年端月廣陵人召平爲陳王徇廣陵未能下
聞陳王敗走秦兵又且至乃渡江矯陳王命拜梁爲
楚王上柱國曰江東已定急引兵西擊秦項梁乃以
八千人渡江而西竟以亡秦漢高帝六年既廢楚王
信分其地爲二國正月丙午立從父兄賈爲荆王詔
曰將軍劉賈有功及擇子弟可以爲王者羣臣皆曰

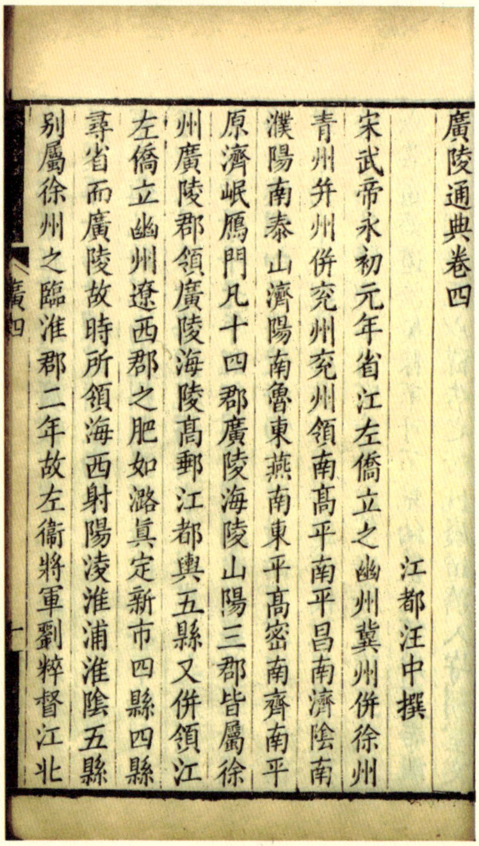

廣陵通典卷四
江都汪中撰
宋武帝永初元年省江左僑立之幽州冀州併徐州
青州并州併兗州兗州領南高平南平昌南濟陰南
濮陽南泰山濟陽南魯東燕南東平高密南齊南平
原濟岷鴈門凡十四郡廣陵海陵山陽三郡皆屬徐
州廣陵郡領廣陵海陵高郵江都輿五縣又併領江
左僑立幽州遼西郡之肥如潞眞定新市四縣四縣
尋省而廣陵故時所領海西射陽淩淮浦淮陰五縣
別屬徐州之臨淮郡二年故左衞將軍劉粹督江北

《广陵通典》正文

《增修甘泉县志》

保管单位：扬州市档案馆

内容及评价：

《增修甘泉县志》光绪七年（1881）刊，徐成敷、桂正华修，陈浩恩等纂。是书在清乾隆八年所修二十卷方志和嘉庆十五年续修十卷方志基础上再次编修。馆藏本为清光绪七年活字本。全志除卷首、目录外，共二十四卷，分别为：卷一建置沿革、星野、祥异；卷二形胜、疆域、城池、山川、桥渡；卷三水利、陂塘、堤坝、河防；卷四民赋、盐法、风俗、物产、军政；卷五世记、封爵、事略；卷六学校、职官、厅宇；卷七选举、京职外任、封赠、武封赠；卷八名宦、祠祀上；卷九祠祀下、寺观、古迹上；卷十古迹下、冢墓；卷十一人物上；卷十二人物下；卷十三人物志（忠节、孝友、笃行、方伎）；卷十四人物志（文苑、武动、隐逸）；卷十五人物（寓贤、戚畹、仙释）；卷十六至卷十八列女；卷十九至卷二十一艺文；卷二十二、二十三碑碣、经籍；卷二十四丛缀。书首收图式13幅，绘录甘泉四境、县城、县治及古迹建置等，对道光以后的水利、河防情况记述较详，为研究扬州历史、地理、文化提供了重要的参考史料。

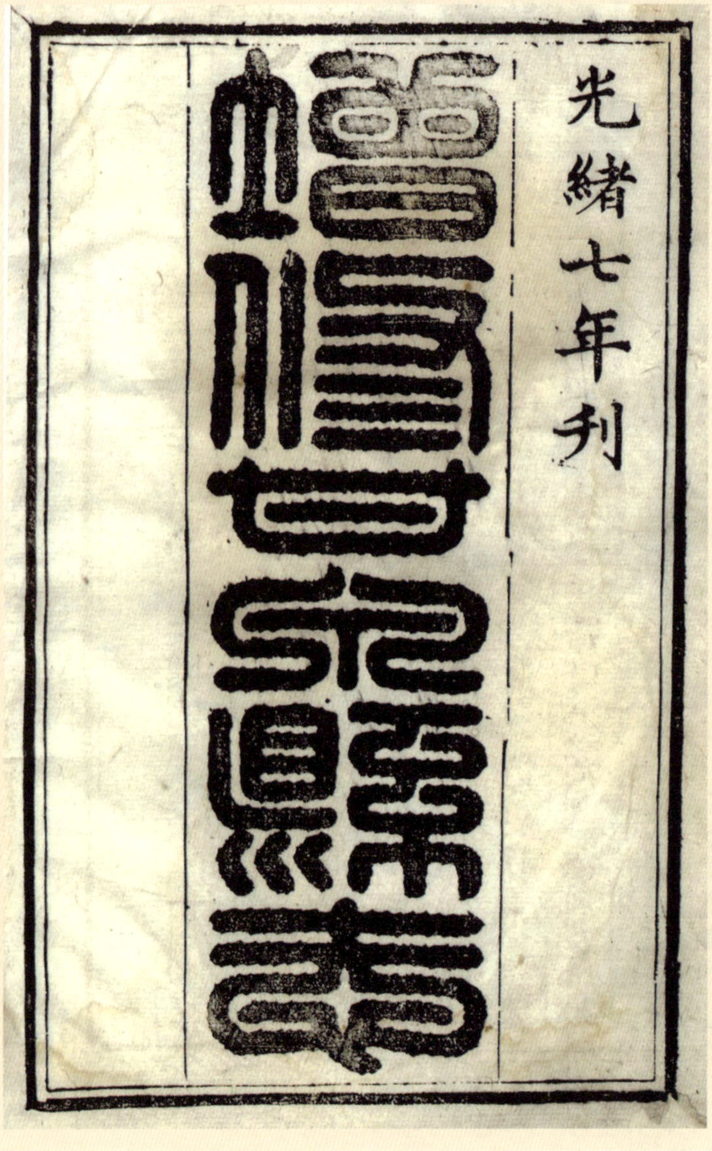

《增修甘泉县志》扉页

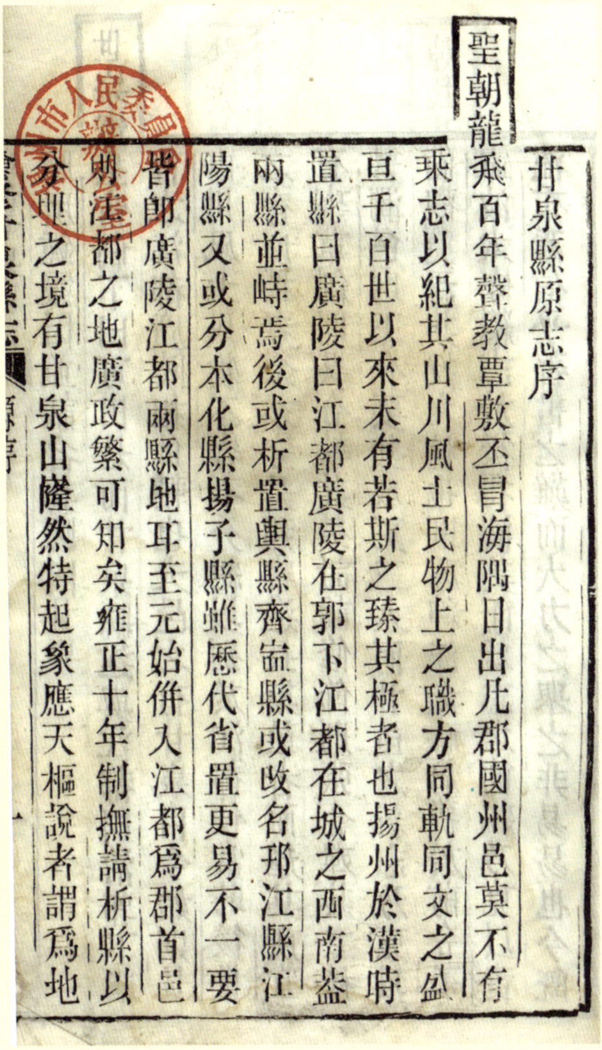
甘泉縣原志序

聖朝龍飛百年聲教覃敷丕冒海隅日出凡郡國州邑莫不有乘志以紀其山川風土民物上之職方同軌同文之盛亘千百世以來未有若斯之臻其極者也揚州於漢時置縣曰廣陵曰江都廣陵在郭下江都在城之西南盖兩縣並峙焉後或析置輿縣齊寍縣或改名邗江縣江陽縣又或分本化縣揚子縣雖歷代省置更易不一要皆即廣陵江都兩縣地耳至元始併入江都爲郡首邑則江都之地廣政繁可知矣雍正十年制撫請析縣以分東之境有甘泉山巋然特起象應天樞說者謂爲地

《增修甘泉县志》原序

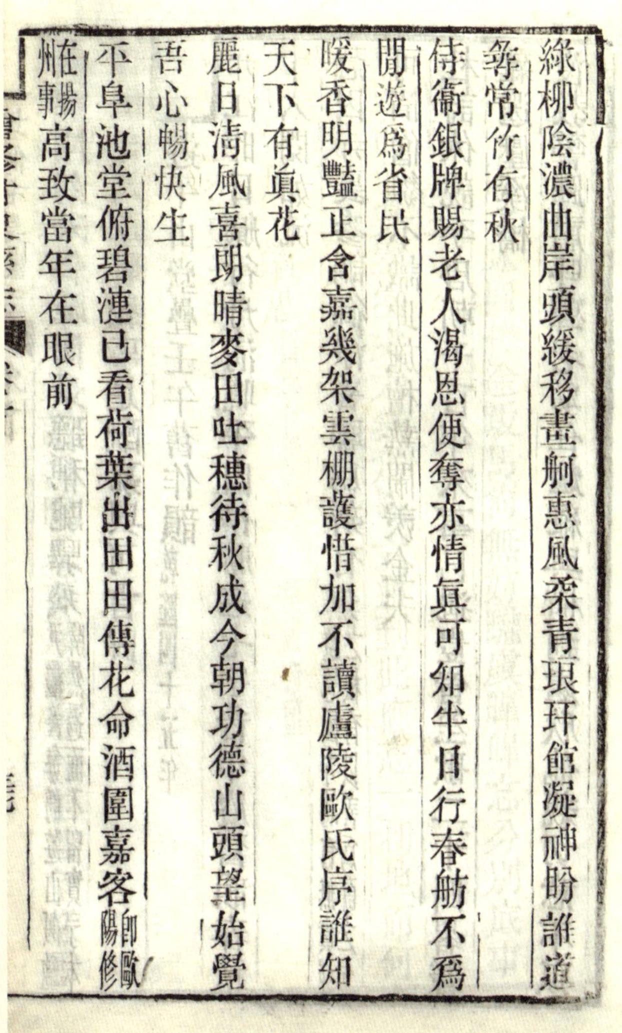
綠柳陰濃曲岸頭綏移畫舸惠風柔青琅玕館凝神盼誰道尋常竹有秋

侍衛銀牌賜老人渴恩便奪亦情眞可知半日行春舫不爲閒遊爲省民

唆香明豔正含嘉幾架雲棚護惜加不讀廬陵歐氏序誰知天下有眞花

麗日清風喜朗晴麥田吐穗待秋成今朝功德山頭望始覺吾心暢快生

平阜池堂俯碧漣已看荷葉出田田傳花命酒圍嘉客即歐陽修在揚州事高致當年在眼前

《增修甘泉县志》正文

《宝应图经》

保管单位：宝应县档案馆

内容及评价：

《宝应图经》为清代学者、江苏宝应人刘宝楠著，始于嘉庆十四年（1809），前后历时14年，成于道光三年，清光绪八年（1883）淮南书局刊印。刘宝楠（1791~1855），字楚桢，号念楼，宝应人。道光二十年（1840）进士，早年曾在扬州、仪征教书，主讲广陵书院，与刘文淇、梅植之、汪喜孙等人交往甚密，是“扬州学派”的杰出代表。著有《论语正义》《释谷》《殉扬录》《宝应图经》等二十余种。

《宝应图经》记载历代宝应行政区划调整、地理环境变迁、民生利弊、人文习俗、名人事迹以及重要的历史事件。卷首有历代四境图、历代沿革表；卷一城邑；卷二疆域；卷三河渠、水利；卷四封建；卷五至卷六人物。其《历代县境图》绘图凡14幅，编图技巧甚佳，标位较准确，地名较详尽。于城邑、疆域、河渠、水利的记述远比官修县志详细深入。该书长于考订训释、旁征博引而考证精详，如“河渠”总结宝应县境内邗沟段自始筑至明万历四十一年，有13次变迁，即所谓“邗沟十三变”，大大有裨于里运河水利发展史的研究，为研究宝应历史、地方文化的重要典籍。

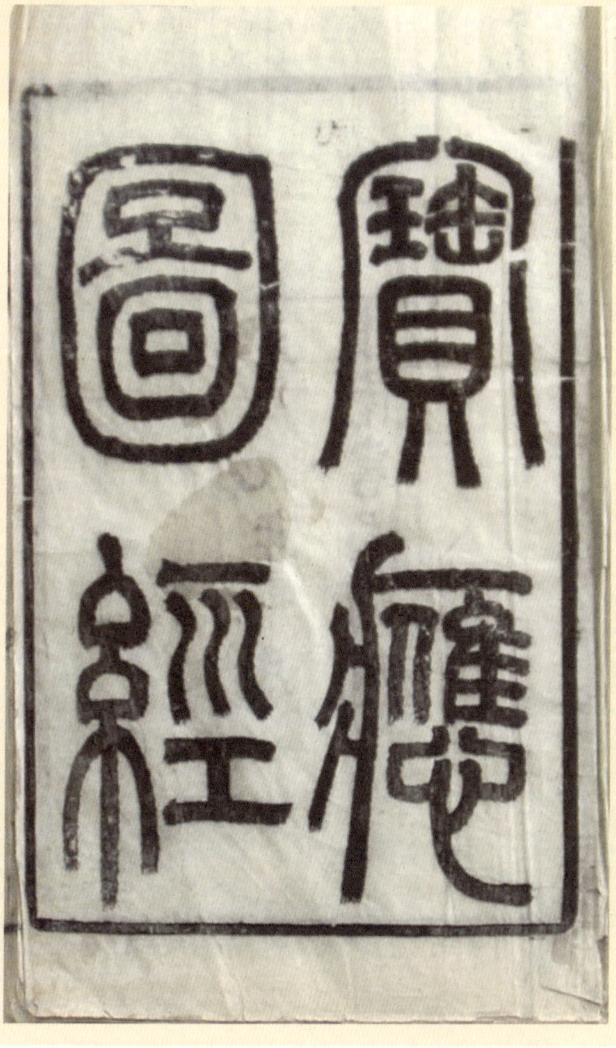

《宝应图经》封面

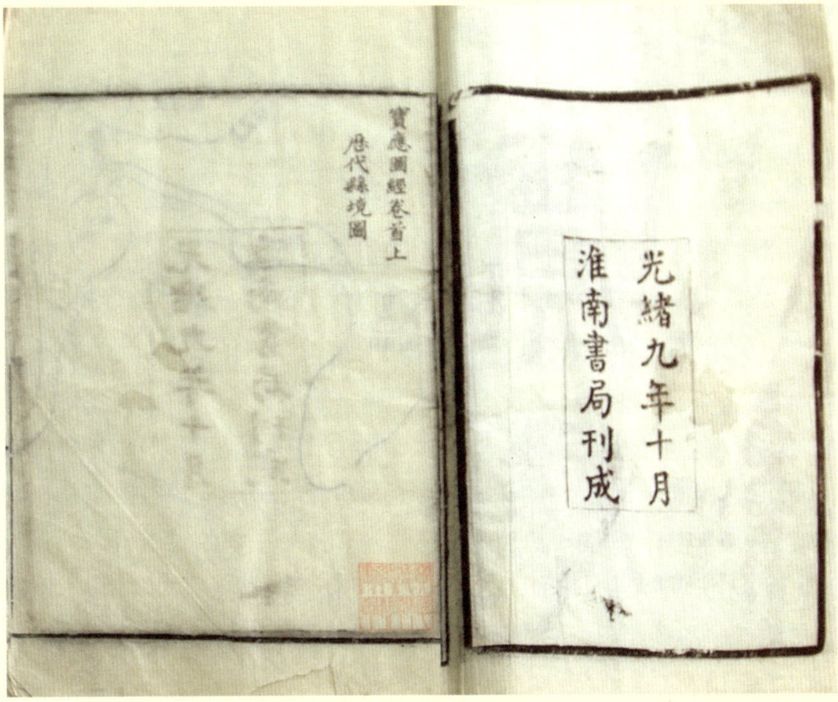

《宝应图经》扉页

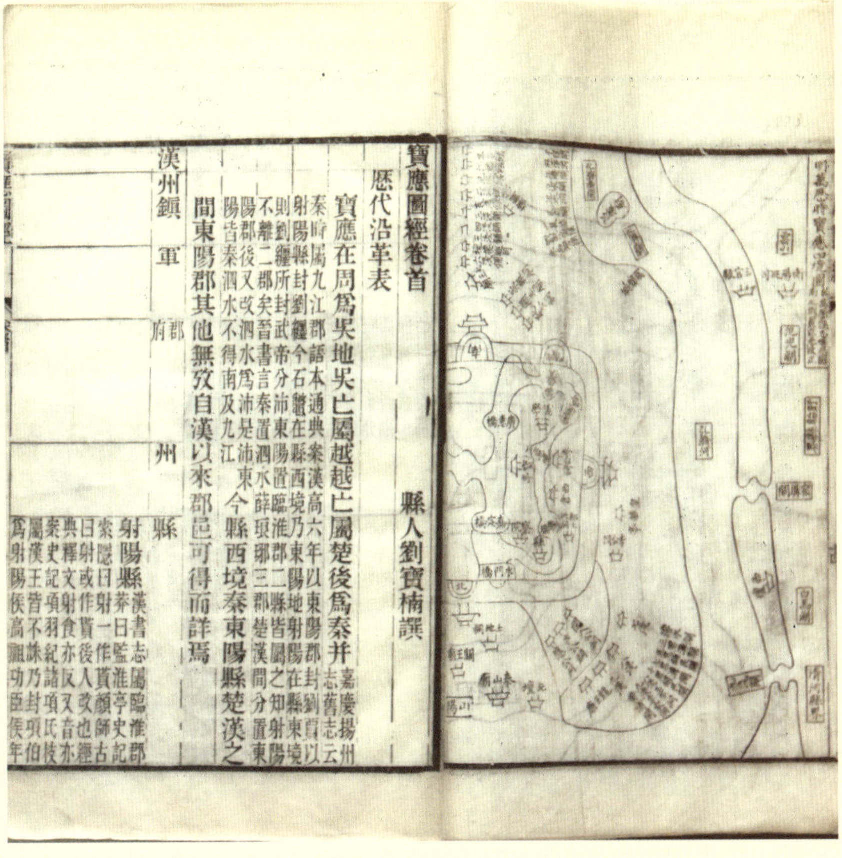

《宝应图经》卷首

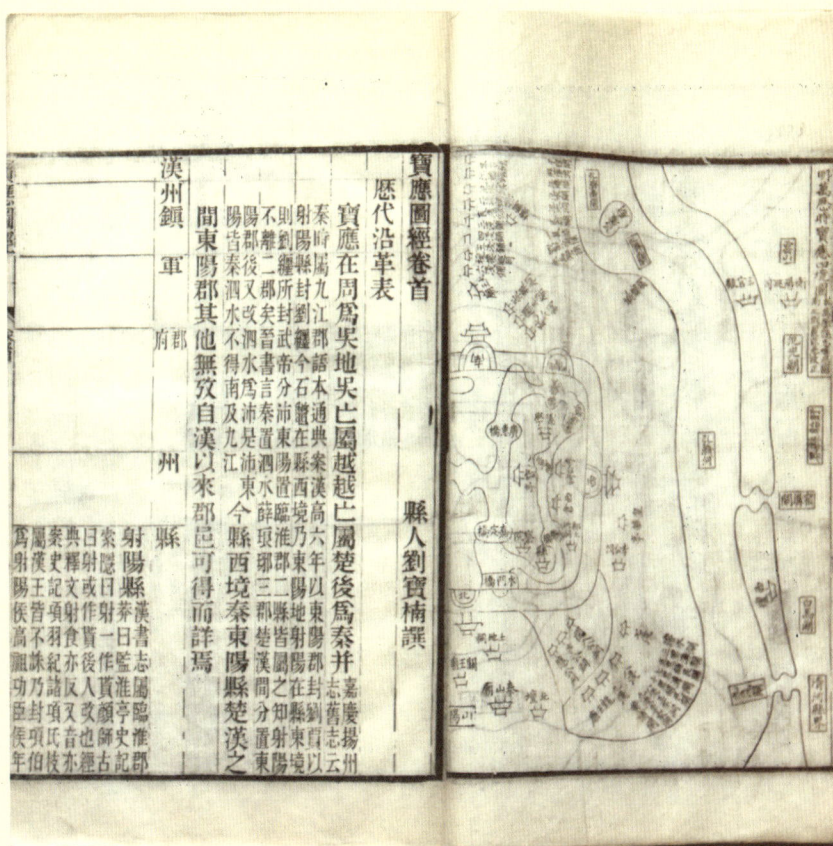

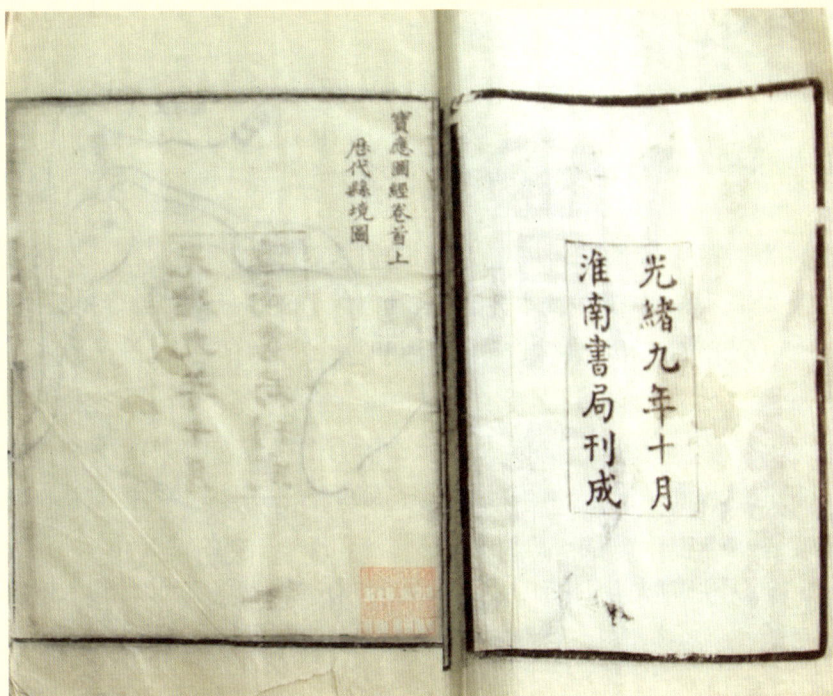

《平山堂图志》

保管单位：扬州市档案馆

内容及评价：

《平山堂图志》为清乾隆年间两淮都转盐运使司盐运使赵之璧纂，原书刻于清乾隆三十年（1765），后书版毁于太平天国战火。馆藏本为清光绪九年（1883）欧阳利见重刊本。

《平山堂图志》为扬州平山堂风景区域小志，共十卷，卷前有序、凡例、目录，卷首宸翰、图；卷一、二名胜；卷三至卷九艺文（赋、诗、诗余、记、序、铭）；卷十杂识。全志共四册，图占一册。其图总谓名胜全图，又分为若干幅组成，占全书四分之一，采用多面连绵手法，将山水、楼阁、花树、亭榭、曲桥等景物有机地组合成一长卷。画面安排疏密有致、纤毫毕现、极尽工细，扬州城郊沿途十数里范围内的建置景物，尽收其中，在志图中，实属罕见。“艺文”中收录历代名流显仕游记之作甚多，“杂识”收录方言、诗话、轶事遗闻等方面的内容，也可以广耳目，长见识。该志以山水为经，以平山堂左右祠寺及园亭名胜为纬，对扬州各名胜古迹、景点述录之详尽，胜过府县志。

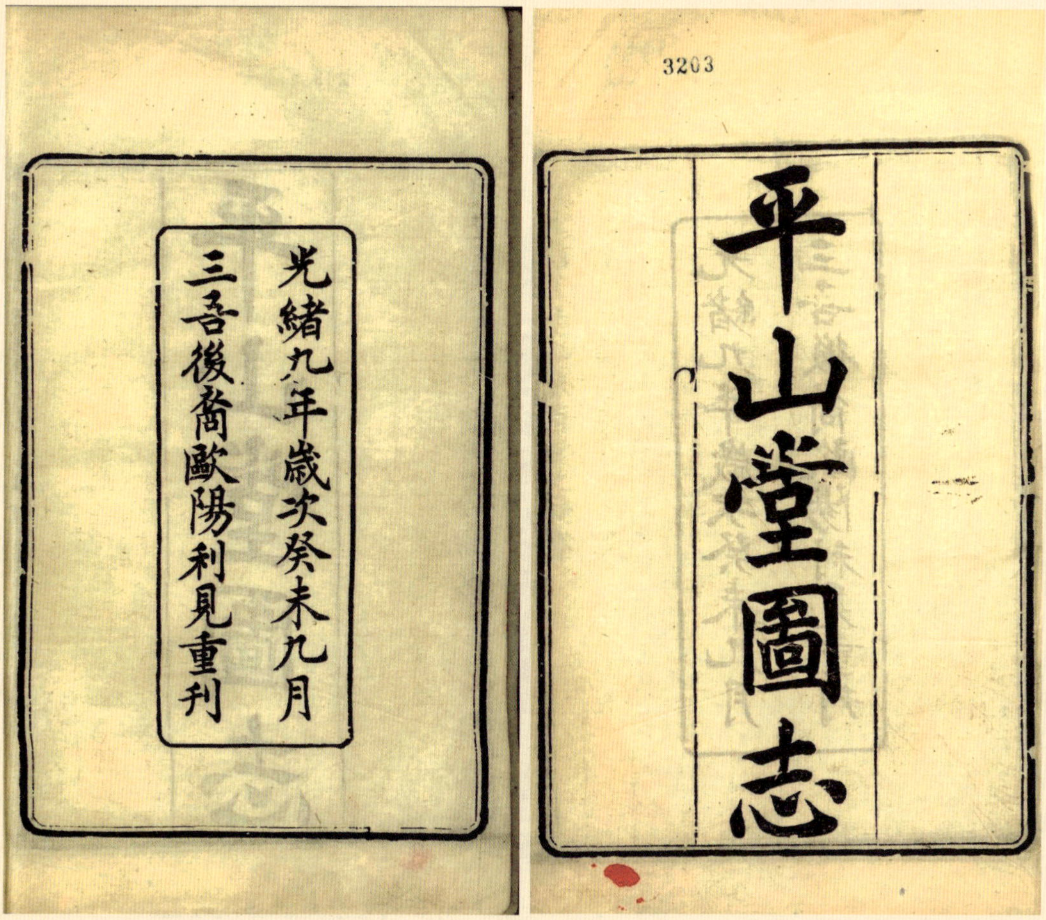

《平山堂图志》扉页

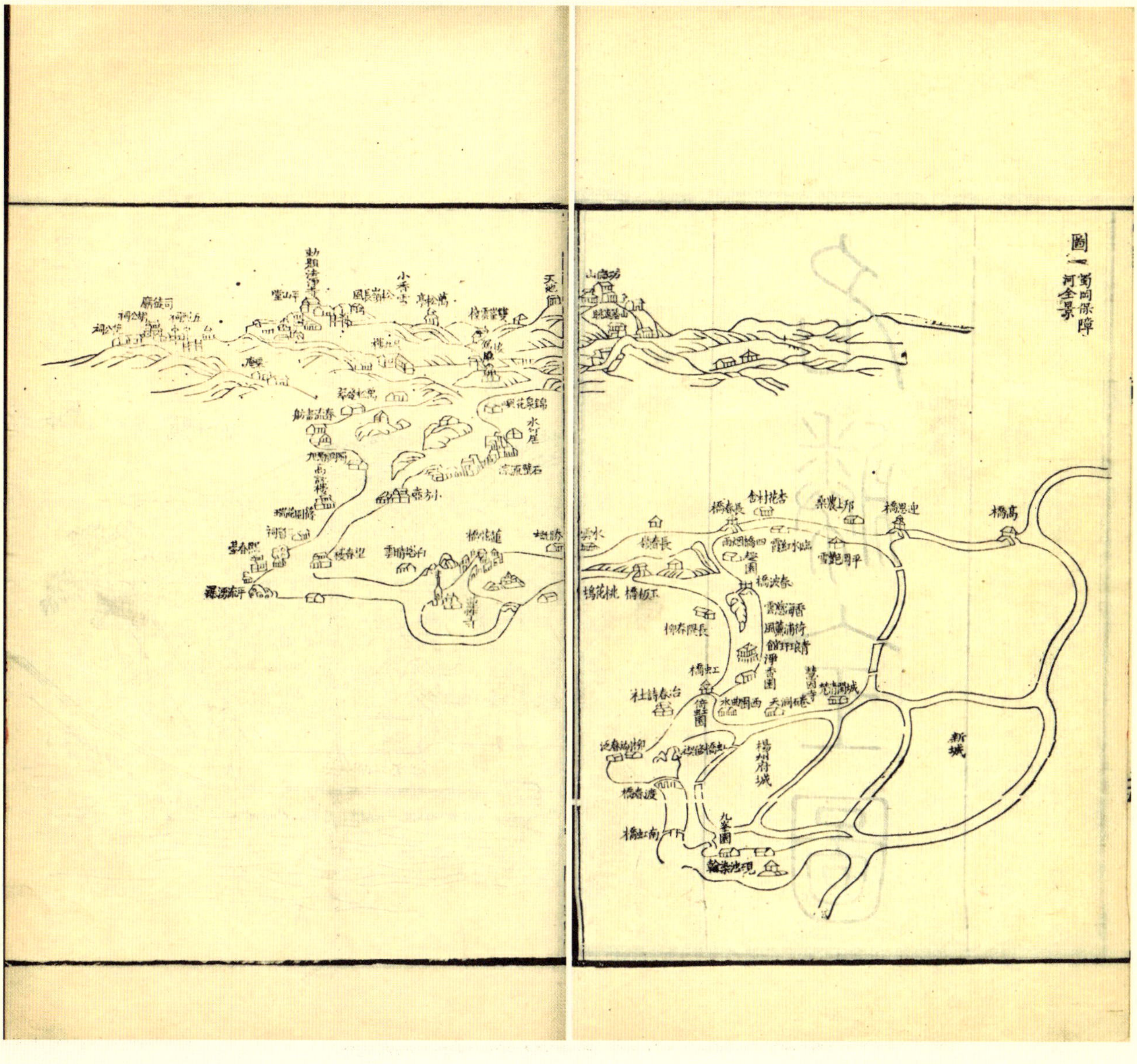

《平山堂图志》蜀冈保障河全景

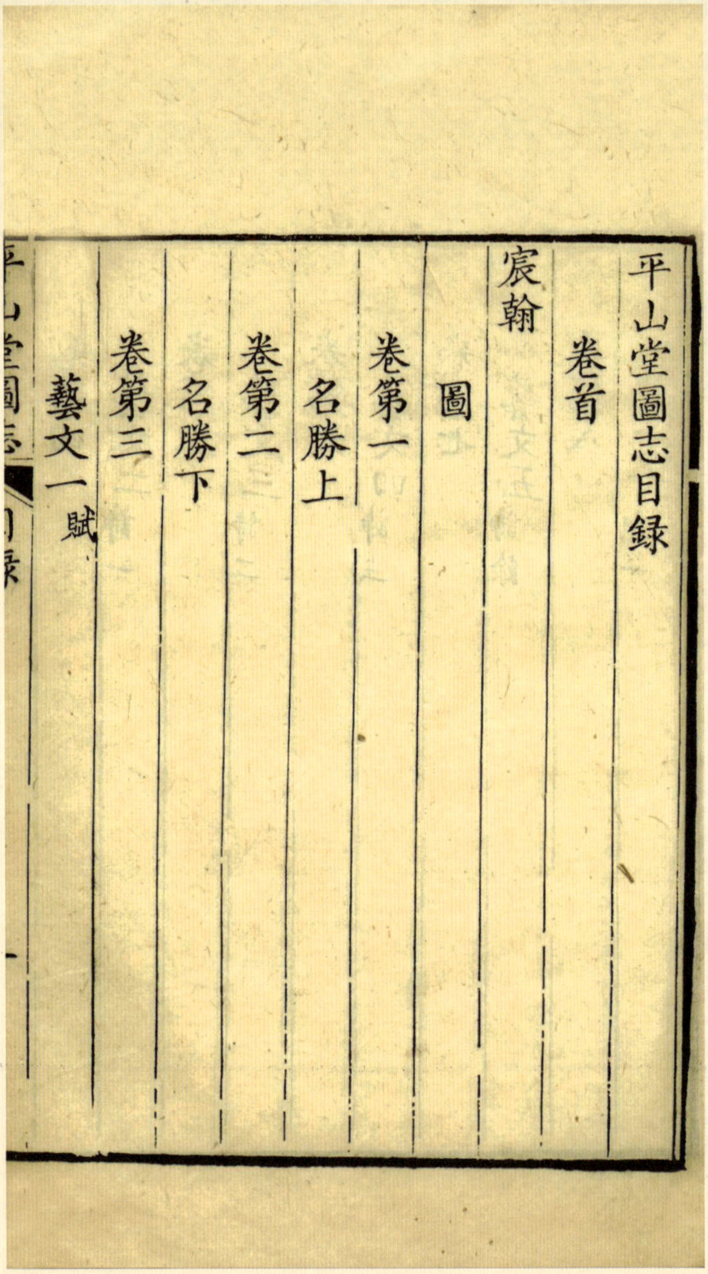

平山堂圖志目録

卷首

宸翰

圖

卷第一

名勝上

卷第二

名勝下

卷第三

藝文一 賦

平山堂圖志 目録

《平山堂图志》目录

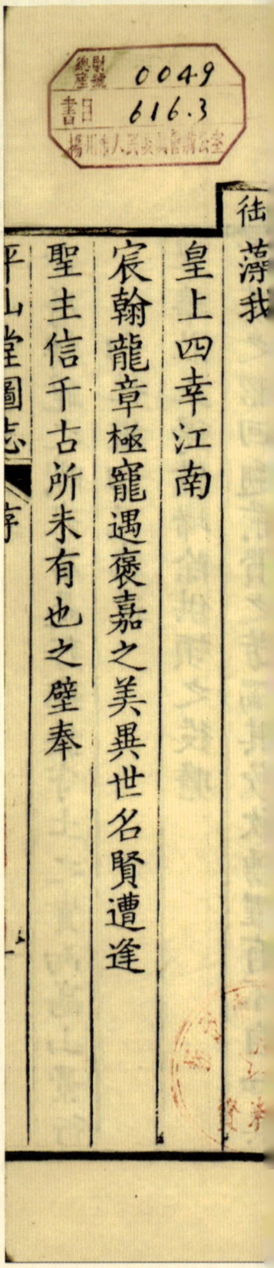

皇上四幸江南

宸翰龍章極寵遇褒嘉之美異世名賢遭逢

聖主信千古所未有也之壁奉

平山堂圖志 序

《平山堂图志》序文

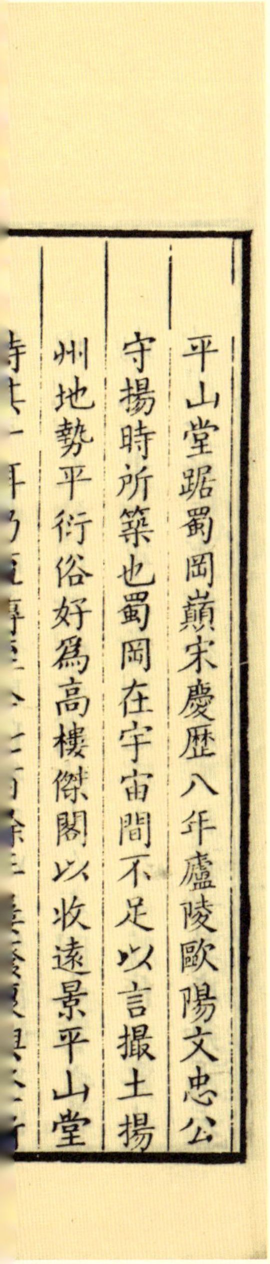
平山堂踞蜀岡巔宋慶歷八年廬陵歐陽文忠公
守揚時所築也蜀岡在宇宙間不足以言撮土揚
州地勢平衍俗好爲高樓傑閣以收遠景平山堂

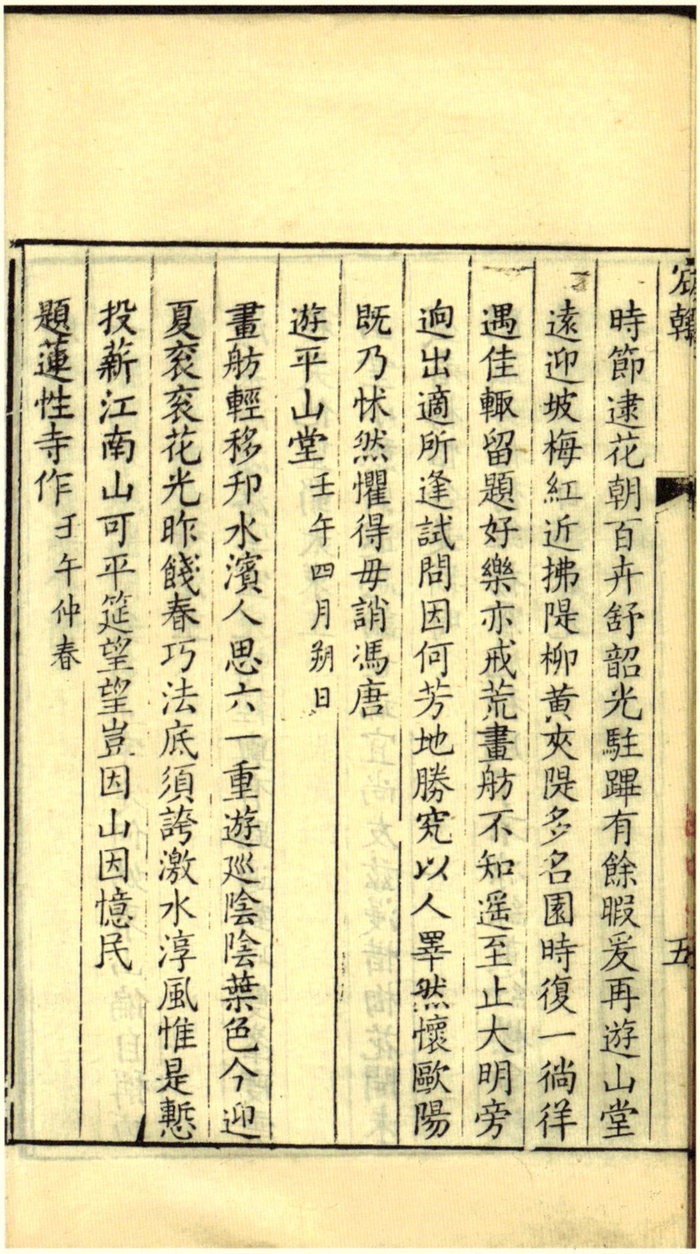
時節逮花朝百卉舒韶光駐蹕有餘暇爰再遊山堂
遠迎坡梅紅近拂隄柳黃夾隄多名園時復一徜徉
遇佳輙留題好樂亦戒荒畫舫不知遥至止大明旁
迥出適所逢試問因何芳地勝寔以人睪然懷歐陽
既乃怵然懼得毋誚馮唐

遊平山堂 壬午四月朔日

畫舫輕移刺水濱人思六一重遊廵陰陰葉色今迎
夏袞袞花光昨餞春巧法底須誇激水淳風惟是懋
投薪江南山可平筵望望豈因山憶民

題蓮性寺作 壬午仲春

《平山堂图志》正文

《日本国志》

保管单位：高邮市档案馆

内容及评价：

《日本国志》，黄遵宪任驻日使馆参赞时所著，光绪十六年（1890）刊印。全书共四十卷，五十余万字，分别为：国统志、邻交志、天文志、地理志、职官志、食货志、兵志、刑法志、学术志、礼俗志、物产志（缺）、工艺志（缺）。黄遵宪（1848~1905），广州嘉应州人，字公度，号人境庐主人、观日道人、东海公等，近代著名的诗人、外交家、史学家和思想家，为清政府首任驻日参赞。

该志内容有详有略，体例新颖独特，记录形式夹叙夹议。“是近代中国研究日本的集大成代表作”。《日本国志》把日本明治维新的相关内容作详细记载，对日本刚刚进行的西方式的宪政改革和初步形成的宪政思想进行了介绍，论述日本变革的经过及得失利弊，并推论及于我国。对于处在与日本明治维新前同样困境的清政府来说，是急需参照的理论和经验。随着近代中国民族危机日益加深，中国法制已经到了非改不可的程度。在寻求中国法律改革之路过程中，黄遵宪的《日本国志》开始受到清末各个阶层的重视，并逐渐融入中国近代宪政理论和实践之中。《日本国志》为近代中国输入了全新的宪政理论思想，同时也为清末的宪政改革提供了重要借鉴。

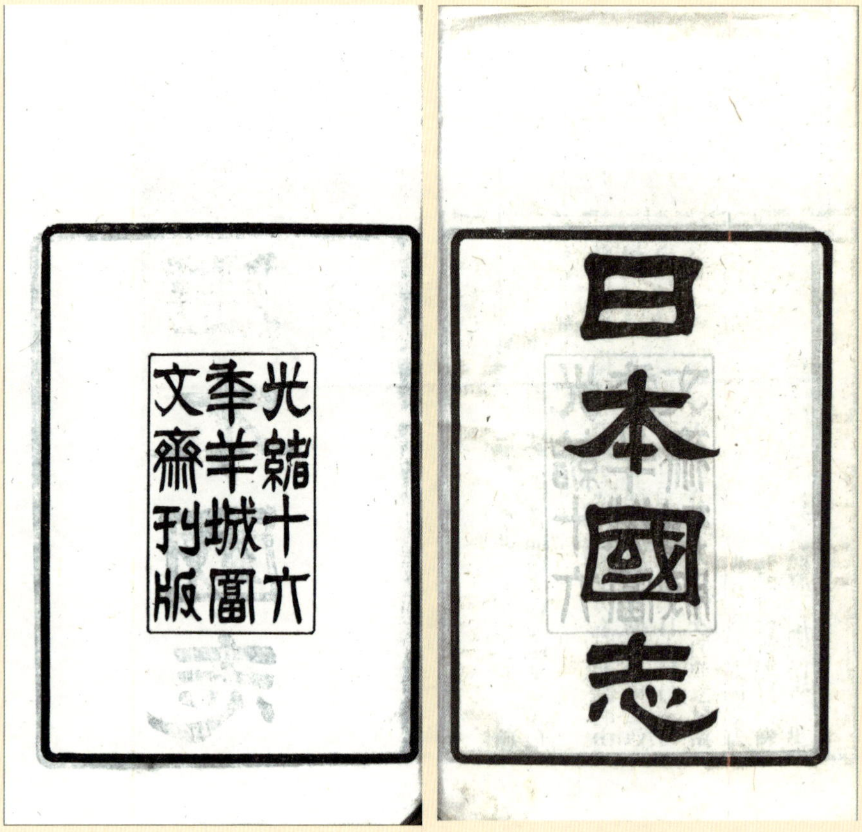

《日本国志》封面及扉页

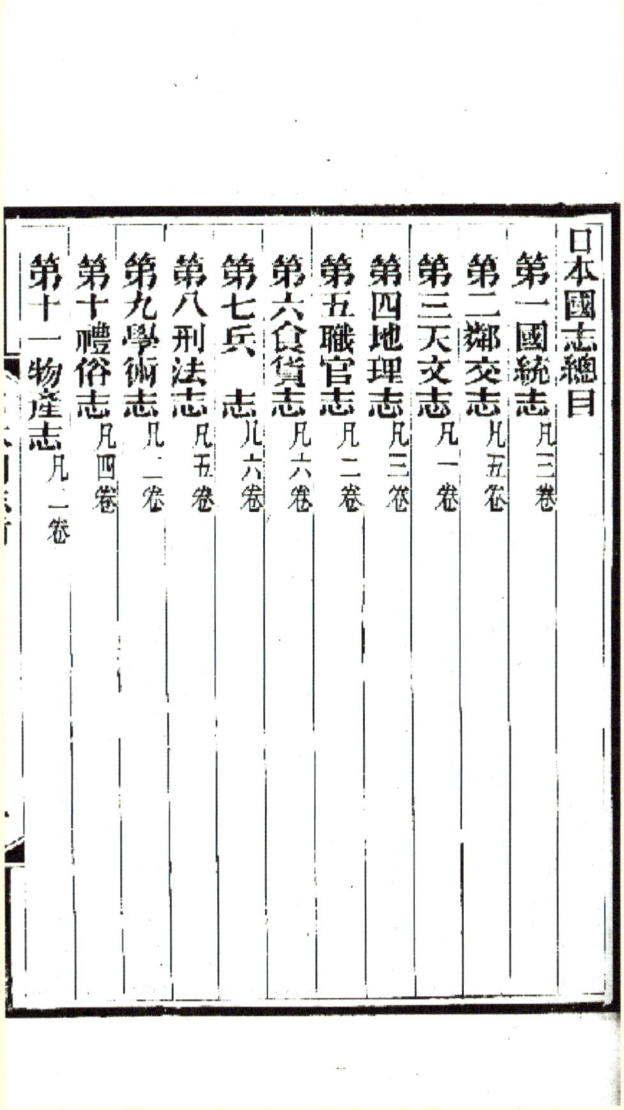

日本國志總目

第一國統志 凡三卷
第二鄰交志 凡五卷
第三天文志 凡一卷
第四地理志 凡三卷
第五職官志 凡二卷
第六食貨志 凡六卷
第七兵　志 凡六卷
第八刑法志 凡五卷
第九學術志 凡二卷
第十禮俗志 凡四卷
第十一物產志 凡二卷

《日本国志》目录

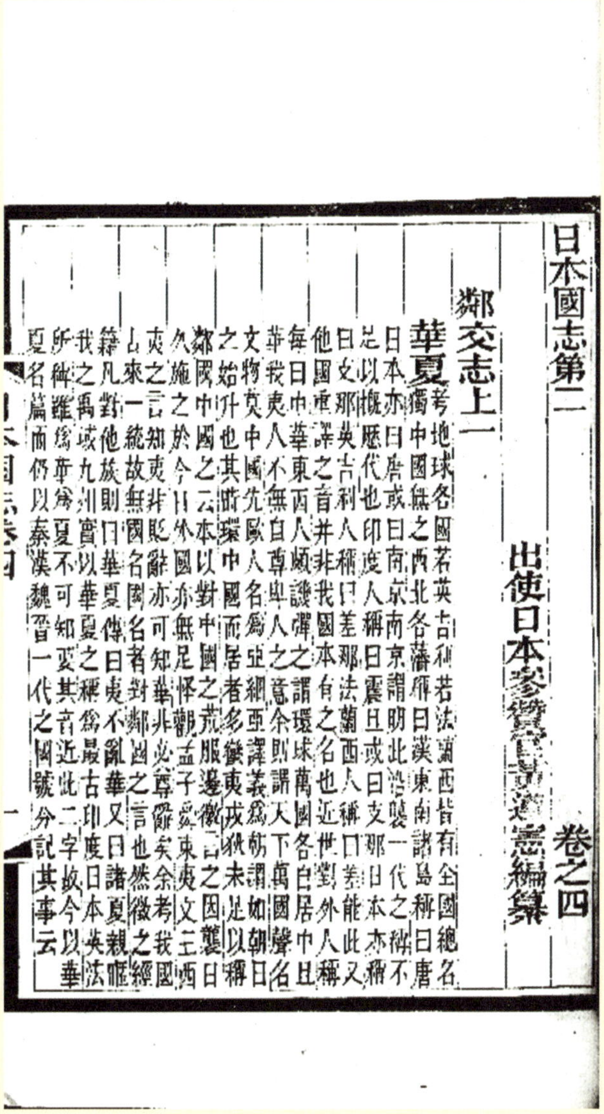

日本國志第二　卷之四

出使日本參贊官黃遵憲編纂

鄰交志上一

華夏

考地球各國若英吉利若法蘭西皆有全國總名獨中國無之西北各藩稱曰漢東南諸島稱曰唐日本亦曰唐或曰南京南京謂明此沿襲一代之稱不足以概歷代也印度人稱曰震旦或曰支那日本亦稱曰支那英吉利人稱曰差那法蘭西人稱曰差能此又他國重譯之音并非我國本有之名也近世對外人稱每日中華東西人頗譏彈之謂環球萬國各自居中且華我夷人不無自尊卑人之意余則謂天下萬國聲名文物莫中國先歐人名為亞細亞譯義為朝謂如朝日之始升也其時環中國而居者多蠻夷戎狄未足以稱鄰國中國之云本以對中國之荒服邊徼言之因襲日久施之於今日外國亦無足怪觀孟子舜東夷文王西夷之言知夷非貶辭亦可知華非必尊稱矣余考我國古來一統故無國名國名者對鄰國之言也然徵之經籍凡對他族則曰華夏傳曰夷不亂華又曰諸夏親暱我之禹域九州實以華夏之稱為最古印度日本英法所稱雖為華為夏不可知要其音近此二字故今以華夏名篇而仍以秦漢魏晉一代之國號分記其事云

《日本国志》邻交志上一华夏篇

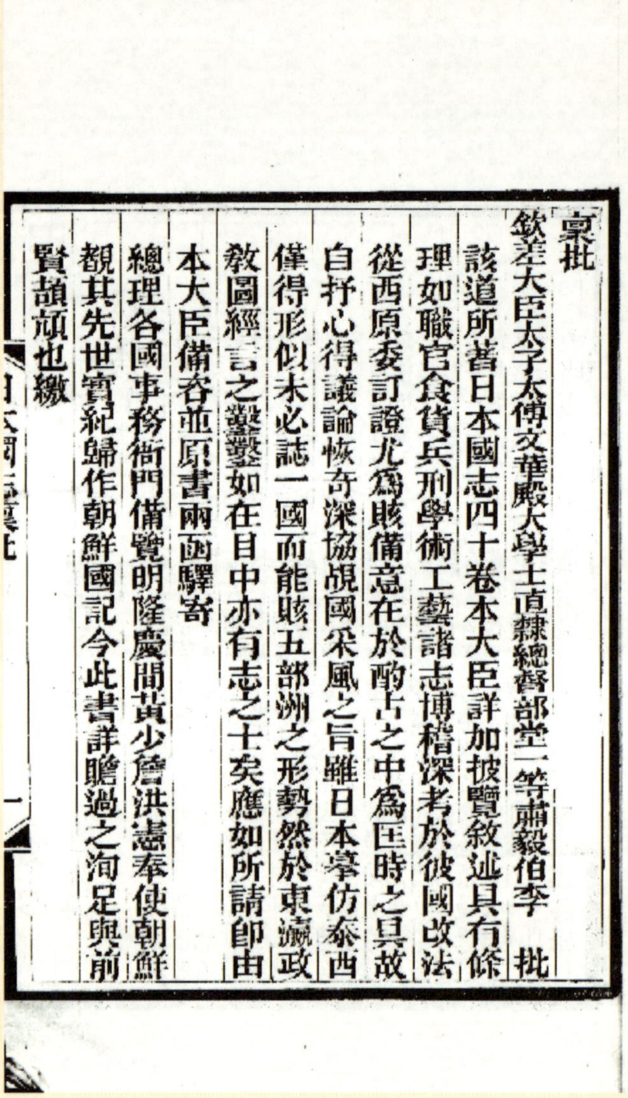
稟批

欽差大臣太子太傅文華殿大學士直隸總督部堂一等肅毅伯李　批

該道所著日本國志四十卷本大臣詳加披覽敘述具有條理如職官食貨兵刑學術工藝諸志博稽深考於彼國政法從西原委訂證尤爲賅備意在於酌古之中爲匡時之具故自抒心得議論恢奇深協覘國采風之旨雖日本摹仿泰西僅得形似未必誌一國而能賅五部洲之形勢然於東瀛政教圖經言之鑿鑿如在目中亦有志之士矣應如所請卽由

本大臣備咨並原書兩函驛寄

總理各國事務衙門備覽明隆慶間黃少詹洪憲奉使朝鮮覩其先世實紀歸作朝鮮國記今此書詳贍過之洵足與前賢頡頏也繳

《日本国志》正文

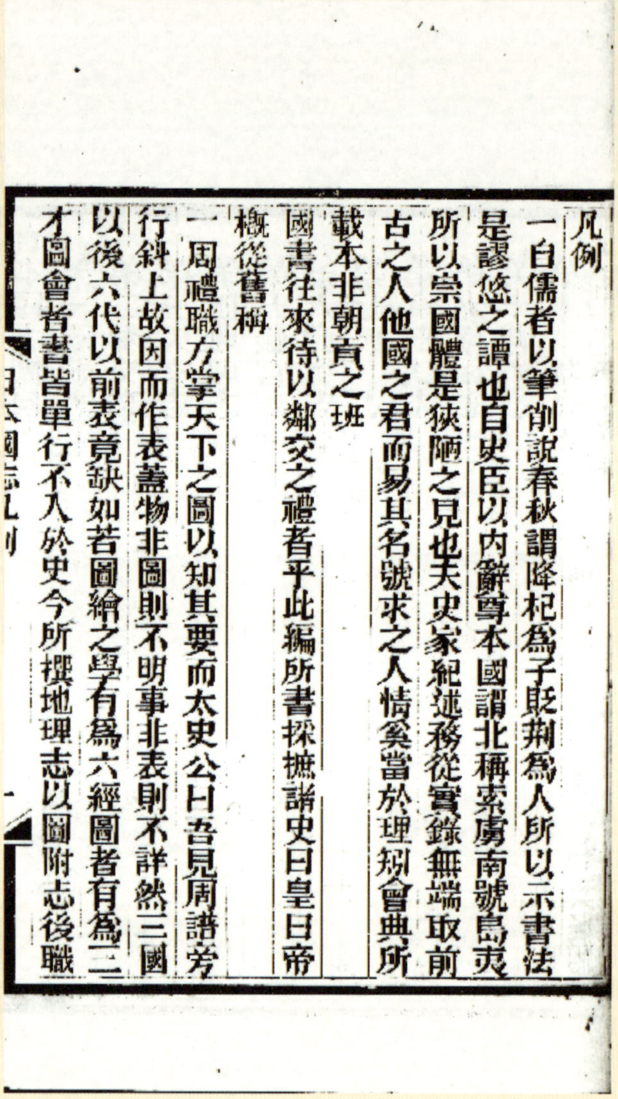
凡例

一日儒者以筆削說春秋謂降杞爲子貶荊爲人所以示書法是謬悠之譚也自史臣以內辭尊本國謂北稱索虜南號島夷所以崇國體是狹陋之見也夫史家紀述務從實錄無端取前古之人他國之君而易其名號求之人情奚當於理矧會典所載本非朝貢之班

國書往來待以鄰交之禮者乎此編所書採摭諸史曰皇曰帝概從舊稱

一周禮職方掌天下之圖以知其要而太史公曰吾見周譜旁行斜上故因而作表蓋物非圖則不明事非表則不詳然三國以後六代以前表竟缺如若圖繪之學有爲六經圖者有爲三才圖會者書皆單行不入於史今所撰地理志以圖附志後職

《日本国志》凡例

《新闻报》

保管单位：扬州市档案馆

内容及评价：

《新闻报》创刊于清光绪十九年正月初一（1893年2月17日）。初期由中外商人合资兴办、经营。辛亥革命后，逐渐改革报纸内容，以报道经济新闻为主，工商界成主要读者对象。报纸逐日介绍商情、商场动态，由于经济信息灵通，为工商界所重视。报纸也兼及时事、社会新闻和市民生活的报道。1937年“八一三”战事爆发，日军侵占上海后，该报最先遭日方新闻检查封锁，不再刊登中国人民抗日救国的任何报道，由此失去读者，发行量一落千丈。报馆财产也被日本军方所控制,沦为日本侵略中国的舆论工具。1945年8月抗战胜利，国民政府接管该报，拟定了《改组〈申报〉、〈新闻报〉办法》，全面控制该报，从而使原先民营性质的《新闻报》成为“未挂国民党党报招牌的党报”。1949年5月上海解放，该报由中国人民解放军上海市军事管制委员会接管，报纸停刊。后在上海复刊，由《解放日报》主管。

扬州市档案馆藏有1895、1914、1919、1921、1922年的部分《新闻报》，对于研究了解当时的时事、经济、社会、文化以及市民生活有一定的历史价值。

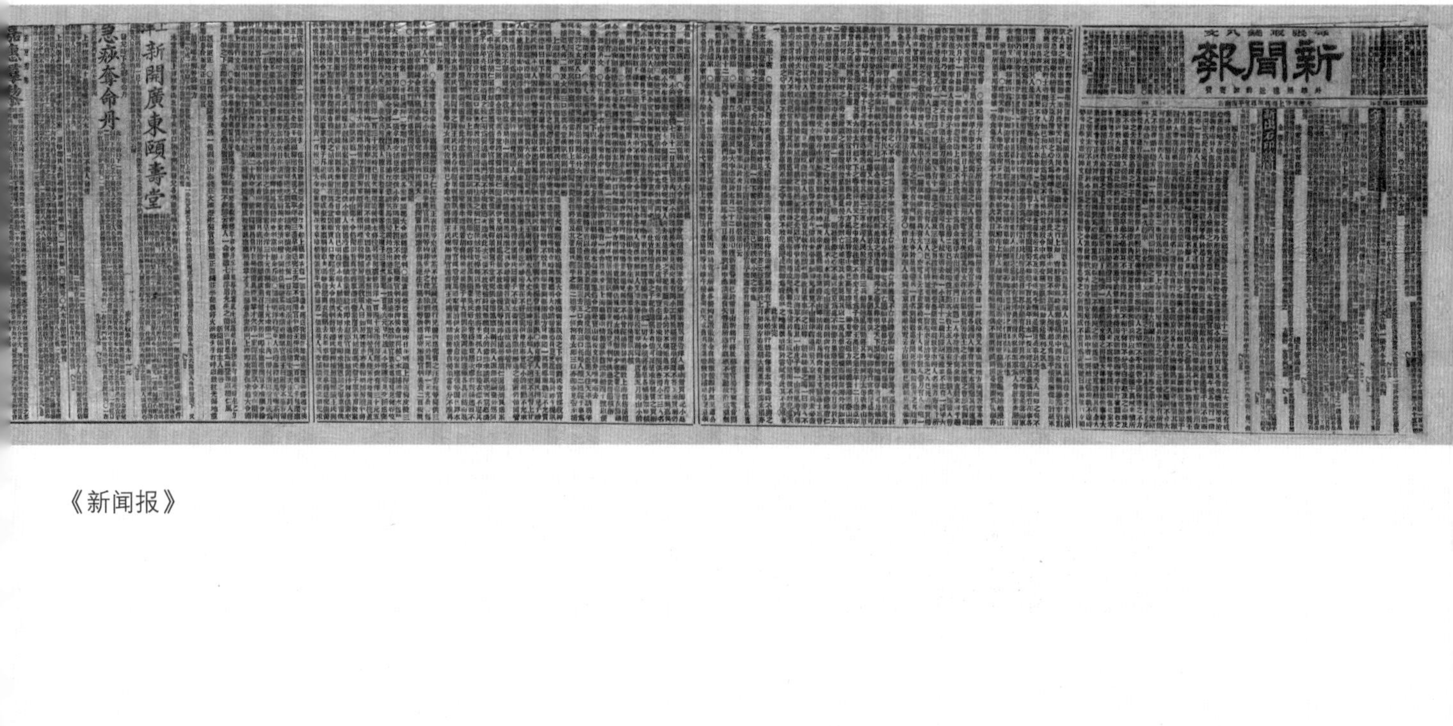
新聞報
急痧奪命丹
新聞廣東頤壽堂

《新闻报》

新聞報

恭祝國慶

上海銀行公會廣告

贈送催眠學實驗雜誌

哈德門香烟

每包拾枝出售

大同春中西藥房

西醫孫介謙

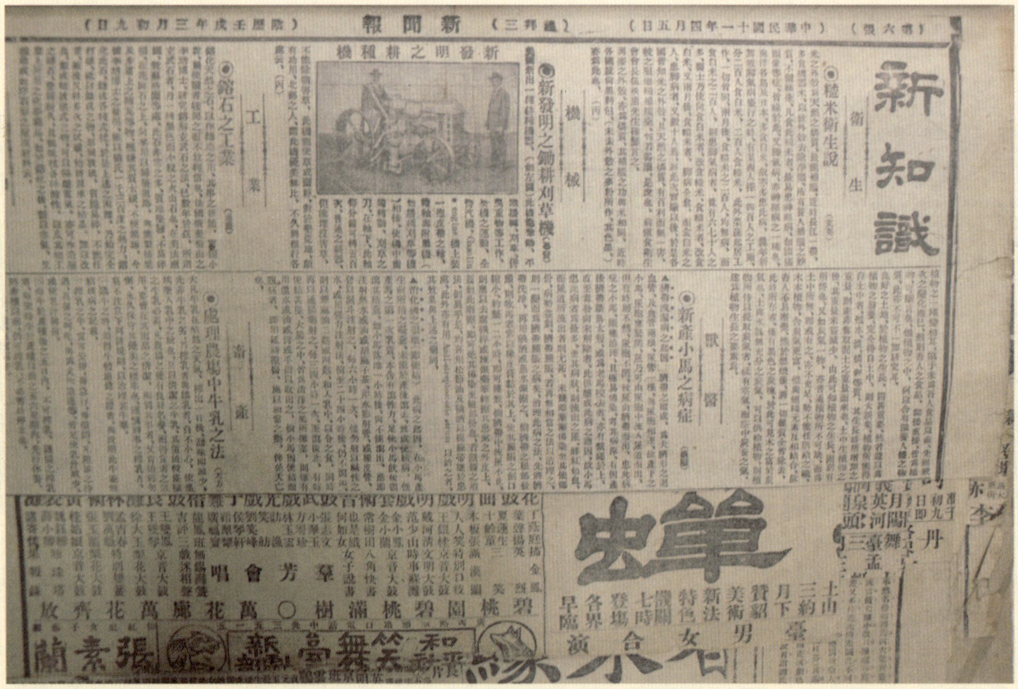
新聞報

新知識

糙米衛生說

新發明之鋤耕刈草機

鎔石之工業

新産小馬之病症

處理農場中牛乳之法

《新闻报》

《朱氏宗谱挂牒》《姜氏族谱》《李氏家乘》

保管单位： 扬州市档案馆

内容及评价：

家谱，又称族谱、家乘、祖谱、宗谱，是记载以血缘关系为主体的家族世系繁衍和重要人物事迹的特殊图书载体，为中国五千年文明史中最具有平民特色的文献。清代是私修族谱大发展年代。挂牒主要悬于家族宗祠里，将族谱刻在木板上，再印于白绢之上，将字体烫金，然后传之后世。因为不易保存，丝绢材料的谱牒非常难得。扬州市档案馆藏有民国年间《姜氏族谱》和《丹徒李氏家乘》等。尤为珍贵的是馆藏《朱氏挂牒》，记载了自北宋朱光庭往后的扬州朱氏家族32代传人，形成于清光绪十四年（1888）戊子冬月。该祠堂挂牒，原尺寸长宽两米，由五幅白色丝绢相拼而成，字为木板雕刻，金粉印烫。“文革”期间被染成黑色，现存尺寸2米 × 1.2米。挂牒质地柔软，字迹清楚，具有较高的史料价值。

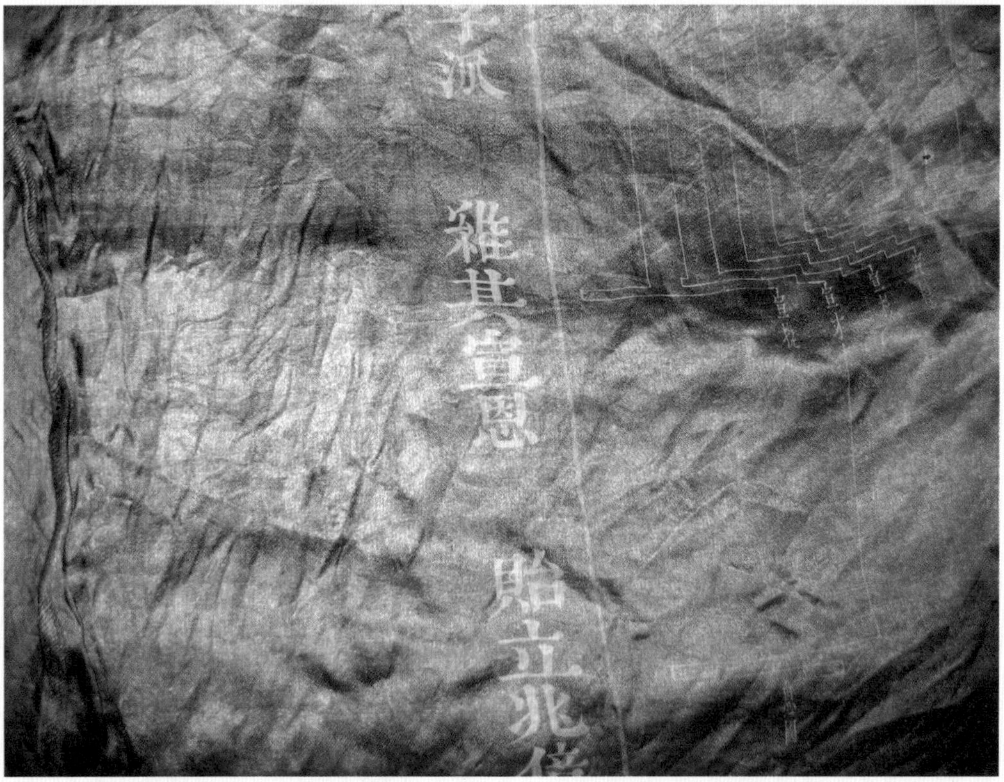

绢质《朱氏宗谱挂牒》

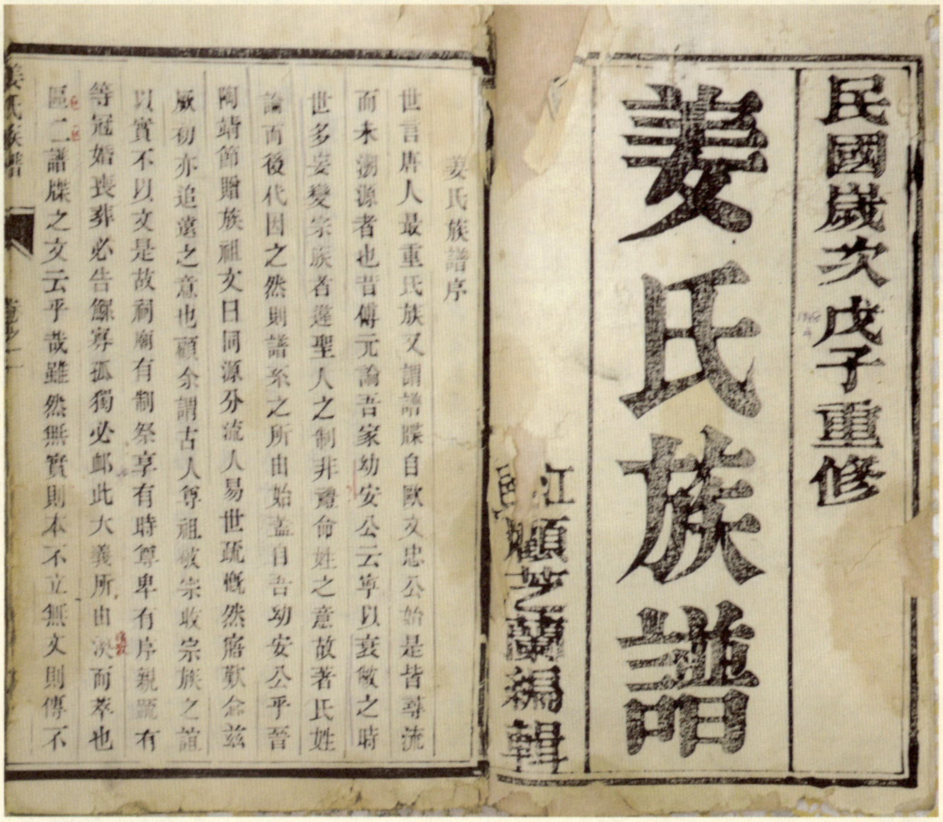

《姜氏族谱》

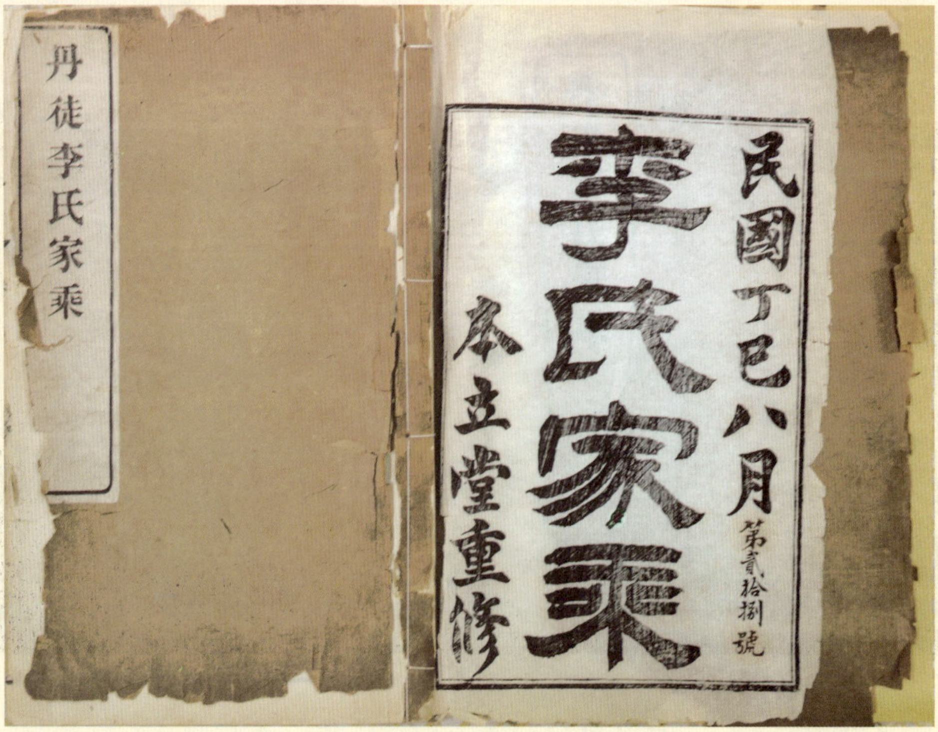

《李氏家谱》

《扬州水道记》

保管单位：扬州市档案馆

内容及评价：

《扬州水道记》为清代学者刘文淇著。刘文淇（1789~1854），字孟瞻，江苏仪征人，嘉庆二十四年（1819）己卯优贡生，候选训导，以研究经学名世，尤以《左传》的研究为学术界推重，扬州学派知名人物，与刘宝楠齐名，有“扬州二刘”之称，著有《左传旧疏考正》《左传旧注疏证》《青溪旧屋文集》等。

《扬州水道记》是一部考证叙述扬州境内运河（邗沟）水道变迁沿革的重要历史地理著作，该书四卷，卷一、二：江都运河；卷三：高邮运河；卷四：宝应运河。叙述了扬州至淮安运河水道的变迁及沿革，旁征博引，追根寻源，正讹纠谬，十分精核。还记录了围绕水道治理朝廷与地方、水利与漕运的意见、纷争与协调，有理有据，条分缕析，鞭辟入里，鉴前启后。该书还反映了沿途城镇的变更和风光民俗，材料丰富，文字生动，间引诗文，涉笔成趣。其学术价值、文献价值都很高，一经问世便受到好评。

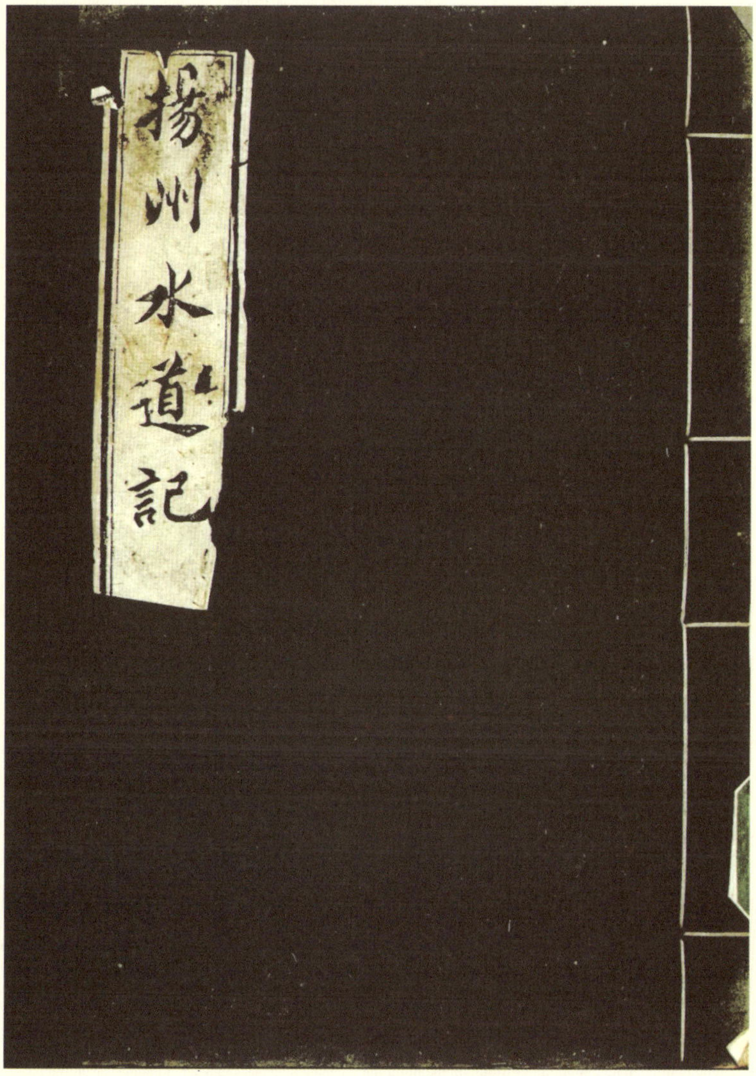

《扬州水道记》封面

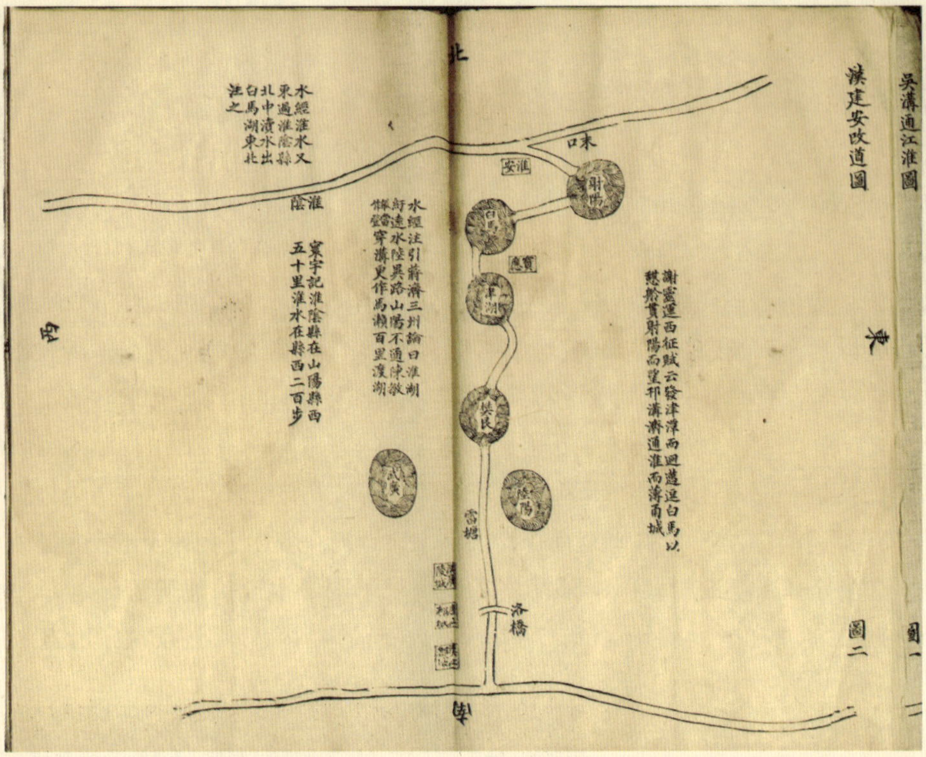

《扬州水道记》汉建安改道图

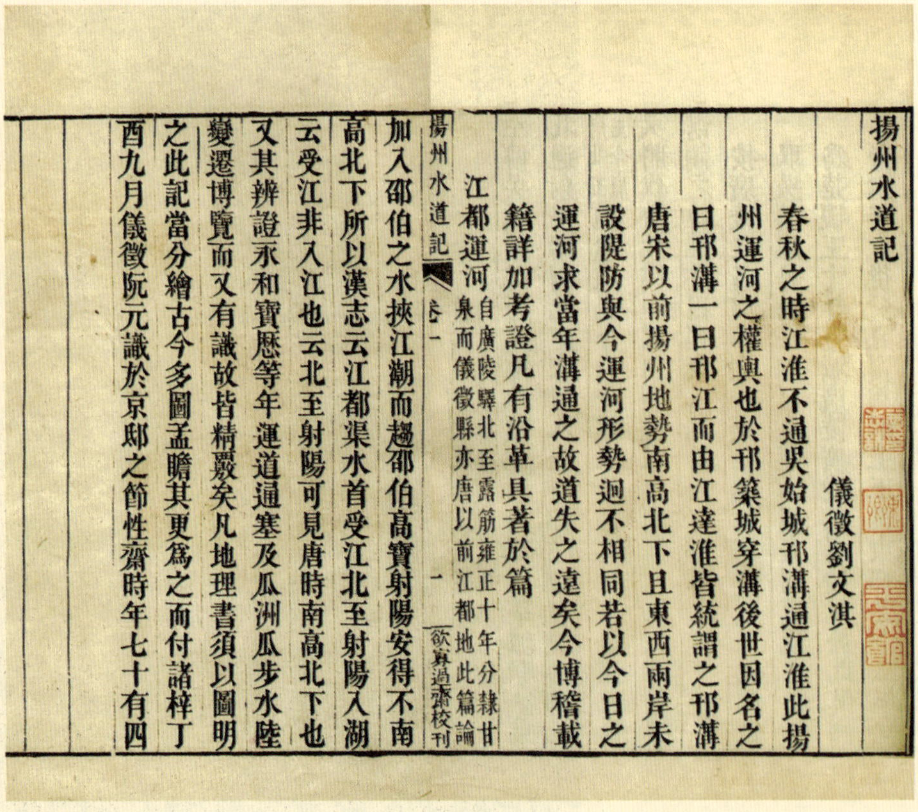

揚州水道記

儀徵劉文淇

春秋之時江淮不通吳始城邗溝通江淮此揚州運河之權輿也於邗築城穿溝後世因名之曰邗溝一曰邗江而由江達淮皆統謂之邗溝唐宋以前揚州地勢南高北下且東西兩岸未設隄防與今運河形勢迴不相同若以今日之運河求當年溝通之故道失之遠矣今博稽載籍詳加考證凡有沿革具著於篇

江都運河 自廣陵驛北至露筋雍正十年分隸甘泉而儀徵縣亦唐以前江都地此篇論

揚州水道記 卷一 一 欲寡過齋校刊

加入邵伯之水挾江潮而趨邵伯高寶射陽安得不南高北下所以漢志云江都渠水首受江北至射陽入湖云受江非入江也云北至射陽可見唐時南高北下也又其辨證永和寶歷等年運道通塞及瓜洲瓜步水陸變遷博覽而又有識故皆精覈矣凡地理書須以圖明之此記當分繪古今多圖孟瞻其更爲之而付諸梓丁酉九月儀徵阮元識於京邸之節性齋時年七十有四

《扬州水道记》正文

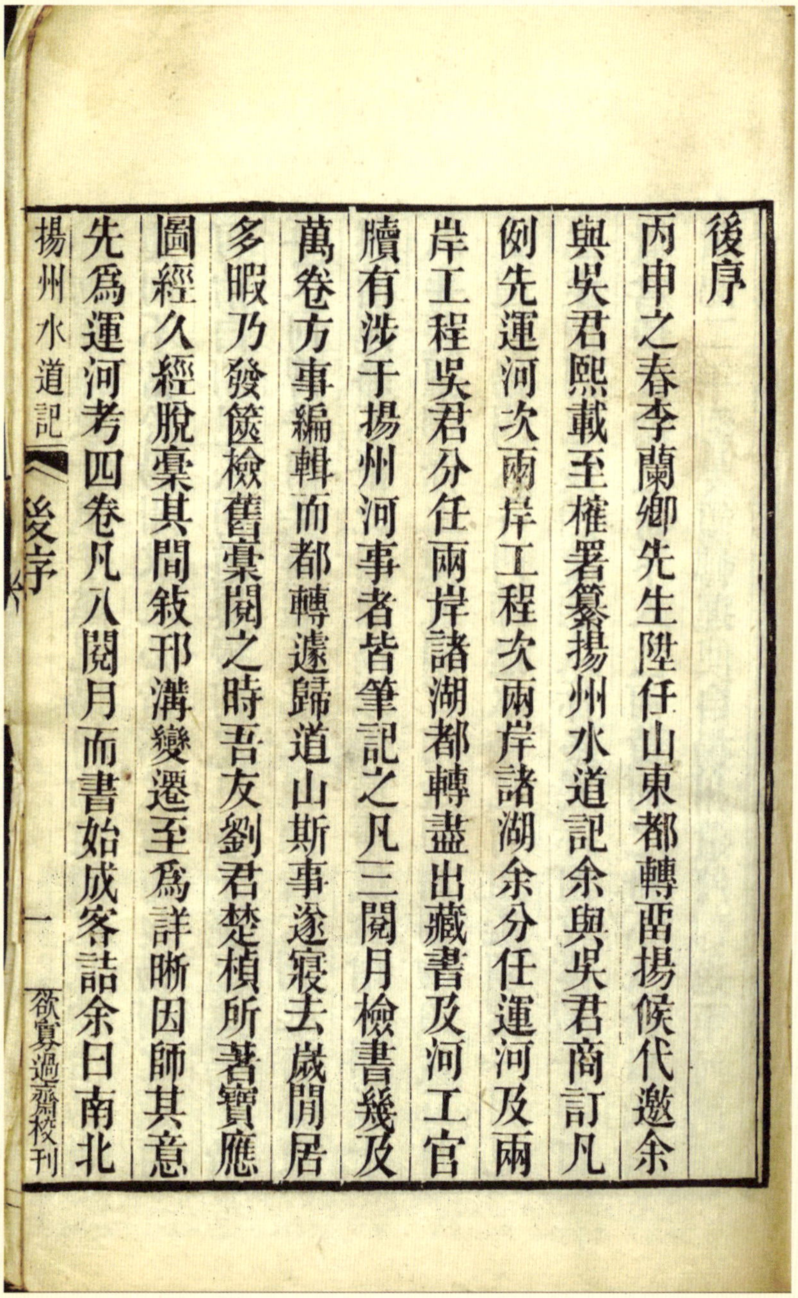

後序

丙申之春李蘭卿先生陞任山東都轉畱揚候代邀余與吳君熙載至權署纂揚州水道記余與吳君商訂凡例先運河次兩岸工程次兩岸諸湖余分任運河及兩岸工程吳君分任兩岸諸湖都轉盡出藏書及河工官牘有涉于揚州河事者皆筆記之凡三閱月檢書幾及萬卷方事編輯而都轉遽歸道山斯事遂寢去歲閒居多暇乃發篋檢舊稾閱之時吾友劉君楚楨所著寶應圖經久經脫稾其間敘邗溝變遷至爲詳晰因師其意先爲運河考四卷凡八閱月而書始成客詰余曰南北

揚州水道記　後序　一　欲寡過齋校刊

《扬州水道记》后序

《高邮县乡土表解》

保管单位：高邮市档案馆

内容及评价：

《高邮县乡土表解》，编者沈石如，1929年编辑，1930年由高邮县立第一小学刊行。《高邮县乡土表解》从区域图、沿革、自然地貌、幅员、交通、历史文化、名胜古迹、特产、经济、教育等多方面介绍高邮，同时还标有高邮全境图、市乡区域图等，是一本较为完整的高邮地方乡土教材，所附图表，令读者一目了然，可以直观地了解高邮地域特点和风貌。《高邮县乡土表解》的刊行，在一定程度上反映了当时高邮小学对于乡土史地教育的重视程度，该书对研究民国时期高邮风土人情、社会状况、小学教育的课程设置和教学安排等，有一定的价值。

《高邮县乡土表解》封面

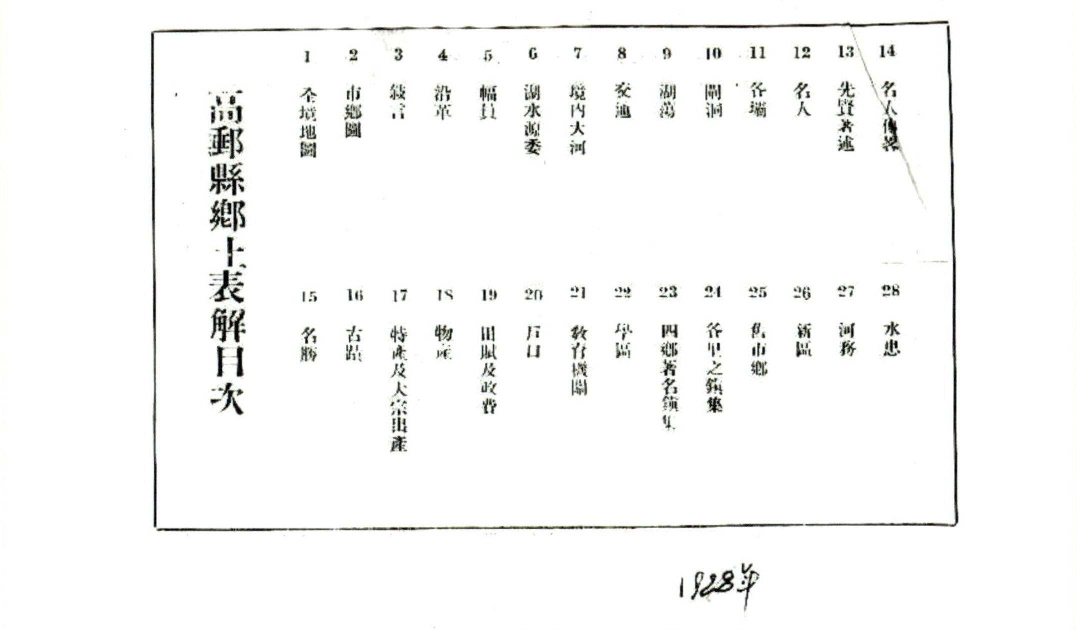

高郵縣鄉土表解目次

1 全境地圖
2 市鄉圖
3 敍言
4 沿革
5 幅員
6 湖水源委
7 境內大河
8 交通
9 湖蕩
10 閘洞
11 各壩
12 名人
13 先賢著述
14 名人傳表
15 名勝
16 古蹟
17 特產及大宗出產
18 物產
19 田賦及政費
20 戶口
21 教育機關
22 學區
23 四鄉著名鎮集
24 各里之鎮集
25 舊市鄉
26 新區
27 河務
28 水患

1928年

《高邮县乡土表解》目录

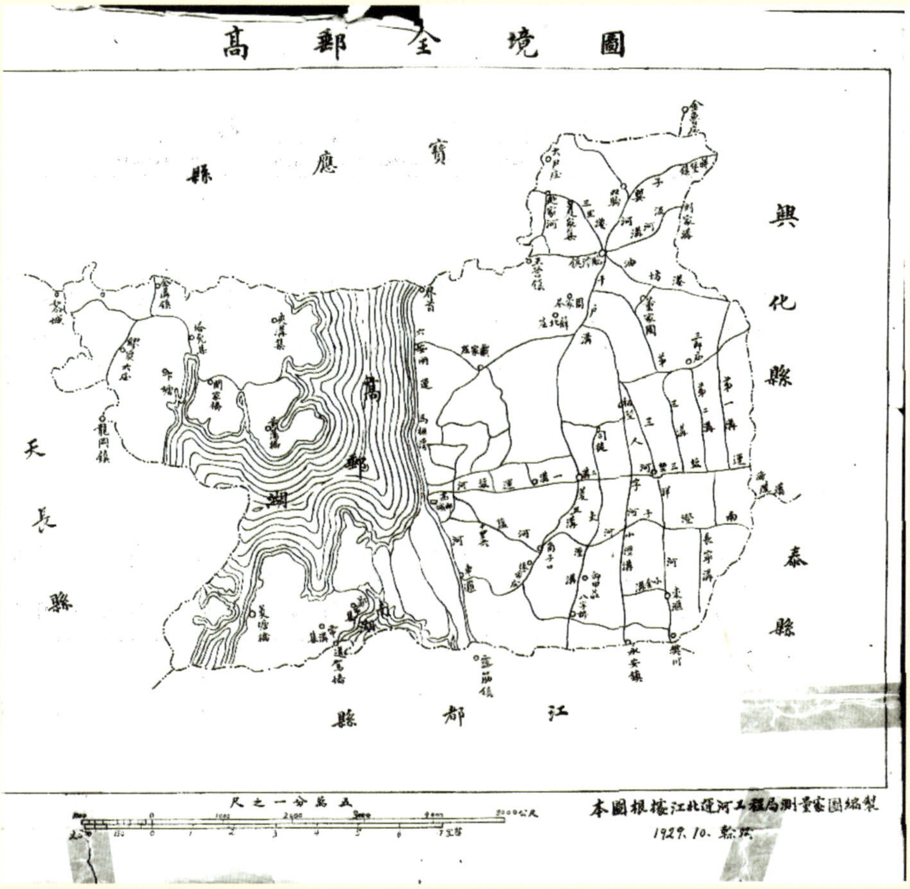

《高邮县乡土表解》高邮全境图

高郵之名人

音律家	王磐
畫家	曹仁熙 陳直躬 王磐
書家	秦觀 黃謙
詞家	秦觀 王磐 張綖 夏寶晉
詩家	汪廣明 張綖 李必恒 惟肅 殷嶧 秦觀
文家	孫覺 秦觀 陳造 夏之蓉
經學家	王念孫 李惇 宋綿初 王引之
名儒	喬萊 孫兆祥
名女	露筋女子 英烈夫人 粉姐
武略	杜僧明 孫覺
義行	孫宗彝 吳士杰
孝子	朱壽昌
義士	嵇聳
賢哲	孫覺 喬執中 孫升 王安國

（13）

《高邮县乡土表解》历代高邮名人

高郵先賢之著述

分類	書名	著作人
經	春秋經解	孫覺
	易宗集註	孫宗儀
	檀弓論文	孫讜孫
	拾雅	夏味堂
	廣雅疏證	王念孫
	讀書雜志	王念孫
	羣經識小	李惇
	韓詩內傳徵	朱綿初
	經義述聞	王引之
	經傳釋詞	王引之
史	蠶書	秦觀
	隆慶高郵州志	陸典 王應元 仝修
	孔門弟子傳略	夏洪基
	孔子年譜	夏洪基
	南通州志	夏之蓉修
子	談圃	孫升
	嬾眞子	馬永卿
	野菜譜	王磐
集	淮海集	秦觀
	江湖長翁集	陳造
	西樓集	王磐
	鳳池吟稿	汪廣洋
	張南湖詩詞集	張綖
	䳒巢詩	李必恆
	半舫齋古文詩	夏之蓉
	笑栖詩	殷嶧
	笛椽詞	夏寶晉

（14）

《高邮县乡土表解》高邮先贤之著述

《扬州丛刻》

保管单位：扬州市档案馆

内容及评价：

《扬州丛刻》由陈恒和倾力汇刻，其刊刻工作，始于1929年，至1934年才完成。全书共收录扬州历代典籍24种，涉及扬州历史、地理、名胜、文学、水利、风俗等方方面面。包括清代李斗《扬州名胜录》、焦循《邗记》、吴绮《扬州鼓吹词》、王秀楚《扬州十日记》、阮先《扬州北湖续志》、董伟业《扬州竹枝词》、戴名世《扬州城守纪略》、汪鋆《扬州画苑录》、阙名《扬州水利论》，以及唐代于邺《扬州梦记》、宋王观《扬州芍药谱》、明代曹璿《扬州琼花集》等。

陈恒和（1883~1937），扬州杭集人。杭集为著名的雕版印刷之乡，1923年，他创办“陈恒和书林”，经过多年的搜集整理，自行筹集资金，刻印《扬州丛刻》，实施这一大型文化工程。在本书《跋》中，他说：“窃考吾扬艺文志，其涉及一郡掌故之书至夥。而断简遗篇，零落殆尽。或已为丛书所收入者，非重金莫能致。其单行本流传既鲜，而传抄本及稿本则尤易湮沦。不及时裒而聚之，刻而布之，则一瞬间将与尘埃飘风而俱逝。余幸业于此，力之所能，即责之所在也，曷敢不勉！”

《扬州丛刻》不仅是近代以来扬州文献的首次大规模结集出版，同时也是一部校刻俱佳的精品之作。其中有不少是稀有版本，保存了许多珍贵资料。该书至今仍为研究者所重视。

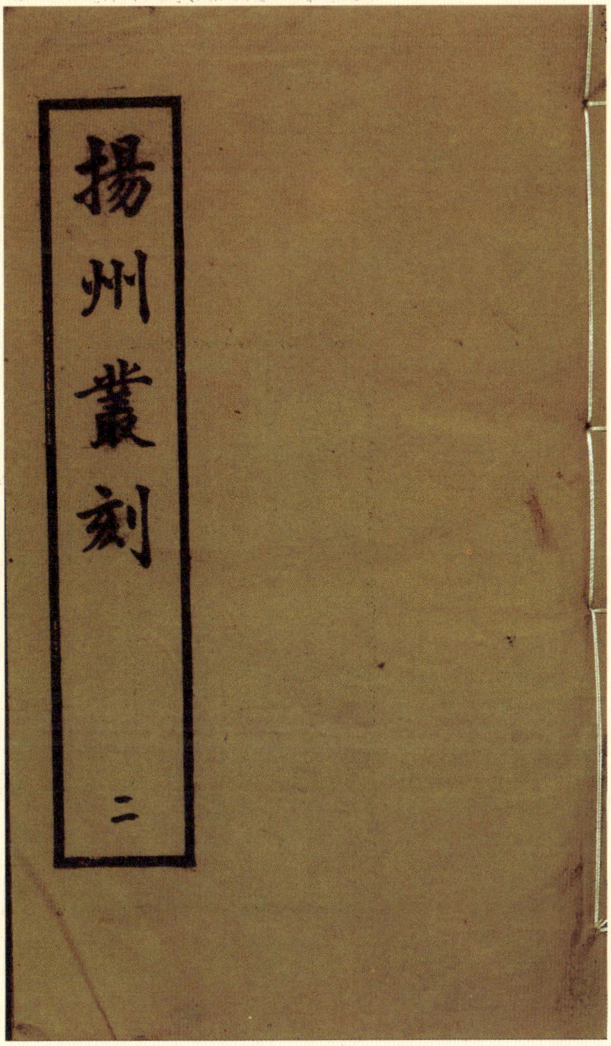

《扬州丛刻》封面

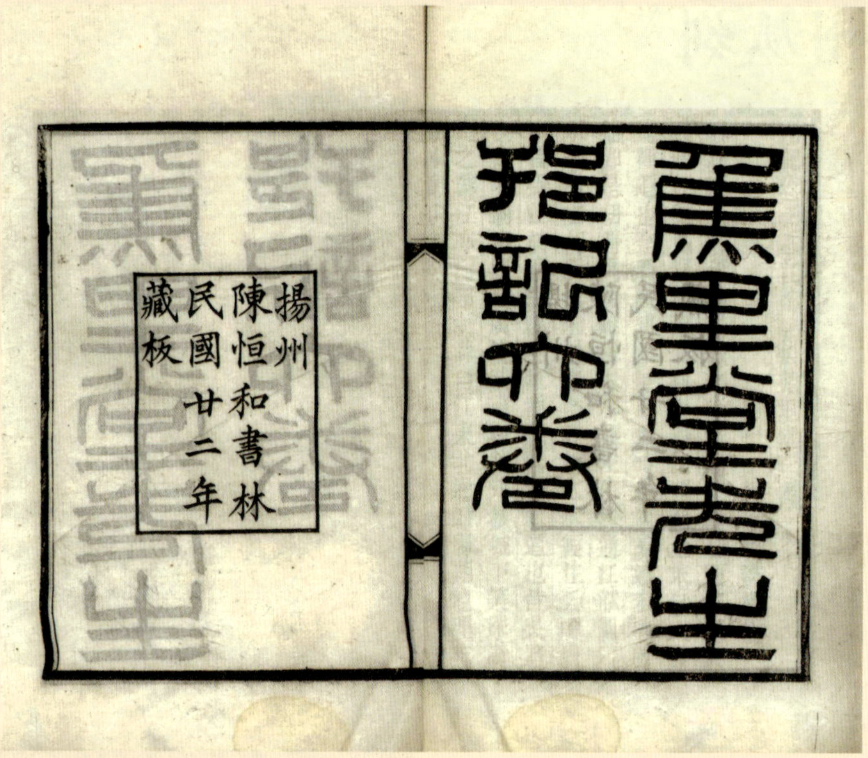

焦里堂先生邗記六卷

揚州陳恒和書林
民國廿二年藏板

《扬州丛刻》扉页

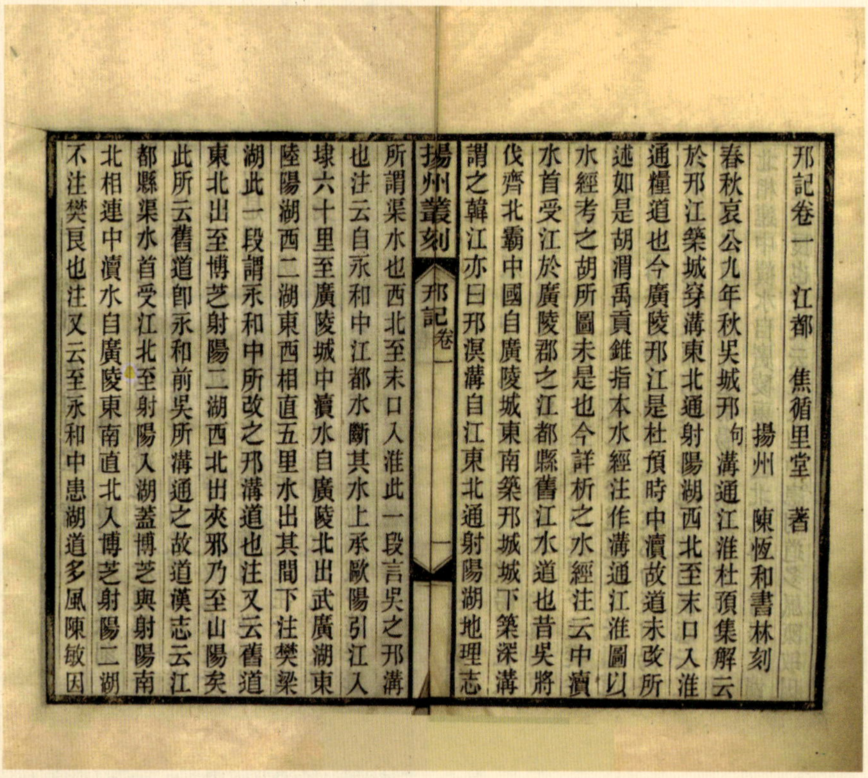

邗記卷一　江都　焦循里堂　著
揚州　陳恒和書林刻
春秋哀公九年秋吳城邗溝通江淮杜預集解云於邗江築城穿溝東北通射陽湖西北至末口入淮通糧道也今廣陵邗江是杜預時中瀆故道未改所述如是胡渭禹貢錐指本水經注作溝通江淮圖以水經考之胡所圖未是也今詳析之水經注云中瀆水首受江於廣陵郡之江都縣舊江水道也昔吳將伐齊北霸中國自廣陵城東南築邗城城下築深溝謂之韓江亦曰邗溟溝自江東北通射陽湖地理志

揚州叢刻　邗記卷一　一

所謂渠水也西北至末口入淮此一段言吳之邗溝也注云自永和中江都水斷其水上承歐陽引江入埭六十里至廣陵城中瀆水自廣陵北出武廣湖東陸陽湖西二湖東西相直五里水出其間下注樊梁湖此一段謂永和中所改之邗溝道也注又云舊道東北出至博芝射陽二湖西北出夾邪乃至山陽矣此所云舊道即永和前吳所溝通之故道漢志云江都縣渠水首受江北至射陽入湖蓋博芝與射陽南北相連中瀆水自廣陵東南直北入博芝射陽二湖不注樊良也注又云至永和中患湖道多風陳敏因

《扬州丛刻》正文

中共高邮县委《生根》刊物

保管单位：高邮市档案馆

内容及评价：

1947年，人民解放军鲁南战役胜利后，蒋介石调兵北援，驻高邮界首的国民党军队二十五师减少为3个营。高邮县党政军民以临北和时沙为基地，利用时机进行穿插斗争。5月4日，中共高邮县委在油坊头召开县委扩大会议，针对不同地区特点部署“生根立足”工作。为配合这项工作，高邮县委创办《生根报》和《生根》刊物，建立生根剧团，开展“生根立足”的宣传。中共苏中二地委推广了高邮经验。《生根》刊物是解放战争时期中共高邮县委为宣传革命创办的，它从经济斗争、政治斗争、军事斗争等多方面介绍克敌制胜的经验，对当时革命形势的发展产生了积极的影响。从1947年5月到1948年4月近一年时间，《生根》共发行了13册，具有十分珍贵的历史价值。

堅持内線鬥争的某某區委對秋季工作的佈置

某某區委

堅持内線斗争的××區委對保衛秋收工作作如下的具体佈置：

一，關於武装斗争問題：

保衛秋收離了武装斗争是不可能有勝利的，根據敵強我弱的軍事形勢，在武装斗争上必須作如下之有效對策；

(1)實行联防戰術，規定敵人向一鄉出動，其他友鄰鄉村則應全面出擊，予以策應，比如敵向甲庄進攻，則乙庄予以阻擊外，丙庄應於丁敵子由西向東出擊，攻其敵側，戊庄應擇其歸路，比如敵奔××庄進攻，則××庄應向西出擊，攻敵之側，在各鄉出擊時同時要注意在距敵陣地前一里路之遠方設有效並注意組織火力，切忌浪費彈藥，在敵人不堅決衝鋒前決不撤退，非合實情況決不轉移，應作到村村阻擊，就村周旋，就村游擊使敵无法搶收糧食，保衛人民利益。

(2)擴大武装，壯大自己力量，在保衛秋收中

《生根》刊载的文章

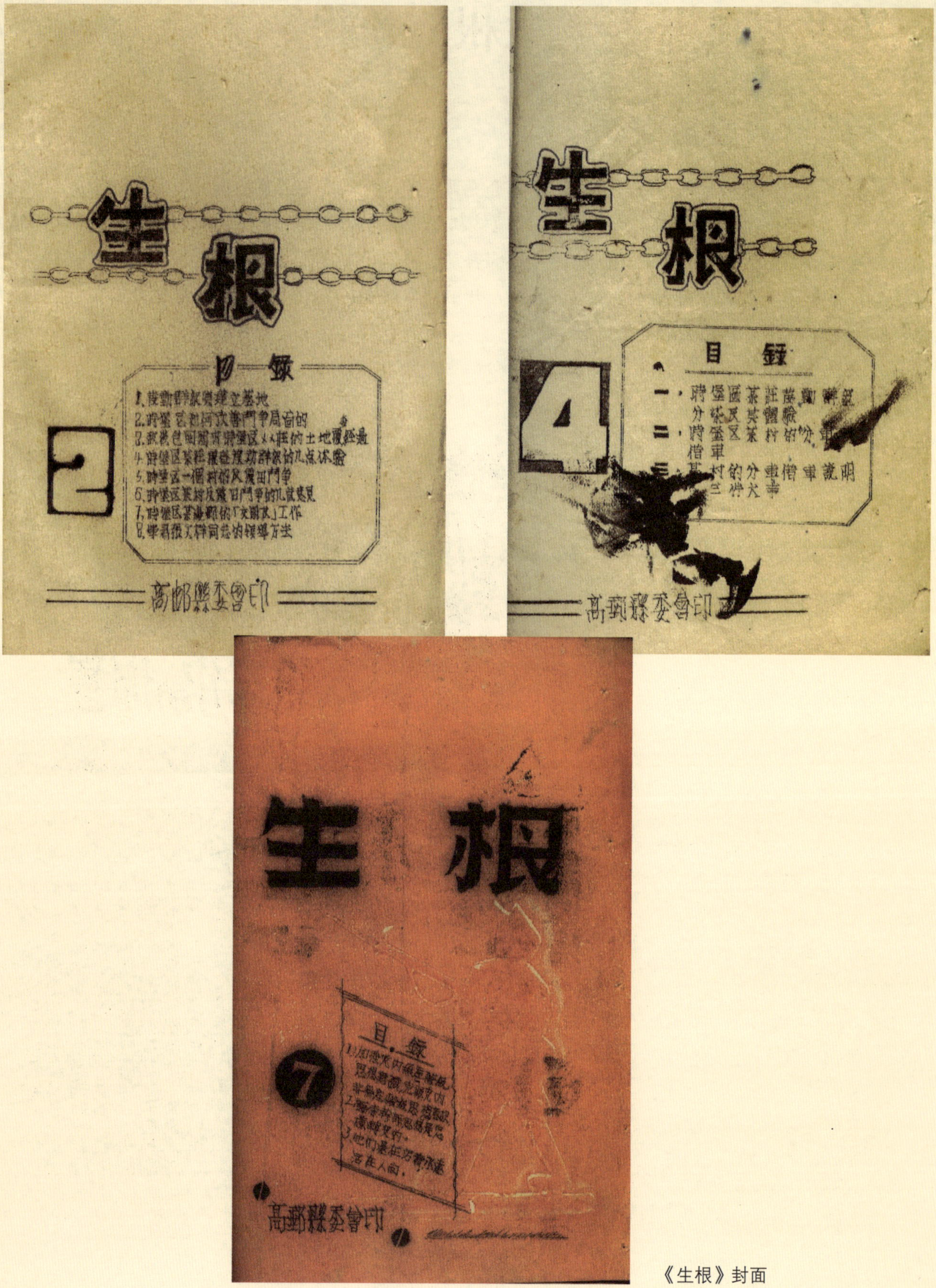
生根
目录
2
高郵縣委會印
生根
目錄
4
高郵縣委會印
生根
目錄
7
高郵縣委會印

《生根》封面

《高邮乡土志》

保管单位：高邮市档案馆

内容及评价：

《高邮乡土志》，由张孝则编于民国期间，它从舆地概略、近代水患、地方古迹、名人之宅墓祠宇、地方物产、地方风俗、历代兴学、历朝兵防、历朝兵事与匪患、名宦事迹、历朝人物等方面对高邮历史概况进行撰述。《高邮乡土志》作为高邮小学教育的乡土教材，从体裁上看，是民间乡土志，从当时志书的作用方面考虑，它还是清末教育改革的产物。由于当时社会变动较大，地方志编纂总量不多，因此，《高邮乡土志》对于民国期间的地方史研究尤显重要，对于研究民国期间的小学教育，也具有一定的历史价值。

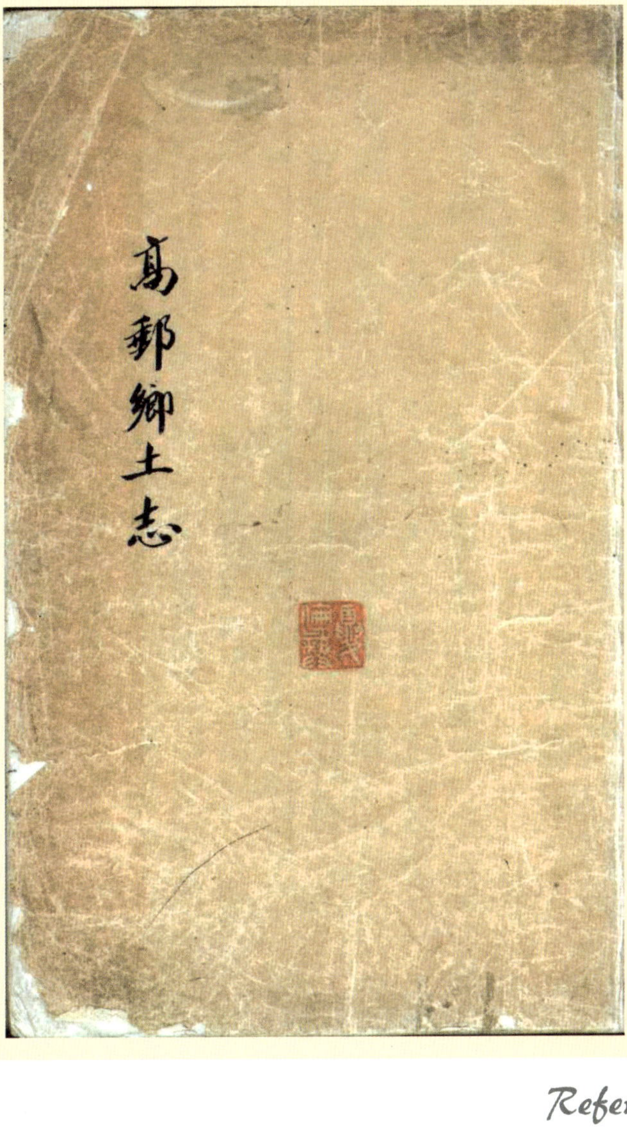

《高邮乡土志》封面

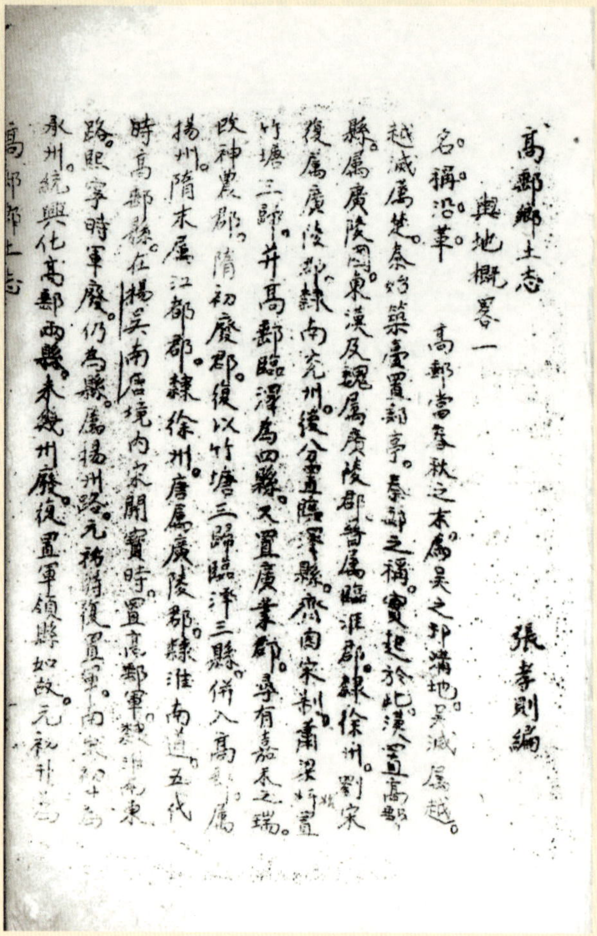

高郵鄉土志 張孝則編

輿地概畧一

名稱沿革 高郵當春秋之末為吳之邗溝地。吳滅屬越。越滅屬楚。秦始築臺置郵亭。秦郵之稱，實起於此。漢置高郵縣。屬廣陵國。東漢及魏屬廣陵郡。晉屬臨淮郡，隸徐州。劉宋復屬廣陵郡，隸南兖州。後分置臨澤縣。齊因宋制。蕭梁析置竹塘、三歸，并高郵、臨澤為四縣。又置廣業郡。尋有嘉禾之瑞。改神農郡。隋初廢郡，復以竹塘、三歸、臨澤三縣，併入高郵，屬揚州。隋末屬江都郡，隸徐州。唐屬廣陵郡，隸淮南道。五代時高郵縣在楊吳、南唐境內。宋開寶時，置高郵軍，隸淮南東路。熙寧時軍廢，仍為縣，屬揚州路。元祐時復置軍。南宋初升為承州，統興化、高郵兩縣。未幾州廢，復置軍領縣如故。元初升為

高郵鄉土志

《高邮乡土志》的舆地概略

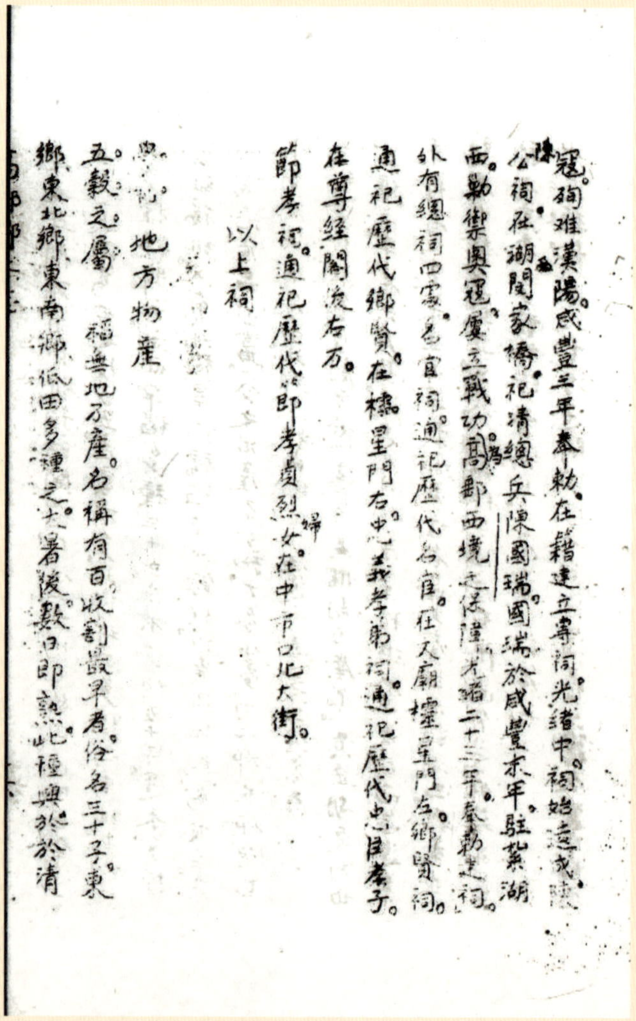

冠。祠雖漢陽。咸豐三年奉勅，在籍建立專祠。光緒中，祠始造成。陳公祠在湖閣家橋，祀清總兵陳國瑞。國瑞於咸豐末年駐紮湖西。勦禦與冠，屢立戰功。為高郵西境之保障。光緒二十三年奉勅建祠。外有總祠四處。名宦祠，通祀歷代名宦。在文廟櫺星門左。鄉賢祠，通祀歷代鄉賢。在櫺星門右。忠義孝弟祠，通祀歷代忠臣孝子。在尊經閣後右方。節孝祠，通祀歷代節孝貞烈婦女。在中市口北大街。

以上祠

物產 地方物產

五穀之屬 稻無地不產。名稱有百。收割最早者，俗名三十子。東鄉、東北鄉、東南鄉低田多種之。大暑後數日即熟。此種興於清

《高邮乡土志》地方物产

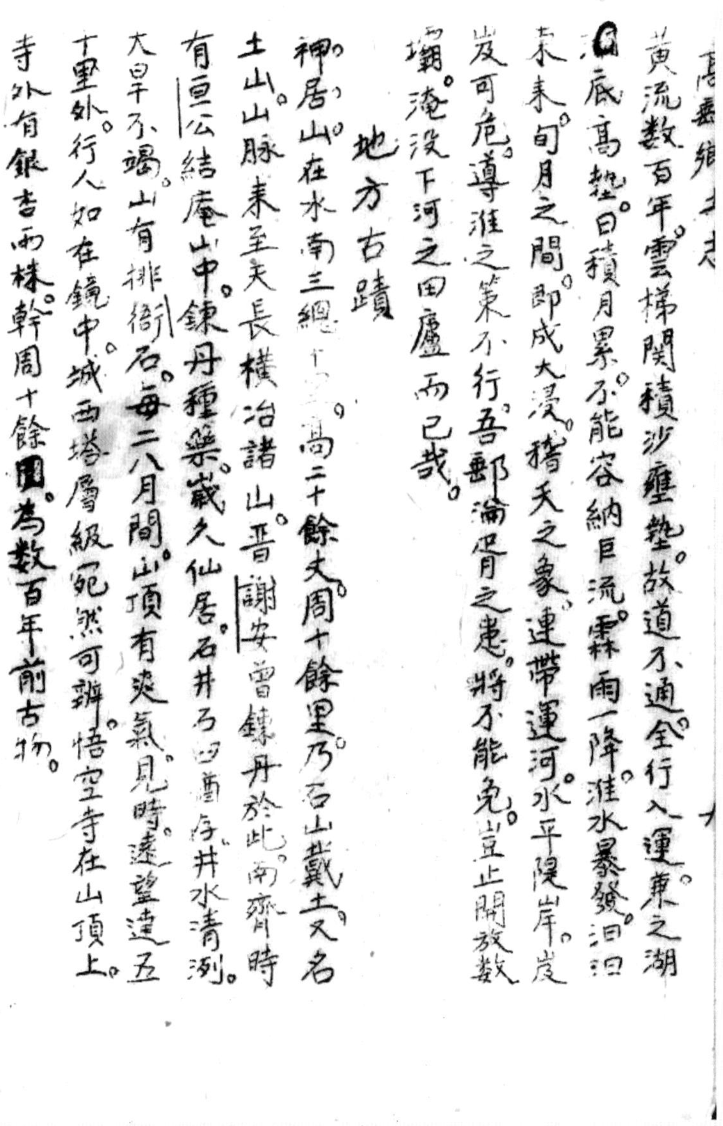

高郵鄉土志

黃流數百年。雲梯關積沙壅墊。故道不通。全行入運東之湖

湖底高墊。日積月累。不能容納巨流。霖雨一降。淮水暴發。汩汩

而來。旬月之間。即成大浸。稽天之象。連帶運河。水平隄岸。岌

岌可危。導淮之策不行。吾郵淪胥之患。將不能免。豈止開放數

壩。淹沒下河之田廬而已哉。

地方古蹟

神居山。在水南三鄉十二都。高二十餘丈。周十餘里。乃石山戴土。又名

土山。山脉來至天長。横冶諸山。晋謝安曾鍊丹於此。南齊時

有亘公結庵山中。鍊丹種藥。歲久仙居。石井乃四面存井水清洌。

大旱不竭。山有排衙石。每二八月間。山頂有爽氣見。時遠望遼五

十里外。行人如在鏡中。城西塔層級宛然可辨。悟空寺在山頂上。

寺外有銀杏兩株。幹周十餘圍。為數百年前古物。

《高邮乡土志》名胜古迹

解放战争时期革命历史期刊杂志

保管单位： 扬州市档案馆

内容及评价：

扬州市档案馆藏有革命战争时期的期刊杂志 376册，主要有华中九地委宣传部编印的《工作者》（第21~70期），华中一分区政治部的《江海前线》（第1~38期），华中一分区江海大众杂志社的《江海大众》（第1~5期），华东一分区交通分局的《江海战邮》（1947年第5~9期），苏中二地委宣传部编印的《战斗》（第1~66期），苏北军区政治部编印的《人民战士》（第1~12期），华东军区第三野战军编印的《政工通讯》（第1~5、8~18、22~45期），华中一地委宣传部（泰州地委宣传部）编印的《方向》（第1~72期、1950年特辑第1~8期、1950年第1~50期），苏北军区政治部编印的《苏北军政》（第1~20、21~27期、增刊第1~3期），1943年苏中区党委编印的《党风》第2期等。这些根据地创办刊物，除少数为石印或铅印外，多数为油印。

这些刊物主要宣传马列主义，阐释党的纲领、路线、方针、政策，刊载有陈毅、粟裕、谭震林等领导人在各个时期的重要文章，分析战斗形势，发动群众，同时还刊载各种形式的具有深刻政治思想内容和强烈艺术感染力的文艺作品，为解放战争的全面胜利做出了重要贡献。

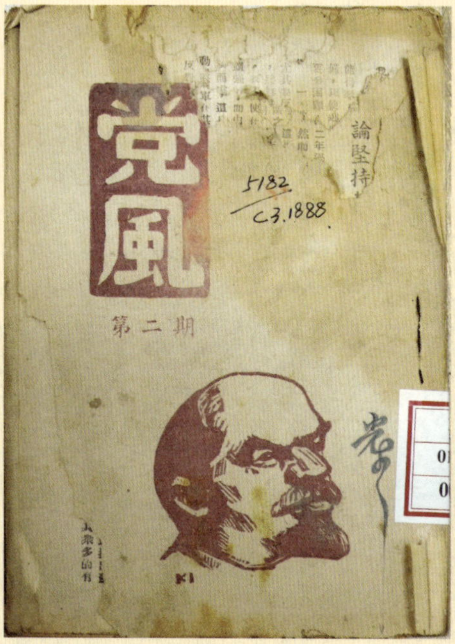

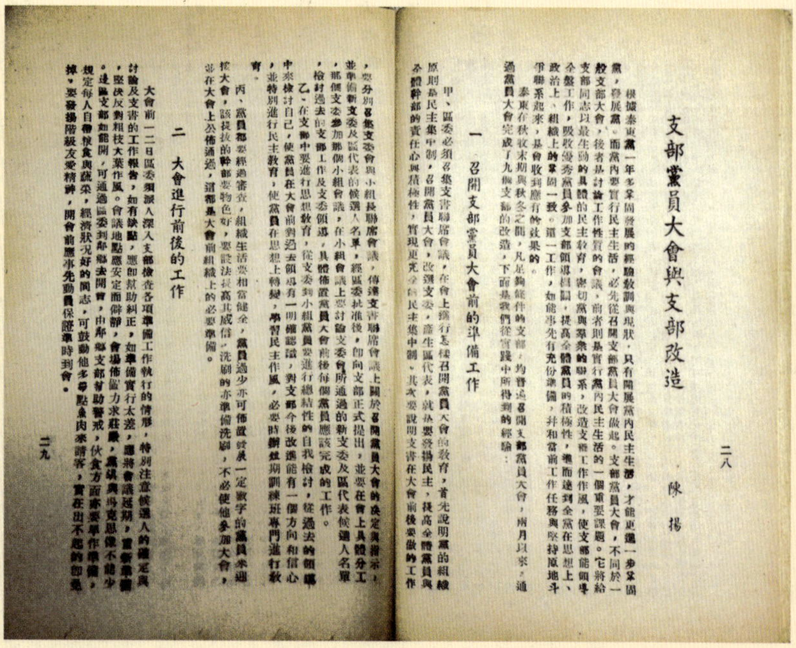

《党风》

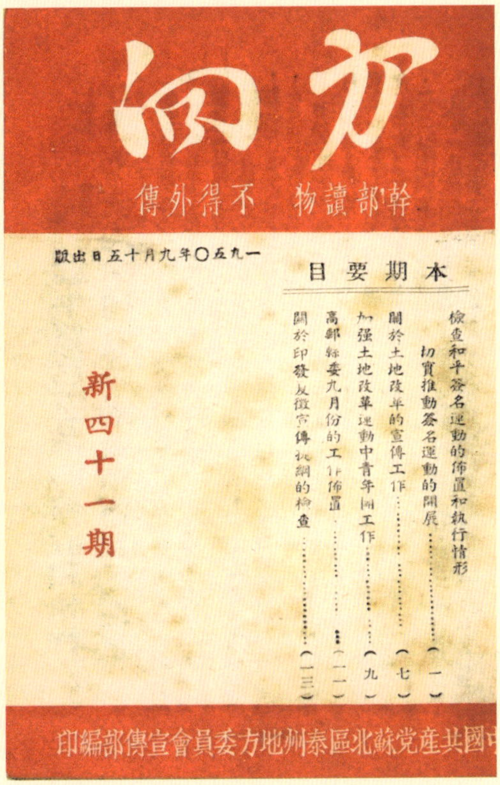
方向
幹部讀物 不得外傳
一九五〇年九月十五日出版
本期要目
檢查和平簽名運動的佈置和執行情形（一）
切實推動簽名運動的開展
關於土地改革的宣傳工作（七）
加強土地改革運動中青年團工作（九）
高郵縣委九月份的工作佈置（一一）
關於印發反霸宣傳提綱的檢查（一三）
新四十一期
中國共產党蘇北區泰州地方委員會宣傳部編印

《方向》

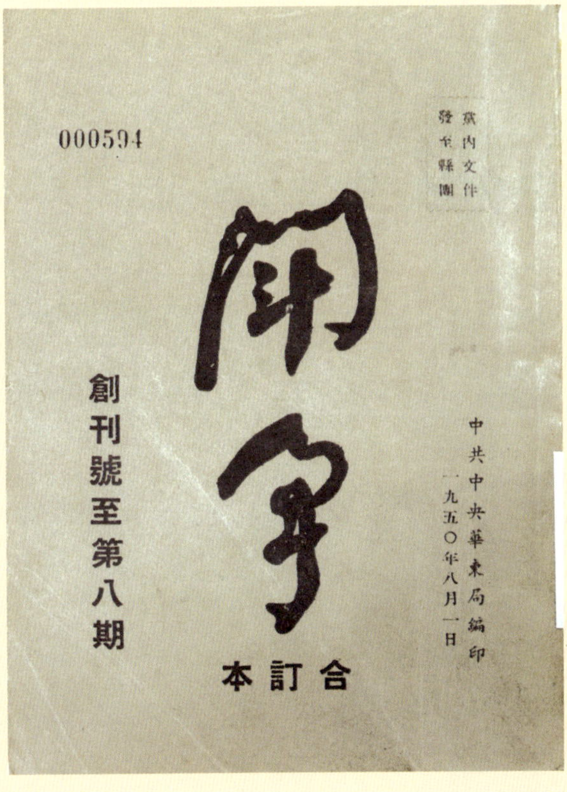
000594
黨內文件
發至縣團
鬥爭
創刊號至第八期
合訂本
中共中央華東局編印
一九五〇年八月一日

《斗争》

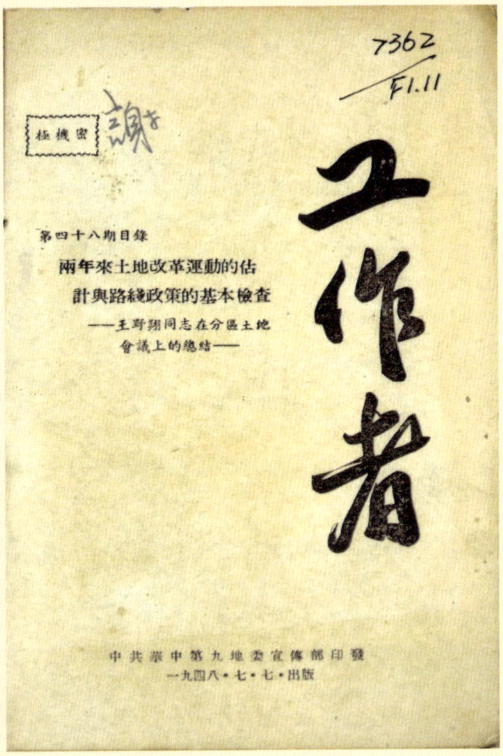
7362
F1.11
極機密
工作者
第四十八期目錄
兩年來土地改革運動的估計與路綫政策的基本檢查
中共華中第九地委宣傳部印發
一九四八·七·七·出版

《工作者》

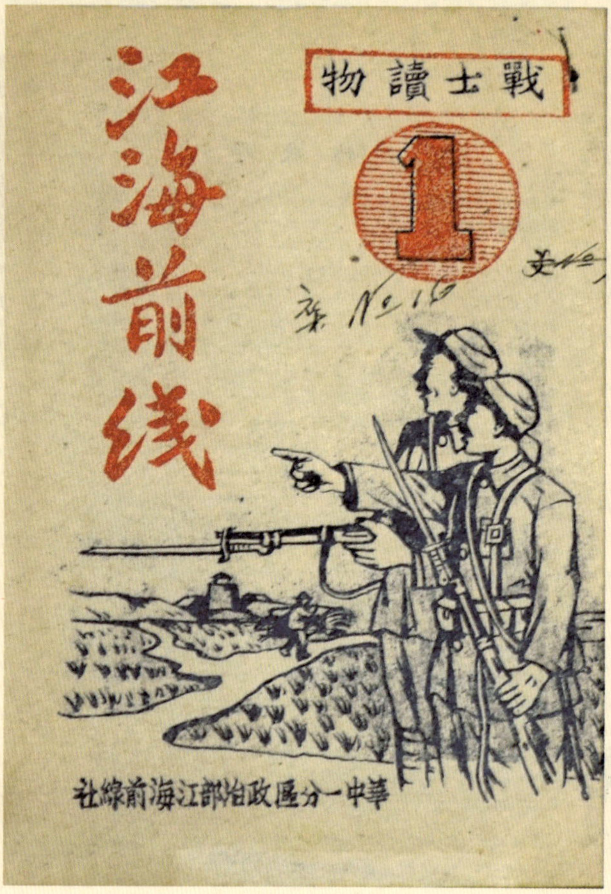

《江海前线》

《江海大众》

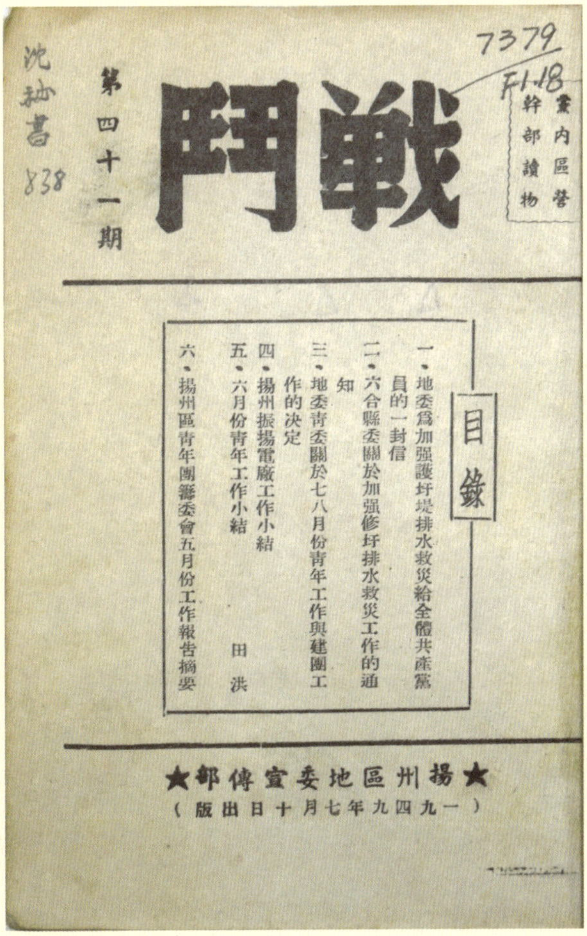
戰鬥

第四十一期

黨內區營幹部讀物

目錄

一、地委爲加强護圩堤排水救災給全體共產黨員的一封信
二、六合縣委關於加强修圩排水救災工作的通知
三、地委青委關於七八月份青年工作與建團工作的決定
四、揚州振揚電廠工作小結
五、六月份青年工作小結　田洪
六、揚州區青年團籌委會五月份工作報告摘要

★揚州區地委宣傳部★

（一九四九年七月十日出版）

《战斗》

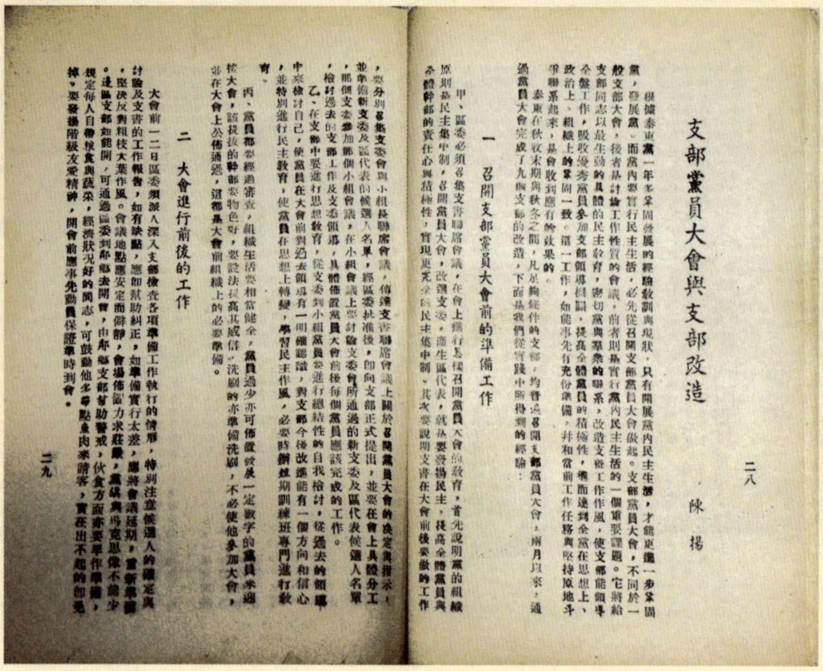

支部黨員大會與支部改造

陳揚

根據泰東黨一年多來鞏固發展的經驗教訓與現狀，只有開展黨內民主生活，才能更進一步鞏固黨，發展黨。而黨內要實行民主生活，必先從召開支部黨員大會做起。支部黨員大會，不同於一般支部大會，後者是討論工作性質的會議，前者則是實行黨內民主生活的一個重要課題。它將給支部同志以最生動的具體的民主教育，密切黨與群衆的聯系，改造支部工作作風，使支部能領導全盤工作，吸收優秀黨員參加支部領導機關，提高全體黨員的積極性，進而達到全黨在思想上、政治上、組織上的鞏固一致。這一工作，如能事先有充份準備，并和當前工作任務與堅持原地斗爭聯系起來，是會收到應有的效果的。

泰東在秋收末期與秋冬之間，凡是夠條件的支部，均曾召開支部黨員大會。兩月以來，通過黨員大會完成了九個支部的改造，下面是我們從實踐中所得到的經驗：

一 召開支部黨員大會前的準備工作

甲、區委必須召集支書聯席會議，在會上進行怎樣召開黨員大會的教育，首先說明黨的組織原則是民主集中制，召開黨員大會，改選支委，產生區代表，就是要發揚民主，提高全體黨員與全體幹部的責任心與積極性，實現更完全的民主集中制。其次要說明支書在大會前後要做的工作

二八

，要分別召集支委會與小組長聯席會議，傳達支書聯席會議上關於召開黨員大會的決定與指示，並準備新支委及區代表的候選人名單，經區委批准後，即向支部正式提出，並要在會上具體分工，那個支委參加那個小組會議，在小組會議上要討論支委會所通過的新支委及區代表候選人名單，檢討過去的支部工作及支委領導，具體佈置黨員大會前後每個黨員應該完成的工作。

乙、在支部中要進行思想教育，從支委到小組黨員要進行總結性的自我檢討，從過去的領導中來檢討自己，使黨員在大會前對過去領導有一明確認識，對支部今後改進能有一個方向和信心，並特別進行民主教育，使黨員在思想上轉變，學習民主作風，必要時辦短期訓練班專門進行教育。

丙、黨員都要經過審查，組織生活要相當健全，黨員過少亦可佈置發展一定數字的黨員來迎接大會，該提拔的幹部要物色好，要設法提高其威信，洗刷的亦準備洗刷，不必使他參加大會，並在大會上公佈通過，這都是大會前組織上的必要準備。

二 大會進行前後的工作

大會前一二日區委須派人深入支部檢查各項準備工作執行的情形，特別注意候選人的確定與討論及支書的工作報告，如有缺點，應即幫助糾正，如準備實行太差，應將會議延期，重新準備，堅決反對粗枝大葉作風。會議地點應安定而僻靜，會場佈置力求莊嚴，黨旗與馬克思像不能少。邊區支部如能開，可通過區委到鄰鄉去開會，由鄰鄉支部幫助警戒，伙食方面亦要早作準備，規定每人自帶糧食與蔬菜，經濟狀況好的同志，可鼓勵他多帶點魚肉來請客，實在出不起的卽免掉，要發揚階級友愛精神，開會前應事先動員保證準時到會。

二九

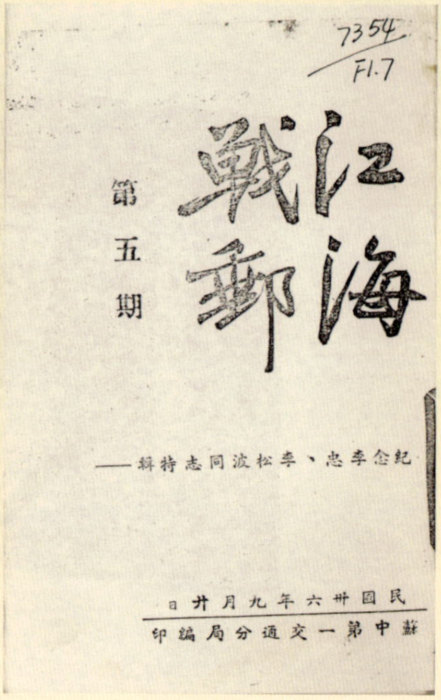

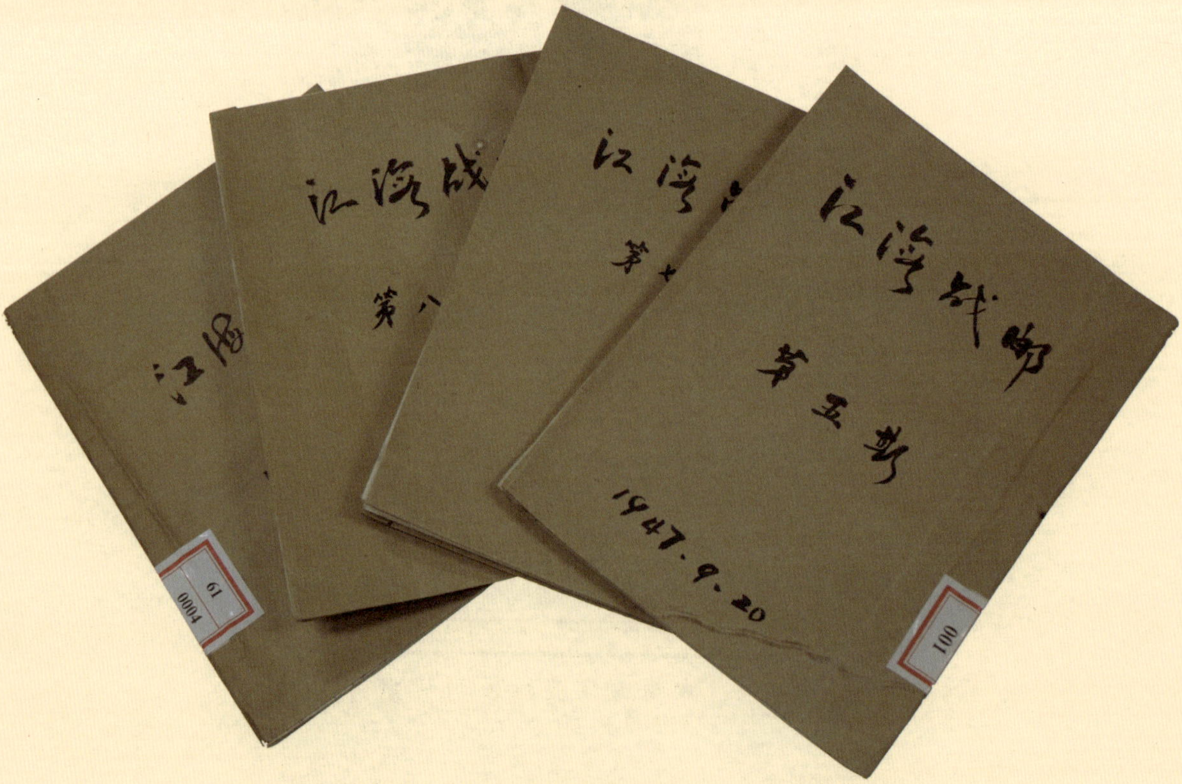

《江海战邮》

人民戰士
開展三大民主
改善領導作風
加強內外團結
嚴格紀律制度
提高工作效率
創刊號
蘇北軍區政治部出版

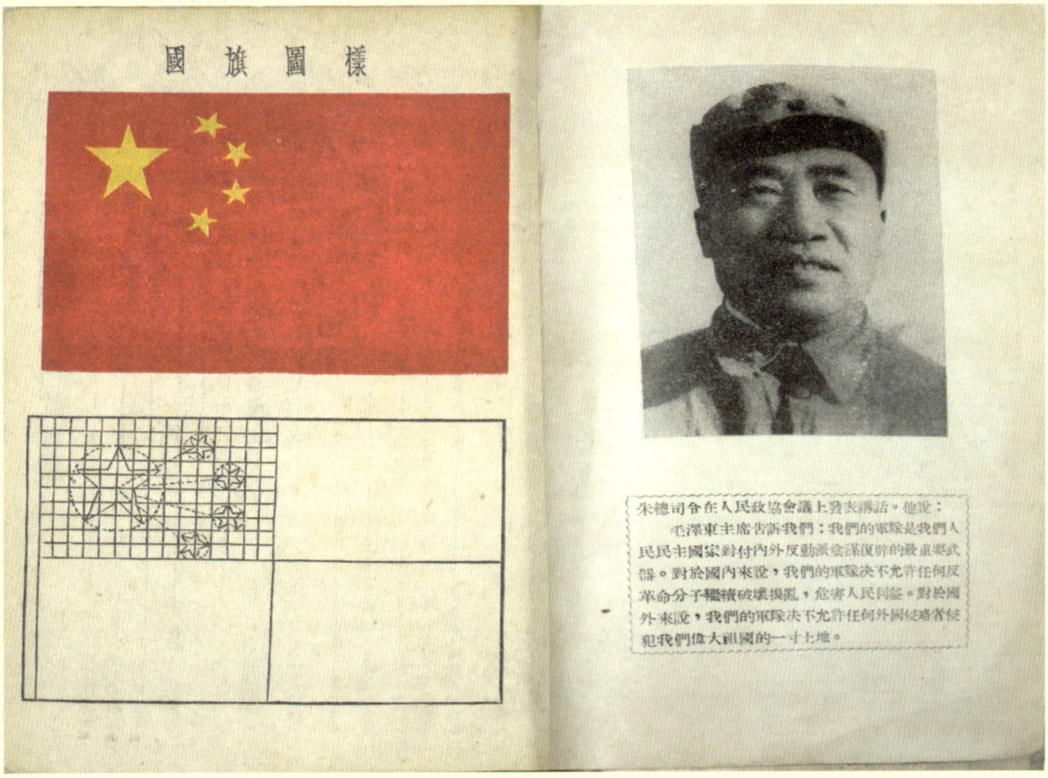
國旗圖樣
朱德司令在人民政協會議上發表講話。他說：
毛澤東主席告訴我們：我們的軍隊是我們人民民主國家對付內外反動派陰謀復辟的最重要武器。對於國內來說，我們的軍隊決不允許任何反革命分子繼續破壞搗亂，危害人民利益。對於國外來說，我們的軍隊決不允許任何外國侵略者侵犯我們偉大祖國的一寸土地。

《人民战士》

蘇北軍政
第八期
建團工作專輯
蘇北軍區政治部出版

《苏北军政》

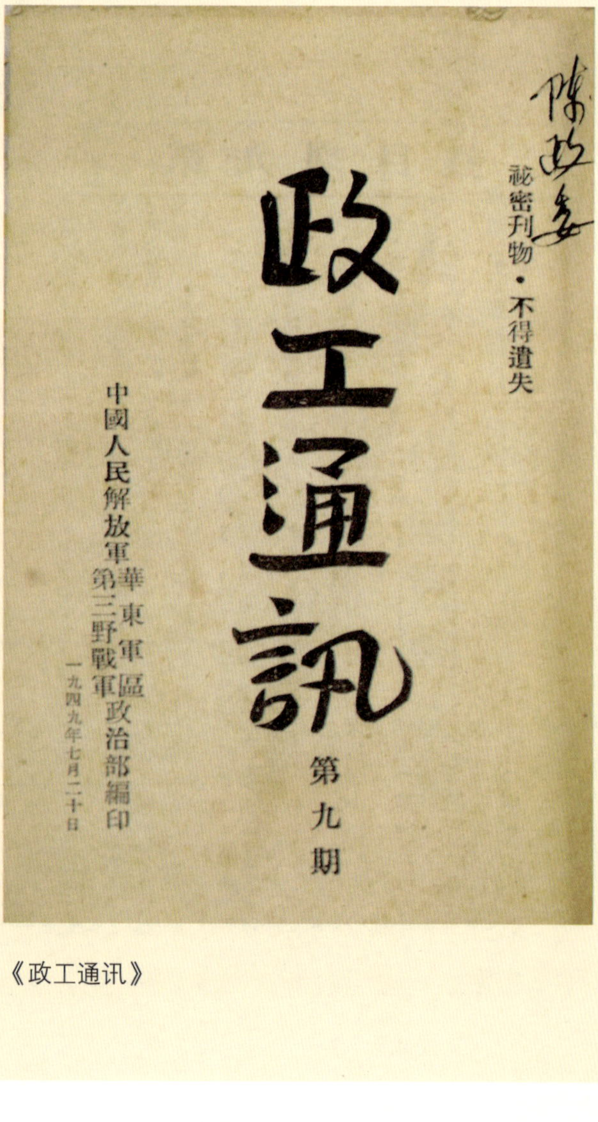
祕密刊物·不得遺失
政工通訊
第九期
中國人民解放軍華東軍區
第三野戰軍政治部編印
一九四九年七月二十日

《政工通讯》

书法绘画

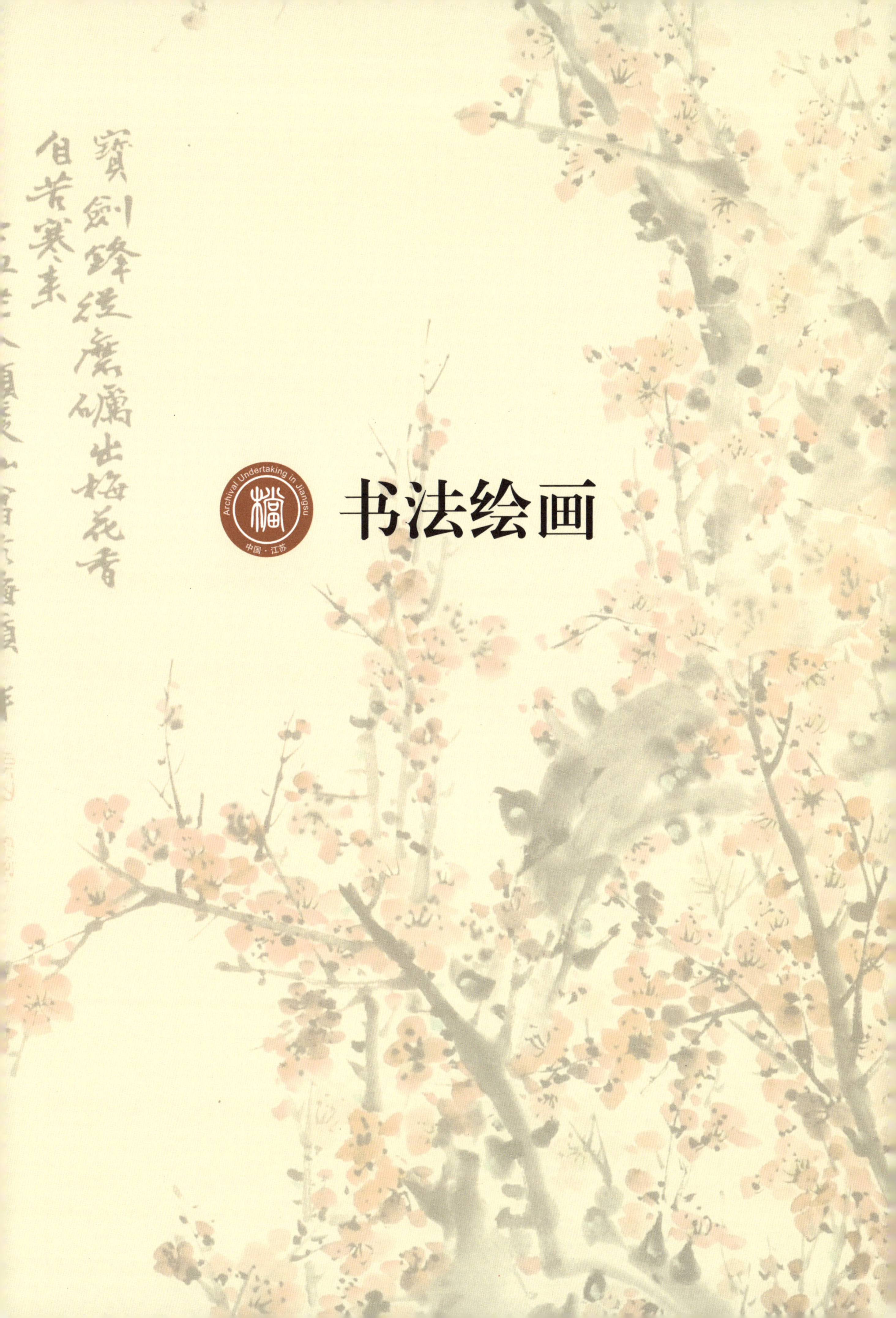
寶劍鋒從磨礪出梅花香
自苦寒来

扬州市档案馆馆藏书画

保管单位：扬州市档案馆

内容及评价：

扬州书画艺术有着悠久的历史，尤其是清代扬州的书画界，风格独特，名家辈出。“扬州八怪”更是佼佼者。八怪诸家的书画，刻意打破常规，另辟蹊径，意境新奇，构图独特，苍古离奇，笔墨恣肆，创造了极高的艺术价值，在中国绘画史上有着很高的地位。受“扬州八怪”影响，扬州近现代书画家能继承传统，融会贯通，大胆探索，勇于创新，或豪放，或灵秀，形成了自己独特的艺术风格。扬州市档案馆藏有晚清书画3幅，林散之书信1件，近现代扬州著名书画家包契常、颜裴仙、王板哉、吴砚耕、何庵之、李圣和、魏之祯、李亚如等名家书画作品多幅。近年来，扬州市档案馆通过笔会等手段征集当代书画家作品，并着力建立书画家档案。目前馆藏书画有300多幅。

杨文煜《佛手石榴图》

杨文煜（1871~1940），字光甫，又字朴斋，自号凌道人，室名“琴研山房”。浙江绍兴人，寓居扬州。清末民国著名书画家。工诗善画，亦善昆曲，兼精医理。他的花卉在继承传统的基础上，汲取“扬州八怪”之精华，萧疏隽逸，有超尘脱俗、势若凌云之态。

孔宪彝《兰花图》

孔宪彝，生卒年月不详，字叙仲，号绣山，一号秀珊，山东曲阜人。道光十七年（1837）举人，官内阁中书。酷好文学，专攻桐城派古文学。常住京城，与清代耆宿魏源、曾国藩、何绍基、苏廷魁、彭蕴章等人过从甚密，除擅长诗词外，还喜绘画、篆刻，画兰最精，海内外争相购存。

高廪《兰石图》

高廪，生卒年月不详，字甘来，江苏兴化人。用笔秀逸，气势沈雄，意蕴醇厚，颇得郑板桥、李苦禅兰竹遗韵。扬州市档案馆藏《兰石图》，画上有“曾向灵芝乞长寿，春华颜色万千年”诗句，落“甘来”款，清新雅致、儒雅可人。

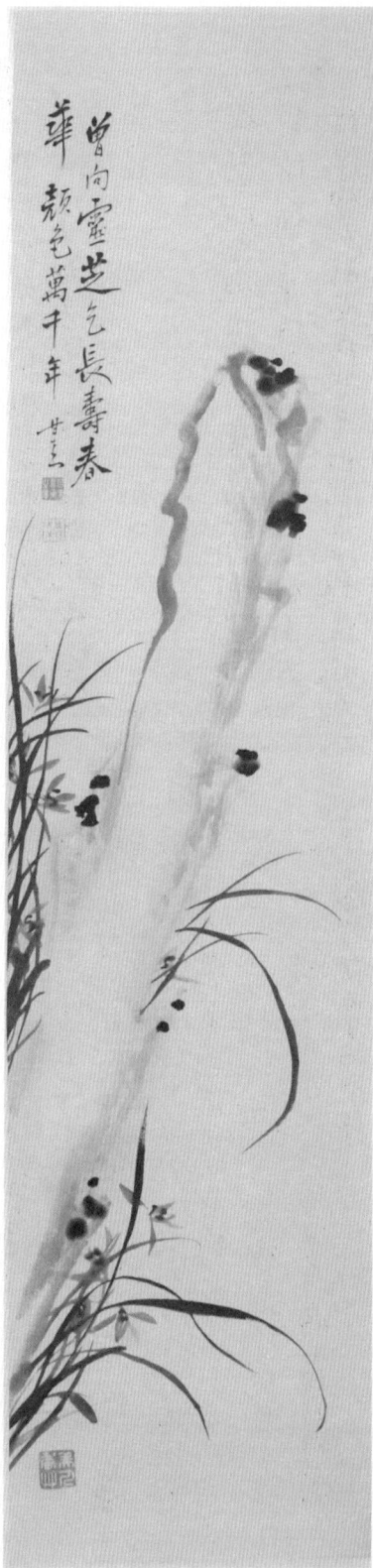

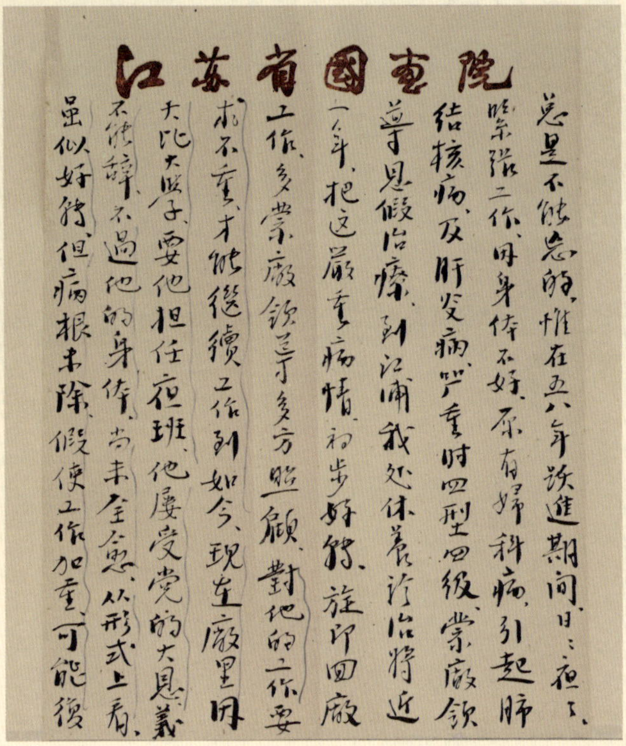

總是不能忘的，惟在五八年躍進期間，日以夜繼緊張工作，因身体不好，原有婦科病，引起肺結核病，及肝炎病，嚴重时四型四級，棠廠領導恩假治療，到江浦我处休養診治，將近一个年，把这嚴重病情，初步好轉，旋即回廠工作，多蒙廠領導多方照顧，對他的工作要求不重，才能繼續工作到如今，現在廠里因大批大學生，要他担任夜班，他屡受党的大恩義不能辭，不過他的身体，尚未全愈，从形式上看，虽似好轉，但病根未除，假使工作加重，可能復

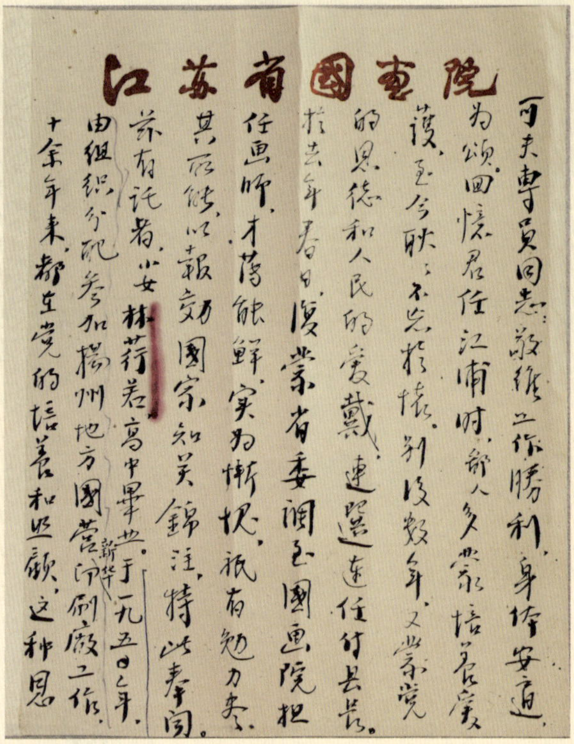

可夫專員同志：敬啟者，工作勝利，身体安適，為頌。回憶君任江浦时，鄙人多蒙培養獲至今。耿耿不忘，將後數年，又蒙党的恩德和人民的愛戴，連選連任付县長。於去年春日，復蒙省委調至國画院，把任画师，才薄能鮮，實为慚愧，祇有勉力奉其應能，以報効國家。知吳錦江，特此奉聞，茲有託者，小女林荇若，高中畢業，于一九五四年，由組織分配参加揚州地方國營新華印刷廠工作，十余年來，都在党的培養和照顧，这种恩

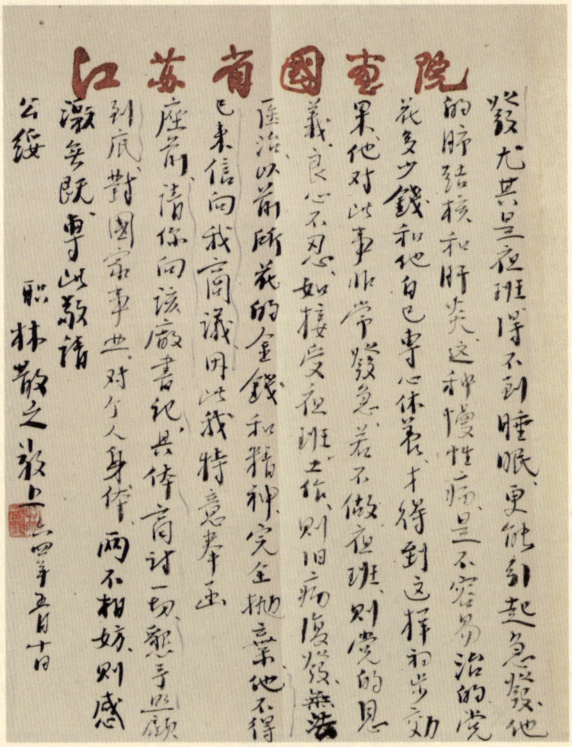

發，尤其是夜班得不到睡眠，更能引起急發，他的肺結核和肝炎这种慢性病，是不容易治的，党花多少錢和他自己專心休養，才得到这样初步功果，他对此事非常發急，若不做夜班，則党的恩義良心不忍，如接受夜班工作，則旧病復發無法医治，以前所花的金錢和精神完全拋棄，他不得已來信向我商議，因此我特意奉函座前，請你向該廠書記，共体商討一切，懇予照顧到底，對國家事业，对个人身体，两不相妨，則感激無既。專此，敬請

公綏

职 林散之 敬上 一九六四年五月十日

林散之书信

林散之（1898~1989），原名林霖，字散之，号三痴、左耳、江上老人等。生于江苏省江浦县乌江，祖籍安徽和县乌江镇。1972年中日书法交流时一举成名，赵朴初、启功等称之诗、书、画“当代三绝”，被誉为“当代草圣”。曾为江苏省国画院一级美术师、省书法家协会名誉主席。其书法作品具有超凡脱俗的境界、深邃隽永的意韵，落笔随意，随兴为之，出神入化，意趣天成，妙不可言。

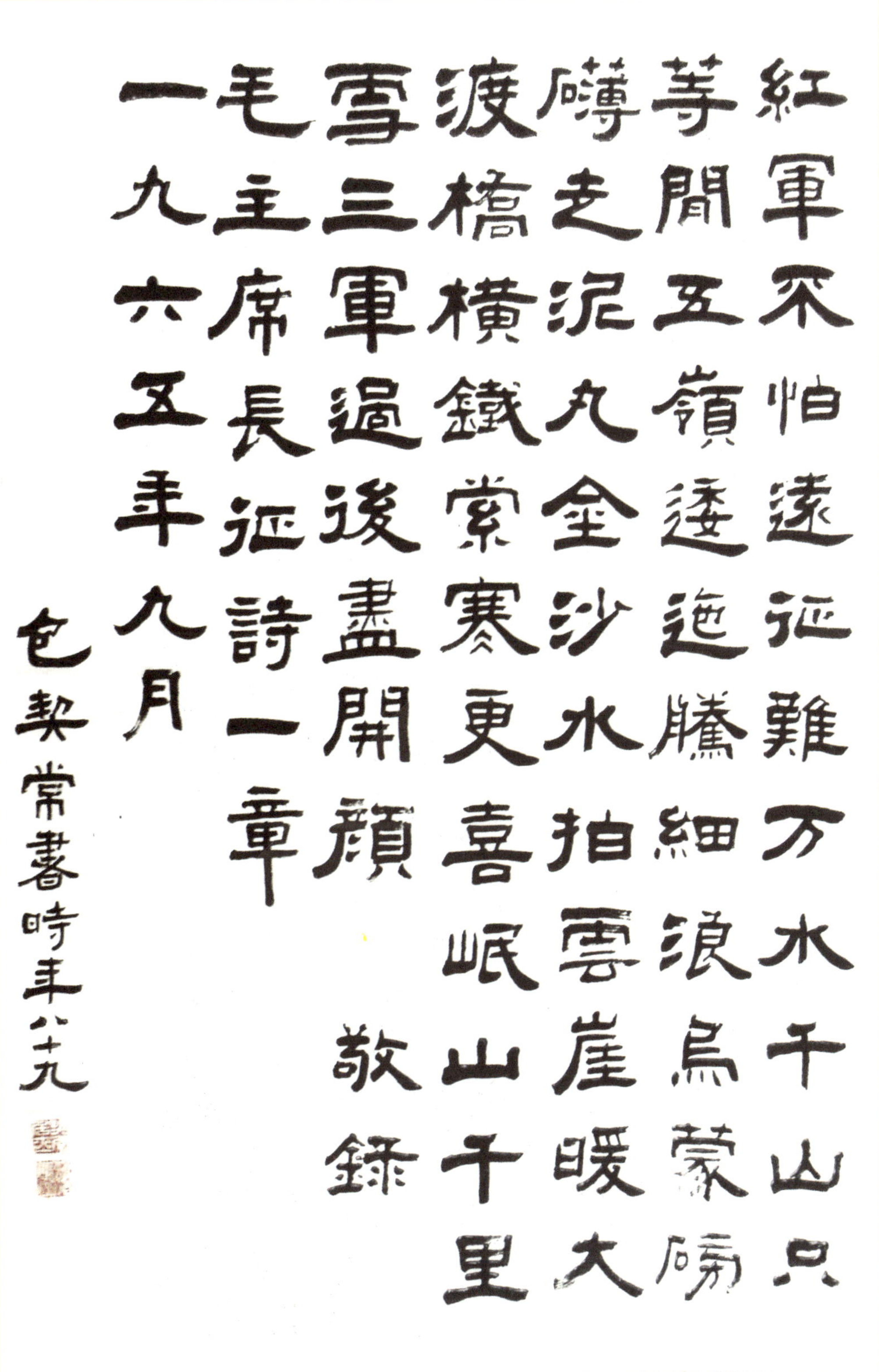

包契常隶书

包契常（1877~1967），名曙，字玉持。别号蒙道人。江苏镇江人，贡生。曾任两淮场运食商事所文牍。中年学佛，皈依印光法师，茹素30年，以鬻书为生，1957年加入民革，曾任扬州佛教协会副会长。包契常擅长诗词，书法四体皆能，尤擅魏碑。扬州风景区多有包契常的题刻。

颜裴仙《梅花》

颜裴仙（1905~1981），名丝，扬州现代著名女画家，江苏省美术家协会会员，曾任扬州市政协委员。善书，以隶长，用笔铿锵有力，端整大气。其画题材广泛，四时花卉皆从生活出，墨中见笔，水墨淋漓，淡抹苍润，简约有神，如臻化境。诗文书画皆佳，诗中全无赏花弄影的女子情愫，尽显豪迈洒脱之胸襟，格调不凡。

王板哉《松梅图》

王板哉（1906~1994），号语讷，又号半呆、半憨，著名国画家。山东日照人，早年毕业国立北平艺术专科学校，为齐白石入室弟子。1962年，调入扬州国画院，走上了专业创作的道路，为国家一级美术师、中国书法家协会会员、中国美术家协会会员。王板哉的作品，简约淡远，水墨淋漓，出笔凝练，富有弹性，敷色恬淡，底蕴深厚，颇具大家风范。

李圣和《牡丹》

李圣和（1908~2001），名惠，号印沧，扬州人，现代女书画家。曾任江苏省第五届政协委员、中国书法家协会会员。李圣和出生于诗书名门，能诗文，擅书画。其诗文意之所适，笔亦随之，发意吐语，端庄凝重，其画工笔、写意兼长。工笔勾勒精细，柔中寓刚，染润自如。写意笔墨清秀苍润。书法精于楷隶，楷书圆劲遒逸，隶书沉着浑厚。

素娥青女俱耐冷幽贞晚节净无瑕
庚午年秋九月扬州吴砚耕八十岁画於餐英阁

吴砚耕《菊花》

吴砚耕（1910~2006），字砚耕，原名吴芸，扬州著名女书画家。继承画菊的传统家法，兼工花鸟。为中国美术家协会会员、江苏省美协理事、扬州国画院高级美术师。作品参加全国第一届花鸟画展。艺术造诣独特，风格自成一体，以画菊见长，与张永寿剪纸菊、钱宏才通草菊并称“扬州三菊”。

何庵之花鸟

何庵之（1910~1994），淮安人。1931年毕业于上海美术专科学校，师从潘天寿、吴茀之等，1960年入扬州国画院。曾任扬州市第一、二、三届政协常委，扬州市政协书画会副会长，江苏省文史馆馆员。他的绘画题材广泛，以水墨写意花鸟画为世人称颂。作品不为古人成法所囿，融会贯通，超脱灵秀，具有丰润清逸、婀娜多姿的独特风格。

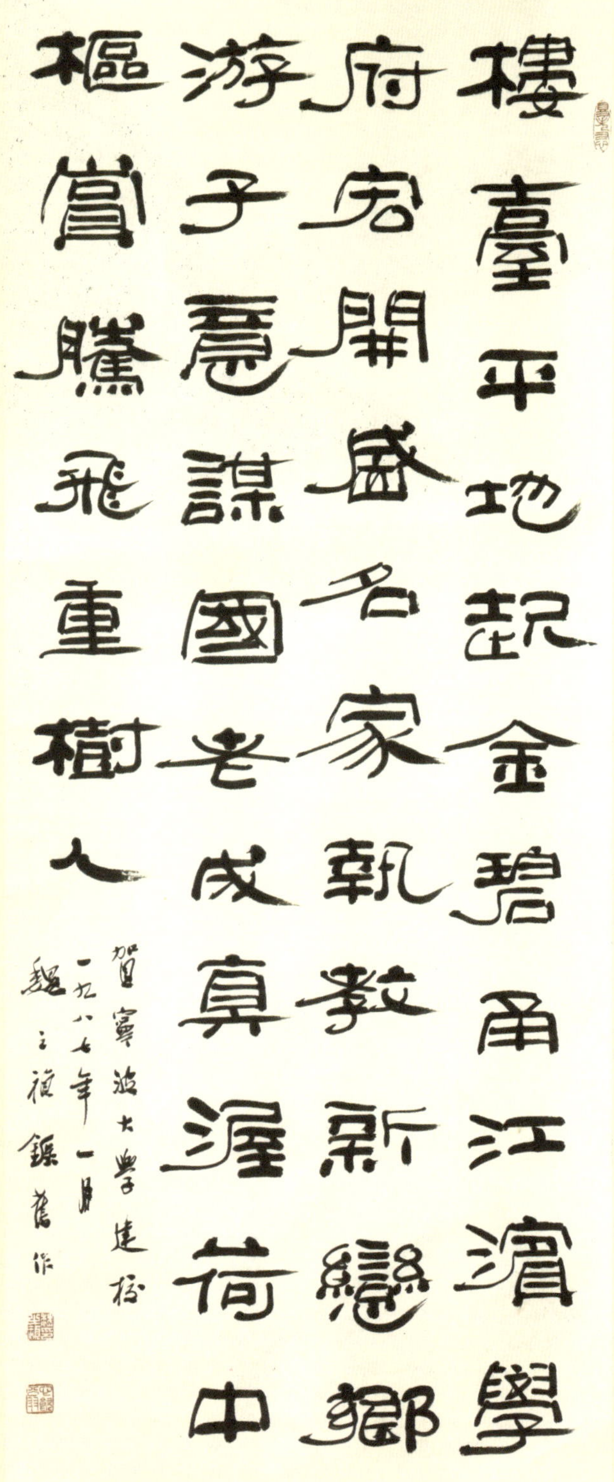

魏之祯书法

魏之祯（1916~1992），字诚生，号心饮，南京市人，曾任扬州市广陵区政协副主席、绿杨诗社副社长、中国书法家协会会员。魏之祯幼年即从名师受教。楷书致力于欧颜，行书从苏米，上溯钟王，隶书得《张迁》、《史晨》、《曹全》诸碑之妙，并遍临两汉碑版，博采众长，兼收并蓄，逐步形成端庄峻秀、飘逸典雅的个人风格，名重一时。诗文格调高雅、质朴清新，篆刻以秦汉为宗，尽得浙派精髓。

李亚如《鹰击长空》

李亚如（1918~2003），江苏扬州人，笔名止翁，作家、书画家。中国美术家协会会员、扬州市绿杨诗社社长。自幼酷爱书画篆刻，刻苦自学。1945年8月参加革命，曾任华中二分区石印版《人民画报》编辑、主编。新中国成立后，曾任扬州专署文化局长，扬州市（县级）副市长、市政协副主席，扬州画院院长、名誉院长。书画创作取法“扬州八怪”而锐意创新，山水、花鸟、人物兼长，笔墨雄健，意态动人，韵味隽永。

后记

《扬州卷》是我市整合全市档案精品资源，集中公布并展示扬州档案资源建设丰硕成果的重要载体，该书的出版对于彰显扬州档案的价值、影响和扬州历史文化的深厚底蕴，提高扬州档案工作社会影响力，必将发挥积极的作用。

为保质保量完成编纂工作，我们及时成立了《扬州卷》编纂委员会。在编委会的领导下，排定计划，广泛调研，同时与各县（市、区）档案局联动，对本级及各地档案馆进行了排查摸底，遴选精品档案。在工作过程中，遇到了诸多困难，一方面是客观存在的馆藏局限，可选择的余地不够宽泛；另一方面是由于我们自身水平的有限，致使对精品档案发掘的目的性不够明晰。针对这些情况，我们及时调整思路，对入选范围进行了调整，并遴选出典例作为示范，同时赴各县（市、区)，对馆藏档案深入了解，实地进行交流，共同领悟选材要领，充分挖掘有价值的可入选档案，确保了编纂工作的顺利进行。

在入选档案确定后，集中精力对每件入选档案进行认真解读，查阅大量史料，精心校核，撰写了评价与说明，还完成了全部入选档案的图片拍摄并对每一幅图片进行校正处理工作。梅宁、贾丽琴对全书的文字进行了整理编校，董潇潇对所有图片作了精心处理，全书由魏怡勤、邱振华统稿，宗金林审定。

就从事编研工作而言，翻检、搜集、遴选、编辑等虽很单调，其乐趣亦难以言表！作为全省档案部门联袂打造的重要编研项目，参与其中，爬梳剔抉，其意义和价值不言而喻！在默默地工作中，我们有幸还原了凝固于只言片纸上的曾经鲜活的一个个真实历史故事。

编纂过程中，得到各县（市、区）档案馆、各专业档案馆通力配合和全力支持，文稿形成后，邀请知名文史专家学者刘立人、顾一平对文稿进行了史实和文字表述的把关，省档案局宗来纲进行了审读，在此表示衷心的感谢。

掩卷之时，难见惊喜，却有点诚惶诚恐。由于编者才疏学浅，加之经验缺乏，错漏之处在所难免，虽尽力而不能尽美，讹误之处，敬请批评指正！

编　者

2013年7月

图书在版编目（CIP）数据

江苏省明清以来档案精品选·扬州卷 / 江苏档案精品选编纂委员会编. --南京：江苏人民出版社，2013.10
ISBN 978-7-214-10840-1

Ⅰ.①江… Ⅱ.①江… Ⅲ.①档案资料—汇编—扬州市 Ⅳ.①K295.3

中国版本图书馆CIP数据核字（2013）第240118号

书　　名	江苏省明清以来档案精品选·扬州卷
编　　者	江苏档案精品选编纂委员会
责任编辑	韩鑫　朱超　石路
责任监制	王列丹
出版发行	凤凰出版传媒股份有限公司 江苏人民出版社
出版社地址	南京市湖南路1号A楼，邮编：210009
出版社网址	http://www.jspph.com http://jspph.taobao.com
经　　销	凤凰出版传媒股份有限公司
照　　排	江苏凤凰制版有限公司
印　　刷	江苏凤凰新华印务有限公司
开　　本	880毫米 × 1230毫米　1/16
总 印 张	227.5　插页56
总 字 数	1800千字
版　　次	2013年10月第1版　2013年10月第1次印刷
标准书号	ISBN 978-7-214-10840-1
总 定 价	1500.00元（全14卷）

（江苏人民出版社图书凡印装错误可向承印厂调换）